何以
中国

在这里，读懂中国

何以天人

中国古代思想探微

萧三匝 著

浙江人民出版社

图书在版编目（CIP）数据

何以天人：中国古代思想探微 / 萧三匝著．
杭州：浙江人民出版社，2025.8．-- ISBN 978-7-213
-11982-8

Ⅰ．B21

中国国家版本馆 CIP 数据核字第 202523WZ77 号

何以天人：中国古代思想探微
HEYI TIANREN ZHONGGUO GUDAI SIXIANG TANWEI
萧三匝　著

出版发行：浙江人民出版社(杭州市环城北路177号　邮编　310006)
　　　　　市场部电话：(0571)85061682　85176516
责任编辑：诸舒鹏　　　　　　　　营销编辑：张紫懿
责任校对：陈　春　　　　　　　　责任印务：程　琳
封面设计：高熹设计工作室｜米沙@douban
电脑制版：杭州天一图文制作有限公司
印　　刷：浙江广育爱多印务有限公司
开　　本：880毫米×1230毫米　1/32　印　张：16.125
字　　数：399千字　　　　　　　　插　页：5
版　　次：2025年8月第1版　　　　印　次：2025年8月第1次印刷
书　　号：ISBN 978-7-213-11982-8
定　　价：98.00元

如发现印装质量问题，影响阅读，请与市场部联系调换。

出版者言

中华文明源远流长，文化博大精深，历史悠久深邃。"何以中国"是时代之问，是历史之问，我们给予积极回应。

"何以中国"是浙江人民出版社"经纬度"书系的一个子品牌，从不同角度展开解读，致力于展现中国历史文化全貌，内容涵盖中国独特的国家运转机制、社会道德秩序，特殊的文化制度、技术成就，关键历史节点、人物等方面，结合文明互鉴的视角，助力读者更好地理解中华文明起源、发展，文化嬗变，历史变迁的深层原因与具体历程。

本书系兼具学术性与可读性。作者有着不同专业背景、思维方式与研究方法。不同作者的成果，能让读者突破成见，看到多面的中国历史，甚至一探中国之为中国的深邃底蕴，以及文明自我更新的可能之道。

所选书目，表述上也各有所异：有的是整体俯瞰，有的是细处观摩；有的是通史分析，有的是断代剖析；有的是他者视角，有的是自我反思。但所通的是，都以各自的方式溯源历史、寻脉中华，希望读者能在这里读懂中国，读懂中华文明。

知所从来，方明所往。

何以中国？是以中国。

浙江人民出版社

因为敬天，所以爱人。

只有敬天，才能爱人。

——题记

自序　阐旧邦以开新命

史学家钱穆有一个核心史观，那就是对本国史应该抱以"同情地理解"，或者"温情与敬意"。此一史观，初看起来是很好的，它体现了后人对前人的尊重，也提示人们不要迷信各种牌号的"进步史观"。

可是我们应该看到这种史观在实践中带来的流弊，那就是对历史的认识止于"同情地理解""温情与敬意"，于是处处为历史及历史人物辩护，结果就是让人们感到一切历史都是合理的。

虽然不能说钱穆的著作仅止于对历史"同情地理解"或"温情与敬意"，但老实说，钱穆的大部分作品，留给人的印象确实是守旧有余、开新不足，辩护有余、建构不足。读他的作品，给人的总体印象是：古代中国尽善尽美，好一个金光灿灿的黄金世界！

"同情地理解"或"温情与敬意"体现的显然不是科学的精神，"一切历史都是合理的"显然也是站不住脚的，至少是没有逻辑说服力的。历史是由不同阶段构成的，每个阶段出现的事物都不同。历史就是一个新陈代谢的过程。如果一切历史都是合理的，每个阶段的历史都是合理的，那么历史中的新因素何以能够产生？新因素的合理性又何在？

钱穆尊孔，但他在史观上却是孔子的"叛徒"，因为孔子开创的

《春秋》史观，坚守的是思想家著史的宗旨，是用一套价值观来论断、书写历史。按中国传统的说法，就是寓褒贬于历史叙述之中，这就是所谓"《春秋》大义"。也只有从这个角度观察，才能理解为什么中国人如此重视历史的作用，为什么"历史是中国人的宪章"，为什么经与史无法截然分家。如果孔子对历史止于"同情地理解"或"温情与敬意"，他又何必下一字褒贬？

"周虽旧邦，其命维新"，是中国传统史观暗含的精神。为什么？由儒家开创的思想传统不是主张复古吗？诚然，历代儒家的确主张复古，但其复古却常常是为了开新，复古的准确含义是：当现实政治、社会遇到巨大问题的时候，人们常常希望阐发古代的政治、社会理想来批判现实，以促使现实朝新的方向行进。

复古能否开新是另一个问题，但任何思想家、史学家在思考维新何以可能的时候，总有一个如何调动思想资源的问题。思想资源来自两个方向：一，是时间轴上的古代资源；二，是空间轴上的异质文明资源。在一个封闭的文明体内，在长期相对封闭的时代，人们能调动的思想资源，当然主要是古代的。这并非中国特有的情形，西方也是如此，文艺复兴不就是对古希腊、罗马思想资源的"复古"吗？说到底，复古之所以可能开新，根本上是因为人们认为古典中蕴藏、体现了符合人性的精神内核。这一精神，在古代中国是德性，在古希腊是理性。

史学应该指向维新，根本上是因为任何历史都是不同时代的"当代人"带着"当代问题""当代困惑"书写的，因此一切历史都是"当代史"。正如海德格尔所说，过去、现在、未来，三种时间时时刻刻都在互为影响、互为建构，人们总是依照想象的未来规划现在并研究过去。因其如此，梁启超才能在1902年发表《新史学》这一近代史学的开山之作。在这篇文章里，梁启超批评了中国两千年来史学存在的四大病灶，比如"知有朝廷而不知有国家""知有个人而不知有群体"，等等。试问，如果仅止于对历史"同情地理解"或"温情与敬意"，"新史学"岂非毫无必要？

所以，衡评历史，不能止于"同情地理解"或"温情与敬意"，过分强调"同情""温情""敬意"，就会造成自我封闭、孤芳自赏，甚至慢性自杀。

我之所以批评钱穆的史观，现实的原因是，如今的历史书籍许多不过是形形色色的"故事会"，等而下之的是翻译、注释、陈述、复述甚至抄写史实、史料，稍微好点的也不过是把一切历史往合理方向解释。我的问题是，读这样的史书有什么用呢？增加读者的谈资？梦想回到古代？哪个古代？这样的史书能塑造什么样的心灵？即便是对历史进行辩护，又有多大价值？

在我看来，任何缺乏思想穿透力和前瞻性、没有史识的历史类读物根本谈不上是史书。史书自然必须基于客观史实，但任何书写都必然是主观的，对史料的拣选、剪裁、论断无不体现了书写者的主观性。因此，史书必然是主观和客观的结合，客观的史实只是书写的素材而已，过分强调客观的结果，就是书写者把自己异化成了复读机。如果读者在乎的只是客观史实，他们直接去读史料即可，又何须现代人喋喋不休地复读？中国历代还缺史料吗？

让我们回到思想史的主题。中国本有经史合一的传统，章学诚甚至认为"六经皆史"。按传统的看法，"思想"属于"经"的范围，思想史写的是思想的历史，自然更应该是经史合一的著作。但对中国而言，这里面存在一个大问题：对一个相对独立、自生的文明体而言，几千年来所奉行的"经"未必是真经。"经"意味着永恒、不变、绝对价值，但近代史告诉我们，儒家所崇奉的"经"并不能满足人们对永恒、不变、绝对价值的渴求。它早就遭遇到了严峻挑战，中国思想界至今也尚未成功应对这一挑战。

那么，当代人写古代思想史，应该怎么写呢？我认为至少要坚持三大原则：一，既然是思想史，就应该勾勒出每一个思想家思想的成因和内在逻辑；二，既然是历史，就应该讲清楚中国思想传统的历史演变逻辑；三，既然史学应该指向维新，也即是指向未来，就不能满足于论证历史的合理性，不能迷信历史的必然性，而应该指出历史的可能性。而要指出可能性，就不能满足于对历史"同情地理解"或"温情与敬意"。要做到这一点，作者就必须有思想上的追求，就必须站在全人类的坐标系中，站在未来的时间节点审视、批判、扬弃中国（包括西方）的传统思想，因此作者的眼界必须开阔，心态必须开放。从这个意义上讲，思想史的写作者应该具有"推倒百代之智勇，开拓万古之心胸"的抱负。

这样的思想史写法必然被人质疑，一种典型的批评意见认为，批判先贤是脱离了历史语境的做法，是厚诬古人，让古人承担他们不应该承担的责任，甚至体现了写作者的怯懦。

这样的批评是错误的，因为我们书写思想史，不仅要着眼于思想家在他那个时代所产生的影响，而且要着眼于他的思想对后世的影响，如果他的思想对后世没有产生重大影响，我们也不必写他。因此，我们可以"同情地理解"那个已经死去的作为个体的孔子，但我们不能止于对作为"至圣先师"的孔子的"同情地理解"，这样的书写其实反映的正是书写者对现实和未来的不负责任。

遗憾的是，已经出版的思想史、哲学史著作很多都不符合我提出的几大原则，它们要么只有历史没有思想，要么把历史论述得过于合理和必然，要么对思想史素材简单、杂乱地罗列。不客气地说，不少思想史名家也犯了上述错误。

既然我们应该写着眼于未来的、指出存在某种可能性的思想史，就必然面临一个以什么标准来评价历史上的思想家的问题。

对我而言，要写思想史，就应该紧扣人类思想的核心问题，以此来论断思想史和思想家。那么，人类思想的核心问题是什么呢？我认为，要言之，就是天人关系，它是一切思想产生的前提，是人类思想史上最重要的问题，没有之一。

在汉语中，"天"至少有三种含义：一是人格化的主宰之天，相关词语如"天谴""天助"；二是非人格化的规律之天，相关词语如"天理""天道"；三是自然之天，相关词语如"天气""天空"。需要指出的是，本书所论之天，除非特殊说明，均为主宰之天，这也是天人关系意义上的天。

一般来说，我们所谓的"思想"，就是俗话所说的"三观"。按中国传统的说法，天与人的关系解决的就是世界观问题，人与人的关系解决的就是价值观问题，人与自身的关系解决的就是人生观问题，这其中最重要、最根本的是世界观——天人关系。人只有摆正天与人的关系，另外两种关系才能摆正，天人关系是宇宙人间一切关系的基石。当代的种种乱象、当代人的焦虑不安甚至抑郁也都能在天人关系中找到源头和解决办法。

需要指出的是，本书所论的主宰之天，具有如下几个特点：

一、他是万物的创生者。万物因此本于他、源于他，按儒家的说法，就是"天地之大德曰生"，因此他能解决"我是谁？我从哪里来？"的问题。

二、他是万物的立法者。所谓"天生烝民，有物有则"，只有他能制定绝对价值，人间的一切价值、规则都本于他、源于他，而非人为自己立法。人为自己立法的结果必然是谁都无法说服谁，由此必然产生大纷争，甚至大战争，此乃取死之道。法源自天，"人法天"，人与人之间的交流就会有共同语言，就会协作共进。

三、他是赏善罚恶的司法者。因为赏善，他才让人敬爱；因为罚恶，他才让人畏惧。人无敬畏，必然放肆。这一特征也能解决"我要到哪里去？"的问题。

四、他是亲切的交流者。《诗经·皇矣》说："帝谓文王：'予怀明德，不大声以色，不长夏以革。不识不知，顺帝之则。'帝谓文王：'询尔仇方，同尔弟兄。以尔钩援，与尔临冲，以伐崇墉。'"（天帝告知我周文王："你的德行我很欣赏。不要看重疾言厉色，莫将刑具兵革依仗。你要做到不思不想，天帝意旨遵循莫忘。"天帝还对文王说道："要与盟国咨询商量，联合同姓兄弟之邦。用你那些爬城钩援，和你那些攻城车辆，讨伐攻破崇国城墙。"）天如果不能与人交流，则人如何获知天意？天如果不能与人交流，人如何得知天的存在？

考诸中西思想史，我们不难发现，举凡一流的思想家，无不主动把对天人关系的论述当成其思想的重大课题或思想的背景、预设。对西方思想史而言，古代的苏格拉底、近代的康德、现代的维特根斯坦无不着意于对天的敬畏，西方思想史本质上就是"两希"（古希腊哲学与希伯来信仰）思想传统内部张力的演进史。遗憾的是，中国学者，即便对西学有深入研究，大多也只是从古希腊哲学这一条线着眼，他们有意无意地忽略了希伯来传统，很多人对希伯来传统的认识居然存在不少惊人的常识错误。这样的西学家，对西方的认识，至少存在巨大偏差。我甚至认为，抛开希伯来传统，根本无法正确认识西方事物的任何方面。比如，那些研究西方哲学史的学者，如果对希伯来传统没有认识，也根本不能真正理解西方哲学。对中国思想史而言，先秦时代的天总体上已经具备上述主宰之天的特征，中国重要的思想家，如"孔孟"、董仲舒、"程朱"、"陆王"也无不关注天人关系，否则中国也不会有"天命""天良""天心""天性"等词汇了。

伟大的史学家司马迁说，他要"究天人之际，通古今之变，成一家之言"，他的伟大，首先是因为他看到了"究天人之际"才是宇宙人间第一要务。近代中国学者最大的缺失，是不知天人，即使嘴上高呼"三观要正"，心里也不知世界观为何物，更不知世界观是价值观与人生观的基石。

因其如此，本书尝试从天人关系的角度着眼，重新书写、论断中国思想史和其中重要的思想家。我试图证明，中国思想史的发展轨迹是一条不断下行的抛物线，而之所以如此，根源就在于"天塌了"，人的思想无所附丽，于是只能自以为是，言辩滔滔却不知所云，飘飘荡荡如不系之舟。我试图证明，文明是一个连续体，可以更新，但不能切断；文明的更新必将以思想文化的重生为前提，而思想文化重生的前提则是重新理顺天人关系。

至于具体写法，我希望自己做到以下几点：

一、平视的而非仰视的。因为只有平视一切人，才能产生创见。

二、反思的而非鼓吹的。因为思想史本身就是不断反思前人思想的历史，没有反思的人生是不值得过的，没有反思的思想史也是不值得读的。

三、前瞻的而非复古的。因为人是被希望引领的，与其反顾，何若前瞻？

四、开放的而非封闭的。因为封闭只能消亡，开放才有生机，不能认识世界，就不能认识一国。

五、通贯的而非支离的。因为只有通贯，才能帮助读者搭建认知框架；不能认识森林，也就不能认识一棵树。

六、通俗的而非枯燥的。因为通俗才能广传，枯燥实乃自绝；凡"大雅"，必"近俗"；凡通透，必平常。不过，通俗与否，不同的人感受不同，有人就认为《论语》相当通俗，有人却认为它相当难懂。对讲中国思想史来说，首先就会面临一个现实难题：古人的著作，都是文言写成的。我要证明自己的论点，就不得不引用一些古文，但许多读者不具备通顺阅读古文的能力，这个难题怎么解决呢？我的选择是：尽量少引用古文，对于不得不引用，且比较不容易读懂的古文，我会适当予以解释。

三千年思绪奔涌而来，我所能做的，"修辞立诚"而已。"知我罪我，其惟天乎？"是为序。

目录

序

章

第一讲　中国思想史之分期

第一讲我们先来讨论中国思想史的分期问题。

为什么要讨论思想史分期问题？因为分期问题涉及对中国思想史宏观走向的整体判断和把握，了解中国思想史的宏观走向，有助于我们更好地认识中国传统思想。换言之，鸟瞰的视角，有助于我们搭建认知框架。研究任何人文社会学科，关键是要搭建一个认知框架，否则就难免陷入支离而不能贯通的泥潭。

首先我要对中国思想传统下一个论断：如果说西方思想包括宗教、哲学、科学三个方面的话，中国思想则没有这三个面向，因为中国思想中的宗教、科学思想相当单薄。我们没有希伯来那种外力拯救型宗教，以四大发明为代表的探索自然的成果也只属于技术发明，谈不上是科学思想。如果我们从"哲学"一词的原意"爱智"来考察中国思想，其实中国也没有西方意义上的哲学思想。那么中国思想的实质是什么呢？一言以蔽之，它主要是一套以道德哲学为内核的政治哲学。或者说，中国思想是一种道德理想主义，政治与道德不可分离。中国传统认为，政治是道德的自然延伸。

金观涛、刘青峰用三句话来概括中国文化的核心：

第一，中国文化以道德为终极关怀，追求道德完善是人生的终极意义。

第二，中国人对道德内容的理解主要以儒学为基础，儒家思想是以家庭伦理为中心的道德哲学。

第三，两千年来，儒家道德是中国政治、社会制度的正当性根据和社会秩序的基石。

强调儒家思想是中国传统思想或思想传统的主干，当然没问题，但我们说起中国思想传统，一般都会说"儒释道"三家，思想史如何处理佛教和道家呢？

一般来说，道家一直是作为儒家的对立面存在的。儒家和道家，一个是"在朝党"，一个是"在野党"，一体两面。叙述儒家思想的发展史，只要兼顾道家就可以了。但是，佛教与中国本土思想传统截然不同，对中国思想的影响又非常巨大，甚至可以说，佛教的传入改变了中国思想史和中国文化此后的走向。如果没有佛教传入中国，哪里会有宋明理学？哪里会有作为诗人的王维、苏东坡？既然如此，那我们应该怎样处理佛教？

让我们先来看看现代思想史名家如何为中国思想史分期，看看是不是能从中总结出利弊。

先来看几部以"中国思想史"命名的著作。钱穆的《中国思想史》非常扼要，贵在贯通，但他的中国思想史不分期，只是一个个思想家这么讲下来，无助于读者形成对中国思想史的框架性认识。葛兆光的《中国思想史》卷帙宏富，贵在考察普通读书人的思想与思想家思想的互动，全书共分七编，其中尤其注重佛教和道教对中国思想的影响。但葛先生用了两编的篇幅来讲佛教，我感觉似乎也多了。为什么呢？因为无论怎么说，佛教思想只是中国辅助性的思想，中国人信儒家的显然比信佛教的多得多。法籍华裔程艾蓝教授的《中国思想史》一共800多页，分六编，但她把商周至春秋分为一编，把战国单列一编，我觉得也没必要。因为，春秋和战国虽然不同，但毕竟相似之处更多。它们都属于中国思想史上的创造时代，我们一般把春秋战国统称为"先秦"。

再来看看几部宽泛意义上可列为思想史著作的作品。冯友兰的《中国哲学史》只把中国哲学史划分为两个时代：汉武帝"罢黜百家、独尊儒术"之前，儒家只是诸子学之一，因此这个时代是"子学时代"；武帝之后，儒家之学上升到经学的地位，因此这个时代是"经学时代"。这样分期，过于简略，无助于读者认识中国思想史内在的发展逻辑，等于没有分期。而且，在"经学时代"，也有不少思想家否认儒家经典是经学，比如清代杰出思想家、史学家章学诚就认为"六经皆史"，因此并不具备恒久的价值。

萧公权是著名的政治学家，他的《中国政治思想史》是一代名著，堪称体大思精，议论大多允当，创见迭出，他也很重视中国政治思想史的分期问题。根据政治思想演变的大势，他把中国政治思想史分为四期：孔子降生至秦始皇统一中国，为创造时期；秦汉至宋元，为因袭时期；明清，为转变时期；"三民主义"创立以后，为成熟时期。根据思想的历史背景，萧先生把中国政治思想史分为三期：先秦，为封建天下之思想；秦汉至明清，为专制天下之思想；清末戊戌维新及辛亥革命以后，为近代国家之思想。萧先生根据政治思想演变大势分期，既不重视汉儒的历史作用，又将宋明理学划分为单独两期，将明清划为一期，且认为孙中山的思想标志着中国政治思想的成熟。这几点，我以为也不妥当。萧先生根据思想的历史背景分期，其弊与冯友兰之分期也类似，不容易让读者一看目录就明白中国政治思想的发展逻辑。另外，因为萧先生论述的是中国政治思想，因此颇不重视佛教对中国思想的影响，全书一共25章，只用了一小节来讲佛教。站在政治思想的角度看，这样讲未尝不可，因为佛教思想本质上不是政治思想，但若讲整个中国思想史，却不能不将佛教思想作为一个重要章节来讲。

金观涛、刘青峰的《中国思想史十讲》深入浅出，框架感非常强，且颇多创见。该书上卷讲中国古代思想史，讲至清中期，晚清部分略为带过，主要放在下卷讲述。上卷共六讲，把魏晋玄学和佛教分为两讲，但我们知道，玄学、道教、佛教基本发生在同一历史时段，其思想倾向也有相似性，故统称"三玄"，它们的作用，本质上是填补儒学衰亡的空白，以救治人们精神生活无所归依的苦闷。我认为把这些内容放到一起讲或许更好。

此外，当代新儒家普遍认为，儒学发展经历了三个时期：一、是先秦时期；二、是宋明时期；三、是现代新儒家时期。现代新儒家的代表人物有梁漱溟、熊十力、马一浮、冯友兰、张君劢等人。其中，熊十力有三个重要的弟子继承了他的衣钵，那就是牟宗三、唐君毅、徐复观。当代长期定居我国港台地区的新儒家，包括旅居欧美的新儒家，如杜维明、成中英等人，基本都是这三个人的学生。在我看来，当代新儒家对儒学发展的这个分期，并不是历史事实。他们实在太贬低汉代儒家的作用了。试问，如果没有汉儒，哪来玄学、道教、佛教对儒学的反动呢？

在我看来，讲中国思想史，既要以儒家为主干，同时又要讲清楚佛教的影响。这样做，不仅因为佛教思想已经融入中国思想传统，成了中国思想传统的有机组成部分，更重要的是，作为外来的思想文化系统，佛教入华史对西学入华将是一个重要的参考对象，这其中能激发我们很多别有意味的思考。基于这样的认识，也基于我对上述思想史家著述的一孔之见，我决定对中国思想史进行如下分期：

第一期：先秦，中国思想的创造期。众所周知，中国最有原创性的诸子百家都诞生在先秦。

第二期：秦汉，中国思想的综合、统一期。汉武帝为何独尊儒术？这其实是历史的必然选择。虽然汉儒的"天人感应"说后来破产了，但汉儒对天的解释，不仅影响了两汉几百年，而且影响到当代。今天，民间骂人，不是还有"你这个遭天杀的"之类的话吗？站在历史主义的角度，我相信，如果今人生在汉武帝时代，所能提出的政治哲学未必优于董仲舒。老实说，我们对汉儒的历史地位有些过于轻视了。

第三期：汉末至隋唐五代，这是佛教东来融入中国，并与道教、玄学互动发展的时期，因此可以称为"三玄时期"。这一时期的重要性已如前述。

第四期：宋明理学时期。宋明理学是儒学应对佛教思想进入的产物，没有佛教进入，就不会有宋明理学。宋明理学为什么重要？因为元、明、清三代，朱熹的理学思想是王朝的政治意识形态，科举考试的试题就出自朱熹的《四书章句集注》。

第五期：清代。清代既是中国传统思想的衰落期，也是近现代思想的发育、成长期。清代思想是古代思想和近现代思想的接榫期。一般人认为，儒家士大夫抱持传统的天下主义反对西学，但接引西学的，也是儒家知识分子。康有为、梁启超就不是儒家吗？严复就完全不是儒家吗？如果没有清代思想作为中介，这一切可能发生吗？

必须指出的是，我之所以给中国思想史进行如上分期，更重要的是基于我对天人关系在这几个时期表现的各自特点的认识，而天人关系的变迁轨迹又与儒家思想的兴衰轨迹高度正相关。至于我在这方面的认识，在接下来的讲述中我会清楚地陈明，并进行较为深入地论证。

对于一个原生而悠久的文明来说，要与自己的思想文化传统一刀两断是不可能的，因为这一思想文化传统已经融入国民的血液，成了国民的基因，只是人们习焉不察罢了。换言之，书上的大传统或许已经断裂，但大传统已经深入民间，成为小传统——人民的思维习惯和生活方式，而这不是想断就能断的。比如，当代年轻人即便讨厌等级制，但聚餐的时候还是会讲究或遵从传统的座次习惯；年轻人即便讨厌传统的忠孝观，但也受不了别人指责自己不孝顺父母。这些都不能不说是受到了儒家思想传统的影响。事实上，我们至今仍生活在中国传统思想的延长线上。

不过，对于同样的事实判断，可以有截然不同的价值判断和立场选择。对此，我的看法是，历史从来不是静态的，根本不存在固定不变的思想传统，历史是用来解释的，也是用来创造的。《易经》六十四卦的最后一卦是"未济"，"未济"就是未完成，历史永远没有完成的那一天。

第二讲　商周革命：从天帝独作到天人合作

　　这一讲我们讨论中国思想的起源。古希腊人有一个观念，那就是开端主宰一切。其实用这个观念来理解中西思想史，也很恰当。

　　让我们从中西思想史的开端对比讲起。西方思想的源头有两个：一是希伯来信仰，一是古希腊哲学。希伯来信仰强调独一真神的重要性，认为存在一个高于一切存在的超验的上帝，宇宙、人间的一切都是由他创造、受他主宰的；上帝是善本身，人应该听命于上帝，听上帝的话就是善。古希腊哲学强调人的理性，但也不否认存在一个类似上帝的最高理念。强调理性的结果，是在治理上强调法治，亚里士多德就认为，只有法律才具有"不受欲望影响的理性"。他说："人在达致完美状态的时候，是最优秀的动物，然而一旦撇开了法律和正义，他就是最恶劣的动物。"但古希腊哲学家说不清那个看不见的最高的理念是什么，哲学家各执一词、莫衷一是。历史演进的结果就是到希腊化时代后期，人们普遍认为，那个最高理念就是希伯来信仰中的上帝。人们还发现，相信上帝的存在，不仅不会危害法治，而且有助于法治，因为在上帝眼里，人都是有罪的，可以将法治的源头锚定在上帝的律法。总之，从某种角度看，可以认为，在希伯来信仰与古希腊哲学的共同作用下，西方政治就是"法治"的政治，西方社会就是"法治"的社会。

那么，中国古代政治和社会的特点是什么？是"礼治"。所谓"礼治"，就是用"礼"来治理。中国古代政治，就是"礼治"的政治；中国古代社会，也可以叫作"礼治"社会。"礼之本"是仁德，所以"礼治"又可以称为"仁治""德治"。因为按儒家的说法，"仁"是人的本性，所以"仁治""德治"的实质是人治。

"礼"的观念古已有之，但"礼治"成为一种现实政制，始于周公"制礼"。但要说清"礼治"的来源，又不能不往前追溯。

周公之前的天下，从远古到殷商，可谓是"神（如今意义上的"神"）治"时代。也就是说，有一个至高无上的主宰，带着众多神祇在治理人间。需要说明的是，周代以前，人们把这个最高主宰称为"帝""上帝""昊天上帝"，偶尔也称为"天"；进入周代以后，虽然"帝""上帝""昊天上帝"还存在了一段时间，但"天"的观念还是逐渐取代了"帝"的观念。为了方便，我在下面统一将其称为"天"。

让我们先来考察一下周代以前中国人关于天（上帝）的观念。

在尧舜禹时代，中国先民就普遍存在对天（上帝）的信仰，与此同时，也存在祖灵鬼神信仰，只是祖灵鬼神的等次不如天（上帝）。《尚书·尧典》说，舜继位为王时，大祭天下，先是祭祀最高主宰上帝（"肆类于上帝"），然后祭祀其他鬼神（"禋于六宗，望于山川，遍于群神"）。

《尚书·皋陶谟》说，国家的法典、礼制、道德、刑法等均源自天（"天叙有典""天秩有礼""天命有德""天讨有罪，五刑五用哉"）。

《尚书·洪范》说，上帝还决定人间事务。他不喜欢禹的父亲鲧，就不将神法赐给鲧，他喜欢禹，就将神法赐给禹，禹因此治理好了天下洪水（"帝乃震怒，不畀洪范九畴""天乃赐禹洪范九畴"）。

商代先民也普遍存在天（上帝）信仰，《诗经·商颂·玄鸟》就讲到了商人的起源及商人灭夏的天命：

> 天命玄鸟，
>
> 降而生商，
>
> 宅殷土芒芒。
>
> 古帝命武汤，
>
> 正域彼四方。

（天帝命令玄鸟，玄鸟降世生商人，居住在茫茫的殷土之上。天帝命令商汤，起来征伐四方。）

所以在《尚书·汤誓》中，商汤就自豪地说，夏桀有罪，上帝命令自己来消灭他（"夏氏有罪，予畏上帝，不敢不正"）。

殷商时代是神灵谱系秩序化的时代，"帝""天"是诸神之神，之下风雨雷电、日月星辰、山河大地、四面八方都有分管的神灵。一个完整的时空观念被构造出来了。与此同时，中国和四夷的观念也被构造出来了。这个宇宙神灵世界是一个等差结构，祖宗的神灵系统也是一个等差结构，祖灵世界以父系血缘为主构成，兼及母系血缘。祭祀自然也就分出等级来了。殷商时代，历代天子都是首巫，历代名臣都是巫师，人民也形成了事事皆向鬼神占卜的习惯。

但据学者杨鹏的研究，到了商代后期，商王心中的上帝，是一个非道德的、有害的、不确定的、不可靠的、自然主义的上帝。上帝不断降祸，商王遂逐渐以祖灵崇拜替代上帝崇拜，最后竟发展到亵渎和挑战上帝的地步：商王祖庚或祖甲在祭祀他们的父亲武丁时，开始称武丁为"帝丁"，以后也有商王沿用这样的传统。这明显是对上帝的僭越。而到商王武乙时期（前1147—前1113），甚至让人装扮天神，与天神斗，羞辱天神。还用皮囊盛满血，用箭"射天"。（《史记·殷本纪》："帝武乙无道，为偶人，谓之天神。与之博，令人为行。天神不胜，乃僇辱之。为革囊，盛血，卬而射之，命曰'射天'。"）以至于到末代天子纣王在位的三十年（前1075—前1046），干脆就不向上帝卜问了。

进入周代，天（上帝）的信仰更是有增无减，但其具体表现已出现巨大不同（具体见后文）。

通观考古实物及文献记载，杨鹏认为，先秦对天（上帝）的特征的认识包括五个方面：造物者、主宰者、立法者、公义者、无形超越者。不同时期的具体认识也有所不同：甲骨文中的上帝不是造物者，没有道德性、不与人沟通并赐以恩典；金文、《尚书》中的上帝具有明确的人格性、道德性、对王权的主宰性和对君王的选择性；到了《诗经》时代，上帝出现了两个突出特征，一是造物者，二是与人交流的对象。

如果用最简练的语言概括，我认为，商周之际中国人天（上帝）观念的最大变化是：周以前的上帝独行其是，根本不考虑人的意愿；周以后是"天人合作"，人可以通过努力赢得天的认可和祝福，也即是"以德配天"。这一巨大变化发生的根源就在于商周革命。

商周革命不仅是一次政治革命，更是一次巨大的信仰、观念革命。必须指出的是，中国思想界对这场革命的认识普遍不足，认识的方向也错了。大多数思想史家认为，中国思想史上最重要的时代是春秋战国，因为彼时诸子百家兴起，学派林立，但在我看来，中国思想史上第一重要的时代是商周革命，以及由此产生的周公制礼，因为它规定了中国思想史的发展方向。

让我们回到商周易代的历史处境来考察这一革命的性质及其对思想史产生的深刻影响。

"周"本是来自华夏西部的小部落，武王伐纣实际上是一个小部落联合众多部落讨伐殷商部落的战争。这场战争相当惨烈，武王虽然征伐成功，赢得了天下共主的地位，但殷商王朝的后裔及殷商王朝的同盟部落并未被彻底征服。武王死后，成王时期，商纣王的儿子武庚还联合殷商盟友发动了反周战争。当时成王年幼，周公摄政，组织东征平叛。虽然平叛成功，但平叛过程其实相当艰难，平叛结束后，政治形势仍不安稳，因为反周势力逃亡到了南方。即便到周昭王时代，昭王亲征南方，也没有征服反周势力，反而自己兵败身亡。

严峻的形势迫使周公考虑一个问题：周王朝如何才能长治久安，避免重蹈殷商覆辙？他得出的结论是：要用"礼治"代替殷商的"神治"。换言之，也就是用人治代替"神治"。因为在他看来，神意不可控，可控的是人的主观努力。对于身经百战，且常常以少胜多的周公来说，得出这个结论是不奇怪的。东征结束后，周公开始了"制礼作乐"。

"礼"是什么呢？礼不仅仅是我们今天讲的礼仪，更是一套整全性的、以维护社会秩序为目的的社会规范，涵盖范围远远超过法律条令。"五经"中就包括《礼》经。《礼》经一方面讲周代的政治制度，另一方面也讲不同身份的贵族的礼仪规范。这些礼仪规范非常细致，对贵族的言行举止、衣食住行等都有非常详细的规定。比如，周天子可以用九鼎吃饭，诸侯只能用七鼎，卿大夫只能用五鼎，普通的士就只能用三鼎。礼治是一个金字塔式的治理结构，天子高高在上，然后实行层级式管理，最底层的就是老百姓。至于礼的丰富性和全面性，《礼记》中的一句话说得非常清楚："经礼三百，曲礼三千。"意思是说，礼的纲要就有数百条，细目更是多达数千条。

"礼"源自哪里呢？"礼"就是长期以来先民祭天、祭神的仪式和规则的成文化。当然，在这种成文化的过程中，天子会组织礼官对其进行修订和条理化，加入自己的总结、理解，所以，"礼"就是"理"。《左传》文公十五年（前612）季文子说："礼以顺天，天之道也。"《礼记·礼运》说："夫礼，先王以承天之道，以治人之情。"《礼记》还说："礼也者，理之不可易者也。"李泽厚先生在《孔子再评价》中说："所谓周礼，其特征是将以祭神（祖先）为核心的原始礼仪，加以改造制作，予以系统化、扩展化，成为一整套习惯统治法规（仪制）。以血缘父系家长制为基础（亲亲）的等级制度是这套法规的骨脊。"

礼治的核心，对外是封建，对内是宗法。

什么叫"封建"？就是"分封建国"，天子把天下的土地分封给自己的儿子和功臣，让他们建立国家，而这些功臣也是自己的家臣。领受封地的人就是诸侯，诸侯又把土地再分封给自己的儿子，受到封赏的人就是大夫。这样一级级封下去，所以叫"封建"。在封建制下，下一级仅对上一级负责，不能越级负责，比如对天子负责的只是诸侯，老百姓与天子之间不发生直接联系，他们只需要对他们依附的诸侯或大夫负责就行了。

另外，先秦的封建制又与嫡长子继承制等其他制度相结合。什么叫嫡长子继承制？就是说天子、诸侯、大夫等的权位、名号必须由正妻生的长子来继承，分封到封地的，是其他儿子。这样，金字塔式的政治、社会结构就形成了。

什么叫"宗法"呢？浅白地说，就是一个家、一个宗族是一个利益共同体，有好处，得分给共同体内部的人，大的好处分给直系亲属，尤其是儿子，小的好处就分给旁系亲属。封建制后来消亡，秦朝以后，郡县制代替了封建制，但宗法制度贯穿了整个中国古代社会。

宗法制源于血缘崇拜。中国人为什么要搞祖先崇拜？因为相信血缘，认为血缘最靠得住。中国人为什么有"不孝有三，无后为大"，多子多福的思想？因为子孙身体里流淌的是自己的血脉，而这血脉又是源自祖先的。人都有一死，但中国人认为，自己死后，自己的血脉还在，相当于自己的灵魂就延续下来了。

宗法制直接导致了家长制和家天下，权力私有，公私不分，既化公为私，又化私为公。"国家"这个词典型地反映了中国的宗法精神，"国"不过是"家"的放大，对君王来说，家事就是国事，没法分开，这就是所谓的"家国同构"。其实在古希腊，柏拉图也主张家国同构。亚里士多德对此坚决反对，他认为城邦与家庭的运转逻辑截然不同。他在《政治学》一开篇就说："有人认为政治家、君王、家长以及主人的意思是同一的，这种说法荒谬绝伦。"但中国人即使到现在，受家国同构观念的影响依然很大。我们不是还有"家国情怀"的说法吗？我们还没有走出家国同构的观念，还没有从观念里把家与国分开。

家天下又是怎么来的呢？从历史上考察，传说尧、舜都是公天下，尧把天下禅让给舜，舜把天下禅让给禹。舜不是尧的儿子，禹不是舜的儿子。那个时候是传贤不传子。但天下传到禹这里，他死后，臣民都拥护他的儿子启继位。启死后，直接把位子传给了儿子，中国由此就进入了家天下时代。需要说明的是，这些只是传说和美好的想象，没有，也不可能有证据证明其真实性，甚至尧舜是否存在都很难说。

问题是，任何政治制度都存在一个合法性问题。所谓合法性，就是一套逻辑自洽的说辞，这套说辞要说服老百姓，使老百姓心悦诚服，否则任何统治都是没法持续的。礼治的合法性来自哪里呢？我在前面说到了处于金字塔顶端的天子要分封诸侯，要行宗法，老百姓为什么要听他的呢？这就不得不再次回到"天"这个人间权力的合法性源头。

要言之，周公对从远古到殷商的天（上帝）的观念进行了转化性创造，将"上帝"观改造成了"天道"观。周公的具体思路可以概括为如下四点：

第一，他继承了商人的宇宙观。让我们先来看孔子说的一句话："为政以德，譬如北辰，居其所而众星共之。"你看，天子像北极星一样，位居中央，天子以德治国，大臣就应该像星辰一样拱卫他。葛兆光说，早在上古时代，中国的先民已经有宇宙的观念，认为天地有中心与边缘，中国人自居天地中心，而帝王又是人间的中心。这个观念"通过一系列的隐喻，在思维中由此推彼，人们会产生空间关系上中央统辖四方，时间顺序上中央早于四方，价值等级上中央优先于四方的想法"。这些比喻、隐喻揭示的是什么呢？揭示的是人间秩序的合法性来自于天。比如，北极星是天的中央，被比喻成北极星的天子就是人间的中央，作为中央，当然都有被"众星共之"的权力。所以，中国人的王权观源自宇宙观。既然天是围绕北极星旋转的，人就该围绕天子转。这些想法既然源自于天，王权自然就是神圣的。但显然，北极星所居之天，是我前面讲过的自然之天，不是主宰之天。不过，中国思想中这种混乱、混杂、含糊所在多有，只是经不起追问。

第二，他继承了商人的天命观。《尚书·召诰》中说，皇天上帝改变了长子大国殷朝的天命（"皇天上帝改厥元子兹大国殷之命"）；《尚书·泰誓》中说，"商罪贯盈，天命诛之"；《尚书·康诰》中说，上天给文王下达大命令，灭除戎人殷王（"天乃大命文王殪戎殷"）。周成王时期（前1042—前1021年在位）的青铜器"何尊"、周共王时期（前922—前900年在位）的青铜器"史墙盘"铭文中就说，周文王是承受了上天大命来管理万民的（"肆文王受兹大命""曰古文王，初釐穌于政，上帝降懿德大丕，匍有上下，遹受万邦"）。上面已经说过，周代的天与人是可以沟通的，但天子是天人之间联系的枢纽，他上承天命，下令百姓，借助巫史卜祝一类人来解释天命。垄断了对天命、天意的解释权，也就垄断了话语、垄断了真理，这样，也就垄断了人心。由此，天子才可以号令天下。

第三，他通过引入道德的观念，改造了天命，控制了天意的方向。"德"原本是指巫师得自神的某些神秘品质和能力，后来演化为独立的品行、德行。客观而言，通过引入"德"的观念，周公把主宰之天改造成了与人合作之天。周初，召公告诫成王，夏、商之所以败亡，就是因为他们的王"惟不敬厥德，乃早坠厥命"，所以成王要"敬德"才能长保天下。这是典型的天命归于有德，"皇天无亲，惟德是辅"（《尚书·蔡仲之命》）的思想。由此可以看出，"德"是一个可以独立于主宰之天的主宰力量，所以人对天命，并不是只能逆来顺受，人事本身就可以影响、转移天命。从这个角度论，周公减弱了主宰之天的主宰力。将王的德性与天命结合的例子在《诗经》里随处可见。比如，说上天创生众民，有事物有法则，民众秉持上天法则，爱好人之美德（"天生烝民，有物有则。民之秉彝，好是懿德"）。比如，上帝对文王说："我喜爱你有光明的德性，你不疾言厉色，你治理百姓不依赖棍棒和皮鞭。你不依赖自己的知识，你全心顺从上帝的法则。"上帝命令文王："征求盟国之意见，与兄弟同仇敌忾。用你登城之钩梯，用你破城之冲车，征伐不敬之崇国。"（"帝谓文王：'予怀明德，不大声以色，不长夏以革。不识不知、顺帝之则。'帝谓文王：'询尔仇方，同尔弟兄。以尔钩援，与尔临冲，以伐崇墉。'"）如此等等。《尚书·吕刑》甚至认为，人实现上天之德，可以创造、获取天命（"惟克天德，自作元命"）。

第四，他引入了民意来解释什么是"德"。"德"就是通过自己的行动得到上天和民众的认可，就是敬天爱民。如何获知天意呢？周公的解释是，民意就是天意：上天所听所见，通过人民所听所见来实现。上天之威罚，通过民众的威罚来实现（《尚书·皋陶谟》："天聪明，自我民聪明。天明畏，自我民明威。"）。上天通过什么来看？通过人民的眼睛。上帝通过什么来听？通过人民的耳朵（《尚书·泰誓》："天视自我民视，天听自我民听。"）。

问题在于，为什么民意就具有天然的合法性？上天为什么必须听从民意？怎么证明这就是上天的意思？民意难道不会错吗？多数人的暴政在历史上难道没有出现过吗？什么是民意？民意如何汇聚？上天听从的是具体个人的民意还是作为集体的民意？民意难道不可以操纵吗？天子既然垄断了人与天沟通的权利，人民还能与天沟通，这里没有逻辑矛盾吗？天子既然可以"自作元命"，长此以往，难道不会自以为神、自我造神吗？天人合作的实质是，人僭越天的主权。半个主宰之天，还是主宰吗？

关于民意是否具有天然的合法性，就连孔子都是表示质疑的：

> 子贡问曰："乡人皆好之，何如？"
> 子曰："未可也。"
> "乡人皆恶之，何如？"
> 子曰："未可也。不如乡人之善者好之，其不善者恶之。"
> （《论语·子路》）

简言之，孔子认为，民意不代表善，民意之上尚有善恶。

以上追问，有人或许会认为是理论上的吹毛求疵，但只要考诸历史，不难发现，天人合作说正是人间造神运动的理论源头。

中国的守旧派喜欢说"天不变，道亦不变"，但如我上述所言，

"周公制礼"是中国思想史的起源，而从"周公制礼"开始，中国人的"天"其实已经变了。"周公制礼"的实质，是拉低了主宰之天的地位，而此后的整部中国思想史，本质上就是不断拉低主宰之天的地位的历史。中国古代史越到后来越走向专制，到明清两代达至巅峰，好学深思之士，能不察乎？

第一章

第三讲　春秋战国：道术将为天下裂

这一讲我们讲春秋战国。众所周知，春秋战国是中国思想史上的盛世，诸子百家都诞生在这一时期。遥想当年，可谓群星闪耀、光芒万丈。中国此后两千年，很难找到一个时代可以与春秋战国相比拟。

德国哲学家雅思贝尔斯有一个著名论断：公元前800年到公元前200年，世界上几大主要文明区域几乎是不约而同地实现了文化上的超越突破。他把这几百年称为人类文明的"轴心时代"。中国的春秋战国就处于这个轴心时代，中国也在这个时代实现了文化上的超越突破。

所谓"超越突破"，就是人的思想从具体的生活环境中抽离出来，开始思考人生意义和是非对错之类终极价值。更重要的是，这种对终极意义的思考不仅仅发生在一个人身上，而是一个文明体中知识人共同的天命。简言之，超越突破可以等同于人的主体意识的觉醒。

不同的文明传统对终极意义的回答不同：在希伯来宗教文明中，人们认为人生的终极意义就是对神的皈依；在古希腊文明中，终极意义就是运用理性追求知识；在印度文明中，终极意义就是追求解脱；

而在中华文明中，人们认为人生的终极意义就是成为一个道德完善的人。换言之，在中国，超越突破的方向是道德自我之建立。

那么什么是道德？道德指向的价值是"善"，那么什么是善呢？在我看来，人类根本无法自己定义什么是善。孟子说，"可欲之谓善"。但什么叫"可欲"？"可"与"不可"的标准谁来定？事实上，中国思想从来就没解决"善"的定义问题。不过儒家认为，我们只需要叩问内心，就可以知道什么是善恶，一个人的言行都指向善，这个人就是一个善人，一个有道德的人。

为什么中国人会认为人生的终极意义是成为一个有道德的人呢？因为上天护佑善人，不护佑恶人。

从外界环境而论，中国人重道德与中华文明发源于黄河流域有极大关系。在古代，黄河经常泛滥，人民生存、生活很不容易，为了应对天灾，延续血脉，就必须重视繁衍，家族、宗族内部就必须抱团，血缘崇拜是增进家族、宗族凝聚力的推进器。由此就产生了家庭伦理。家庭伦理既是宗族抱团的手段，也是中国道德哲学发展的基础。

接下来的问题是，华夏文明为什么会在春秋战国时期实现超越突破？简单地说，因为突破的时机到了，不突破不行了。

上一讲我曾提到，中国旧时秩序的核心是礼，礼的合法性来自"天""帝"。但到春秋战国时代，叠床架屋的礼让人窒息，不能适应日益巨变的时代，人们干脆就把它扔到一边去了。于是，礼崩了，乐坏了，人心散了、乱了，此所谓"道术将为天下裂"。

我们来考察一下周代礼崩乐坏的发展轨迹。先来说说周代天子的权力问题。柳宗元写过一篇著名的文章《封建论》，他认为，周原来只是部族，之所以能够得天下，是联合其他部族共同革命的结果。所以，事成之后，不得不行封建。既然是联合，天子对其他部族的统治就只能是温和的，而不能是强硬的，必须照顾其他部族的利益。周即便取代了商，周天子仅仅依靠自己的部族是无法统治天下的，所以周天子只是天下"共主"。也就是说，周天子的权力一开始就不大。按政治学的话说，周只是一个"联邦"，而非单一制国家。

在我看来，周天子统治天下靠"四驾马车"：一是天命；二是封建；三是宗法（血缘）；四是军事实力。而在春秋战国时期，这"四驾马车"都成了老马破车。上一讲我曾谈到，周天子通过与天建立联系，取得天命，也就是取得统治的合法性，然后分封诸侯，通过血缘亲情来统治天下。其实，这只是软的一方面，还有硬的一方面，作为天下共主，周天子必须有强大的军事实力。诸侯要是不服天子，诸侯之间要是闹矛盾，周天子要确保能出兵战胜反叛的诸侯，要确保能调停诸侯之间的摩擦。所以《左传》说，"国之大事，在祀与戎"。意识形态固然重要，血缘亲情固然重要，但要是没实力做保证，肯定不行。

周代的这一套统治逻辑显然是有问题的。首先，血缘亲情也未必靠得住。经过几代分封，血缘就越来越淡了，后世的诸侯之间都未必认识，哪里还顾及什么亲情？亲情的约束力失效，实力的重要性就凸显出来，所谓"枪杆子里出政权"。当实力强大的诸侯通过发挥自己实力尝到的甜头越来越大的时候，大家就都不信什么天命了。周天子既然天命在身，怎么还保不住你的权力呢？按周公的说法，天命归于有德之人，天子拢不住天下诸侯，是否证明你已经失德，天命是不是该转移了？这种思想，也就是通常说的"皇帝轮流做，今天到我家"，"王侯将相，宁有种乎？"。

所以，周天子如果没有实力，封建制就只能土崩瓦解。春秋战国时期就是封建天下向专制天下的急速过渡时期。从当时的天下列国秩序而论，诸侯兼并不断加剧。春秋时，诸侯国还很多，到战国时，就只剩所谓的"七雄"了。从列国内部制度而论，封建制越来越行不通。春秋时，封建制已经开始松动，不仅秦国在搞编户齐民，推行郡县制，其他国家也有推行郡县制的。到战国时，封建制就加速瓦解了。

让我们来看看周天子作为天下共主的权力是如何逐渐丧失的。早在公元前841年的周厉王时代，都市平民就造了厉王的反，由此引起召公和周公联合摄政，这就是所谓的"周召共和"。召公、周公后来把政权还给了周宣王，但周宣王后来又被姜氏之戎打败，宣王不得不搜刮民财，加征壮丁。公元前771年，周幽王烽火戏诸侯，被少数民族杀死于骊山，西周灭亡。第二年，周幽王的太子在晋、郑、卫、秦等诸侯的拥立下即位，并迁都洛阳，东周王朝走上历史舞台。东周分为两段，春秋和战国。东周时期，中央政府一直不具备强大实力，天子足不出洛阳一带，靠诸侯的"救济"过日子。

周天子后来沦落到什么地步呢？郑国居然敢掠夺周王室土地上的农产品。由此导致周王室缺粮，只好由鲁隐公出面向宋、卫、齐、郑等诸侯告借粮食。郑伯朝见周天子，周天子仍在摆谱，大臣就感叹，王室可是依靠人家诸侯活着呢。后来，王室与郑国发生冲突，郑人竟然射伤周天子，还把象征天子权力的宝器抢走了。

周天子连自己的生存都难以确保，作为上天之子的权威也就逐渐荡然无存了。在这种情况下，那些替周天子沟通天地神灵的巫史祝卜也只能纷纷离开中央，或走向诸侯，或走向民间，甚至有走向夷狄的，这就是著名的"王官失守"浪潮。

诸侯之间连绵不绝的兼并战争导致了礼崩乐坏，原来被认为天经地义的事情现在变得不那么天经地义了，最后甚至发展到天崩地裂的程度，人们的思想观念陷入极大的混乱之中。同时，"王官失守"直接导致了士阶层的独立和崛起。他们以前是王室的巫史，现在成了游士或隐士。于是，针对政治、社会的种种乱象，他们中的精英分子进行了深刻思考，思考的核心主题是：天下如何才能重归稳定？人心如何才能重新凝聚？人活着到底是为了什么？

这是一个痛苦的时代，也是一个自由的时代，因其痛苦，却又自由，所以是产生思想家的时代。当整个社会有大困惑、大痛苦，需要思想家引领的时候，才能产生思想家。思想家是解索人们如何走出痛苦的人。承平时代不会产生大思想家，因为那时的社会没有这个需求。百家争鸣正是在强大的社会需求下爆发的。

公元前510年左右，齐国相国晏子和晋国上大夫赵武都认为，天象、天灾、鬼神与人的行为之间没有必然联系。这就是直接怀疑传统的宇宙观和神灵观。既然传统的天都靠不住了，那能靠什么呢？只能靠人自己了。所以，春秋时期虞国大夫宫之奇说："鬼神非人实亲，唯德是依。"于是，人作为万物灵长，开始觉醒了，人的主体性产生了。

如果我们放宽看待历史的视野，就会发现，中国历史上，这种传统的宇宙观崩塌以后，必然导致人对理性的呼唤。大致而言，春秋战国不过是第一次，东汉末年到魏晋是第二次，宋初可以算第三次，晚清可以算第四次。当然，中国人的这种理性是常识理性、实用理性，不是康德所说的那种纯粹理性。因此，春秋战国，诸子百家都是一定程度上的理性主义者，至少都是人文主义者。

回到超越突破问题。超越突破前后，中国人关于"天"的观念发生了哪些变化呢？

一方面，周初的人关于天的观念里还有浓烈的人格神成分，但超越突破以后，诸子百家开始构建一个"道"的观念来逐渐消除主宰之天的观念。虽然"道之大原出于天"（董仲舒语），但"道"如同"礼"一样，一经出现，就逐渐走向独立了。这个"道"，表面上是天道，实质上却越来越偏于人道了。要言之，如果说周初思想史的大转折是从"上帝"观转到"天道"观，那么春秋战国思想史的大转折，则是从"天道"观转到"人道"观。

另一方面，"天命"的对象和内容都发生了巨大改变。就对象而言，天以前只对天子和辅助天子祭祀的巫师发令，现在，人人都可以直接祭天，与天沟通，庄子甚至喊出了"与天为徒者，知天子之与己，皆天之所子"！也就是说，人人都是天之子！连天子这个首巫都可以一脚踢开，人还需要其他巫师作天人沟通的中介吗？当然不需要。再就天命的内容而言，以前天命针对的是整个天下的军政大事，如今则可以针对个人的职责。比如，天给孔子的天命就是振兴中国文化，所谓"文王既没，文不在兹乎"？天给孟子的天命就是平治天下，所谓"夫天未欲平治天下也，如欲平治天下，当今之世，舍我其谁也"？余英时说："周公'制礼'，更新了夏、殷以来的礼乐传统，诚然是一大变动，但终极关怀则仍沿而未改，即王朝的'天命'问题。孔子以'仁'说'礼'则根本脱出了王朝'天命'的旧轨道。他重新寻找'礼之本'，不外向天地而内向人心，最后归宿于'仁'。以孔子的'仁'与周公的'德'相比，差异极其显著：'仁'在个体的内心，'德'则属于集体的王朝；不但如此，'仁'主要出于个人的意志（'为仁由己'），'德'则受'天'的制约（'上帝降懿德'）。"

正是因为人人都可以直接与天沟通，瓦解了天子与天沟通的特权，君师合一、政教合一的观念就受到了部分儒家知识分子的挑战。孔子在世时就被人认为可能成为圣人，诸子百家也都有自己的"道"。这两重因素的出现，就为后来儒家构建"道统"，并希望用"道统"来制约"政统"提供了空间。如果天一直是主宰之天，而大意一直由天子垄断，那么君师合一、政教合一就具有天然的正当性，儒家的道统说也就无法立足。

超越突破分两种：一种依靠神力实现，可以称为"外向型超越突破"；一种依靠人自己的力量，可以称为"内向型超越突破"。与此相应的宗教也分两种：一种是他力拯救型，如基督教；一种是自力拯救型，如佛教。中国诸子百家都不是宗教，那么，由他们发起的这场超越突破属于什么类型？显然，属于内向型。对此，孟子的几句话是最好的证据。

公元前612年，季文子说："礼以顺天，天之道也。"显然，这里的"天"是主宰者，"礼"只有顺服的分。但到孟子这里，却说："仁义礼智，非由外铄我也，我固有之也。"又说："仁，人心也。"那么，人如何才能与"天"沟通呢？孟子说："尽其心者，知其性也；知其性，则知天矣。存其心，养其性，所以事天也。"也就是说，"知天""事天"都并非天神的恩赐，而是人自己"尽心""知性""存心""养性"的结果，是自己努力的结果。孟子还说过"万物皆备于我""上下与天地同流"这样的话，而道家的庄子也说"天地与我并生，而万物与我为一"。

余英时先生认为，超越突破以后，"心"取代"巫"成了天人沟通的中介。余先生说："新天人合一是思想家在轴心突破过程中发展出来的，它的特征可以归纳为一句话——'道'与'心'的合一。这个新合一既完全与鬼神无涉，其中自不可能为巫的活动留下任何空间。"诚然如此。不过从另一面看，人类真的可以离开主宰之天而自作主宰吗？人类真可以离开天而自我救赎吗？

这是一个非常复杂的问题，我在此后将多次从不同侧面论及这个问题。中国思想史的事实是，在经历春秋战国的超越突破以后，天人之间的距离越来越远了。也正是由于这个原因，诸子百家的思想，主要都是面向人世的政治哲学。

诸子百家，虽号称"百家"，但真正对中国后世思想产生深远影响的不过儒、墨、道、法四家。在社会制度由封建向专制急剧过渡的历史关头，这四家的态度就很不同。前三家主张复古：儒家维护周礼，墨家倡导夏政，道家更是要复古到原始社会去；只有法家承认现实，而且拥抱专制。

为什么会出现这种不同呢？萧公权先生在《中国政治思想史》中对此的论述尤其精辟：

> 在此由封建天下转为专制天下之过渡时期，政治思想之可能态度，不外三种。（1）对将逝之旧制度表示留恋，而图有以维持或恢复之。（2）承认现状，或有意迎合未来之新趋势而为之张目。（3）对于一切新旧之制度均感厌恶，而偏重个人之自足与自适。就其大体言之，儒墨二家同属第一类，法家诸子属第二类，道家之老庄及一切"为我"之思想家，独善之隐君子，即皆属第三类。若更进而加以剖析，则儒墨二家虽皆同情于封建，具有复古或守旧之色彩，然儒家从周尚文，观点近于贵族，墨子背周尚质，观点纯乎平民。就此论之，则墨虽同情于封建天下之政治制度，而其不满意于宗法社会之阶级组织则甚显然。故二家之态度，实有重要之区别。孔子可称宗法社会之圣人，墨学则不啻世卿制度之反动。孟荀二子则生当战国而较少从周之成分。孟犹近孔，荀稍近法。至于法道二家，其区别更为明显。前者取君主之观点而维新，后者为个人图解放而消极。一为专制天下作先驱，一对衰乱政治提抗议。

儒墨道法，虽针锋相对，但从师承来讲，彼此也有渊源关系：墨子曾"学儒者之业，受孔子之术"；法家的重要代表人物，多曾受业于儒，其典型者莫如韩非、李斯，两人皆出于荀子之门；法家与道家也有密切关系，韩非曾有"解老""喻老"之篇；即便是道家与墨家，也有相通之处。正因为诸子百家均有师承渊源，所以虽然春秋战国时期他们之间的主要表现为争鸣，但到战国末期，诸家思想之融合就已经露出苗头，到秦汉，融合就成了时代大潮了。这是我们研究思想史不能不看到的内在逻辑。

那么，诸子百家，尤其是儒、墨、道、法四家，到底在争论什么呢？从下一讲开始，我们就分头来讲。

第四讲　孔子：重估万世师表

这一讲我们讲孔子。

在当今中国，有几个人是我们思想立场的试剂，只要提到这几个人，人群立即自然划分成两拨，一拨坚决赞成，一拨坚决反对，孔子就是这几个人之一。所以，要讲好孔子，很难；要让大多数人认可你讲的孔子，更难。

问题的复杂性在于，我们评述历史上的著名人物，包含两个维度：一是历史的维度，也就是评述那个独立的个人在世时的功过得失；二是后世的维度，也就是评述被后人塑造的、作为符号的那个人在历史长河中的得失。具体到孔子来说，他在世时，不过是个不得志的官员和老师，但汉武帝独尊儒术以后，他一步步地就逐渐成了"圣人""至圣先师""素王"，因此对他的评价，自然会有不同。我讲孔子，会先从历史的维度开始讲，最后主要从后世的维度进行简要的评论。

我准备用这样几个关键词来勾勒孔子的思想：一是"复礼"；二是"仁"；三是"君子"；四是德治；五是两可；六是"天"。

我们先来看"复礼"。如前所言,"礼"是一套等级制,也可说是一套习惯法。孟子说得很清楚:"天下之达尊三:爵一,齿一,德一。"也就是说,"礼"是以人的地位、年龄、道德为标准来构建的人间秩序。上一讲说过,孔子所生活的时代,是一个礼乐开始崩坏的时代,人们对周礼的形式主义产生了深深的质疑。公元前537年,晋国三军司马女叔齐就批评那个非常好"礼"的鲁昭公,说他遵从的"是仪也,不可谓礼""焉知礼"。公元前517年,郑国正卿子大叔也批评赵简子"是仪也,非礼也"。但孔子的态度是坚决拥护周礼,要"宪章文武""克己复礼"。子曰:"非礼勿视,非礼勿听,非礼勿言,非礼勿动。"拥护周礼就是拥护周代的政治、社会制度。

孔子为什么要拥护周代的政治、社会制度?因为他认为,春秋时期的政治、社会乱象之所以产生,就是因为诸侯、权臣不遵守礼制。为了社会重归稳定,必须恢复周礼。

所以,孔子非常强调"正名"。子路问为政之先,孔子说:"必也正名。"为什么?因为,"名不正则言不顺,言不顺则事不成,事不成则礼乐不兴,礼乐不兴则刑罚不中,刑罚不中则民无所措手足"。为什么"孔子著《春秋》而乱臣贼子惧"?因为《春秋》的核心思想就是正名定分、尊王室、敬主上、斥贵族权臣的僭越篡夺。《论语》也一样,《论语》里,孔子经常批评贵族权臣的僭越,他主张"天下有道,则礼乐征伐自天子出"。齐景公问政,孔子告以"君君,臣臣,父父,子子"。君要干君该干的事,臣要干臣该干的事,这都是为了让人各安其分。人们各安其分,言行不出其位,政治、社会自然就稳定了。

问题在于,当时的人们为什么不遵周礼?孔子认为,那是因为周礼僵化了,以至于法令滋彰。所以孔子感叹:"礼云礼云,玉帛云乎哉!乐云乐云,钟鼓云乎哉!"他反对礼乐的形式主义。但是,单纯靠号召恢复周礼，根本不管用。那么，怎么办呢？就要增强"礼"的合法性，回答如何才能让人"各得其所，各安其分"，这就要讲关于孔子的第二个关键词——"仁"。

孔子的核心思想，不是"礼"，而是"仁"。孔子之所以被认为是"贤于尧舜"的圣人，不是因为维护周礼，而是因为通过对礼的正义性、正当性的追问，为周礼灌注了新精神。这个新精神，就是道德，就是"仁"。孔子年轻时收的弟子，从他那里学的主要是"礼"，如子夏、子游；晚年收的弟子，学的主要是"仁"，如曾子、子张。

孔子在《论语》里提到了百多次"仁"，但每次表达的意思都不完全相同。那么，到底什么是"仁"？"仁"字，左"人"右"二"，意思是，要把别人当成与自己一样的人看待。所以，樊迟问"仁"，子曰："爱人。"仲弓问"仁"，子曰："己所不欲，勿施于人。"子贡问"仁"，子曰："夫仁者，己欲立而立人，己欲达而达人。"孟子也说："仁者爱人。"所以，"仁"就是爱，只不过，由于孔子主张封建宗法等级制，所以他主张的"仁"是一种等差之爱。因为要把别人当成与自己一样的人看待，就要消除私心，所以"仁"就是公心。

"仁"与"礼"是什么关系？一方面，"克己复礼为仁"。也就是说，祛除私心杂念，恢复礼的秩序就是"仁"。但另一方面，"人而不仁，如礼何？"离开了"仁"的精神，"礼"也就不成其为"礼"了。也可以说，"礼"是形式，"仁"是内涵，二者一体两面。

有人或许会问，孔子说他的道"一以贯之"，而曾子认为孔子之道就是"忠恕"之道，这不是与你上面讲的"仁"道不同吗？其实只要联系孔子的其他话来分析，即知"忠恕"就是"仁"。宋儒说："尽己之谓忠，推己之谓恕。""忠""恕"都是迈向"仁"的实践功夫，前者是对自己内心的省察，后者是对别人的言行、态度。

仁爱，源自人的主观情感，但它又必须表现为客观行动，最后实现世间万物一体归仁的理想社会。这是一种逐渐扩展的秩序，《大学》"八条目"论证的就是这种以修身为中心的秩序。这个秩序融汇了个人道德、社会人伦和政治制度，是人与己、家与国贯通的秩序。

西方有个人主义与集体主义对举之说，但儒家的"仁"，讲的既不是主张个人权利的个人主义，也不是主张国家、民族权利的集体主义，它是从主张人与人之间双向交互的关系开始，最后上升到治国平天下。因此可以说，孔子想要建立的天下秩序，是一个道德理想国，孔子是这个道德理想国的缔造者。而儒家学说，是一种道德理想主义。这种道德理想主义，以周礼为蓝本，证明了封建宗法制度的合法性和合理性；又以仁为内核，使其充满温情，让人愿意主动接受。

李泽厚先生曾分析过孔子仁学思想的结构，下面我用自己的理解来复述一下李先生的观点：

第一，"仁"是基于血缘的。所以，孝悌是"仁"的基础，亲亲尊尊是"仁"的标准。所以，孔子的弟子有子说："孝弟也者，其为仁之本与？本立而道生。"

第二，"仁"是诉诸人的心理的。孔子的弟子宰我问孔子，为什么父母死了，子女要守丧三年呢？孔子的回答是："子生三年，然后免于父母之怀。"你如果不守丧三年，心安吗？不管是否为孔子的主观意愿，但当"仁"成了心理原则，外在的血缘就服从于人的内在心理了。"仁"本来是用来解释礼的合法性的，但强调了"仁"的心理来源之后，它就独立于礼，以至于礼变成了从属于"仁"的东西了。这样一转换，结果是，具体的礼仪规章可以改变，但人的仁爱心是永恒不变的。

第三，"仁"的思想是一种人道主义。孔子从来不是宗教主，儒家也从来不是宗教。"子不语怪力乱神。""季路问事鬼神，子曰：'未能事人，焉能事鬼？'曰：'敢问死。'曰：'未知生，焉知死？'""祭神如神在，祭鬼如鬼在。""樊迟问知，子曰：'务民之义，敬鬼神而远之。'"可见，出于人道主义立场，孔子悬置了鬼神问题，或者说用仁心化解了宗教问题。如上所言，他鼓励人们扩展仁（人）道，以此获得人生意义。"入则孝，出则弟，谨而信，泛爱众，而亲仁。"这样，就能完成人的心理自适，也就是心安。

中国文化为什么没有孕育出真正的宗教，根源就在于商周革命后，周文化逐渐强调的是此世的心安。孔子为什么悬置鬼神问题？我认为与此前的"天崩地裂"有关。在他看来，上天鬼神靠不住。如果靠得住，周天子的权威为什么衰落呢？所以孔子"不怨天，不尤人"，他靠的是人的仁爱之心。孔子的这一思想，或许受子产的影响，子产就说过："天道远，人道迩。"

第四，"仁"强调个体人格的主动性、独立性与道德担当。孔子倡导人们做君子，做圣人。"士志于道。""士不可以不弘毅，任重而道远。仁以为己任，不亦重乎？死而后已，不亦远乎？""君子无终食之间违仁，造次必于是，颠沛必于是。""仁远乎哉？我欲仁，斯仁至矣。"君子是求仁行仁的人，他未必得有什么客观的成绩，圣人与君子的区别在于，圣人得有客观成绩。关于君子，下文会详细讲，这里先一笔带过。

第五，"仁"强调实用理性。所谓"实用理性"，就是不能只限于知道，而不力行。所以，"君子欲讷于言，而敏于行""君子耻其言而过其行""听其言而观其行"，如此等等。

所以，孔子已经搭建了整个仁学的结构框架，这个结构以实用理性统辖、平衡，强调的是权衡、时中、和而不同、过犹不及。李泽厚先生认为，这五个方面的平衡，杜绝了中国思想传统走向偏激。比如，基于家族血缘的仁爱心抑制了普遍的人道主义，使墨子的兼爱、非攻学说不能赢得很多信众；人道主义又抑制了人格独立，使片面强调个人功业和享乐的思想不能服人。

孔子之后的儒家，或继承、发展了孔子仁学五方面的其中一方面，或继承、发展了孔子仁学的多个方面。比如，曾子主要继承、发展了仁学中的血缘依据；子思、孟子主要发展了仁学中的心理、人道、人格几个方面；颜渊体现的是仁学中的人格方面；荀子注重的主要是仁学中的实践层面。至于孔子对中国思想史的贡献，李先生在《新版中国古代思想史论》中认为：

> 孔子将上古巫术礼仪中的神圣情感心态，转化性地创造为世俗生活中具有神圣价值和崇高效用的人间情谊，即夫妇、父子、兄弟、朋友、君臣之间的人际关系和人际情感，以之作为政治的根本。它既世俗又神圣，既平凡又崇高，"仁"因之成了人所以为人的内在根据。如果说周公"制礼作乐"，完成了外在巫术情感理性化的最终过程，孔子释"礼"归"仁"，则完成了内在巫术情感理性化的最终过程。

李先生的这个论断，其实在孔子的夫子自道中就能找到根据。据马王堆帛书，孔子说："吾与史巫，同途而殊归者也。"所谓"同途"，是因为他们都源于巫；所谓"殊归"，是因为孔子完成了对巫的祛魅化工作，其思想最终归于人的道德心。

那么，孔子的仁学思想从何而来呢？他借助的思想资源是什么？对这个问题，萧公权先生具有深刻的洞见。大家知道，我们一说孔子，就容易想到一句话，说他"祖述尧舜，宪章文武"。"宪章文武"我刚才已经讲了，就是说孔子以周文王、周武王开创的礼治为准绳，那么什么叫"祖述尧舜"？为什么要"祖述尧舜"？萧先生说，孔子是殷商贵族后裔，他虽然维护周礼，但并不以"文武"的旧规矩自限，他试图用殷商政治的宽大精神矫治周礼的烦琐、僵化以及过于苛刻之弊。后世有"徒法不能以自行"之论，但只有礼也不足以自行。萧先生说，孔子"宪章文武，取其缜密之制度；祖述尧舜，取其宽大之精神也"。孔子既然取殷商政治的宽大精神，为什么不直说"祖述殷商"，而要说"祖述尧舜"呢？因为他是殷商后裔，要避嫌。孔子明说他不会"生今世，反古道"，他接引殷商精神，虽然是复古、守旧派，但其目的显然是开新。所以，萧先生的看法是：孔子"遵时君之制度，缩减其应用范围，增其道德意义，而寓改进于守旧中"。两千年后，康有为故技重施。他说孔子是"托古改制"的素王，自己也要"托古改制"，所以自号"长素"。

接下来我们看孔子思想的第三个关键词——"君子"。虽然"君子"一词在《论语》中出现了百多次，但这个词不是孔子的创造。此前，"君子"只指人的社会地位，不指人的品德。但孔子用这个词，有时指社会地位，有时指品德，有时兼有这两个意思。指社会地位，是因袭旧说；指品德，显然是创造；兼有这两个意思，是旧瓶装新酒。到现在，我们说某人是君子，指的主要还是这个人的品德，与地位已经没什么关系了。孔子以品德来评判人的思维，深刻影响了中国人后来的思维习惯。直到今天，小孩子看电视剧，还问爸爸妈妈，某个人是"好人"还是"坏人"。"好人"就是"君子"。

什么人可以被称为君子呢？子路问过孔子这个问题，"子曰：'修己以敬。'曰：'如斯而已乎？'曰：'修己以安人。'曰：'修己以安百姓。修己以安百姓，尧舜其犹病诸'。"由此可见，君子就是践行"仁"的精神的人。

孔子为什么这么在乎君子？萧公权认为，周政衰落后，贵族、权臣当道，社会日渐陷入丛林状态，孔子不满意贵族靠祖宗荫庇、权臣靠实力当道，要用出身于平民的士阶层置换没落的统治阶级，势必抬高君子的地位。孔子"于旧制度中发现新意义，以此为改善及复兴旧秩序之具。然公卿不用，故传平民，故其荡平阶级之作用，非抑贵族而使下侪于皂隶，实乃升平民而令上跻于贵族"。因此，孔子虽为"旧制度之忠臣，同时为平民之益友"。

孔子理想中的君子一旦有机会是要从政的，君子之治就是仁治，或者叫德治，这就涉及孔子思想的第四个关键词"德治"。德治包含两层意思：一是依靠道德治理；二是依靠有道德的人治理。因为道德本身不能自动肩负治理的责任，所以归根结底，德治需要依靠有道德的人治理，或者说，需要依靠道德高尚的人凭借道德来治理，其本质是人治。道德高尚的是什么人呢？是君王，是老师。所以，《尚书》要说："天佑下民，作之君，作之师。"所以，德治的主要工作不是管理人，不是处理事务，而是教化人，政治就是教化，教化就是政治，政教合一，君师合一。中国传统社会为什么供奉"天地君亲师"的牌位？因为师的作用相当重要。

我们如果对中西政治思想的源头进行对比会发现一个有趣的现象：柏拉图心目中理想的统治者是"哲王"，孔子心目中理想的统治者是"圣王"。二者貌似，但却存在相当明显的不同："哲王"尚智，以智治国；"圣王"尚德，以德治国。所以中西政治思想一开始就判然两途。

既然孔子主张德治，圣王的统治手段就很有限，主要不过教化和树立榜样两种途径。如上所述，教化的目的是让人人成为君子，"人皆可以为尧舜"。树立榜样我们更熟悉，这是至今一以贯之的传统。我们在古代喜欢表彰忠臣孝子、贞节烈妇，现在还喜欢表彰各种先进、标兵。我们只要看看下面的这些话，就不难发现，孔子的想法实在太理想化了："政者正也。子帅以正，孰敢不正？""苟正其身矣，于从政何有？不能正其身，如正人何？""其身正，不令而行。其身不正，虽令不从。""上好礼则民莫敢不敬，上好义则民莫敢不服，上好信则民莫敢不用情。""君子之德风，小人之德草，草上之风必偃。"

孔子也不是不知道政令、法律必不可少，因为毕竟不是所有人都可由君师教化成君子。但可以肯定地说，孔子对政、法持相当消极的态度。他认为政、法的作用相当有限，因此也没兴趣详细展开论证。季康子问政，孔子说："焉用杀？"孔子论诉讼的话是："必使无讼。"就是说每个人要发挥仁爱之心，在进入诉讼环节之前就解决纠纷。孔子对政、法比较温和的看法不过是："道之以政，齐之以刑，民免而无耻。道之以德，齐之以礼，有耻且格。"扩展来说，孔子对人的"罪念"的关注远甚于对"罪行"产生后的关注。显然，他不理解何为"罪性"，即便知道"罪性"，也不会认同。

那么，孔子知道自己的思想过于理想化吗？我相信他是知道的。从政治上说，虽然他维护周天子的封建天下制度，但他也眼看着这种制度正在加速崩溃；他希望抑制权臣，使平民士子成为统治阶层，但现实的发展与他的理想完全相反，他的弟子没几个真正实现了他的理想，有些甚至违背他的理想，成了权臣的谋臣。从一方面说，孔子在逆流而上，所谓"知其不可为而为之"，但从另一方面说，他也为君子留了一条后路。所以，我认为孔子思想的一个重要面相是"两可"，也就是"无可无不可"。"子曰：'君子之于天下也，无适也，无莫也，义之与比。'"简单来说，即怎么样都行，只要符合义的要求。

孔子的"两可"思想表现在：一方面他说"士志于道"，"朝闻道，夕死可矣""志士仁人，无求生以害仁，有杀身以成仁"；另一方面，他又说"道不行，乘桴浮于海""危邦不入，乱邦不居。天下有道则见，无道则隐""子绝四：毋意，毋必，毋固，毋我"。孔子并不是君主专制主义者，他反对君王的乱命，否认臣下对君王有绝对的效忠义务，君子是否从政，原则是"以道事君，不可则止"。因此，也可以说，孔子虽然是道德理想主义者，但并不绝对化。所以，中国历代读书人，真正殉道的并不多。

孔子的两可思想从哪里来？这就要讲到他的天命观。讨论这个问题，最重要的是要搞清孔子眼里的"天"是什么。冯友兰说，孔子的"天"是"有意志之上帝"，也即主宰之天；美国汉学家狄培理（Wm. Theodore de Bary）说，孔子的"天"是"宇宙最高的道德秩序"；史学家余英时认为，冯友兰的理解人格化太强，而狄培理的理解人格化太弱，他认为"真相也许在二者之间"。

我的看法是，孔子虽然倡导人道，但他是相信人格化的主宰之天的。我赞成冯友兰的观点，理由是：孔子说自己"畏天命"，且认为"天生德于予，桓魋其如予何"。"天命"，即"天"的"命令"，如果不是人格神，如何能发令？一套道德理念本身能向人发令吗？如果不是人格神，如何能将"德"赋予孔子？孔子说"知我者，其天乎？"如果"天"不是人格神，何以能知孔子的内心？颜渊死了，孔子说："天丧予！天丧予！"既然是天惩罚"我"，那它一定是主宰者。孔子说："获罪于天，无所祷也。"孔子患了重病，子路请求为他祷告，孔子说："丘之祷久矣。"可见天不仅是主宰，而且是人祷告、交流的对象。况且，孔子从来没有否定鬼神的存在，只是说"敬鬼神而远之"。

当然，孔子对"天"的态度也是矛盾的：一方面，他说"不知命，无以为君子也"，他也知道自己的天命是兴起文明，所谓"文王既没，文不在兹乎？"；另一方面，他又从来没有说过他何以能知天命，通过什么渠道知天命。一个合理的解释是，孔子认为，主宰之天是存在的，但天的意志是不可知、不可控的，人无法完全把握天的意志，只有在承认天的前提下，发挥人的主观能动性。所以孔子说："天何言哉？"子贡说："夫子之文章，可得而闻也；夫子之言性与天道，不可得而闻也。"孔子的选择，不过是"尽人事听天命"。正是从这个角度观察，我们才能理解孔子的两可思想。但这样一来，人间就丧失了绝对价值。

绝对价值的丧失，带来的后果是严重的，它使得人们缺乏对真理的无上敬畏，也缺乏行道的不竭动力。孔子的教导流入民间小传统，就产生了"人嘴两张皮，咋说咋有理"的现象。因为孔子的道，毕竟只是人道，它没有锚定在神圣的主宰之天上，所以注定是飘忽不定的。

应该怎样评价孔子？作为先秦诸子的孔子，是伟大的。因为与同时代及稍后时代的其他思想家比起来，他拿出的解决问题的方案还是相对现实的。孔子的出发点，还是正视现实，在政治、社会出现危机的关头，试图通过改良的办法实现社会的稳步发展。墨子的方案更为理想化，不现实。老庄的方案，简直就是无视、甚至逃避现实。商鞅、韩非倒是正视现实，但他们是拥抱专制的，是中国专制政治的罪魁祸首。有人批评孔子，说他没有讲民主、自由，这就过于苛责了。古希腊哲学家柏拉图、亚里士多德也没主张近现代意义上的民主、自由。我们不要忘了，任何思想家的产生，总与他所处的时代紧密关联，时代直接决定了他所拥有的思想资源，而且直接决定了他思考问题的出发点。

但我们不能止步于此，因为我们今天谈论孔子，主要是从他被认为是"圣人"的角度着眼的，甚至主要是从他的思想是否有助于我们走向未来着眼的。

孔子之所以被称为"圣人"，被称为"万世师表"，是因为他为中华民族构建了一个道德理想国，奠定了中国此后两千多年的思想基础，决定了此后中国思想史的发展方向。从这个意义上说，孔子才是"中国魂"。既然如此，我们对他的要求就不能不更高一些。换句话说，大概也只有孔子这种人，才有资格让我们对他的要求更高一些。

从圣人的角度评论孔子，也就是从他的道德理想主义对后世乃至对当今中国的影响的角度评价孔子。那么，该对孔子的道德理想主义怎么看呢？

从好的一面说，它是汉民族的黏合剂，保证了汉民族在整个农业时代拥有顽强的生命力，仁学中的人道精神、人格理想、注重实践的品格都激发了历代仁人志士来担负天下兴亡的志气。

但另一方面，孔子的道德理想主义在实践中会产生较大的问题。这里不得不谈到关于道德来源的问题。对此，世界上存在两种观点和事实：一是认为道德的来源是天意，道德的位阶低于主宰之天，道德是上天旨意的处境化呈现，也是上天旨意的衰减版；二是认为道德是人在社会交往中自然产生并由圣人制定的，也就是人为自己立法的结果。孔子的思想就是后一种。在我看来，他把人为制定的道德抬高到了非常不恰当的地步，所以我说他高举的是道德理想主义。这也是它存在的最大的问题。

道德理想主义带来两大后果：一是以道德代替政治、政教不分；二是虚伪横行。

人类确实需要道德，但道德理想主义是把道德理想化，让道德主宰一切，当它进入政治领域，就必然导致政教不分。于是，君师必然合一，"圣君"必然成为全民的期待。但"君"产生于血缘世袭，"圣"则是天纵的结果，二者怎么可能总是合一呢？考诸三千年历史，有几个圣君？有人说，中国人有几个梦：圣君梦、清官梦、侠客梦。圣君梦破，就梦想清官；清官梦破，就期盼侠客出来担当正义。这是一条逐渐下行的抛物线。为什么这条抛物线必然下行？因为那个最高的圣君梦在人性上根本就是不可能的。君主一旦既垄断了真理，又垄断了强权，拥有了绝对权力，就必然滥用权力，走向腐败。所以，就连朱熹也曾感叹，孔子之道何曾一日行于中国。

为什么道德理想主义必然带来虚伪横行？因为在人们离开道德话语就没法说话的环境下，当人们无法做到道德要求的行为时，就只能拉来道德大旗为自己的行为掩饰、美化、辩护，这是迫使人们言行不一，逼得一些人成为伪君子。

政教不分，表面上看是重视道德，实际上是不相信道德的自主性。政教不分，说到底还是太重视政治，把政治看得太神圣，所以要让政治人物肩负道德教化的责任。政教不分，必然的结果是既伤害了政治，也伤害了道德。道德提升人的上限，只能居于私人领域；政治保障人性底线，只能居于公共领域。政教分立是历史的必然。

美国学者马克·里拉说："如果哲学家试图当国王，那么其结果是，要么哲学被败坏，要么政治被败坏，还有一种可能是，两者都被败坏。"马克·里拉批评的是柏拉图，因为柏拉图主张"真正的哲学家掌握政治权力，或政客拜奇迹所赐变成真正的哲学家，否则人类永无宁日"。用这句话来批评孔子，又何尝不可以呢？

现代新儒家中已经有人看到了政教不分的危害，徐复观在《儒家思想与现代社会》中就说：

> 政府对于学术（指儒家道德哲学或儒家教化），若超过其倡导的范围，而欲由统治阶级加以利用垄断，结果，只有扼杀学术。中国历史上，凡由政府钦定的官学，必不为社会所重视，且必另有一民间学派起而对抗之。……儒家之所以能成为中国之基本文化，其原因在社会而不在政治。相反的，从历史上看，儒家精神，是浸透滋荣于社会之中，而委曲摧抑于政治之下。政治对儒家精神的正面作用，远不及其反面作用之大……

政治哲学必须正视权力的本质——容易腐化，所以要设计出种种办法来制约权力。但遗憾的是，儒家过于相信道德的力量，过于强调当政者的责任，因此一直没有发展出权力制衡学说和有效的制衡制度。

儒家的辩护者可能会说，人发自内心的道德感不就是对权力的制衡力量吗？但只要我们有历史感和现实感就会发现，这种制衡依靠的是"诚""敬""慎独"等当权者的自律，而自律是根本靠不住的。有一段名言对此揭示得非常深刻，值得我们再三深思："我觉得有个律，就是我愿意为善的时候，便有恶与我同在，因为按着我里面的意思，我喜欢神的律，但我觉肢体中另有一个律和我心中的律交战，把我掳去叫我服从那肢体中犯罪的律，我真是苦啊，谁能救我脱离这取死的身体呢？"历史上、现实中，有多少满嘴仁义道德，一肚子男盗女娼的人啊！

那么，政教分立以后，孔子倡导的以仁为核心的道德学说还适应今天的中国吗？这就要回到仁学的结构。固然，仁学产生于对封建宗法制的合法性论证，它能否独立于封建宗法制呢？答案是可以的。道理很简单，因为，恰恰是进入专制社会后，儒术才成为独尊的学术。它既然可以适应专制制度，为什么不能适应今天呢？当然，这里面有个关键问题，就是如何对它进行再解释。要回答这个问题，首先面临如何对儒家思想进行继承的问题。

冯友兰曾提出过一个非常重要的看法，那就是"抽象继承法"。也就是说，不继承传统思想文化与它所产生的时代相结合的部分，而继承其根本精神。徐复观也赞成冯友兰的看法，他说："一种成为知识系统的思想，对其以后的历史，总会发生某种程度的影响。但此种影响，只是原则性的、启发性的，而不会是一个具体的蓝图，只是可能性的、被动性的。"

我是赞同冯友兰和徐复观上述观点的。具体到孔子的仁学，如果我们把"仁"抽象为"爱人"，扩展其爱的范围，消解其等差性，是不是可以呢？我认为是可以的，因为任何道德的产生都是源于爱。孟子称赞孔子是"圣之时者"，孔子的仁学所体现的中道思想本身就存在某种开放性，这是儒学之所以代代不绝的根源。从这个意义上讲，如果孔子还活着，或许不会反对我对他的仁学精神进行"抽象继承"吧。孔子是要让人活的，不是要让人死的。

进一步追问，抽象地继承孔子的道德哲学就足以返本开新吗？并非如此。因为道德诉诸的是人的自律，而非来自天的、必须敬畏的他律，只有把道德锚定在天意上，它才是坚实的。

第五讲　孟子：解剖仁政原理

这一讲我们讲孟子。

孟子（前372—前289）被儒家尊为"亚圣"，可见在中国思想史中具有极其重要的地位。孔子死后，"儒分为八"，但真正能卓然成家的，也就孟子和荀子两人，而孟子对后世的影响又远超荀子。

后世一提及儒家学派，都会"孔孟"连称。为什么？因为儒家学派虽然是孔子开创的，但儒家理论的系统化是由孟子完成的。如果说，孔子是道德理想国的缔造者，那么孟子就是道德理想国的建设者。孔孟相隔虽然不过一百多年，但时代已经发生巨变。孔子生当春秋时代，周代的封建天下虽然摇晃，毕竟还没崩溃，孔子以恢复周礼为号召，没有遭到太多反对；孟子生当战国年间，天崩地裂，百家争鸣，孟子要坚持儒家学说，势必与诸子辩论，因此他的形象，更像是儒家的辩护士。对此，孟子自己的解释是：

> 昔者禹抑洪水而天下平。周公兼夷狄、驱猛兽，而百姓宁。孔子成《春秋》，而乱臣贼子惧。……我亦欲正人心，息邪说，

距诐行，放淫辞，以承三圣者。岂好辩哉？予不得已也。

（《孟子》）

不过，孟子生前，曾当过齐宣王的卿，致禄万钟，比孔子显赫风光。孟子周游列国，"后车数十乘，从者数百人，以传食于诸侯"，排场也比孔子出游时一车两马的标配大得多。

我们再一次来对比中西文明在轴心突破时期的代表性思想家，非常有意思：柏拉图有亲传弟子亚里士多德，据说孟子是孔子之孙子思的弟子，那么孟子就是孔子的三传弟子；西方中世纪晚期到文艺复兴时期，思想家普遍回溯亚里士多德来矫正思想界的僵化，而宋明新儒家普遍承接、发展的是孟子的思想，后者的基本概念都能在孟子那里找到源头。所以，我们有必要深入地分析孟子的思想。

孔子儒学，实为"仁学"。此"仁学"有两个方面的理论问题，孔子没有完成：一是"仁心"如何实现；二是"仁政"如何实现。孟子在理论上的大贡献，在于对孔子留下的这两个大问题进行回答与论证。如果要我用几个关键词来概括孟子的思想，我的选择：一是性善；二是仁政；三是治乱。

孔子说"仁"就是"爱人"，但人为什么能"爱人"呢？孟子的回答是，因为人性本善。性善论是孟子一切思想的基础和起点，孟子的整个思想，都是由这个基础和起点推导出来的。他有一个著名的"四端说"："恻隐之心，仁之端也；羞恶之心，义之端也；辞让之心，礼之端也；是非之心，智之端也。"既然人性本身，包含了四个善端，接下来就只需扩充这些善端了。所以孟子在说了"可欲之谓善"后接着说："有诸己之谓信，充实之谓美，充实而有光辉之谓大，大而化之之谓圣，圣而不可知之之谓神。"因为善从人心中来，大家都能实行，所以"人皆可以为尧舜"。顺带提一下，孟子说的"人皆可以为尧舜"，是从道德方面说的，不是从地位方面说的。换句话说，孔孟都主张道德面前人人平等，人人都可以成为道德高尚的人。

孟子甚至将善定义为人的本质，人与禽兽之所以不同，就是因为人有道德感——四个善端。孟子说："无恻隐之心，非人也；无羞恶之心，非人也；无辞让之心，非人也；无是非之心，非人也。"

人性既然善，为什么从古至今都有人作恶呢？这难道不说明人性有善有恶吗？孟子所谓人性善，指的是"人性可以为善"，而非"人性必然为善"（"乃若其情，则可以为善矣，乃所谓善也。若夫为不善，非才之罪也。"）在孟子看来，人在经验世界中可能作恶，但这不能证明人性中不具备为善的能力；善之所以缺失，是因为人受到了外在环境的不良影响。这个意思后来在通俗作品《三字经》中就被概括为"人之初，性本善。性相近，习相远"。

人要如何才能不受环境的影响，成为一个善人？这可以分为两个方面讨论。一是外在的，即淳化社会风气，这依赖于先知先觉者的教化。孟子说："予，天民之先觉者也。予将以斯道觉斯民也。"孟子认为有先知先觉的人，有后知后觉的人，而他的自我定位就是先知先觉者，所以他有教化天下的责任。到民国时期，孙中山认为除了先知先觉者、后知后觉者，还有一类不知不觉者。他就是从孟子这里生发出的观念。二是内在的，既要注意保存自己的善端、善根，还要持续提高自己的修养。"修养"其实可以拆分成两层意思，"修"就是修身，"养"就是养心、养性、养气。

先说养心、养性。孟子说："尽其心者，知其性也。知其性，则知天矣。存其心，养其性，所以事天也。"这里的要点是，尽心认识自我的本性，因为这本性来自"天"，是"天性"，所以认识清楚自己，也就能体察"天道"。如何才能认清自己呢？"养心莫善于寡欲。"

至于养气，孟子说："我善养吾浩然之气也。"气是中国思想传统中相当重要的一个概念，二程说："孟子性善、养气之论，皆前圣所未发。"又说："孟子有功于圣门，不可胜言。仲尼只说一个'仁'字，孟子开口便说'仁义'。仲尼只说一个'志'，孟子便说许多'养气'出来。只此二字，其功甚多。"

什么是气？孟子说："夫志，气之帅也。气，体之充也。""其为气也，至大至刚，以直养而无害，则塞于天地之间。其为气也，配义与道；无是，馁也。是集义所生者，非义袭而取之也。"李泽厚认为，气就是"凝聚了理性的感性力量"，养气的过程就是"理性凝聚为意志"的过程。"浩然之气"是气的一种，我们可以简单理解为大中至正、舍我其谁的气概。那么，长期坚持养心、养性、养气能达到什么境界？孟子说得很神秘，比如"万物皆备于我""上下与天地同流"。

如果说孔子的理想人格是君子，那么孟子的理想人格就是大丈夫。大丈夫是普通人不断提高修养，尤其是养气的结果。什么是大丈夫呢？孟子说："居天下之广居，立天下之正位，行天下之大道。得志，与民由之；不得志，独行其道。富贵不能淫，贫贱不能移，威武不能屈，此之谓大丈夫。"大丈夫就得有大担当，要能"苦其心志，劳其筋骨，饿其体肤，空乏其身，行拂乱其所为，所以动心忍性，曾益其所不能"，要能做到"舍生取义"。这种大担当不是判断形势利弊后的选择，而是要主动创造条件引领众人，所以说，"待文王而后兴者，凡民也。若夫豪杰之士，虽无文王犹兴"。

孔子的君子人格和孟子的大丈夫人格其实有很大不同：孔子还"畏大人"，孟子则"说大人，则藐之，勿视其巍巍然"；孔子"君命召，不俟，行矣"，孟子则说"故将大有为之君，必有所不召之臣"。简而言之，孔子谨守周礼，所以君子本质上具有顺从人格。顺从什么？顺从礼。孔子希望"从心所欲不逾矩"，这个不会逾越的规矩就是礼。孟子生于周礼完全崩坏的战国末期，已经无意于恢复周礼了，更强调知识分子的独立人格，并以之对抗暴政。萧公权概括得很好："孔子的理想是以君为师，孟子则是以师教君；孔子希望君子以德致位，孟子则希望大丈夫以德抗位。"

孔子活了73岁，孟子活了84岁，但孔子给人的感觉是一个和蔼的老人，孟子给人的感觉却是40多岁的青壮年人，血气方刚。为什么？我想与孟子更强调独立人格有关系。

接下来我们再来看仁政说。什么是仁政？从人的心理出发，孟子先提出了一个"不忍人之心"的概念。"不忍人之心"其实就是恻隐心，是天生的，非功利的。孟子由此推导出仁政的来源。"人皆有不忍人之心。先王有不忍人之心，斯有不忍人之政矣。以不忍人之心，行不忍人之政，治天下可运之掌上。""老吾老，以及人之老；幼吾幼，以及人之幼；天下可运于掌……故推恩足以保四海，不推恩无以保妻子。"所以，"以不忍人之心"，行"推恩"之政，就是仁政。这里的关键词，是一个"推"字。孟子把孔子推己及人的原则扩大化，扩大到了治国平天下的层面。

仁政思想的出发点是"民贵"："民为贵，社稷次之，君为轻。是故得乎丘民而为天子，得乎天子而为诸侯，得乎诸侯而为大夫。"这一点，也表明了孔孟的不同。孔子生于春秋时期，此时人民尚未感受到太多离乱之苦，所以他还寄望于君民一体。孟子身处战国末期，此时人民迭经战乱，饱受虐政之苦，君民几乎成为对立面，所以他的民贵思想，暗含君民对立、民体国用的意思。因此，孟子说："君有大过则谏，反复之而不听，则易位。"这也可以说是代人民发出的抗议书。

孟子将"民贵"宗旨贯穿于仁政思想的方方面面。

从经济上看，虽然孟子在初见梁王时说"王何必曰利"，但他其实很在乎为民谋利。他很明白，物质充裕是道德滋长的必要条件，所以他说："民之为道也，有恒产者有恒心，无恒产者无恒心。苟无恒心，放辟邪侈，无不为已。"又说："明君制民之产，必使仰足以事父母，俯足以畜妻子，乐岁终身饱，凶年免于死亡。然后驱而之善，故民之从之也轻。"

所以，孟子非常重视养民，其养民措施大概有如下三条：一是重视民生，其中包括恢复井田制，所谓"五亩之宅，树之以桑，五十者可以衣帛矣。鸡豚狗彘之畜，无失其时，七十者可以食肉矣。百亩之田，勿夺其时，数口之家，可以无饥矣"。二是轻徭薄赋，重视收入分配。这一点孟子继承的是孔子"不患寡而患不均"的思想。需要指出的是，"均"并非"平均"的意思，而是"均衡"。朱熹对"均"的解释最得正解，他认为"均"就是"各得其分"（也即是"正义"）。为什么？因为只要是儒家，没有不主张等级制的，而在等级制下，经济分配就不可能平均，只能是均衡。事实上，孟子虽然主张轻徭薄赋，但也反对税负过低。三是与民同乐。孟子说："乐民之乐者，民亦乐其乐。忧民之忧者，民亦忧其忧。乐以天下，忧以天下，然而不王者，未之有也。"

从政治上看，孟子很重视民意，认为民心向背为政权转移的标志：

> 桀纣之失天下也，失其民也；失其民者，失其心也。得天下有道：得其民，斯得天下矣；得其民有道：得其心，斯得民矣；得其心有道：所欲与之聚之，所恶勿施，尔也。（《孟子》）

至于君臣关系，孟子强调，大臣是国家的公仆，承君命以养民，而不是君主之私属。孟子说：

君之视臣如手足，则臣视君如腹心；君之视臣如犬马，则臣视君如国人；君之视臣如土芥，则臣视君如寇仇。（《孟子》）

这个思想，光芒万丈。

从军事上看，孟子反对军事屠戮，主张"不嗜杀人者能一之"。道理很简单，如果天天打仗，生灵涂炭，人命当然就不值钱，那就不是"民贵"，而是"民贱"了。

孟子以民贵为宗旨的仁政思想，本质上是一种民本思想。孟子之前，统治的合法性主要来自天，孟子用民意替代了天意，这就是所谓的"天视自我民视，天听自我民听"，民意成了统治合法性的新来源。《孟子·万章上》载：

万章曰："尧以天下与舜，有诸？"孟子曰："否。天子不能以天下与人。然则舜有天下也，孰与之？"曰："天与之。天与之者，谆谆然命之乎？"曰："否。天不言，以行与事示之而已矣。"曰："以行与事示之者如之何？"曰："天子能荐人于天，不能使天与之天下；诸侯能荐人于天子，不能使天子与之诸侯；大夫能荐人于诸侯，不能使诸侯与之大夫。昔者尧荐舜于天而天受之，暴之于民而民受之，故曰：'天不言，以行与事示之而已矣。'"曰："敢问荐之于天而天受之，暴之于民而民受之，如何？"曰："使之主祭而百神享之，是天受之；使之主事而事治，百姓安之，是民受之也。天与之，人与之，故曰：'天子不能以天下与人。舜相尧二十有八载，非人之所能为也，天也。尧崩，三年之丧毕，舜避尧之子于南河之南。天下诸侯朝觐者，不之尧之子而之舜；讼狱者，不之尧之子而之舜；讴歌者，不讴歌尧之子而讴歌舜，故曰天也。'"

必须指出，在这段话中，孟子的思想其实是存在逻辑断裂的。他说，天子的权力是天授的，但天不说话，只是以行动和事物默示而已。请注意，这里默示的主语是上天。那么天如何默示？如何证明天授予了某人权力呢？孟子说，让被推荐继任的君王祭祀"百神"，"百神"享用了祭品，就证明上天认可了继任者；同时让继任者治理人民，人民安居乐业，就证明人民认可了继任者。试问，上天既然不会说话，如何证明他享用了祭祀者的祭品，悦纳了祭祀者？联系到孟子"天视即我民视"的观点，唯一的解释是，天意是通过民意默示出来的。表面上看，孟子是天意决定论者；文字表达上看，孟子是天人合作论者；但说到底，他是民意决定论者，他巧妙地用民意代替了天意。所以，当齐宣王伐燕获胜，并试图援引天命观念来为自己的侵略背书时（所谓"不取必有天殃"），孟子的回答是："取之而燕民悦，则取之……取之而燕民不悦，则勿取。"意思是，战争应该顺乎民意，与天命无关。

孟子将这种民本思想提升到了一个非常高的高度，其中甚至潜藏了民治的原则。孟子在回答齐宣王关于用贤的问题时说："左右皆曰贤，未可也；诸大夫皆曰贤，未可也；国人皆曰贤，然后察之，见贤焉，然后可用。"杀人也是一样，"国人皆曰可杀"，才能察而杀之。他甚至认为，"政府有绝对养民安国之义务，人民无绝对服从之义务，若政府失职，则民可不忠"（萧公权语）。应该说，在先秦时代，孟子能提出这个思想，是相当了不起的。

最后，我们来讲孟子的历史观——治乱。孔孟最大的不同，也体现在这一点上。

上一讲我讲过，孔子的理想是恢复盛周之天下，但孟子急于使天下实现大一统。梁襄王问天下如何定鼎，孟子说要"定于一"。孔子讳言周武王以革命得天下的方式，他赞赏拥护的主要是周天子治理天下的方式，但孟子屡言汤武，称赞周武王"一怒而安天下之民"。不仅如此，孟子希望统一天下的也不是周王室，而是新王，新王必然出自诸侯。所以，孟子周游列国，动辄以王政劝勉诸侯：他对梁惠王说，百里可王，仁者无敌；对齐宣王说，"保民而王，莫之能御"，应该学文王"一怒而安天下之民"；即便对宋、滕这样的小国，他也屡加勉励。

不过，孟子虽然希望新王赶紧实现大一统，但新王实现大一统的方式，只能是王道——道德教化，新王最后建立的制度，不能是专制，应该还是封建制。在对王道的坚持上，孟子甚至超过孔子。孔子虽然批评诸侯、权臣僭越，但仍然称许齐桓公和管仲，孟子则直斥"仲尼之徒无道桓文之事者"。

孔孟为何在这一点上如此不同？因为他们所处的时代截然不同：孔子时代，周礼虽僵化，周之天下虽朽而未崩，所以他还对克己复礼寄予厚望；孟子时代，秦用商鞅，楚魏用吴起，齐用孙子、田忌，大国兼并小国已基本完成，"海内之地方千里者九"，周室衰亡已不可避免，孟子不能不找新路。

孟子为新王崛起找到的论据是："天下之生久矣，一治一乱。"孔子谈天命，只限于个人之穷达、使命，孟子则用天命来论证政权变革。"五百年必有王者兴，其间必有名世者。""由尧舜至于汤五百有余岁"，"由汤至文王五百有余岁"，"由文王至孔子五百有余岁"。这就是著名的王朝周期律。齐宣王问孟子对商汤放桀、周武伐纣的看法，孟子的回答非常明快爽利："贼人者谓之贼，贼义者谓之残，残贼之人谓之一夫。闻诛一夫纣矣，未闻弑君也。"孟子通过王朝周期律来论证革命的合法性。

王朝周期律对中国人的心理和历史走向的影响极深。事实上，此后的中国历史就没有摆脱王朝周期律，臣民也认为王朝兴亡非常正常，所以《三国演义》开篇就说"天下大势，分久必合，合久必分"。不过张养浩也在《山坡羊·潼关怀古》中说："兴，百姓苦；亡，百姓苦。"

孟子的道德理想主义可谓是儒家道德理想主义的"2.0版"，我们应该如何评价它？我的结论是：因为孟子比孔子更加高扬道德的决定性作用，孟子版的道德理想主义与孔子版相比，根基更加不稳，逻辑漏洞也更多，不是一个自洽的理论体系。孟子的一些观点正是在反对他自己的另一些观点，他自己戳破了这个道德理想国，也戳破了所有想在人间建立天国的迷梦。

我们先来看孟子整个政治思想的基础和起点——人性论。政治哲学离不开对人性的预设，中外皆然。从善、恶两个因素出发，我们通过排列组合，至少可以组合成以下七种论点：一，人性善；二，人性恶；三，人性无善无恶；四，人性善恶交织；五，人性可善可恶；六，人性先善后恶；七，人性先恶后善。孟子主张人性善，荀子主张人性恶，王阳明主张"无善无恶心之体，有善有恶意之动"。

虽然孟子主张人性善，但正如我在上面所指出的，他的准确主张是人性有善端，所以可以善，而非人性完全是善。因此，按上述分类来说，孟子属于第五类，而非真正的第一类。

在我看来，说人性本有善端是没有多大意义的，因为在事实上，人表现出来的行为有善有恶，而没有表现出来的内心恶念更多。只要扪心自问，我们就会发现，自己每天都会产生恶念。站在性善论的角度，我们固然可以说善是人性的本质，但站在性恶论的角度，我们何尝不可以说恶是人性的本质？

人性是善是恶，不只是一个事实判断问题，更是一个价值判断问题，而价值判断的源头则是一个信从问题。在事实判断上，人们都难以达成共识，更何况价值判断和信从问题。说到底，人性问题根本不是可以通过理性说理证明的。

不过，我们由此就没办法讨论人性问题了吗？也不是，我们可以换个角度来看问题：与其纠缠于人性善恶这个问题本身，不如探究什么样的人性论才会产生一个为善去恶的现实社会。我在上面概括的七种人性论中，第六、第七两种都是从善恶的先后顺序看人性的，其现实着眼点就是如何为善去恶、由恶归善。这两种人性论是中国人比较陌生的。

既然孟子不认为人性全然是善，为什么还力主人性善？荀子又为什么力主人性恶？因为孟子希望人扩展人性中善的因子，而荀子希望人改造人性中恶的因子。孟子的主张后来成了儒家的主流，所以儒家是道德理想主义；荀子的主张也可以说是政治现实主义。这两种主张哪种好？荀子的主张好。因为扬善固然好，但从制度上抑制恶更重要。一味强调扬善，就必然寄希望于圣君贤相来为民做主，就不会把精力放在防恶、制恶上。只有认为人性恶，才能从制度上防恶、制恶，才会想到分权制衡。

打个简单比方：在一群人中，有不少良民，但有一个嫌疑犯，为了使这群人不遭遇危险，警察应该紧盯着良民还是嫌疑犯？当然是嫌疑犯。"好的制度可以让坏人变成好人，坏的制度能让好人变成坏人。"政治哲学着眼的，是如何建构一个好制度。如果说人性中有恶的一面是人性中的现实，孟子显然轻视了这一现实，因为他提出的通过修养、"寡欲"来解决问题的办法不是强制性的制度，是不切实际的；而荀子则选择了正视现实、重视制度建设的思路。还是那句话，我们要有理想，但必须杜绝理想主义；我们要有道德，但道德不能代替制度。

再说孟子的仁政思想。仁政思想以民为本，民本不是民主，民本还是以王权为前提的，人民的政治主体性还是没有建立起来。为什么？因为它是一种道德理想主义，道德理想主义必然导致圣王合一的逻辑后果。道统高于政统不过是一种理想，它在现实中根本不可能。现实中只能是政统高于道统、利用道统，甚至代表道统。所以在殷商甲骨文中就已产生"余一人"的思想，西周就产生了"溥天之下，莫非王土；率土之滨，莫非王臣"的思想。

孟子的民本思想是有很明确的天花板的，天花板就是君主制，就是"一"。孟子还是主张等级制的，他把职业不同理解为等级不同，并认为等级差异是合理的，他的思想中没有近代"法律面前人人平等"的因子，民本思想根本上还是"劳心"阶级，尤其是君王为民做主的思想，而不是让人民自己做主。孟子说："劳心者治人，劳力者治于人。治于人者食人，治人者食于人，此天下之通义也。""无君子莫治野人，无野人莫养君子。"也正是从这个角度看，孟子的"大丈夫"毕竟还是臣民，放在公民社会，不过是"小丈夫"。当然，与孔子比起来，孟子的革命性显然相当大，所以专制君王也讨厌孟子。朱元璋甚至把孟子的牌位撤出孔庙，《孟子》一书在明代也只能出删节本。

最后，我为什么说孟子自己戳破了自己造的这个道德理想国呢？因为如果他的仁政秩序靠得住，就应该一直延续下去，那他为什么还要提出王朝周期律？这不是不自信又是什么呢？中国历史的症结正在于无法走出王朝周期律，而之所以无法走出王朝周期律，根本在于政教合一、圣王合一的道德理想主义。

王朝周期律是一种消极史观，它认为人类历史只能循环，而不能持续进步。如何打破这一魔咒？关键是要理顺天人关系，要举目向天而非定睛于任何人，更不能将任何人抬高到天的等次。

第六讲　荀子：儒法联姻逻辑

这一讲我们讲荀子。先讲荀子而不是墨子、老子、庄子，纯粹是从先秦儒家发展逻辑着眼，与诸家时代先后无关。

谭嗣同说："两千年来之学，荀学也。"严格来讲，中国在君主专制时代的意识形态不是孔孟儒学，而是荀学。或者说，人们口头上尊崇的是孔孟，实际上落实的是荀学。为什么这么说？因为中国思想传统是所谓的"儒表法里"，而这一思想传统正是荀子开启的，他融混了儒法。

正因为荀子的思想呈现出至少两个面相，所以后世自命为儒家的人物，要么避谈荀子，要么批评他"大醇而小疵"。这是因为，后世儒家主要继承的是孔孟的道德理想主义遗产，但荀子不是道德理想主义者，正如我在前面讲过的，他是一个现实主义者。

荀子生活的时代稍晚于孟子，荀子死后二三十年，秦国就统一了中国。荀子的思想，是对孟子的"反动"。他曾经尖锐地批评孟子，甚至说孟子有"罪"。孔子开创的儒家传统，既讲复礼，又讲成仁，孟子发挥了仁的一面，荀子大力推进了礼的一面。

荀子的思想，既与孟子根本不同，也与孔子差异极大。这主要是由于时代环境使然。这里我们对比一下孟、荀所处时代之别。孟子在世时，对抗的两种流行思潮：一是主张"为我"的杨朱；二是主张"兼爱"的墨子。孟子身后，庄学盛行，理论更为完备的道家取代了杨朱；而墨学稍衰，墨家后学与名家合流、激荡，亦生出种种新说。荀子要重振儒学，一方面需要面对新的流行思潮，一方面又必须吸纳新思潮为我所用。即便站在儒家思想内部发展的角度看，孟子学说的诞生也只代表了儒家理论的完成，尚谈不上完备。至少在两个方面，尚需发展：一，如何正视、克制人的恶念、恶行；二，"仁政"秩序如何兼容礼法？

荀子思想最值得一提的是三个关键词：一是性恶；二是礼法；三是天人两分。

孔子不讲人性善恶，只说"性相近，习相远"。孟子从可能性的角度高扬性善，整个思想都建立在人性善这一预设之上。荀子从现实性的角度主张性恶，整个思想都建立在人性恶这一预设之上。荀子重礼法，根本原因也在于他相信人性恶：

> 人之性恶，其善者伪也。今之人性，生而有好利焉，顺是故争夺生而辞让亡焉。生而有疾恶焉，顺是故残贼生而忠信亡焉。生而有耳目之欲，有好声色焉，顺是故淫乱生而礼义文理亡焉。然则从人之性，顺人之情，必出于争夺，合于犯分乱理而归于暴。（《荀子·性恶篇》）

荀子认为，人性靠不住，如果人由着自己的性子行事，天下必将大乱。必须指出的是，荀子所说的"伪"不是我们现在所说的"假"，而是"人为"的意思，不包含任何贬义。

既然人性靠不住，要止争乱、定秩序，靠什么呢？靠礼法，所谓"立君上，明礼义"。荀子说："故必将有师法之化，礼义之道，然后出于辞让，合于文理，而归于治。"又说："争则乱，乱则穷。先王恶其乱也，故制礼义以分之，以养人之欲，给人之求。"

在孔孟那里，礼制充满了温情，它是人的内心感情的自然外化，但在荀子这里，礼制完全是外在的、冷冰冰的，是社会发展的必然结果，而且只有圣人才能"化性起伪"，才能制定礼义。"问者曰：人之性恶，则礼义恶生？应之曰：凡礼义者，是生于圣人之伪，非故生于人之性也。""圣人积思虑，习伪故，以生礼义而起法度。""故先王案为之制礼义以分之。"

荀子认为，"圣人""先王"才能制定礼义，普通老百姓只有学习、遵行的份儿。这里的学习、遵行带有很大的强制性。荀子甚至认为，能否遵礼是人和禽兽的主要区别。孟子说，人和禽兽之所以不同，是因为人能行善，禽兽不能；荀子则说，人和禽兽之所以不同，是因为人能遵礼义，禽兽不能。故而《荀子》一书，首篇就是"劝学"。学什么？"始乎诵经，终乎读礼。""故学至乎礼而止矣，夫是之谓道德之极。"

根据"学"的程度不同，荀子又将人划分为几个贵贱不同的等级。在《荀子·性恶篇》里，人被分为"圣人""士君子""小人""役夫"四等。我曾一再讲到，礼就是一套等级制度。荀子不仅不避讳，而且强调这套等级制度，甚至将其等同为自然法，是不言而喻、不可置疑、非如此不可的，所谓"礼者，人道之极也"。

前文说"礼"能"止争乱"，这是从消极方面说，从积极方面说，"礼"可以养民，"礼者养也"。荀子的施政方针是"节用以礼，裕民以政"。"节用以礼"是指用礼来节制欲望。请注意，"节欲"和"去欲""寡欲"不同。老子提倡"去欲"，孟子提倡"寡欲"，而荀子恰恰反对这两者，他说："凡语治而待去欲者，无以道欲而困于有欲者也。凡语治而待寡欲者，无以节欲而困于多欲者也。"意思是，谈论治国之道而依靠去掉或减少人们欲望的，都不合格。

荀子之所以有这样的观点，是因为他认为人的欲望是天生的，因此自然具有合法性。只要欲望"中理"，也就是遵守礼法、懂得节制，欲望并不影响国家的治理。荀子"裕民以政"的核心举措是发展生产和流通，目的就是使"欲不必穷于物，物不必屈于欲"，欲望和物质可以相持相长。

"裕民以政"是荀子"民贵"思想的一个表现，另一个表现是，虽然他主张等级制，但同时也主张阶层流动。荀子心目中的理想制度是"德必称位，位必称禄，禄必称用""无德不贵，无能不官""朝无幸位，民无幸生""虽王公士大夫之子孙不能属于礼义，则归之庶人。虽庶人之子孙也，积文学身行，能属礼义，则归之卿相士大夫"。简单来说，你只要德才兼备，就应该掌握权力，掌握了权力，就应该为老百姓办事。从这个意义上说，荀子的礼制，不平等中又体现了规则上的平等。也可以说，荀子继承了孔子以德致位的理想，开启了秦汉以后布衣卿相之风。

正因为贵民，荀子提出了"天之生民，非为君也；天之立君，以为民也"的观点。他强调君主要为人民服务，这一点和孟子的观点很相似，但两人的手段不同：孟子认为君主应该经常咨询民众的意见，不可专权；荀子则主张君主是教化天下的枢纽，要规定人民的权利义务并监督之，如果没有极大的权力，这项职责就很难实施，所以荀子极其尊君。荀子说："天子者势位至尊，无敌于天下。……南面而听天下，生民之属莫不振动服从，以化顺之。""人君者所以管分之枢要。""君者，民之原也。原清则流清，原浊则流浊。""君师者，治之本也。"如果不尊君，社会秩序就会崩溃，以致"强者害弱而夺之，众者暴寡而哗之，天下悖乱而相亡，不待顷矣"。

荀子如此尊君，已经离孔孟越来越远，非常接近法家了。在孔孟所主张的封建制下，天下实际上由君主与诸侯、贵族共同治理，无论是尧、舜、禹，还是周文王、武王，都没有绝对的、专制的权力，而在荀子这里，君主必须专权。可见荀子的思想导向了专制，他的学生中出了李斯、韩非两个著名的法家人物，绝不是偶然，而是荀子思想发展的必然结果。因为，荀子虽然重视"礼"，但这个"礼"已经不是孔子所推崇的周礼。同时，荀子也不断提到"法"，这更是孔子回避的话题。

那么，为什么荀子不直接讨论法，而要强调礼呢？因为"礼"和"法"都有广、狭二义：从狭义的角度论，"礼"是指礼仪，"法"是指法律条文；从广义的角度论，它们都指的是政治、社会制度，所以这两个概念本来就容易混淆。又因为"礼"是一个被人用得更广的概念，所以荀子借用了它，然后用旧瓶装了新酒。荀子的"礼"，实际上是礼法杂糅，而更偏重于法。

荀子强调"礼"这个概念而不直接用"法"来代替"礼"，还有一个重要原因，那就是他仍然把自己定位为儒家。他代表儒家批评墨子、惠施、庄子偏颇，认为只有儒家大中至正；他也强调修身、仁义、民贵、轻徭薄赋，比如，"请问为国。曰闻修身，未尝闻为国也"，"行一无义，杀一无罪，而得天下，仁者不为也"等。在这些方面，他的观点与孟子几乎没有两样。他反对战争的理由是："彼仁者爱人，爱人故恶人之害也。"在谈到君臣关系时，他主张君臣分工、各司其职，上移下侵均为不可，臣子应该"从道不从君"；在谈到昏君乱命时，他也主张革命，所谓"天下归之之谓王，天下去之之谓亡，故桀纣无天下而汤武不弑君"。

但即便有这么多相似，荀子也不能算是纯粹的儒家了。为什么荀子与孔孟有如此大的不同？根本上，还是因为时代变了。荀子看到，战国时代必然终结，而大一统专制时代必然来临，他从现实主义的角度出发，选择了承认专制，并为专制时代立法。因为荀子事实上重法，所以他是法家；因为他又舍不得抛弃仁义，所以他又是儒家。

正是从现实主义的立场出发，荀子极力反对神秘主义，一改孔孟对于"天"的暧昧态度，提出了"天人之分"的观点。他说："天行有常，不为尧存，不为桀亡。""治乱天邪？曰日月星辰瑞历，是禹桀之所同也。禹以治，桀以乱，治乱非天也。"意思就是说，天象变化、自然灾异与社会治乱没有关系，对于奇特的自然现象，可以感到奇怪，但感到畏惧就不对了。在此基础上，荀子又提出了人定胜天的思想。"强本而节用，则天不能贫，养备而动时，则天不能病；修道而不贰，则天不能祸。故水旱不能使之饥，寒暑不能使之疾，妖怪不能使之凶。""君子敬其在己者，而不慕其在天者。"

"天"在中国思想家这里，是一个含混的概念。必须指出，荀子所主张的人定胜天，主要指的是自然之天，也即天文现象之天。《荀子·天论》说：

> 列星随旋，日月递照，四时代御，阴阳大化，风雨博施。万物各得其和以生，各得其养以成，不见其事而见其功，夫是之谓神。皆知其所以成，莫知其无形，夫是之谓天。唯圣人为不求知天。

这样的天，当然不值得赞颂，而可以"制天命而用之"了。同时必须提到的是，他又主张人应该顺天，所谓"圣人清其天君，正其天官，备其天养，顺其天政，养其天情，以全其天功"。我认为，他在后面所说的天，虽貌似主宰之天，但这个天在创生万物以后，就不管了，任其自然运行。因此可以说，荀子是一个自然神论者。整体上看，荀子并不重视主宰之天，他虽然也提到尊重主宰之天，但这不过是说明他还不自觉地残存了一点人格神观念而已。

站在今天的角度，我们应该如何评价荀子？在我看来，荀子的问题，在于不知天，所以也不知人。他的论证，存在太多逻辑链条的断裂，经不起追问。下面我根据《荀子·性恶篇》虚拟了一场我与荀子的跨时空对话：

萧三匝：请问先生，什么是善？什么是恶？

荀子：合乎礼义法度、遵守社会秩序就是善；偏邪险恶、违背社会秩序就是恶。（"凡古今天下之所谓善者，正理平治也；所谓恶者，偏险悖乱也。"）

萧三匝：我问的是善恶的定义，而您答的是善恶的表现，您这是答非所问啊！

荀子：……

萧三匝：好吧。那么请问先生，您说的礼义法度从哪里来呢？

荀子：礼义法度是圣人制作的。（"凡礼义者，是生于圣人之伪，非故生于人之性也。"）

萧三匝：圣人也是人，不是神，先生既然说人性恶，这里面不包括圣人吗？

荀子：圣人与普通人的本性并无不同，都是邪恶的。（"圣人之所以同于众，而不异于众者，性也。"）

萧三匝：那圣人与普通人有啥不同？

荀子：圣人可以化掉自己邪恶的本性，为普通人制作礼义啊。（"圣人……所以异而过众者，伪也。"）

萧三匝：为什么只有圣人能化性起伪，制作礼义？

荀子：因为圣人能不断积累思虑，熟悉、掌握各种人为的事。（"圣人积思虑，习伪故，以生礼义而起法度。"）

萧三匝：为什么只有圣人能不断积累思虑，熟悉、掌握各种人为的事？是因为圣人天赋异禀吗？

荀子：……

萧三匝：那我们先不说圣人了，来说说普通人。在您的礼义秩序里，普通人能做什么呢？

荀子：学习圣人制作的礼法呀。（"今人之性恶，必将待师法然后正，得礼义然后治。"）

萧三匝：学得会吗？

荀子：当然学得会，否则我为什么要劝学呢？（"人之所学而能，所事而成者也。"）

萧三匝：为什么学得会呢？

荀子：因为礼法中有普通人可以懂得也可以做到的道理，普通人也有能懂礼法的潜质和践行礼法的条件。（"然则仁义法正有可知可能之理，然而涂之人也，皆有可以知仁义法正之质，皆有可以能仁义法正之具。"）

萧三匝：礼法中的道理从哪里来？普通人可以懂得礼法的潜质和践行礼法的条件又从哪里来？

荀子：……

萧三匝：懂得礼法中的道理，可以学会是一回事，但愿不愿学又是另一回事，对吧？

荀子：对。的确有人不愿学。（"故涂之人可以为禹，则然；涂之人能为禹，未必然也。"）

萧三匝：那怎么办呢？

荀子：这个好办，除了用礼义教化普通人，还要用君王的权势统治他们，兴起法度来管理他们，加重刑罚来禁止他们违法乱纪，这样天下不就安定有序、实现良治了吗？（"故古者圣人以人之性恶，以为偏险而不正，悖乱而不治，故为之立君上之势以临之，明礼义以化之，起法正以治之，重刑罚以禁之，使天下皆出于治，合于善也。"）

萧三匝：您这不是搞专制吗？

荀子：的确是专制，却是出于良好意愿、逼人向善的专制。

萧三匝：老人家，您听说过这样一句话吗——"通往地狱的道路是鲜花铺就的"？

荀子：……

由此可以看出，荀子蔑视人民的智慧，因此他理想中的那一套礼法制度，完全是自上而下的。这套制度对人民而言完全是外在的、强制性的，因此是缺乏合法性的，必然得不到人民发自内心的认同。一套制度，如果是人民自己作主制定的，也就是自下而上的，就容易赢得人民自动自发的遵循；反之，一套没有民意基础、纯粹强制性的制度，即便出发点再好，人民为什么要遵循呢？

至此，我已经揭示了荀子版性恶论的逻辑漏洞。但问题在于，他为什么产生如此多的逻辑漏洞？关键是因为他抛弃了主宰之天。

孟子的"四端"说论证的是人积善、行善的动力来源问题。他从人的本性的角度为人积善、行善安装了一台"引擎"，而非从经验事实论证人性善。荀子站在人性在经验事实上呈现的角度认定人性恶，但我们要追问的是：人性为什么是邪恶的；什么是善恶；善恶的源头是什么；如果人性在客观上都是邪恶的，善都是人为的结果，那么改造人性何以可能；禽兽为什么不能改造兽性；圣人何以能成为圣人；

人扬善的动力从何而来？

一切追问的核心问题是，人间的价值根源何在？以中国人的常识理性，我们不难归纳一切价值根源的归宿：一，主宰之天；二，每个人的心；三，人间权威。在我看来，一切价值的根源只能是天，因为只有根源于天，才具有永恒性和绝对性。退一万步来说，即便按常识理性去理解，以上三种归宿的权威性，必然呈现出一种加速递减的轨迹。

荀子整体上反对主宰之天，那么就只能在人心和人间权威两者之中寻找价值根源；又因为他所谓的"心"缺乏神圣来源，本身不是价值根源，所以他只能靠人间的权威——君王、圣人，来提供价值根源。所以如上所言，他不断强调君王、圣人在制定、施行礼义方面的权威。因此，荀子的政治哲学是典型的权威主义。

荀子的人性恶预设本身是有积极意义的，本来可以导向对政治权力的规制、约束，这正是西方现代政制的起点。可悲的是，荀子美化了君主，本来天意、圣人及其道统（可以理解为风俗习惯，即习惯法）应该构成对现实君主的约束，但荀子眼中的天主要不是主宰之天，而且他把"先王"和"圣人"相提并论，既说"礼义者，圣人之所生也"，又说"故先王案之为制礼义以分之"，"圣人"和"先王"在礼法之上（与西方"王在法下"的思想完全相反）。荀子又将"后王"作为"先王"礼法的继承者和事实上的执行者，所以他虽然嘴上也说"先王"如何如何，但事实上更强调"后王"的权威。这样，"圣人""先王"及其制定的礼法就变得只有工具性意义，他主张的金字塔式的等级制必然导致"后王"也即是当代君主的专制。

美国总统里根在就职演讲中引用威廉·佩恩的名言说："我们如果不愿受治于上帝，那就必然臣服于暴君。"威廉·佩恩的这句话，何尝不是勾勒出了荀子的权威主义逻辑？当然，荀子在主观上所寄予希望的，不会是暴君，而是圣君。虽然他希望播下龙种，但他收获的只能是跳蚤。

孟子说"物之不齐，物之情也"，人类社会在自然发展中，必然会形成形形色色的等级。问题的关键不在于是否会形成等级，而在于如何形成。有两种等级：一是自然形成的等级；二是人为制造的等级。在某种意义上，自然形成的等级就是天意，因为上天本不希望人间整齐划一，它本身就是正义的。所谓正义，本就是"各尽其能，各安其位，各司其职，各得其所"，而非"各得相同"。所谓人为制造的等级，这种等级制意味着人对人的压迫。如上所论，荀子所主张的等级制，是人为制造的。如果说孔孟所主张的封建制还希望保护人民的自由，荀子所主张的君主专制就是在论证不自由、不平等的合法性。如果说在孔孟眼里，王权必须接受天意的制约，那么在荀子眼里，制约王权的力量已经微乎其微了。

从这个角度说，不论荀子归属儒家还是法家，他都应该为中国此后两千多年的专制统治承担重要责任。对此，即便号称新儒家的钱穆也说：

> 荀子欲本此而别造人伦，重定阶级。其与古异者，则古人本阶级而制礼，先有贵贱而为之分也。当荀子之世，则阶级之制殆于全毁，乃欲本礼以制阶级，则为之分以别其贵贱矣。……然人类生活，为之明分等级，为固定之形式，其事终已不可行。则荀子之说，徒足以导奖奢侈，排斥异己，为专制者所借口，而荀学遂为秦政渊源。（《国学概论》）

救治之道何在？如何化解荀子性恶论的理论和现实难题？答案就在高扬主宰之天。至于原因，我愿意重复一遍我在本书序言对天的定义：

一、他是万物的创生者。万物因此本于他、源于他，按儒家的说法，就是"生生之谓至德"，因此他能解决"我是谁？我从哪里来？"的问题。

二、他是万物的立法者。所谓"天生烝民，有物有则"，只有他能制定绝对价值，人间的一切价值、规则都本于他、源于他，而非人为自己立法。人为自己立法的结果必然是谁都无法说服谁，由此必然产生大纷争，甚至大战争，此乃取死之道。法源自天，"人法天"，人与人之间的交流就会有共同语言，就会协作共进。

三、他是赏善罚恶的司法者。因为赏善，他才让人敬爱；因为罚恶，他才让人畏惧。人无敬畏，必然放肆。这一特征也能解决"我要到哪里去？"的问题。

四、他是亲切的交流者。《诗经·皇矣》说："帝谓文王：'予怀明德，不大声以色，不长夏以革。不识不知，顺帝之则。'帝谓文王：'询尔仇方，同尔弟兄。以尔钩援，与尔临冲，以伐崇墉。'"（天帝告知我周文王："你的德行我很欣赏。不要看重疾言厉色，莫将刑具兵革依仗。你要做到不思不想，天帝意旨遵循莫忘。"天帝还对文王说道："要与盟国咨询商量，联合同姓兄弟之邦。用你那些爬城钩援，和你那些攻城车辆，讨伐攻破崇国城墙。"）天如果不能与人交流，则人如何获知天意？天如果不能与人交流，人如何得知天的存在？

由此回看荀子在与我的对话中不能回答的问题，自然就有答案了。

第七讲　墨子：第一次补天行动

这一讲我们讲墨子。

墨子稍晚于孔子。到孟子时代，墨学的影响力极大，孟子说当时的情况是："杨朱、墨翟之言盈天下。天下之言不归杨则归墨。"到韩非时代，韩非所见则是："世之显学，儒墨也。"可见杨朱学派当时已经式微了。清代的汪中也说，墨子"在九流之中，惟儒足与之相抗，其余诸子，皆非其比"。正因为墨子的思想影响大，墨子又明确批评儒家，这就遭来孟子和荀子的激烈批评，孟子甚至骂墨子"无君无父，是禽兽也"。但平心而论，儒墨两家的差别并没有想象中那么大，尤其是孟子，其对墨子的批评显然是过头了。反观墨子，对孔子的批评也很过头。

儒墨关系，可以从墨子的师承来入手分析。关于墨子的师承，有多种说法。考察墨子的言论，我倾向于汉代《淮南子·要略》的说法："墨子学儒者之业，受孔子之术，以其为礼烦扰而不悦，厚葬靡财而贫民，久服伤生而害事，故背周道而用夏政。""受孔子之术"未必是亲受，"背周道"却是真的，而夏代去周太远，"用夏政"也只是一种托辞。

简而言之，孔子是站在统治阶层的角度规划理想国，墨子则是站在平民的角度，尤其是小生产者的角度规划理想国。关于儒墨关系，萧公权先生讲得最好，他说："墨子乃一平民化之孔子，墨学乃平民化之孔学。二者之言行，尽有程度上之差异，而其根本精神每可相通。"关于儒墨相似的一面，早在唐代，韩愈就注意到了，韩愈说："孔子必用墨子，墨子必用孔子。"

儒墨关系，就是一个同中有异、异中有同、大同小异的关系。因此，讲墨子，需要与儒家对比来讲。

墨子的思想纲要是什么？墨子曾夫子自道：

> 子墨子游，魏越曰："既得见四方之君，子则将先语？"子墨子曰："凡入国，必择务而从事焉。国家昏乱，则语之尚贤、尚同；国家贫，则语之节用、节葬；国家憙音湛湎，则语之非乐、非命；国家淫僻无礼，则语之尊天事鬼；国家务夺侵凌，即语之兼爱、非攻。"（《墨子·鲁问》）

不过，根据墨子思想的源流和重要性的不同，我将其概括为下面几个关键词：一是"尊天事鬼"；二是"兼爱非攻"；三是"尚同尚贤"；四是"尚俭刻苦"。第一个关键词，可以用"神权主义"概括；后三个关键词，可以用"功利主义"统领。

我在前面讲过，先秦诸子主要是人文主义者，但很难说墨子是人文主义者。事实上，墨子是先秦诸子中最能认识到主宰之天的价值的思想家，这是他的伟大之处。墨子时代，人文主义滥觞，当政者甚至"禁止事上帝鬼神"（《墨子·节葬》）。面对天帝信仰逐渐流失的现实，他痛心疾首，于是他成了中国思想史上第一个"补天者"。墨子思想主张虽多，但其一切思想的根源在于他信仰天帝。否则，"兼爱非攻"无源，"尚同尚贤"无准，"尚俭刻苦"无望。

孔子不言"性与天道"，既悬置鬼神又注重祭祀，墨子说："儒以天为不明，以鬼为不神。天鬼不说，此足以丧天下。"又说："公孟子（当时儒者）曰：'无鬼神。'又曰：'君子必学祭礼。'子墨子曰：'执无鬼而学祭礼，是犹无客而学客礼也，是犹无鱼而为鱼罟也。'"墨子主张："上尊天，中事鬼神，下爱人。"又说："今天下之士君子，知小而不知大。""知小"就是知道人间事，"知大"就是知天。

在墨子眼里，天首先是主宰者，他说：

> 今天下无大小国，皆天之邑也。人无幼长贵贱，皆天之臣也。（《墨子·法仪》）

天还是立法者，他说：

> 子墨子言曰："今天下之君子之欲为仁义者，则不可不察义之所从出。"既曰不可以不察义之所欲出，然则义何从出？子墨子曰："义不从愚且贱者出，必自贵且知者出。"……然则孰为贵？孰为知？曰："天为贵、天为知而已矣。然则义果自天出矣。"（《墨子·天志》）

> 故子墨子之有天之意也，上将以度天下之王公大人为刑政也，下将以量天下之万民为文学、出言谈也。观其行，顺天之意，谓之善意行；反天之意，谓之不善意行。观其言谈，顺天之意，谓之善言谈；反天之意，谓之不善言谈。观其刑政，顺天之意，谓之善刑政；反天之意，谓之不善刑政。故置此以为法，立此以为仪，将以量度天下之王公大人、卿、大夫之仁与不仁，譬

之犹分墨白也。（《墨子·天志》）

  子墨子曰："天下从事者，不可以无法仪；无法仪而其事能成者，无有也。……然则奚以为治法而可？"故曰："莫若法天。天之行广而无私，其施厚而不德，其明久而不衰，故圣王法之。既以天为法，动作有为，必度于天。"（《墨子·法仪》）

天还是明察者，他说：

  夫天不可为林谷幽门无人，明必见之。（《墨子·天志》）

天更是赏善罚恶者，他说：

  天之所欲则为之，天所不欲则止。然而天何欲何恶者也？天必欲人之相爱相利，而不欲人之相恶相贼也。奚以知天之欲人之相爱相利，而不欲人之相恶相贼也？以其兼而爱之，兼而利之也。奚以知天兼而爱之、兼而利之也？以其兼而有之、兼而食之也。此以莫不畜牛羊，豢犬猪，洁为酒醴粢盛，以敬事天。此不为兼而有之、兼而食之邪？天苟兼而有食之，夫奚说以不欲人之相爱相利也？故曰：爱人利人者，天必福之；恶人贼人者，天必祸之。曰：杀不辜者，得不祥焉。夫奚说人为其相杀而天与祸乎？是以知天欲人相爱相利，而不欲人相恶相贼也。（《墨子·法仪》）

  且吾所以知天之爱民之厚者，有矣。曰：以磨为日月星辰，以昭道之；制为四时春秋冬夏，以纪纲之；雷降雪霜雨露，以长遂五谷麻丝，使民得而财利之；列为山川溪谷，播赋百事，以临司民之善否；为王公侯伯，使之赏贤而罚暴，贼金木鸟兽，从事乎五谷麻丝，以为民衣食之财，自古及今，未尝不有此也。……今夫天，兼天下而爱之，撽遂万物以利之，若豪之末，非天之所为，而民得而利之，则可谓否矣。（《墨子·天志》）

顺天意者，兼相爱、交相利，必得赏；反天意者，别相恶，交相贼，必得罚。（《墨子·天志》）

由此可知，墨子眼里的天，几乎对应了我在本书序言里对主宰之天的特征的所有描述。

墨子又"事鬼"。通览《墨子·明鬼》，可以将其鬼神观概括如下。首先，鬼神是比天次一级的灵体，他们的职责基本上是辅佐天，传达天的旨意，但天如何吩咐鬼神、鬼神世界的位阶秩序并不明朗。其次，鬼神来源多方，有天上本来就有的，有人死后变的，也有由山川河流等自然界存在生成的。最后，鬼神有两大明确特点和职责：一是明察秋毫，二是赏善罚恶。

墨子"尊天事鬼"，但有趣的是，他又反对有命运存在。不少论者认为，这是墨子思想的自相矛盾处。因为天既然是主宰，就会主宰人的命运，怎么能说不存在命运呢？在我看来，这个问题在墨子的逻辑里是可以解决的：他之所以"非命"，是为了强调人的努力，他眼里的天鬼，是赏善罚恶的灵体，是与人交流的灵体，那么人努力的结果就是天鬼实行奖惩的条件。换言之，墨子眼里的主宰之天，是天人合作之天，而非天帝独作之天。

理解了墨子的天鬼观念，就很容易理解"兼爱非攻"了。前面讲到，孔孟主张的爱是仁爱。所谓仁爱，就是由亲及疏、由近及远的等差之爱。墨子主张"兼爱"，也就是无差别之爱。这两种爱的不同，可以从下面两句话的对比中看出。孟子说："老吾老以及人之老。"他主张的是推己及人。墨子说："视人之父若其父。"他着意的是视人如己。墨子还说，要"视人之国若视其国，视人之家若视其家，视人之身若视其身"。

墨子为什么主张"兼爱"？因为他认为，天下的争乱起源于人们丧失了互爱之心。"当察乱何自起？起不相爱。"既然如此，怎么消除乱源？"若使天下兼相爱，国与国不相攻，家与家不相乱，盗贼无有，君臣父子皆能孝慈，若此则天下治。故圣人以治天下为事者，恶得不禁恶而劝爱？"

无差别的爱何以可能？墨子说，因为它符合天意天命，墨子在这方面的具体主张，已见上文，兹不重复。这里要说的是，墨子还把兼爱的理由建立在功利主义的基础上。他说："即欲人之爱利其亲也，然则吾恶先从事，即得此。若我先从事乎爱利人之亲，然后人报我爱利吾亲乎……投我以桃，报之以李，即此言爱人者必见爱也，而恶人者必见恶也。"墨子甚至认为："虽有贤君，不爱无功之臣，虽有慈父，不爱无益之子。"

无论是儒家的仁爱还是墨家的兼爱，都是爱，既然大家都主张爱，当然就会反对战争，因为战争会死人。事实上，鉴于春秋后期诸侯征伐日渐频繁，诸子百家大都反对战争，主张"非攻"。

不过，很多思想家虽然反对战争，但却没什么办法阻止战争，比如孔孟，只是高唱仁义，其实无济于事。墨子主张"非攻"，是因为侵略战争一方面不义，另一方面也无利。他总是对那些试图发动战争的诸侯说：你发动侵略战争，对谁都没利，你即便胜了，考虑到战争成本因素，也得不偿失；况且螳螂捕蝉，黄雀在后，你能侵略别人，别人也会伺机侵略你；这样下来，冤冤相报何时了？"计其所自胜，无所可用也。计其所得，反不如所丧者之多。""以攻战亡者，不可胜数。"这套功利主义的说辞，比较务实，所以也有准备发动战争的诸侯因此偃旗息鼓的，墨子就曾成功说服诸侯止战。

但是，不是所有战争对发动战争的一方都是无利的，或者说战争不都是得不偿失的，所以从功利主义出发，并不能完全阻止战争。好在墨子不仅主张"非攻"，还能从技术上教人自卫，教人外交睦邻的方法。

每个人对自己的利害的认识都是不同的，怎么办？墨子的办法是，政治上要"尚同尚贤"。

"尚同"的逻辑是：在初民社会，人各是其是、各非其非、各顾各，如同禽兽。要脱离禽兽状态，"故选天下之贤可者立以为天子"，再选贤者立为三公、诸侯、正长等辅助天子管理天下。然后，天子布告全天下，"闻善而不善，皆以告其上。上之所是，必皆是之，所非，必皆非之"。官员由上而下立，"尚同"由下而上推行。这样，就能实现天下一道同风。墨子说："唯能以尚同一义为政，然后可矣。""若苟上下不同义，赏誉不足以劝善，而刑罚不足以沮暴。""察天下之所以治者何也？天子唯能壹同天下之义，是以天下治也。"需要指出的是，墨子这里所说的天子，不是君主专制制度下的皇帝，而是封建制下的共主，而天子之所以能治理天下，是因为他能遵从公意、公利。

墨子对自然状态的描述与霍布斯类似，两者都认为自然状态很恐怖，所以要结束自然状态，建构"利维坦"。我认为，虽然墨子强调公意、公利，但事实上人民又不能利用公意，只能将其交给执政者，从这个角度说他是卢梭的思想导师或许也不算附会。

根据上述逻辑，"尚同"的社会，以各级官员都以"仁人""贤者"为前提，所以墨子"尚贤"。墨子说："不义不富，不义不贵，不义不亲，不义不近。""以德就列，以官服事，以劳殿赏，量功而分禄，故官无常贵，而民无终贱。"这些观点，与儒家，尤其与后来的荀子几乎相同。

那么，儒、墨的"尚贤"思想有无不同？也有，这主要表现在两个方面：一，孟子还保留世禄，"不得罪于巨室"，墨子反对官禄世及，反对举亲，"不党父兄，不偏富贵""赏贤罚暴，勿有亲戚兄弟之阿"。二，儒家之贤，主要强调道德，墨子之贤，着重于能力和功利，墨子甚至认为："虽在农与工肆之人，有能则举之。高予之爵，重予之禄，任之以事，断之以令。""贤者之治邑也，蚤出暮入，耕稼树艺，聚菽粟多而民足乎食。"从这个意义上看，儒墨虽然都"尚贤"，但所尚之贤却并不相同。

"尚同"理想的最高阶段是一个什么状态？那就是"大同"。《礼运》中的"大同篇"被很多人认为是儒家思想，也有学者认为是道家思想，还有不少学者认为它实际上体现的是墨家思想。《礼运·大同》对大同社会的描述是：

> 大道之行也，天下为公。选贤与能，讲信修睦，故人不独亲其亲，不独子其子，使老有所终，壮有所用，幼有所长，鳏寡孤独废疾者皆有所养，男有分，女有归。货恶其弃于地也，不必藏于己；力恶其不出于身也，不必为己。是故谋闭而不兴，盗窃乱贼而不作，故外户而不闭，是谓大同。

墨子的"尚同尚贤"思想，简单说，就是人民有向上反映好恶的权利，然而决定权在从下往上一级级的官员那里，最高的决定权在天子那里。但这还不是完整意义上的"尚同"，最后一步，是天子要受主宰之天的制约。墨子说："天下之百姓皆上同于天子，而不上同于天，则菑（即"灾"）犹未去也。今若飘风苦雨溱溱而至者，此天之所以罚百姓之不上同于天者也。""天子总天下之义尚同于天。""天子为善，天能赏之。天子为暴，天能罚之。"墨子通过这几句话打通了天人关系。

必须指出的是，上面我曾引用墨子的"故选天下之贤可者立以为天子"的话来讲人间政治秩序的建立路径，很多人以为这里的"选"是"民选"，这是没有证据的。综览《墨子》一书，贯通来看，可以肯定的是，墨子所谓的"选"天子、三公、诸侯、正长不可能是"民选"，只可能是"天选"。《墨子·尚贤中》也明确讲："是故天鬼赏之，立为天子，以为民父母。万民从而誉之曰圣王。"显然，这里缺乏对"天选"的操作程序的说明。

中国人有三个梦：明君梦、清官梦与侠客梦。但墨家的梦还有一个，那就是"青天梦"。墨家最寄予期望的，首先是公正的天，其次是明君，再次是清官，最后是侠客。墨家本来就同时是一个纪律严明的社团组织，历代秘密组织都信奉墨子的基本教条，因此墨家本来就是侠客。如果说走投无路的普通人还只能靠侠客行侠仗义，墨家比一般人好的地方在于他们愿意自己成为侠客。因此，虽然墨家思想在墨子死后不再发展，甚至销声匿迹，但它实际上潜入了底层社会，每当社会走到剧烈动荡时期，墨家替天行道、行"兼爱"、讲义气、重然诺、称兄弟、共患难的主张就会与道教一起，成为反抗者、起义者的思想旗帜。一生研究道教的著名学者卿希泰先生认为，墨家学说本身就是道教思想的渊源之一。

墨子思想的最后一个关键词是"尚俭刻苦"，其中包括"节用""非葬""非乐"诸端。墨子的尚俭思想完全是从功利主义的角度出发的，也是针对儒家的。

墨子主张"节用"，其标准是"凡足以奉给民用则止"。也就是说，只要够用就行了，不要浪费。问题在于，墨子给"够用"定的标准太低。比如，饮食上只要能"充虚继气，耳目聪明则止""不及五味之调，芬香之和，不致远国珍怪异物"；穿衣方面，只要冬暖夏凉就行；宫室建筑方面，只要可以御霜雪雨露、干净、留下祭祀的地方、足以防男女之别就行了，如此等等。可以说，墨子把俭朴强调到了极致，要人人都做苦行僧。

儒家非常强调礼乐，从功利主义的角度出发，墨子势必要"非礼""非乐"，因为他认为这些东西对一个人维持基本的生活非但没有帮助，反而有害。他认为厚葬是把钱财埋了，守丧太久人就没法劳作，所谓"辍民之事，靡民之财"，长此以往，"国家必贫，人民必寡，刑政必乱"。"非乐"之旨，与此略同。墨子认为乐工不事生产，听乐者也会怠工，所以"乐"也有百害无一利。

总之，按墨子的理想，人活着是首要的问题，所以他念兹在兹的全是如何吃饱穿暖的问题。他说："民有三患：饥者不得食，寒者不得衣，劳者不得息。三者，民之巨患也。"除了维持人基本生存的衣食，精神方面的需求，比如娱乐、享受，他认为都没必要。他说："仁者之为天下度也，非为其目之所美，耳之所乐，口之所甘，身体之所安。""去无用之费，圣王之道，天下之大利也。"

我们应该如何评价墨子及墨家思想？在我看来，墨子高扬主宰之天，是其大功；但他坚持功利主义，是其大过。更为关键的是，他的神权主义与功利主义没有真正打通。为什么？因为主宰之天既然是善本身，必然不希望人间充斥功利主义；主宰之天要确立自己的主权，就不可能使人间的主权集于天子一人，而要让人人都可以直接面对上天；主宰之天既然爱人，就不可能使人间贫乏，以至于让人不像苦行僧似的艰辛努力就不得温饱。天上的飞鸟，不种也不收，都能存活，何况是人呢？

墨子的思想反映的是中国小生产者的理想：小生产者最在乎的就是利益；在生产力水平低下的时代，要吃饱穿暖就需要互助；战争会夺去他们的利益，所以他们厌恶战争；小生产者本身力量不够，所以期盼明君、贤臣来主持公道。墨子没有完成身份和思想上的超越突破，他的思想总是基于人要吃饭穿衣这个前提，他没有试图超越这个前提，所以也无力回答人生的意义是什么这个终极问题。他用功利主义来作为兼爱的补充理由，不但画蛇添足，而且对人们执行爱的天命有害，因为他拉低了天的主宰权。如果获利是兼爱的理由之一，因为每个人对利的理解不同，那就注定了兼爱不可能大规模推行。

墨子尚俭刻苦，因为人必须劳动才能生存，所谓"君子不强听政即刑政乱，贱人不强从事即财用不足"。人固然必须劳动才能生存，但人活着并不是为了劳动。而按墨子的构想，人就是一架工作的机器，工作的目的也仅仅是满足衣食需求而已。这样的人生，活着还有什么意思呢？这样的主张，不是反人性吗？墨子没有看到娱乐也是人的基本需求，更没有看到礼乐对社会教化的作用。再进一步，墨子既然对尚俭的主张达到了自苦的地步，为什么又主张用高官厚禄任用贤人呢？贤人拿这些厚禄有什么用？

因其如此，所以庄子批评墨子：

> 其生也勤，其死也薄，其道大觳。使人忧，使人悲，其行难也。恐不可以为圣人之道。反天下之心，天下不堪。墨子虽能独任，奈天下何？离于天下，其去正也远矣。（《庄子》）

荀子虽然继承、化用了墨子很多想法，但对墨子的批评也非常到位：

> 夫有余不足，非天下之公患也，特墨子之私忧过计也。天下之公患，乱伤之也。
>
> 胡不尝试相与求乱之者谁也？我以墨子之"非乐"也，则使天下乱；墨子之"节用"也，则使天下贫，非将堕之也，说不免

焉。墨子大有天下，小有一国，将蹙然衣粗食恶，忧戚而非乐。若是则瘠，瘠则不足欲；不足欲则赏不行。墨子大有天下，小有一国，将少人徒，省官职，上功劳苦，与百姓均事业，齐功劳。若是则不威；不威则罚不行。赏不行，则贤者不可得而进也；罚不行，则不肖者不可得而退也。贤者不可得而进也，不肖者不可得而退也，则能不能不可得而官也。

若是，则万物失宜，事变失应，上失天时，下失地利，中失人和，天下敖然，若烧若焦，墨子虽为之衣褐带索，啜菽饮水，恶能足之乎？既以伐其本，竭其原，而焦天下矣。（《荀子》）

荀子还说，如果"万物得宜，事变得应，上得天时，下得地利，中得人和，则财货浑浑如泉源，汸汸如河海，暴暴如丘山，不时焚烧，无所藏之。夫天下何患乎不足也?"。在荀子看来，经济发展的要务是社会稳定，在社会稳定的环境中，生产力会不断发展，财富总量会不断增加，人们要吃饱穿暖根本不是个问题。墨子看不到这一点，必然导致"尚俭而称贫，非斗而日争"的结果。应该说，荀子这个观点超出了春秋战国时期绝大多数思想家，极具前瞻性。当然，在战国那样混乱的时代，他不可能认识到，比稳定更重要的是自由，自由才是经济发展的决定力量。

墨子，一个伟大的"补天者"，他的失败证明：人是无力补天的。人如果能补天，人就成了主宰，而天就已经不再是主宰之天了。

第八讲　老子：何来自由

这一讲我们讲老子。

老子这个人相当神秘，神秘到不仅生卒年不详，而且到底姓什么、叫什么都没有定论。至于《道德经》到底是不是老子写的，争议也很大。此外，先秦诸子著作的成书年代，历来众说纷纭，难成共识，加之版本问题，更成迷雾。我无意考订作者生平及著作版本，本讲仅从通行本《道德经》一书来管窥符号化的"老子"。

老子被认为是道家创始人之一，而道家与儒家一起，共同塑造了中国人的思想。那么，道家思想的实质是什么呢？一言以蔽之，道家是儒家的反对派，道家全面而彻底地否定了儒家。如果说儒家是中国古代王朝意识形态的当权派，道家就主要是在野派。儒家讲礼义仁爱，重感情，墨家和道家都反对它，但反对的理由不同：墨家认为儒家讲得不够，道家认为儒家讲得太多，甚至认为讲这些不仅没用，而且有害。道家是纯用理智，排斥感情的。

儒家原本是帮天子负责祭祀的，道家呢？班固说："道家者流，盖出于史官，历记成败、存亡、祸福、古今之道，然后知秉要执本，清虚以自守，卑弱以自持，此君人南面之术也。"这句话一般是这样理解的：因为道家出身史官，古往今来的历史看得多了，就超脱了，就能摆脱感情的羁绊、干扰，理性地看待政治上的成败得失，并总结出了历史运行的规律和长治久安之道。据说老子本人就当过周王室的"守藏室之史"，相当于国家图书馆馆长。

这样理解，或许也没有错，但有点失之于笼统了。稍微展开来说，周王朝的史官不仅负责研究历史、书写历史，还负责观察天象，而其所研究、书写的历史，不仅是政治史，也包括军事史。所以，道家思想主要是源于史官对政治、军事、天象历史的观察和总结，并使之抽象化、理论化。也可以说，政治对应的是班固所说的"成败"，军事对应的是"存亡"，天象对应的是"祸福"。道家总结政治"成败"、天象"祸福"都比较好理解，下面我想趁机谈谈道家与兵家的关系。从兵家到道家，再到法家，其实存在一根思想发展的逻辑链条。

道家与兵家的关系，其实只要对比《道德经》和《孙子兵法》文本就能一目了然。比如，《孙子》说："凡战者，以正合，以奇胜。"《道德经》说："以正治国，以奇用兵。"《孙子》说："兵者，诡道也。故能而示之不能，用而示之不用。近而示之远，远而示之近。"《道德经》说："将欲弱之，必固强之；将欲废之，必固兴之；将欲夺之，必故与之。"这样的例子不胜枚举。

李泽厚认为，道家与兵家至少有如下几点相似处。一，思考问题从利害着眼，完全排斥感情、是非和信仰因素的干扰；二，立足现实，重视经验，重视观察、分析；三，强调通过二分法从整体上把握现实，透过纷繁复杂的现象直观地把握事物的本质；四，认识到矛盾是推动事物发展的内在动力，所以要主动认识事物内部潜藏的客观矛盾，利用矛盾的转换规律介入矛盾、展开矛盾，以便事物的发展结果对自己有利。兵家这样思考问题，是为了取得战争胜利；道家这样思考问题，是为了长治久安。当然，道家与兵家也有不同，道家把兵家的战争智慧扩展、凝练成了关于宇宙、人间普遍、必然、客观的规律。《道德经》所谓的"道"，虽然玄妙，但大致也就是"普遍、必然、客观的规律"的意思，而非活生生的、人格化的主宰之天。

历史上，很多人都看到了道家与兵家的上述关系。唐代王真这样评价《道德经》："五千之言……未尝有一章不属意于兵也。"北宋苏辙说："此几于用智也，与管仲、孙武何异？"南宋朱熹说："老子心最毒。"明末清初王夫之说："言兵者师之"，又说："持机械变诈以徼幸之祖也。"民国章太炎说："以为后世阴谋者法。"马一浮则说："老子其失也贼。""他看世间一切有为，只是妄作，自取其咎，浅陋可笑，故曰：不知常，妄作凶。他只燕然超处，看汝颠扑，安然不动，令汝捉不到他的败阙，不奈他何。以佛语判之，便是有智而无悲。儒者便谓之不仁。"

《道德经》玄妙无尽，但不过五千言。如何透过这五千言理解老子说的"道"？我认为，只要抓住两个关键词就可以了：一是"无"；二是"反"。

我们先说"无"。

老子是从本体论的角度论述"无"的，他说："道生一，一生二，二生三，三生万物。"又说："天下万物生于有，有生于无。"所谓"有生于无"，是从抽象的、逻辑推理的意义上说的，不是说没有道，而是说道是看不见、摸不着的。人们看得见、摸得着的东西都是有生出来的。那么，最先的那个"有"是怎么生出来的？也就是说，第一个推动宇宙运转的力量是什么？那就只能是逻辑上的无。所以，道就是无。道无所偏私，因此它的本性是无为的，所以老子说："为道日损，损之又损，以至于无为""道常无为而无不为"。

老子的思想，主要还是一种政治哲学。他论天道的目的，其实还是为了论人间之道。既然天道无为，人应该怎么办呢？"人法地，地法天，天法道，道法自然"，老子的道就是自然而然，就是事物本来的样子，当然是清净无为的。人应该做的，就是体验、实践天道的清净、自然、无为。所以从统治者的角度着眼，老子主张"圣人处无为之事，行不言之教。万物作焉而不为始，生而不有，为而不恃，功成而弗居""我无为，而民自化；我好静，而民自正；我无事，而民自富；我无欲，而民自朴""清净为天下正"，这样做，就能"为无为则无不治"。

儒家是主张有为的，所以儒家倡导仁义道德。老子既主张无为，当然就极力反对儒家，他说："天地不仁，以万物为刍狗；圣人不仁，以百姓为刍狗。""大道废，有仁义；慧智出，有大伪；六亲不和，有孝慈；国家昏乱，有忠臣。故失道而后德，失德而后仁，失仁而后义，失义而后礼。夫礼者，忠信之薄，而乱之首"。这简直是把孔子当成罪人看了。老子不仅反对儒家，其实也反对一切主张有为的思想流派，他说："天下多忌讳而民弥贫。民多利器，国家滋昏。人多伎巧，奇物滋起。法令滋彰，盗贼多有。"

但老子生在仁义道德已出的时代，怎么办呢？他的办法是寡欲、愚民，希望社会返回原始状态。

关于寡欲，他说："五色令人目盲；五音令人耳聋；五味令人口爽；驰骋田猎，令人心发狂；难得之货，令人行妨。是以圣人为腹不为目，故去彼取此。""不尚贤，使民不争；不贵难得之货，使民不为盗；不见可欲，使民心不乱。是以圣人之治：虚其心，实其腹，弱其志，强其骨。常使民无知无欲，使夫智者不敢为也。为无为，则无不治。""罪莫大于可欲。""见素抱朴，少私寡欲。""不欲以静，天下将自定。""圣人欲不欲，不贵难得之货。"

关于愚民，他说："知者不言，言者不知。塞其兑，闭其门；挫其锐，解其纷；和其光，同其尘。""俗人昭昭，我独昏昏。俗人察察，我独闷闷。""古之善为道者，非以明民，将以愚之。民之难治，以其智多。故以智治国，国之贼；不以智治国，国之福。""绝圣弃智，民利百倍。绝仁弃义，民复孝慈。绝巧弃利，盗贼无有。"

老子的理想社会是"小国寡民"，"使有什伯之器而不用，使民重死而不远徙。虽有舟舆，无所乘之；虽有甲兵，无所陈之。使人复结绳而用之。甘其食，美其服，安其居，乐其俗。邻国相望，鸡犬之声相闻，民至老死不相往来。"显然，老子的"小国寡民"理想与儒家的小康理想、墨家的大同理想截然不同，儒墨所倡导的毕竟是文明社会，而老子的理想近似于原始社会。

很多人都知道老子主张无为，必须强调的是，老子的无为只是手段，他的目的还是有为，这就是所谓的"上德无为而无不为""以无事取天下"。司马迁把老子的逻辑讲得很清楚："道家无为，又曰无不为，其实易行，其辞难知，其术以虚无为本，以因循为用。无成执，无常形，故能穷万物之情；不为物先，不为物后，故能为万物主。"也正是从这个角度论，上面列举的朱熹、章太炎等人批评老子"心最毒"，是耍"阴谋"的鼻祖。

再来说理解老子的第二个关键词——"反"。"反"就是"返"。儒家遵奉一套政治制度和道德规范，孔孟的道就是仁道。在老子看来，这很好笑，因为天下根本就不存在不变的道，道的本质就是变化、周行、往复，也就是所谓"反"，所以老子说"反者道之动"。老子关于"反"的话说了很多，比如，"有无相生，难易相成，长短相形，高下相倾，音声相和，前后相随"，"祸兮福所倚，福兮祸所伏"，等等。

老子关于"反"的思想可以梳理为四个方面。首先是要人们守弱。所谓"弱者道之用"。为什么要守弱？因为刚强靠不住，"柔弱胜刚强"，要无不为，就得守弱。"人之生也柔弱，其死也坚强。草木之生也柔脆，其死也枯槁。故坚强者死之徒，柔弱者生之徒。是以兵强则灭，木强则折。强大处下，柔弱处上。""飘风不终朝，骤雨不终日。孰为此者？天地。天地尚不能久，而况于人乎？""勇于敢则杀。""强梁者不得其死。""天之道不争而善胜。""天下莫柔弱于水，而攻坚强者莫之能胜。""天下之至柔，驰骋天下之至坚。""曲则全，枉则直，洼则盈，敝则新，少则得，多则惑。""大成若缺，其用不弊；大盈若冲，其用不穷。大直若屈，大巧若拙，大辩若讷。"守弱是内心修炼，谦卑则指对外行事。"江海所以能为百谷王者，以其善下之，故能为百谷王。是以圣人欲上民，必以言下之；欲先民，必以身后之。是以圣人处上而民不重，处前而民不害。是以天下乐推而不厌。以其不争，故天下莫能与之争。""人之所恶，惟孤、寡、不穀，而王公以为称。""善用人者为之下。"谦卑没有尽头，老子甚至号召人们处贱。"故必贵而以贱为本，必高矣而以下为基。"

其次是包容。老子的哲学是水的哲学，水不仅居万物之下，而且能容纳万物，圣人应该学习、体会水的哲学。老子的哲学以自然为宗旨，自然是包容万物的，圣人所能做的，是尊重自然状态。"圣人无常心，以百姓心为心。善者，吾善之；不善者，吾亦善之，德善。信者，吾信之；不信者，吾亦信之，德信。圣人在天下，歙歙焉，为天下浑其心。""圣人常善救人，故无弃人。常善救物，故无弃物。是谓袭明。""报怨以德。"

再次是知足。老子认为，"祸莫大于不知足，咎莫大于欲得"。因为自然之道是水满则溢、月盈则亏，没有固定不变的圆满状态，所以也根本不需要追求所谓圆满。"持而盈之，不如其已。揣而锐之，不可长保。金玉满堂，莫之能守。富贵而骄，自遗其咎。功遂身退，天之道。""甚爱必大费，多藏必厚亡，知足不辱，知止不殆，可以长久。""是以圣人去甚去奢去泰也。"

最后是见微。道的变化虽然是永恒不止的，但又是从小到大的，因此是有征兆、可以事先体察感知的，见微就是为了知变、知著、"观复"。"图难于其易，为大于其细；天下难事，必作于易；天下大事，必作于细。""其安易持，其未兆易谋，其脆易泮，其微易散。为之于未有，治之于未乱。"

我们今天应该如何评价老子思想？

从政治哲学的角度看，正如一些论者所指出的那样，如果孔子强调的是人类社会的秩序，老子所强调的就是个人的自由，他的无为而治的思想，的确近似于西方的自由放任主义。诸子百家，只有道家力主个人自由，从这个角度看，老子是伟大的。

不过，老子所主张的自由，存在三大问题：

一、只有承认主宰之天，而主宰之天是自由的，天爱人，赐给人自由，人性中才能存在自由。老子不相信主宰之天，他所谓的"道"近似于我前面讲的规律之天，那么他所主张的个人自由就没有神圣的源头，因此也就不会有人奋力追求自由。

二、因为不承认主宰之天，老子所主张的自由也必然没有边界，因此他所主张的自由并不是真自由，而是放纵。这种自由，只要看看当今部分西方国家的一些乱象，也就明白其实质是什么了。

三、由于老子所主张的自由没有神圣源头，所以他所主张的自由只是消极自由，即个人有不受政治权力干涉的自由。但是，消极自由不仅是通过积极自由（公民有干什么事的自由）来获得的，也是通过积极自由来保障的，仅着眼于消极自由，而无视积极自由，则消极自由也不可能存在。

老子根本不关心积极自由，不关心如何从制度设计上保障消极自由，因此他的理想社会就只能一步步后退，以至于退到原始社会。如果说墨子、荀子类似于霍布斯，把人类的自然状态描述得过于惨不忍睹，那么老子就是把人类的自然状态描述得过于美好了。问题是，即便按老子的描述，"小国寡民"的原始社会是可欲的吗，是现实的吗？人类一旦进入文明时代，其发展轨迹就是不可逆的，怎么可能再次回到结绳记事时代？正如明代思想家湛若水所批评的那样："人生今日而欲返于原始生活，不乐文字、数目，而欲复结绳以记事，是教也，不知人类历史进展，其必不得与时并存，以其所致力悖于自然秩序也。"

老子批评儒家的仁义道德，如果你仔细读他那几段话，难道不是倒果为因吗？既然"德""仁""义""礼"是"失道"的结果，怎么能说礼是"忠信之薄，乱之首"呢？老子说："天地不仁，以万物为刍狗；圣人不仁，以百姓为刍狗。"湛若水则说："若不仁真合用于天地圣人，斯则实可畏也。……老子冷嘲而情酷，奚以为道德之基哉？"

必须指出的是，自由和道德并不矛盾，自由社会也离不开道德。进一步说，没有提举人精神上线的道德和确保人精神底线的法治，自由根本不可能存在。而老子把二者摆到对立的位置上去了。老子的主张是人的自然化，这个逻辑推到极端就是人的动物化。但人一旦为人，人类社会一旦进入文明时代，社会的演进就必然是一个自然的"人化"过程。老子见不及此，岂可曰智？老子所主张的自由，不过是一种动物式的自由，而他之所以主张这种动物式的自由，根本原因在于他不知天。如果按墨子的说法，不知天，就是不知大，岂可曰智？

中国古人面对专制，不是试图基于现实改进它，而是逃避现实，梦回远古。儒、墨、道三家，一个比一个崇古：儒崇周，墨崇夏，道家则崇拜原始初开时代，此种厚古薄今的思想传统，既表明当时的中国文化是一种早熟的文化，也表明当时的中国文化是一种逃避现实的文化。正因为儒、墨、道三家都程度不同不愿意面对现实社会之变迁，于是生生将现实政治的话语权与建构权让位于直面现实之法家，此乃中国历史之大遗憾。其实，直到今天，不还有很多人梦想"诗和远方"吗？问题在于，即便远方有自由，那也是别人的自由，对有出息的民族而言，自由不在远方，而是上在苍天，下在脚底。

老子崇尚自由，如果我们通读《道德经》就会发现，老子这个主张"道法自然"的"智者"其实一直生活在谨小慎微、战战兢兢的状态中，他多次说到自己"不敢"这样"不敢"那样。请问，这样的老子，是真自由吗？至于老子的"愚民"思想，我认为连批评的必要都没有。

第九讲　庄子：与世逍遥

这一讲我们讲庄子。

一般而言，我们讲道家，会将老庄并举。这是因为，庄子和老子，在思想上存在一脉相承的关系。庄子推崇老子，在书中经常引用、化用老子的话，司马迁甚至明确地说，庄子思想"要本归于老子之言"。庄子虽本于老子，但又深化了老子，其理论之精微幽妙，文章之恣肆汪洋，在先秦诸子中首屈一指。

以上是说老庄之同，但这只是问题的一个方面，今天讲庄子，我更愿意在开头就指出他们的不同。简言之，老庄的不同体现在：老子的着眼点在政治，庄子的着眼点主要是人生；老子讲"无为"，目的还是有为，而庄子则根本不想为；老子入世，庄子出世；老子主张自由放任主义，庄子则近似无政府主义。

如果给老庄二人分别画张像，老子就是一个须发皆白、正在下围棋的老人，庄子则是一个袒胸露乳、不修边幅、扪虱斜卧的闲散汉子。老子老谋深算，庄子洒脱不羁，所以又被称为"庄生"。"生"，就是年轻人的意思。

庄子有点像古希腊哲学晚期犬儒学派创始人第欧根尼（约公元前404—前323）。当求贤若渴的亚历山大大帝找到第欧根尼的时候，亚历山大自以为谦逊实则颇为傲慢地说："我就是亚历山大，请问你有什么要求？我一定为你办到。"当时正蜷在木桶里晒太阳的第欧根尼答道："请你走开一点，不要遮住我的阳光。"第欧根尼表现出来的是对亚历山大的不屑，他潜藏的意思是，你能给我的，你认为重要的那些东西，对我而言毫无价值。从这个意义上说，他或许认为能赐给臣民名利的亚历山大不过是个穷鬼。

庄子的思想，可以通过三个关键词来把握："齐物""逍遥""自然"。

庄子思想最突出的特点在于，有一套逻辑自洽的认识论。这套认识论的核心词就是"齐物"。庄子是因"齐物"而"逍遥"，最后达到与"自然"合一的境界。所谓"齐物"，就是用平等眼光看待万物。齐物的本质是尊重差异，让万物自由发展，而不是强制拉平差异，让万物整"齐"划一。

庄子从三个基本事实出发展开对"齐物"的论证。

第一个事实是，宇宙万物不仅是无限的，而且时刻处于变化之中。所谓"物之生也，若骤若驰，无动而不变，无时而不移"，"方生方死，方死方生"。

第二个事实是，人能接触到的一切事物，虽有其内在运行逻辑，但其有无、大小、是非都是有限的与相对的。一方面，"物固有所然，物固有所可。无物不然，无物不可"。另一方面，"以道观之，物无贵贱。以物观之，自贵而相贱。以俗观之，贵贱不在己。以差观之，因其所大而大之，则万物莫不大；因其所小而小之，则万物莫不小。知天地之为稊米也，知毫末之为丘山也，则差数睹矣。以功观之，因其所有而有之，则万物莫不有；因其所无而无之，则万物莫不无。"

第三个事实是，人的生命力有限，人所知、能知也相当有限。庄子说："吾生也有涯，而知也无涯。以有涯随无涯，殆已。"其实，苏格拉底也说过类似的话，所谓"我唯一知道的，是我一无所知"。的确，人不可能全知全能，人不知的东西实在太多。比如，宇宙万物的生成、运行机制，人类至今都很难说已经了然。其实，就算是对自己这个个体到底是怎么回事，人们就真知道吗？仅仅从生理方面说，人类至今尚不知大多数癌症的病理，更不必说精神生活的原理了。自知是天下最难的事之一。所以古希腊德尔菲神庙上有一句箴言——"认识你自己"。

既然如此，庄子得出的结论就是：人应该承认自己的无知，打掉一切对是非、贵贱、物我、人我、生死之间的分辨心，不必追求道德和知识，尊重万物自然、自发、自在地运行就行了。"故分也者，有不分也；辩也者，有不辩也。""夫大道不称，大辩不言，大仁不仁。""夫知者不言，言者不知，故圣人行不言之教。"

庄子还将"知"分为"小知"和"大知"，"小知不及大知"。"小知"就是知道一点具体事物的运行机理，"大知"就是站在宇宙无限的角度承认人的无知。应该说，中西哲人对此的看法是很相似的。但说到此处，我又不得不强调，面对同样的事实，中西哲人开出的药方却完全相反：庄子因为人所知、能知有限就干脆取消了求知的必要；苏格拉底承认自己的无知，目的还是为了求知。所以，庄子的认识论与科学精神无干，而希腊哲学家中不少人本身就是科学家，希腊哲学家最崇尚的也是人的理性。

中国思想家普遍不会将理论兴趣集中在认识论上，庄子也不例外，他用寓言体讲认识论，满纸"谬悠之说，荒唐之言，无端崖之辞"，其实是为了论证他的人生哲学，或者说人生理想。庄子的人生理想就是"逍遥"，"独与天地精神往来"。如果说庄子的认识论的核心是"不分别"，他的人生理想"逍遥"的核心就是"顺着来"，所谓"安时而顺处"。顺着什么来呢？当然是顺着"天地精神"即"道"来。

庄子理解的"道"就是老子的自然无为之道，区别在于，老子的道是绝情用智之道，庄子却主张"与物为春""万物复情"。如果说，老子的人生态度是冷眼旁观，庄子的人生态度则是"观赏"。庄子说："夫道，有情有信，无为无形；可传而不可受，可得而不可见；自本自根，未有天地，自古以固存……在太极之先而不为高，在六极之下而不为深，先天地生而不为久，长于上古而不为老。"这样的道在哪里呢？"无所不在。"

既然道是自然"无为"的，顺道当然就是顺应自然"无为"的状态，于是，"呼我牛也而谓之牛，呼我马也而谓之马""知其无可奈何而安之若素，德之至也"。顺应，才能实现人生理想。庄子的人生理想是分阶梯的：初阶理想是"保身"，中阶理想是"长生"，最高理想则是"逍遥"。所谓"逍遥"，就是"未始有物，与道同一""天地与我并生，万物与我为一""与造物者为人，而游乎天地之一气"的状态。这是一种大自由状态，也即是规律与目的、实然与应然合一的状态，人达到这种状态，主观就是客观，规律就是目的，人就是自然，这也可以叫人的自然化状态。

实现最高理想、达到"逍遥"状态的人，就是至人、真人、神人、大宗师。这种人能做到"大泽焚而不能热，河汉沍而不能寒，疾雷破山而不能伤，飘风振海而不能惊。若然者，乘云气，骑日月，而游乎四海之外，死生无变于己，而况利害之端乎？""藐姑射之山，有神人居焉。肌肤若冰雪，绰约若处子；不食五谷，吸风饮露；乘云气，御飞龙，而游乎四海之外；其神凝，使物不疵疠而年谷熟。"是不是很神奇？的确神奇。必须指出，这里的大宗师并不是一个生物性的存在，而是一种精神性的存在，精神之我可以脱离躯体之我存在。只有从破除对有血有肉的躯体的执着这个角度去理解，才能真正理解庄子。大宗师能够破除对自己的躯体的执着，才能不怕水火风雷，不吃五谷杂粮。这就是一种宗教体验，所以如同《老子》被道教尊为《道德经》一样，《庄子》也被道教尊为《南华经》。

庄子说"天地与我并生，万物与我为一"，儒家不也说过"以天地万物为一体""上下与天地同流"吗？他们的区别何在？区别在于：儒家的天人合一强调的是"民胞物与"，我与万物都有关系，我要将仁爱推广于万物；而庄子"一物我"的目的则是为我，为我之极，就欲断绝物我关系：我不想干涉你，你也别干涉我，你是你，我是我，我们各不相干。

"一物我"也可以叫泯物我，除了泯灭物我，庄子还希望通过"心斋""坐忘"之类的精神修炼实现超利害、同生死、一寿夭的境界。

为什么要泯物我？因为人被外物奴役太不值得，正确的态度应该是"不物于物""物物而不为物所物"。然而，"今世俗之君子，多危身弃生以殉物，岂不悲哉？""与物相刃相靡，其行进如驰，而莫之能止，不亦悲乎？终身役役而不见其成功，苶然疲役而不知其所归，可不哀邪！"

著名的"庄周梦蝶"故事，说明庄子就做到了泯物我。庄周梦蝶，"不知周之梦为胡蝶与，胡蝶之梦为周与？周与胡蝶，则必有分矣。此之谓物化。"如何才能做到泯物我呢？关键就在"物化"上，与物同化，也就是与道同化，最后化为"与道同一"状态，那就是大自在、大享受，就是"天乐"。

为什么要超利害？因为争利伤性。"自三代以下者，天下莫不以物易其性矣。小人则以身殉利，士则以身殉名，大夫则以身殉家，圣人则以身殉天下。故此数子者，事业不同，名声异号，其于伤性，以身为殉，一也。臧与谷，二人相与牧羊而俱亡其羊。问臧奚事，则挟筴读书；问谷奚事，则博塞以游。二人者，事业不同，其于亡羊均也。伯夷死名于首阳之下，盗跖死利于东陵之上。二人者，所死不同，其于残生伤性均也。"

如何做到超利害？看透了利害会伤性的逻辑，自然就能超越利害了。"至人之用心若镜，不将不迎，应而不藏，故能胜物而不伤。"

为什么要同生死、一寿夭？老子就提出过这个问题："吾所以有大患者，为吾有身，及吾无身，吾有何患？"庄子给出了答案："吾丧我"，也就是忘掉自我，"藏天下于天下"，这就是所谓自适。自适则自得，所以在庄子眼中，只有得而无所失，而此得，得之于无心。

既然只有得，没有失，那么死也是得，何必悲伤？之所以能这么看，其实是庄子把精神之我与躯体之我分离的结果，躯体之我与万物性质一样，舍弃了有什么值得悲伤的呢？而且从绝对自由的角度看，死还值得高兴，因为死后就没有任何社会关系和约束了，躯体就更不会绑架精神了。"死，无君于上，无臣于下；亦无四时之事，从然以天地为春秋，虽南面王乐，不能过也。"妻子死后，庄子为什么要鼓盆而歌？因为生是自然，死也是自然，而且死了就能得大自由了，值得庆贺。

这种认识当然不是一般人能达到的，但真人能达到。"古之真人，不知说生，不知恶死；其出不欣，其入不距；翛然而往，翛然而来而已矣。不忘其所始，不求其所终；受而喜之，忘而复之。是之谓不以心损道，不以人助天，是之谓真人。""天与人不相胜，是之谓真人。""是以圣人和之以是非而休乎天钧，是之谓两行。"

基于"齐物"的认识论、"逍遥"的人生观，庄子的政治观自然而然就是绝对自由。事实上，庄子的理想社会简直就是老子的"小国寡民"的翻版，不外乎毁弃仁义、绝圣弃知、返乎原始之类：

> 当是时也，山无蹊隧，泽无舟梁；万物群生，连属其乡；禽兽成群，草木遂长。是故禽兽可系羁而游，乌鹊之巢可攀援而窥。夫至德之世，同与禽兽居，族与万物并。恶乎知君子小人哉！同乎无知，其德不离；同乎无欲，是谓素朴。素朴而民性得矣。及至圣人，蹩躠为仁，踶跂为义，而天下始疑矣。澶漫为乐，摘僻为礼，而天下始分矣。故纯朴不残，孰为牺尊！白玉不毁，孰为珪璋！道德不废，安取仁义！性情不离，安用礼乐！五色不乱，孰为文采！五声不乱，孰应六律！夫残朴以为器，工匠之罪也；毁道德以为仁义，圣人之过也。……民居不知所为，行不知所之，含哺而熙，鼓腹而游。（《庄子·马蹄》）

> 卧则居居；起则于于；民知其母，不知其父，与麋鹿共处，耕而食，织而衣，无有相害之心。此至德之隆也。（《庄子·盗跖》）

> 彼民有常性，织而衣，耕而食，是谓同德；一而不党，命曰天放。（《庄子·马蹄》）

所谓"天放"，就是自生自发、自在自为、自养自由、自生自灭状态，其实也是另一种原子式社会，也是原始社会。

庄子反对任何文明，认为文明是乱之源头。"夫弓弩毕弋机变之知多，则鸟乱于上矣；钩饵网罟罾笱之知多，则鱼乱于水矣；削格罗落置罘之知多，则兽乱于泽矣。""有机械者必有机事，有机事者必有机心。"人们一旦产生机心，混沌即破，就不复为理想的原始状态了。

这样的原始社会也根本不需要任何政治、社会组织，也不需要治理，"闻在宥天下，不闻治天下也"。儒墨两家常称颂尧舜，在庄子看来，尧舜的治理之道也与真正的自然之道背道而驰，所以"与其誉尧而非桀，不如两忘而化其道"。所以楚王请他当官，他说自己宁愿做在泥潭中拖着尾巴玩耍的乌龟也不愿当官。

> 庄子钓于濮水，楚王使大夫二人先往焉，曰：愿以境内累矣！庄子持竿不顾，曰：吾闻楚有神龟，死已三千岁矣，王以巾笥而藏之庙堂之上。此龟者，宁其死为留骨而贵乎？宁其生而曳尾于涂中乎？二大夫曰：宁生而曳尾涂中。庄子曰：往矣！吾将曳尾于涂中。（《庄子·秋水》）

从这个意义上说，庄子的确可以被称为无政府主义者。

站在后世的角度，我们应该怎样评价庄子？

从认识论的角度看，庄子的齐物思想是高明的。一般人是站在人间看人生，庄子是站在宇宙的角度俯察人生，因此他看到了宇宙的无限性和人的有限性。齐物论是对那些人为设计自然和社会制度的鼓吹者的当头棒喝和无情嘲弄。但是，庄子从人的无知推论出人不必求知，则又是错的。别的不说，仅说一点：庄子的人生理想是成为至人、真人、神人、大宗师，这是一个不断修炼的过程，也是一个不断提升智慧（求知）的过程。我敢肯定，任何时代，普通人是不可能达到这个状态的，只有读书人可能，即便到今天，普通大学生都未必能理解他这个人生理想何以可能。庄子既然和老子一样主张绝圣弃智，敢问他的这一人生理想何以可能？一方面认为人生来就完满自足，一方面又要不断修炼自己，最终达到"与道同一"状态，庄子的理论中是否存在天然的矛盾？

我们也可以从文学史的角度理解庄子。《庄子》一书，本身也是伟大的文学作品，其中的齐物思想也极大地影响了后世文人的思想和文学样貌。可以肯定地说，如果没有庄子，中国文学史上就不会有陶渊明、李白、苏东坡，那将是多么乏味啊！让我随手抄录一段苏东坡的《前赤壁赋》："盖将自其变者而观之，则天地曾不能以一瞬；自其不变者而观之，则物与我皆无尽也，而又何羡乎！且夫天地之间，物各有主，苟非吾之所有，虽一毫而莫取。惟江上之清风，与山间之明月，耳得之而为声，目遇之而成色，取之无禁，用之不竭，是造物者之无尽藏也，而吾与子之所共适。"这简直就是庄子《齐物论》的翻版了。

再从人生观的角度看，庄子倡导的不为物役的自然主义对物质主义、金钱至上、消费主义是一剂难得的对症良药。近代以来，工业革命既给人类带来了物质的富足，又将人的欲望释放到了无休止的地步。机器本来是为人所用的工具，但人又过度依赖机器，甚至变成了机器或机器的一部分，这就是所谓的"异化"。例如，当代人宁愿成天抱着手机与陌生人或朋友聊微信，也不愿丢开手机与亲人、朋友面对面聊天，长此以往，人与人之间的疏离感便越拉越大，这显然不是好事。老庄思想是否可以让人亲近自然、远离物质、缓解人来自社会的种种压力呢？当然可以。

庄子思想主要不是政治哲学，而是人生哲学，他的政治思想不足道。一方面，他把人性简单等同于人的自然性和动物性，所以他比孟子的性善论还极端，认为人性自然完善，既然天性绝对完美，那么人就应该绝对自由。"至德之世"诸德自存。"端正而不知以为义，相爱而不知以为仁，实而不知以为忠，当而不知以为信。"他不知道，人对独立、自由的追求和独立、自由的呈现只能是历史的、具体的、动态的存在，自然性并不是"人的本性"，动物性的人并不自由。

另一方面，正如我在批评老子的时候讲过的，人类文明的发展是不可逆的，只要人类进入文明时代，就不可能无政府、无社会组织。

如果政府必然会存在，如果政府权力不得到限制就会自然呈现越界扩张趋势，就必须讨论所谓"群己权界"问题。也就是说，庄子所主张的自由面临一个如何落地的问题。应该看到，庄子所极力鼓吹的自由只是一种心灵自由。对庄子来说，即便政治、社会环境再严酷、压抑，他都可以自我调适，做到心灵自由。但对绝大多数人来说，如果没有制度保障，这样的自由是无法实现的，甚至是虚伪的。庄子宁愿做曳尾于泥涂之龟，并认为那只乌龟是自由的，可是大多数人会认为那乌龟是自由的吗？他们希望变成那只乌龟吗？庄子可以选择不做楚国的官，如果形势根本不允许他选择呢？更何况，乌龟曳尾于泥涂就能保身、长生吗？它就不会被人宰杀吗？

事实上，庄子也不否认君王的存在，所谓"天地虽大，其化均也。万物虽多，其治一也。人卒虽众，其主君也。君原于德而成于天"。但他并未深入论证君王存在的前提下如何实现他所鼓吹的自由，他几乎只是重复了老子的话来表明了自己的立场："故君子不得已而莅临天下，莫若无为。无为也而后安其性命之情。"

庄子的思想整体上既可以导向心灵自由，也可以导向顺从、明哲保身、阿Q式的"精神胜利法"，甚至奴性。为什么不少人在专制王权压迫面前习惯于为自己找退路，并为这些退路找合理的借口？人人都是社会中的一员，谁都无法自外于社会，为什么不少人习惯于把自己扮演成自命清高实则卑怯的旁观者？这不能说与老庄思想没关系。

老实说，一提到庄子，我首先想到的其实并不是本文开头说的第欧根尼，而是那只曳尾于泥涂的乌龟。这幅场景尤其刺眼，刺眼的不是泥涂，也不是乌龟，而是乌龟居然"安于"泥涂，甚至认为自己已经"与道同一"。

以上只是从世俗常理的角度评论，只有站在天人关系的角度看，才能发现庄子思想的严重问题。在我看来，庄子虽然嘴上说"神鬼神帝，生天生地"，但他眼里的天显然还是老子的无情的"道"，而非我所说的人格化的主宰之天，这就必然导致：庄子能知变易，不能知永恒；能见相对，不能见绝对；自知无知，不能识全知；期盼长生，不能入永生；虽不怕死，不能知重生。他迷信自我修炼，期待由此实现自我超越，这就注定了他的超越是浅层次的，而非实质性的，因为人无法提着自己的头发脱离地球。这也就注定了他从凡人到至人到真人到神人到大宗师的超越过程，是一个自我神化的过程。一方面顺应一切，一方面又自我神化，这不是阿Q又是谁呢？更何况，如果人人都自我神化，则谁都说服不了谁，人与人之间就不可能有协作的可能，任何共同体都不可能建立。但即便出于人性中追求安全的需要，建立共同体也是必需的。那么，无论从逻辑还是历史事实看，人最终必然造出一尊肉身巨神来消灭小神，这样，压迫就产生了。

劳思光对庄子的评价堪称精辟：

> 形躯不足贵，认知不足重，德性亦无价值，文化活动本身为一永有罪恶之追求。一切否定，所余者唯有一自在观赏之心灵，此即庄学之结论。
>
> 庄子此种心灵，虽亦表现主体自由，然此种自由只在不受拘束、无所追求一面表现，而不能在建构方面表现。盖认知活动既视为"累"，德性实践复视为"障"，则更无可作"实现"之境域。道家者流，上焉者唯有自在观赏，作"逍遥游"，下焉者则阴为奸诈之事，而自诩其智。尤下者则以形躯之"生"为"全生"之"生"，于是恣情纵欲，反以为高；愚妄者甚至求长生之事，炼药求仙，而自称宗老庄矣。
>
> 故合而言之，道家之说，显一观赏之自由。内不能成德性，外不能成文化，然其游心利害成败以外，乃独能成就艺术。此其

一长。言其弊则有三：为阴谋者所假借，一也；导人为纵情欲之事，二也；引生求长生之迷执，三也。此三弊非仅为理论上之可能，且为历史中之事实。韩非喜言老子，其例一也；魏晋名士清谈误国而不自知，其例二也；张道陵之道教，假老庄而乞长生，其例三也。

倘深究其根，则此种种弊害，皆由误执"形躯我"而生。盖庄子之说，贬弃德智，独肯定一情意观赏之自觉心。此境颇不易解。不窥此中真意者，既弃德智，遂执形躯。或争权力，或溺酒色，或为迷妄之追求，皆自以为得道家之意，实则谬以千里而不自知也。（《新编中国哲学史》）

第十讲　韩非：千古罪魁

这一讲我们讲韩非。

韩非，战国时代韩国的公子，少时即喜刑名之学，与李斯同学于荀子。韩王不重用韩非，韩非心怀孤愤，作《孤愤》《说难》《五蠹》《内外储》《说林》等篇共十余万字，申说自己的政治思想。《韩非子》一书，就是这些文章的结集。后来，秦国攻韩，韩非出使秦国，哪知道他的学说极合秦王胃口，秦王激赏道："嗟乎，寡人得见此人，与之游，死不恨矣。"秦王想重用韩非，韩非本可以从此一展政治抱负，没想到被同学李斯等人进谗言陷害，下狱而死。死后十二三年，秦始皇尽灭六国，一统天下。

法家是战国末期最重要的思想流派，其特点是完全站在君主一边，论证正在到来的君主专制的合理性和必要性，而韩非是法家思想的集大成者。中国自秦开始，至清覆亡，两千多年所实行的政治制度，一言以蔽之，君主专制也。虽然不同朝代的专制程度不同，但其专制的本质未尝有过变化。而且历史越发展到后世，专制程度越烈，明清两代，遂成为中国君主专制制度之巅峰。君主专制制度严重摧残了人民的自由，使整个社会丧失了活力。民既不强，国亦实弱，所以面对已经进入近现代社会的东西方列强，中国必然毫无抵抗之力。

1905 年，清政府终于决心推行君主立宪，并派出了两个高级代表团访问东西方各国，考察各国政治。以定国公载泽为团长的考察团，负责考察日本。时任日本首相伊藤博文对载泽说了一段一针见血的话："中国乃人才济济之地，并不缺人才，但贵国乃专制之地，不论天才、地才，一遇专制俱为奴才！这就是我们战胜你们的原因！"

古代中国的病根在专制。因为韩非是法家，也即是君主专制思想的集大成者，从这个角度看，他也可谓是中国千古之罪魁。解剖以韩非为代表的法家思想，也可以透视君主专制的运行逻辑和所有病灶。

让我们先来看看韩非的思想渊源。我认为，根据其重要性从轻到重排列，韩非思想的来源包括四个方面：儒家荀子、道家老子、墨家墨子以及先秦法家。

韩非、李斯都是荀子的学生，二人继承了荀子思想中的性恶论和权威主义，具体表现为两个方面：一是尊君；二是重法。这两个方面，我接下来会详细阐述。在此，我更想指出的是韩非对荀子的背弃。韩非在哪方面背弃了荀子呢？要言之，荀子虽然尊君，但他还自认为是儒家，传的是孔子的衣钵，尊君是为了贵民，但韩非恰好反对民贵，甚至直接反孔。韩非从整体上、根本上否定儒家，也连带否定了与儒家大同小异的墨家。

韩非对儒墨的否定最重要的一点是反对儒墨两家的崇古、复古思维。儒家以尧舜之治为理想，但韩非认为，尧舜之世去今已远，书契无征，所以儒墨对尧舜的美化没有证据支撑，并不可信。韩非认为历史是运动的而非静止的，不同的时代应该有不同的治国之道。"是以古之易财，非仁也，财多也；今之争夺，非鄙也，财寡也。""古人亟于德，中世逐于智，当今争于力"。以古绳今是守株待兔，很傻很天真，与其崇古、复古，不如承认今天的现实，"圣人不期修古，不法常可，论世之事，因为之备。"

总之，韩非继承、发展了荀子作为法家的一面，彻底否弃了荀子作为儒家的一面，他对儒家，可谓深恶痛绝。

韩非思想的第二个来源是以老子为主的道家。他很喜欢老子，还写过《解老》《喻老》等文章阐明老子之学。《史记》也将老子、韩非合为一传，并称申韩"惨礉少恩，皆原于道德之意"。长沙马王堆出土帛书也有"道生法"的记载。那么，韩非与老子到底是什么关系呢？

简言之，韩非继承了老子无为、绝情的思想，但其侧重点又绝对不同。老子主张"损之又损"，反对"法令滋彰"，韩非反而要用严刑峻法使"君无为于上，群臣悚惧乎下"；老子的无为是为了保障人民的自由，主张"虽有甲兵，无所陈之"，韩非的无为是为了巩固君权、富国强兵；老子用放任致天下无为，韩非用专制致君主无为；老子理想中的无为之君乃虚设之象征物，如英国实行君主立宪后之虚君，韩非理想中的无为君主集威势于一身，如暴秦之始皇帝。

关于绝情，老子说"天地不仁，以万物为刍狗"，其意在于以超越态度旁观人间冷暖，但韩非之绝情则是冷酷无情、刻薄寡恩，两者大相径庭。韩非眼里，只有利害和算计，所谓"不以功用为之的彀，言虽至察，行虽至坚，则妄发之说也"。他认为人与人之间全都是利益关系，毫无仁爱忠信可言，甚至父母与孩子之间也是如此："父母之于子也，产男则相贺，产女则杀之。此俱出父母之怀衽，然男子受贺，女子杀之者，虑其后便，计之长利。故父母之于子也，犹用计算之心以相待也，而况无父子之泽乎？"这幅人间图景，也就是霍布斯说的"一切人与一切人为敌"的状态，但霍布斯说的"一切人与一切人为敌"仅仅是自然状态，韩非说的则是人类进入文明社会以后的现实，这实在令人毛骨悚然。

韩非如此冷酷、功利，当然就反对老庄的自由精神了，他说："恍惚之言，恬淡之学，天下之惑术也。"

韩非其实也继承了墨子的权威主义和功利主义，但却抛弃了墨子的"兼爱"宗旨。墨子的功利，是为天下人谋福利；韩非的功利，只为君主一人谋功利。更何况，韩非又抛弃了墨子用来制约君权的"天"以及墨子的"尚贤"说，这都是为了凸显君权的至高无上。

我们可以这样说，儒家的主旨是贵民，道家的主旨是自由，墨家的主旨是兼爱，以韩非为代表的法家的主旨则是尊君。所以，韩非虽然师法过儒、道、墨三家，但学的只是术的层面，抛弃的则是道的层面。

非但如此，韩非对诸子百家基本上持彻底打倒的态度。让我们来看下面这段话：

> 畏死远难，降北之民也，而世尊之曰贵生之士。学道立方，离法之民也，而世尊之曰文学之士。游居厚养，牟食之民也，而世尊之曰有能之士。语曲牟知，伪诈之民也，而世尊之曰辩智之士。行剑攻杀，暴憿之民也，而世尊之曰磏勇之士。活贼匿奸，当死之民也，而世尊之曰任誉之士。（《韩非子·六反》）

韩非认为，上述六种人对国家的富强来说是"奸伪无益之民"，也是"当罪之民"，那么这六种人具体对应的是什么思想派别呢？"贵生"者就是道家，"文学"者就是儒家，稷下先生大多就是"有能"者，"辩智"者就是名家，"磏勇"者就是墨家、游侠，"任誉"者就是像孟尝君、春申君那样喜欢养士的诸侯。

那么，韩非真正崇奉的是哪一家？这就得说到韩非思想的第三个来源，也是最重要的来源，那就是历史上一直存在的法家。其实，西周政治已经存在任法传统，只是因为那时礼、法常相融混，且以礼为主，法家思想并不显豁。礼法消长自公元前6世纪末至前4世纪末，历时两百年。春秋时，已有固定的刑书，管仲、邓析等人的思想即以法家为主。战国时，法家人物更是纷纷出现，如魏人李悝、赵人慎到、晋人尸佼、郑人申不害等，但法家作为一个成熟的思想流派，至商鞅时才成立。

韩非之前，法家思想的三个重要创造者分别是慎到、申不害与商鞅。慎到提出了关于"势"的思想，申不害提出了关于"术"的思想，商鞅完善了关于"法"的理论。到了韩非，按萧公权的观点，遂"以君势为体，以法术为用，复参以黄老之无为，遂创成法家思想最完备之系统"。

我们要解剖以韩非为代表的法家思想，只需要把握这三个关键词即可："势""法""术"。

用势是法家思想的总纲，法与术都只具有工具性意义。什么是"势"？《孙子兵法》云："激水之疾，至于漂石者，势也。""如转圆石于千仞之山者，势也。""势"的观念产生于兵家，它是事物因所处高下地位不同所产生的潜在动能。它是静止的，但一动起来就力量无穷。它既是客观存在的，又是可以主观造就的。至今，中国人的思维还习惯于蓄势、借势、顺势、造势、用势。

法家为什么这么在乎用势？因为法家尊君，非尊君主其人，而是尊其权位。这个至高无上的权位，就是势。《管子·法法》说："君之所以为君者，势也。"慎到说："飞龙乘云，腾蛇游雾，云罢雾霁，而龙蛇与蚓蚁同矣，则失其所乘也。贤人而诎于不肖者，则权轻位卑也；不肖而能服于贤者，则权重位尊也。尧为匹夫，不能治三人；而桀为天子，能乱天下：吾以此知势位之足恃而贤智之不足慕也。"韩非对慎到的极端看法颇有微词，"夫释贤而专任势，足以为治乎？吾未得见也"。但这里的"贤"不是指仁义道德，而是治国的能力，它一样以君势为前提。"今人主处制人之势，有一国之厚，重赏严诛，得操其柄，以修明术之所烛，虽有田常、子罕之臣，不敢欺也，奚待于不欺之士？……故明主之道，一法而不求智，固术而不慕信。"

也就是说，仁义道德，包括智力都靠不住，只有权势靠得住，治国必须依仗君主至高无上的权势。人民之所以奉行君主之命，并非因为君主是圣贤，而是因为他身居君主这一至高无上的权位，人民不得不听命。人民如果以发令者的品格确定是否遵从他的命令，则命令本身就会失掉权威。推其极致，则是有道德制裁而无政治命令。

儒家将道德、政治混为一谈，韩非明确将其两分。韩非还认为，仁义道德不仅无益于政治，而且有害于政治，个人私德与政治不相容。比如，韩非认为，儒家主张的"亲亲相隐"就是对君主不忠。站在国家和君主的角度，很多所谓的美德其实是恶行。"为故人行私谓之'不弃'，以公财分施谓之'仁人'，轻禄重身谓之'君子'，枉法曲亲谓之'有行'，弃官宠交谓之'有侠'，离世遁上谓之'高傲'，交争逆令谓之'刚材'，行惠取众谓之'得民'。"韩非反复申说政治不能讲德行。这一主张，推到极致，就是既不利己，也不利人，专门利君。

韩非反对仁义道德，根本上是因为他像荀子一样认为人性恶。荀子虽然认为人性恶，但也认为通过"化性起伪"，人可以为善。法家则普遍认为自私为人类本性，人永远不可能为善，教化也无用。法家不仅在德行上鄙视民众，在智慧上一样如此，这也是法家尊君的根本原因。在韩非眼里，民众目光短浅，仅知眼前蝇头小利，他说："民智之不可用，犹婴儿之心也。……婴儿不知犯其所小苦、致其所大利也。"又说："昔禹决江浚河，而民聚瓦石；子产开亩树桑，郑人谤訾；禹利天下，子产存郑人，皆以受谤；夫民智之不足用亦明矣。"又说："今有不才之子，父母怒之弗为改，乡人谯之弗为动，师长教之弗为变。"

韩非如此相信君主的绝对权势，但是，明君可以凭借权势治天下，昏君、暴君不是也能因此乱天下吗？韩非承认存在这个事实和可能性，但他的辩解是：君主根本不必是天才，只要有中人之资就可以了，因为法、术可以辅助他们治国；以权势治国虽然不能防止昏君、暴君这些"下材"为乱，但昏君、暴君毕竟是少数。儒墨两家都期盼明君，但明君不也是少数吗？

那么，如果人民面对的就是昏君、暴君怎么办？与儒家相反，韩非认为，即便在这种情况下，也不应该诛杀暴君，只能自认倒霉。"尧、舜、汤、武，或反君臣之义，乱后世之教者也。尧为人君而君其臣，舜为人臣而臣其君，汤、武为人臣而弑其主、刑其尸，而天下誉之，此天下所以至今不治者也。"在韩非看来，"臣事君，子事父，妻事夫"是天理。"人主不肖，臣不敢侵。"因为这是名分所定，所以臣不能弑君，不仅不能弑君，而且不能批评君主，不仅不能批评君主，连赞誉先王也不可以。"夫为人子而常誉他人之亲，曰：'某子之亲，夜寝早起，强力生财以养子孙臣妾'。是诽谤其亲者也。为人臣常誉先王之德厚而愿之，是诽谤其君者也。""故人臣毋称尧舜之贤，毋誉汤、武之伐，毋言烈士之高，尽力守法，专心于事主者为忠臣。"

进而论之，儒道两家所羡慕的隐逸，也为韩非所不许。他认为，不出来为国尽力就是对君主不忠。孔孟认为，君臣之间负有交互之义务，即君主无绝对之权力，臣子也无绝对之义务。汉儒、宋儒所谓"三纲"，实肇始于韩非。韩非将君臣关系类比父子关系，所以中国人又把君王叫作"君父""皇帝老子"。这是典型的家国同构思维，但问题在于，君臣关系真可以等同于父子关系吗？

下面我们来看法和术。韩非说："人主之大物，非法即术也。法者，编著之图籍，设之于官府，而布之于百姓者也。术者，藏之于胸中，以偶众端，而潜御群臣者也。故法莫如显，而术不欲见。"简单来说，法是君主用来治天下的工具，术是君主用来驾驭群臣的心法；法是明的，属阳，术是暗的，属阴。

韩非说，"为治者用众而舍寡，故不务德而务法"，他的法制思想包括如下三个方面：普法、执法与修法。

首先是普法，使人民莫不知法，"法莫如显""以吏为师"。

然后是执法，执法的要点有三。一是除君主之外，其他任何人在法律面前都平等，而且功罪不能相抵。"所谓壹刑者，刑无等级，自卿相将军以至大夫、庶人，有不从王令、犯国禁、乱上制者，罪死不赦。有功于前，有败于后，不为损刑。有善于前，有过于后，不为亏法。"

二是司法独立于民意，不为民意左右。为什么要这么做？因为民意纷杂，听从民意会导致是非标准不一。商鞅说："法已定矣，不以善言害法。""明主慎法制。言不中法者不听也，行不中法者不高也，事不中法者不为也。"韩非说："明主之国，令者，言最贵者也；法者，事最适者也。言无二贵，法不两适。故言行而不轨于法令者必禁。愚者畏罪而不敢言，智者无以讼。""错（措）法以导民也，而又贵文学，则民之产利也惰。""行义示则主威分，慈仁听则法制毁。"意思是不仅民意不必听，君主也不应该施法外之恩，那样做也会带来恶果。"夫有施与贫困则无功者得赏，不忍诛罚则暴乱者不止。""故仁人在位，下肆而轻犯禁法，偷幸而望于上；暴人在位，则法令妄而臣主乖，民怨而乱心生。故曰：仁暴者，皆亡国者也。""治强生于法，弱乱生于阿，君明于此，则正赏罚而非仁下也。爵禄生于功，诛罚生于罪，臣明于此，则尽死力而非忠君也。君通于不仁，臣通于不忠，则可以王矣。"

三是赏罚必重，而且量刑不必适当。商鞅甚至认为要罚恶而不必赏善，因为守法是人民的责任，是本分，所以不必赏，"赏善之不可也，犹赏不盗""故善为治者，刑不善而不赏善"。商鞅认为刑罚较重，民众就不敢犯法。商鞅也不是主张绝对不能赏，但赏的对象不是善人善行，而是只赏告奸者。他是鼓励人们相互揭发、告密的。人民相互揭发、告密，君主的江山就能坐得安稳了。韩非与商鞅在赏罚方面的看法不同，韩非认为厚赏重罚都有利于令行禁止。更重要的是，厚赏重罚可以改变一国社会风气。"厚赏者非独赏功也，又劝一国。""重一奸之罪则止境内之邪。""上设重刑则奸尽止。"

最后是修法。商鞅说："圣人之为国也，不法古，不修今，因世而为之治，度俗而为之法。"韩非说："时移而法不易者乱，能众而不变者削。故圣人之治民，法与时移，而禁与能变。""圣人不期修古，不法常可，论世之事，因为之备。"法家尊崇"新圣"，反对复古，与时俱进当然是其题中之义。

徒法不能以自行，儒家就用礼，用仁义来矫正，法家则是用术来辅助势和法，术就是君主驾驭臣下的阴谋权术，必须成为君主的独家秘籍。因为，"明主治吏不治民"，君主是通过臣下治理天下的，所以首先必须把臣下管理好。北宋时，王安石变法，枢密使文彦博反对。皇帝说：新法对老百姓很好，你怎么反对呢？文彦博的回答很露骨：陛下是与我们士大夫治天下的，不是与老百姓治天下的！也就是说，新法损害了士大夫利益，谁愿意帮你推行给老百姓啊。中国历代王朝，对外宣传的一套是君权神授，所以君主的统治具有天然的合法性，但无论是君主还是大臣，没几个人是真信这一套的。正如我在前面所说，韩非甚至认为君臣是敌对关系，臣下无时不想推翻君主自己坐上龙椅。"上下一日百战"，所以"知臣主之异利者王，以为同者劫，于共事者杀"。所以，君主对臣下玩阴谋权术就是必要的，否则皇帝是天下最不安全的人。当然，因为皇帝天天都得防备臣下篡夺，所以老实说，他是天下最没有安全感的人。

君主如何用驾驭术？首先要会发现臣下的奸私，防备臣下势力坐大，在臣下势力还没坐大之前，主动出击，予以翦灭。"人主之所以身危国亡者，大臣太贵、左右太威也。""人主有五壅：臣闭其主曰壅；臣制财利曰壅；臣擅行令曰壅；臣得行义曰壅；臣得树人曰壅。"为巩固君主一人独大的地位，君主对臣下当"数披其木，毋使枝叶扶疏"。

其次要警惕、防止偏听、私宠，杜绝邀宠，以免臣下乘之养势。"毋专信一人而失其都国焉。"韩非还直接罗列了人臣成奸八术，比如"同床""在旁""父兄""养殃"等。"同床"就是与君主同床的女人孩子，"在旁"就是君主旁边的太监、宫女、倡优之类服务人员，"父兄"就是君主侧室所生的孩子，"养殃"就是声色犬马之好。韩非认为"人主之患在于信人，信人则制于人"，所以君主理应多疑、独断，不给臣下邀宠机会。为君者还要避免被臣窥伺，"明主务在周密"，要神秘，让人琢磨不透。

韩非一共为君主总结了七种驭臣之术："一曰众端参观，二曰必罚明威，三曰信赏尽能，四曰一听责下，五曰疑诏诡使，六曰挟知而问，七曰倒言反事。"除了第二、三、四之外，施行其他几种驭臣之术，要让臣下觉得君主无所不知，不敢欺君。

总之，君王不可一日失权柄，要时刻牢记专制的要务在重势。"势重者，人君之渊也。君人者，势重于人臣之间，失则不可复得矣。""赏罚者邦之利器也，在君则制臣，在臣则胜君。"

当然，君主对臣下，也不能只使用阴谋，还应该光明正大地用法选人、用人。"明主使法择人，不自举也。使法量功，不自度也。"

"故明主使其群臣不游意于法之外，不为惠于法之内，动无非法。""人主使人臣虽有智能，不得背法而专制；虽有贤行，不得逾功而先劳；虽有忠信，不得释法而不禁。"臣下也应谨守其职，不能越职，不该你做的，即便你出于好心，主动去做了，也是重罪。"昔者韩昭侯醉而寝，典冠者见君之寒也，故加衣于君之上。觉寝而说，问左右曰：谁加衣者？左右对曰：典冠。君因兼罪典衣与典冠。其罪典衣，以为失其事也；其罪典冠，以为越其职也。非不恶寒也，以为侵官之害甚于寒。"

法家主张君主专制，讲利害，目的是什么呢？为了富国强兵。所以，商鞅、韩非无不主张农战合一，对内注重发展农业，对外则要挑起侵略战争。农民就是军人，军人也是农民，除了农、军两种职业，其他职业都应该摒弃。这也是韩非为什么抵制诸子百家的原因，因为他们于富强无益。

商鞅说："农战之民千人，而有诗书辩慧者一人焉，千人者皆怠于农战矣。农战之民百人，而有技艺者一人焉，百人者皆怠于农战矣。国待农战而安，主待农战而尊。夫民之不农战也，上好言而官失常也。"韩非说："博习辩智如孔、墨，孔、墨不耕耨，则国何得焉？修孝寡欲如曾、史，曾、史不战攻，则国何利焉？""故明主之国，无书简之文，以法为教；无先王之语，以吏为师；无私剑之捍，以斩首为勇。是境内之民，其言谈者必轨于法，动作者归之于功，为勇者尽之于军。是故无事则国富，有事则兵强。"

我们应该如何评价以韩非为代表的法家？

韩非就是中国的马基雅维利，他们的核心诉求都是通过专制君主结束列国纷争时代，实现国家的统一和强大。为了达到这一目的，他们都不择手段，而且教给君主很多手段。只不过，韩非生在战国末年，比马基雅维利早生1700年以上。就思想的"邪恶程度"而言，韩非实乃远超马基雅维利。

法家以所谓国家利益为最终诉求，从不谈天人关系，无法实现超越突破。从这个角度看，法家的崛起给先秦人文主义判了死刑。先秦思想始于利用天，以德配天；中于虚置天，以人性配天；终于抛弃天，有法无天。人生在世，渺如尘沙。出于人性中对安全感的渴求，人需要找一个绝对强者依靠。这个绝对强者，不是在人间毫无利益因而必然是公正无私的主宰之天，就必然是垄断人间利益的专制君王。历史事实也充分证明，人不跪倒在苍天面前，就必然跪倒在专制君主脚下。

法家思想的本质带有军国主义和极权主义色彩。这迎合了战国末年想一统天下的诸侯王的利益，因此获得了不仅秦王一个诸侯的欢迎。但是，只要是这样的国家，就像一台永动机，必然无止境地旋转下去，直到最终超越自身能力极限，走向覆亡。

法家不知道一个社会要正常运转，就不能离开道德，也不能无视人性，仅仅靠严刑峻法是不够的。从历史观的角度说，法家以动态发展的眼光看历史，这本身是对的，但法家没有看到，历史虽然有变，但人性却不变，要获得政治稳定，就得从历史经验出发去发现人性之常。所以，荀子主张"通统类，明百王之道贯"，老子主张"执古之道以御今之有"。如果无视人性之常，无视人的基本需求，那么当人民发现无论如何都没办法达到统治者的要求的时候，就只能起来推翻暴政。所以，革命不是应该不应该的问题，而是最糟糕的情况下的必然选择。秦始皇用法家思想统一了中国，但二世而亡，不也是必然的吗？

以韩非为代表的法家主张法律面前人人平等，主张政治与道德分离，很多人不明就里，认为这与西方的法治精神是一致的。但是，以韩非为代表的法家思想与西方法治思想在本质上是不同的：西方法治，君主在法之下，不在法之上，法律高于一切，政治、社会通过法律自治；法家之治，君主在法之上，法律由君主制定，法律约束不了君主，本质上是一种人治思想，法律只是君主治理天下的工具，更不用说"术"本身就是彻头彻尾的人治。因此，按现代的说法，法家之治，只是"法制"，称不上是"法治"。此外，现代西方国家，也主张政治与道德分立，但这并不意味着取消道德，只是将道德放归社会；但法家与其说是主张政治与道德分立，不如说是主张完全取消道德。韩非的言论，几乎处处都在攻击道德，认为道德没有存在的必要。

从人治的角度看，韩非攻击儒家的圣君理想是一种空谈，这当然有一定道理：因为圣君从来都是珍稀物种，又因为圣君从来都是珍稀物种，所以儒家的仁政没办法实现。韩非认为法家之治靠得住，因为它并不依赖圣君，中人之资的人就可以当君主。但就他论法术诸端，尤其是论"势""术"两端观之，专制之君主必须是具有非常才智之人。如此之君主，放眼两千年中，屈指可数。他虽然认为智力靠不住，但他理想中的君主则必须是"理智王"。这么高的标准，其实又不亚于儒家对尧舜这种圣王的标举。因此，法家思想内部存在一种天然的矛盾。

更重要的是，西方的法治，首先就必须问一个法律背后的立法精神问题，或者说是法的"合法性"问题。在西方，人间法的精神来源（也即合法性）是上天的永恒法和自然法，永恒法和自然法以爱人为宗旨，由此就解决了人们为什么应该敬畏法律这一根本问题。而以韩非为代表的法家抛弃上天，以统治人民为立法目的，就无法解决人间法的精神来源这一根本问题，就只能让人害怕，不能让人发自内心敬服。法家的逻辑只是：为了富国强兵，就必须重君势、明王法。但是，老百姓会反问：你富国强兵跟我们有什么关系？

那么，用法的合法性来要求韩非代表的法家是不是过于苛责？并不是苛责，因为，一方面，儒家早已高度重视这个问题；另一方面，早在春秋时代，被认为是早期法家代表人物的管仲也相当重视这个问题。

《管子》说："国之所以为国者，民体以为国。"管仲虽然也认为法由君生，但也认为君主生法不能私心任为，而必须以人性天则为标准，所谓"根天地之气，寒暑之和，水土之性，人民鸟兽草木之生物，虽不甚多，皆均有焉，而未尝变也，谓之则"。所以，好的法律必须从人情好恶出发。"人主之所以令则行、禁则止者，必令于民之所好而禁于民之所恶也。民之情莫不欲生而恶死，莫不欲利而恶害。故上令于生利人则令行，禁于杀害人则禁止。"法律的制定得考虑到人的执行难度。"明主度量人力之所能而后使焉。故令于人之所能为则令行，使于人之所能为则事成。乱主不量人力，令于人之所不能为，故其令废；使于人之所不能为，故其事败。"法律也不能过细、过苛。"求多者其得寡，禁多者其止寡，令多者其行寡。"最后，颁布政令必须考虑到天时地利的因素。遗憾的是，韩非不仅抛弃了儒家民贵思想，也抛弃了《管子》的自然法思想。

如果用最简洁的话来概括本讲论旨，似可这样概括：

灭天用智，似智实愚。

弃天制法，残民如屠。

天怒人怨，王座倾覆。

历史循环，无非死局。

反本溯源，刮骨疗毒。

第
二
章

第十一讲 秦汉：从天兴到天塌

这一讲我们讲秦汉思想之大势。

首先我们来看看秦以后的思想场景，或者秦以后的思想界地图。

先秦最重要的思想流派，是儒、墨、道、法四大家，秦汉与先秦思想最大的不同是，墨家消亡了，阴阳家的地位凸显了。秦汉最重要的思想流派，是儒、法、道、阴阳四大家。这四大家，在不同时期的重要程度各不相同。

墨家的消亡不始于秦始皇统一天下，其实在战国后期，墨家已经流为游侠。作为一个思想流派的墨家，那时基本上已经不存在了。秦朝建立以后，墨家的残余影响也消失了。当然，西汉时，游侠还不少，但作为学说，墨家早就消亡了。清代学者孙诒让说："墨氏之学亡于秦季，故墨子遗事在西汉时已莫得其详。"不过，严格讲，墨家思想并未完全消亡，它参与了农民起义意识形态的构造，也影响了清初颜元、清末章太炎这些儒家异端人物的思想。当然，墨学对后世的影响只是一种游魂式、回光返照式的影响，不必详论了。

墨家为什么消亡呢？一方面是因为高阶理想太高，如兼爱；另一方面是因为低阶理想又太低，只限于吃饱穿暖。高低难就，这是从墨子思想的内在理路说。从外在环境变化的角度说，墨家的消亡更是必然的。因为，墨子的主张不能适应专制统治的需要，而他的继承者"墨守成规"，不愿与世俯仰，这就注定了墨家必然退出历史舞台。具体而言，大一统王朝建立后，尚同、非攻之说已失掉现实针对性；政局稳定带来生产力发展，专制帝王又好大喜功，节用、节葬、非乐之说绝不能行；秦汉神仙、方士、阴阳、五行、符命、灾异等迷信横行，天志、明鬼之说已无招架之力；至于兼爱、尚贤之说，与儒家大同小异，故被儒家包容消化。墨学于是淡出了历史舞台。

理解秦汉思想界地图的另一个重要视角是秦汉前半段的四个重大历史事件：一是秦始皇统一天下；二是秦始皇"焚书坑儒"；三是项羽火烧咸阳宫；四是汉武帝"独尊儒术"。秦始皇统一天下与汉武帝"独尊儒术"这两件事在思想史上具有同类性质，它们昭示的是大一统王朝必须建立与之匹配的、统一的意识形态。秦始皇"焚书坑儒"与汉武帝"独尊儒术"体现的都是专制帝王统一意识形态的冲动。意识形态论证的是政治的合法性，它不能基于强制的命令，只能自然融混，否则就没有说服力，就不能实现有效的统治。但正是因为秦始皇的"焚书坑儒"、项羽火烧咸阳宫，使自然的融混被打断了，所以秦汉思想的融混呈现出一种"变态"的特点。

另一方面，发端于《周易》的阴阳、五行、符命、灾异学说等，秦始皇认为是实用学说，与政治关联不大，所以允许民间流传；项羽火烧咸阳宫，也不是烧掉民间藏书。因此，阴阳五行学说在秦汉两代一直是显学，甚至成了其他学说的底色。

汉初的儒、道与先秦儒、道大不相同。从儒家的角度说，先秦儒家以孔孟的心性论为主，强调的是人的道德主体性，而汉儒构建的是以阴阳五行思想为底色的宇宙论儒学，强调的是天的主体性。劳思光认为，从道家的角度说，汉代的道家"肢解"了老庄：他们肢解老子思想的权谋面相，与法家结合，产生了黄老思想，用于政治统治；他们肢解了老庄思想对儒家的否定面相，到汉末流为放诞不羁之玄学；他们不懂老庄，尤其是庄子精神上的自我超越，将其降格为对肉身长生不死的追求，于是产生了道教。

秦汉的思想融混就是在上述基础上进行的，融混的结果就是混一。严格地说，这种融混从先秦的《管子》《荀子》就已经开始，到秦汉就更呈现出加速趋势。

先秦至秦汉的思想融混分为四个阶段：第一个阶段，是战国末年以道家为主对儒家的融混。早在秦庄襄王时期，吕不韦（死于前235）为相，就发现专用法家思想不足以治国，于是广招门客著书，辑成《吕氏春秋》。《吕氏春秋》是杂家的鼻祖，思想驳杂，逻辑远未自洽，大体可以说是以道家思想为主（具体论证见下一章），其本意就是要为天下的统一找到统一的意识形态，其中对儒家思想也多有称许。

第二个阶段，是秦王（即之后的秦始皇）以法家为主对儒家的融混。秦王统一天下之前，实行的主要是法家之道。他显然不认可《吕氏春秋》的隐秘主旨。但他统一天下以后，发现儒家对专制统治并没有多大害处，反倒可以起到美化专制的作用，于是以儒术修饰政事，一方面禁止民间私学，另一方面，官方又设立博士，垄断学术。汉初名臣叔孙通、名士伏生都是秦时博士，郦食其、陆贾等也是秦时儒生。始皇二十八年（前219）行郡县，"与鲁诸儒生议刻石颂秦德，议封禅望祭山川之事"。六年后（前213），"置酒咸阳宫博士七十人前为寿"。20世纪80年代初出土的云梦秦简《为吏之道》更是体现了儒家对秦政的明显影响，其中甚至有"宽恕忠信，和平毋怨""慈下勿凌""恭敬多让，宽以治之""有严不治"等语。云梦秦简还有"为人君则怀，为人臣则忠，为人父则慈，为人子则孝""君怀臣忠，父慈子孝，政之本也"等语。

第三个阶段，是汉初以道家为主对法家的融混。前面已经讲过，汉初的道家思想在政治上体现为先秦老子思想与所谓"黄帝"思想的结合。至于黄帝思想到底是什么，因史料太少，很难定论，但基本可以肯定的是，它强调的是尊君。黄老思想本质上是道、法两家的结合，也有人称其为"道法家"。为什么汉初要推行黄老政治呢？因为汉初统治者很自然地要问一个问题：秦始皇那么厉害，统一了天下，为什么秦祚如此短？贾谊的《过秦论》得出的结论应该说是汉初的共识——"仁义不施而攻守之势异也"。秦皇暴政，民不堪命。楚汉相争，血流漂橹。要稳定江山，汉朝要不像秦朝那么短命，就得施行仁政，而无为而治、与民休息在当时就是最大的仁政，所以汉初要用老子的无为思想治国。但汉朝毕竟是一个统一、专制的王朝，势必又要尊君，所以又不能完全抛弃法家。现实的选择就是，用黄老之术，将道、法结合，同时又向儒家开放。

儒家在这个结构中的作用是什么呢？好听点说，是"缘饰"，公孙弘就是这一阶段儒家的典型代表。《史记·平津侯主父列传》中写公孙弘："天子察其行敦厚，辩论有余，习文法吏事，而又缘饰以儒术，上大说之。"其实早在汉高祖时，朝廷即用叔孙通、郦食其、陆贾等儒家人物来"缘饰"了。文帝时，政府已经广置博士，研究经学。文、景两朝，韩生、辕固生为治《诗经》之博士，文帝还命晁错跟伏生学习《尚书》；景帝朝，董仲舒、胡毋生为治《春秋》之博士。但汉初五十年，儒家势力一直在增长，儒家虽非朝廷意识形态，但黄老之治为儒家留下了很大的发展空间。至武帝时，由淮南王刘安组织门客仿效吕不韦编撰的《淮南子》成为意识形态融混的代表作。如果说《吕氏春秋》的倾向性还不是非常明显的话，那么《淮南子》则是明确主张以黄老之术融混百家，当然主要是融混儒家。

第四个阶段，是汉武帝以后以儒家为主对百家的融混以至混一。汉朝发展至武帝，天下渐趋富庶，统治已经巩固，皇帝自然有扩张权力的需求，同时朝廷不断对外用兵，显然已非无为而治可以解释政权的合法性。先秦儒家虽然贵民，但也不排斥尊君，更何况汉代儒家受阴阳家影响极深，早已不是先秦儒家，其尊君意识更强。所以，道家必然被儒家取代，所谓"独尊儒术"的时代必然到来。汉武帝三次征求贤良对天下意识形态重建的看法，董仲舒三次作答，是为"天人三策"，深得武帝赞赏。因此，儒家最后走向所谓"独尊"地位，是供（儒家）需（专制皇帝）双方自愿交易的产物，也可谓共谋的产物。因为这一阶段思想史的演进是在和平时期进行的，所以思想统一是以儒家为主的思想融混其他家的必然结果。但因为统一是自然融合的结果，这种统一就不是绝对的儒术"独尊"，也不存在"罢黜百家"，而是儒法融混替代道法结合。儒法混一的时代由此到来，并在总体上成为之后两千年中国专制政治的意识形态。

如果说汉初儒家的代表人物是贾谊，那么武帝以后，儒家的代表人物就是董仲舒。董仲舒也是汉代最重要的思想家，我甚至认为他是整部中国思想史上最重要的思想家之一。董仲舒凭借"天人三策"和《春秋繁露》，将儒家的基本理想与阴阳家的阴阳五行思想结合起来，同时兼采其他思想流派，构建了一个自以为完备的宇宙论儒学体系。这一体系的核心主张是"天人感应"说，"天"是人间政治秩序的最终决定者：天子盛德，上天佑之；天子丧德，上天降下灾异谴责之、惩罚之，甚至废除之。这一观念影响中国人思维至深，甚至残存到当今中国人的观念里。

以上是从思想与时代的互动角度讲儒法融混及走向混一的必然性。那么，从现实政治的角度看，汉武帝及其继承者是如何将儒法融混的想法落地的呢？主要是两种途径：一是皇帝越来越重视、提升儒学作为国家意识形态的地位；二是朝廷通过教育和选官制度吸纳民间精英，构建家国同构体系。

我们先来考察儒学是如何成为国家意识形态的。事实上，儒家地位的抬升是一个过程，这个过程中贯穿着儒法斗争。建元元年（前140），汉武帝召集贤良方正敢谏之士讨论国家意识形态，董仲舒在对策时说：

> 《春秋》大一统者，天地之常经，古今之通谊也。今师异道，人异论，百家殊方，指意不同，是以上亡以持一统；法制数变，下不知所守。臣愚以为诸不在六艺之科孔子之术者，皆绝其道，勿使并进。邪辟之说灭息，然后统纪可一而法度可明，民知所从矣。（《汉书·董仲舒传》）

这个建议与李斯给秦始皇的焚书建议何其相似！它也赢得了汉武帝赞赏。不过，武帝虽然赞同董仲舒的意见，但也未将儒家抬高到"独尊"的地步。官方虽然不为诸子百家设立博士官，但也没有禁止民间读诸子百家的书。事实上，整个两汉时代，道家思想在民间都很兴盛，否则魏晋时代也不可能形成玄学。当然，儒法融混已经开始提速，"（酷吏）张汤决大狱欲傅古义，乃请博士弟子治《尚书》《春秋》，补廷尉史，亭疑法"（《汉书》），而董仲舒则作《春秋决事比》，以儒家经义断狱。

五年后，儒法融混进一步提速，标志性事件是汉武帝立五经博士，经学正式确立。先秦时，儒家已经产生五部重要著作：《诗》《书》《礼》《易》《春秋》（常言"六经"，但钱穆认为《乐》本无书）。只是到武帝前后，才尊其为经。

五经的作用是什么？就是论证政治合法性。《礼记·经解》说：

《诗》是让人温柔敦厚的，《书》是让人疏通致远的，《礼》是让人恭俭庄敬的，《易》絜静精微，《春秋》是让人懂得属辞比事的道理。司马迁的说法则是：《诗》长于讽，《书》长于政，《礼》长于行，《易》长于变，《春秋》长于治人。当代学者金观涛、刘青峰认为，五经的作用是专制君王驯化老百姓的工具，其中《春秋》《易》《礼》三经更是意识形态的核心：《春秋》论证的是皇权大一统的必要性；《易》论证的是儒家这一套人间政治、社会秩序源自天道，符合宇宙法则；《礼》论证的是家国同构秩序的必要性。

这里再顺带提一下后世儒家"十三经"的形成。汉代的儒家只有五经，到唐代，《礼》中的《周官》《仪礼》《礼记》各自成经，《春秋》中的《左传》《公羊传》《穀梁传》各自成经，加上《诗经》《尚书》《周易》，共计九经。唐以后，又先后增加《论语》《孝经》《尔雅》，共计十二经。到宋代，《孟子》入经部，故有十三经。南宋朱熹，选《论语》《孟子》及《礼记》中的《中庸》《大学》，定为"四书"。此后，四书的重要性逐渐超过了五经。

武帝立五经博士的第二年，信奉黄老术的窦太后去世。武帝终于无所羁绊，重新起用主张儒学治国的田蚡，"绌黄老形名百家之言，延文学儒者数百人，而公孙弘以《春秋》，白衣为天子三公，封平津侯，天下之学士靡然向风矣"。（《史记·儒林列传》）由此，儒学逐渐进入意识形态核心，并向下逐渐走进老百姓的生活。

但武帝一朝，法家的势力还很盛，酷吏之多，人所共知。直到昭帝朝，长期的儒法斗争终于迎来总爆发。始元六年（前81），著名的盐铁会议召开。桓宽所著《盐铁论》就是对盐铁会议的历史记录。盐铁会议上，儒家的代表文学之士与法家的代表大夫围绕文武关系、农商关系、义利关系、礼法关系展开了广泛辩论，次数不下百次。要研究中国古代儒法两家的基本立场及儒法斗争的复杂性，《盐铁论》是必读书。辩论、斗争的结果是以儒家为主融混法家。

汉宣帝甘露三年（前51），皇帝"诏诸儒讲五经同异"，此即石渠会议。这是一次儒家内部的辩论会，双方围绕《春秋》义理进行辩论，穀梁派获胜，该派学者立于学官，充任博士，公羊派败北。决定胜负的是皇权。石渠会议既表明儒学充当了国家意识形态的主角，又表明了政统对所谓"道统"已经具有选择、使用、控制的权力。于是，儒者普遍以入朝当官为人生第一追求，儒学作为学术的独立性进一步丧失了。但即便到这个时代，儒家还是没有获得"独尊"地位，汉宣帝在现实政治中仍然"所用多文法吏，以刑名绳下"。他也很直白地讲出了那句著名的话："汉家自有制度，本以王、霸道杂之，奈何纯任德教，用周政乎？"

历史进入东汉一代，经光武帝、明帝、章帝持续加持，到章帝建初三年（78），通过白虎观会议，儒家才在意识形态领域奠定不容置疑的地位。这次会议的规模很大，参加人员的代表性更强，"于是下太常，将、大夫、博士、议郎、郎官及诸生、诸儒会白虎观，讲议五经同异，使五官中郎将魏应承制问，侍中淳于恭奏，帝亲称制临决，如孝宣甘露石渠故事，作《白虎议奏》"（《后汉书》）。后来，班固根据《白虎议奏》写成了《白虎通》。如果说，约两百年前董仲舒的"天人三策"《春秋繁露》还是思想家个人的学术著作的话，那么《白虎通》就是汉王朝意识形态的白皮书。它体现了君主的意志，只不过以理论的形态表述了出来。

《白虎通》继承了董仲舒的"天人感应"说，并进一步掺入了当时流行的各种纬书中的迷信观点，构造了一个从天上到人间无所不包的理论系统，论证了君主专制的政治制度及社会制度的合法性。这套理论建构主要通过对天人关系的想象、比附来完成，处处体现了儒家立足专制政治现实，向黄老思想、阴阳五行学说、数术方技知识的兼容与妥协。它的诞生标志着儒法融混的正式完成，以及混一时代的正式到来。自此，中国的所有读书人、士大夫都被泛称为"儒家"，但这个儒家，实质上已经是"儒法家"了。

总而言之，历史上并没有"独尊儒术"这件事，有的只是各家思想经过长期融混，实现了混一。既然是混一，就是你中有我、我中有你，血肉相连、不可分割，一荣俱荣、一损俱损的关系。从这个意义上说，如果法家应该为中国的长期专制承担主要责任，那么儒家是否也应该为此承担连带责任呢？

无论如何，以儒家为主的意识形态是一个逐渐建立的过程。那么，这套意识形态如何才能赢得整个社会的认可呢？这就不得不说到教育与官员选拔制度了。

在汉代的大多数时候，尤其是武帝以后，读书人必须研读五经及《孝经》，朝廷通过立五经博士，设大学，举孝廉及贤良方正等方式选拔高度熟悉、认可儒家经典，在品学两方面都表现突出的读书人为官。按后世唐太宗的说法，这就实现了"天下英雄，入吾彀中"；按通俗的说法，就实现了"学成文武艺，货与帝王家"；按现代政治学的说法，就实现了精英人士的"政治参与"；从历史的观点看，也就是实现了真正的家国同构。

我在谈中国思想起源的时候，已经讲到周代的封建宗法制是家国同构，为什么现在又要说汉代才实现了"真正的"家国同构呢？简言之，周代家国同构的程度并不彻底，因为天子与人民中间还隔着诸侯，天子并不能直接统治到人民；而汉代实行郡县制，废掉了诸侯这一中间层，专制君主可以通过官员直接统治人民。换言之，周代的家国同构，更多体现为大夫之"家"与诸侯国的同构，以及诸侯国与"天下"的同构，天下这个大"国"，根本没法与普通人的"家"同构，因为中间还隔着诸侯国。但到了汉代，天下这个大"国"，就可以实现与普通人的"家"同构了。

展开来说，汉代皇帝还应该感谢从秦孝公开始的历代秦王，因为正是他们确立了后世的家族和家庭作为中国社会组织的基本细胞。春秋时代以前，中国社会的基本单元不是家，是贵族。国是天子分封给诸侯的领地，家是诸侯分封给卿大夫的采邑。贵族消亡后，很多诸侯国开始实行"编户齐民"政策，就是编造户籍，授田赐姓给平民。齐民，就是身份平等的平民。户是征税、征兵、服役单位。秦国的编户齐民政策执行得最彻底。商鞅变法时期，两次立法强令兄弟分家，只允许未婚子女与父母同居，否则会加倍征收税赋。这样做的好处是，统治者打掉了社会中间阶层，对底层老百姓能施行如使臂使指的统治，加上农战合一国策的实施，极大地提高了战斗力。秦国之所以能统一天下，编户齐民政策起到了极其重要的作用。秦朝建立后，继续实行编户齐民政策，全面推行郡县制，专制皇帝直接统治以家为单位的老百姓，真正的家国同构成为现实。由于秦朝短命，真正享受到家国同构好处的是继承秦朝基业的汉朝皇帝。于是，一方面，儒家意识形态提倡从情感上"移孝为忠"；另一方面，户籍又成为朝廷选官、分配科举名额的依据。家国同构的逻辑链条于是成立，并成为了此后两千多年的现实。

不过，中国历史上，历代正式官员相较总体人口毕竟是少数，政府机构也只延伸到县一级，那么朝廷如何实现对全社会的有效统治呢？除了靠官，还靠大量接受儒家思想教育，认可这套统治逻辑和秩序的绅士，他们充当了中国传统社会家国同构体的中间层。官绅的利益有不同的地方，但更多是相同的。官与绅的身份也是相互转换的，读书人在朝则为官，居乡则为绅。绅士阶层既享受朝廷赐予的高人一等的身份和相应特权，也承担社会自治义务。比如，协助政府收税、维护地方治安、调节家族矛盾、兴办教育、抚恤鳏寡和组织其他公共工程。

这样的家国同构体一旦形成，就具有高度稳定性。中国人也开始以此天下观来定义世界秩序。在这个世界秩序里，中国位居世界中心，是当之无愧的"天朝"，其他国家则按其对儒家意识形态的接受、推行程度受到由近及远地等级划分。事实上，以中国为中心，中国人把天下划分成了具有三层结构的同心圆：居同心圆中心内圈的，是皇帝统治下实行郡县制的"内臣"地区；第二圈是未纳入王朝郡县制但受中国册封并朝贡的地区；第三圈是仅对中国朝贡的地区。第二、第三圈都属于"外臣"地区；第三圈以外是暂时"不臣"的地区，也就是有待教化的蛮荒之地。

从董仲舒的"天人感应"说开始，汉代儒家构造了一个以天为主的宇宙观，这一宇宙观与人事紧密相连。汉代帝王、大臣、读书人合力将这一宇宙观落地，建立了似乎可以长治久安的"天朝"。这一宇宙观构造得似乎严丝合缝，一切都那么美好，人间美好得如同天堂。

然而，悲剧还是发生了，"天朝"还是在运转四百年后坍塌了。汉王朝崩溃以后，先是三国鼎立，继之以魏晋南北朝，中国历史进入了长期分裂、动荡的时代，直至隋唐才实现再次统一。从实际政治的角度分析，我们可以为汉王朝的崩溃找到很多原因，但从政治哲学的角度分析，我认为"天朝"的崩溃是源于"董仲舒们"构建的宇宙观从一开始就存在悖论：既然人间政治秩序是天的意志，天意可以论证王朝统治的合法性，也可以论证王朝覆灭的必然性。"董仲舒们"自以为懂得天意，把自然灾异定义为天意的呈现，也就是所谓天谴。问题在于，如何证明自然灾异就是天意的呈现呢？同时，因为自然灾异是人无法控制的，当灾异频现的时候，人们就会认为，这个现世的王朝的天命已经终结，"英雄们"就会自命代表了天意，要替天行道，所谓"苍天已死，黄天当立"了。这种意识很快就会发酵，赢得天下人的拥护，于是，王朝的死期就到了。

不幸的是，东汉末年正是这样一个天灾不断的时期。统计数据显示，汉安帝永初元年至汉献帝建安二十四年（107—219），发生特大天灾高达150次，平均每年就发生一两次大天灾。其原因是那一时期恰好是太阳黑子衰弱期，黑子强度是前后1800年间的最小值。既然宇宙论儒学早就论证了天灾是政治失德、天命或将转移的征兆，皇帝所能做的，就是不断改元、发罪己诏、贬谪大臣，后来居然将杀大臣定为一项禳灾制度。（参见金观涛、刘青峰《中国思想史十讲》）但问题是，不管皇帝如何向天请罪，天灾就是不停。在这种情况下，民心只能加速流失，王朝不走向覆亡又能如何？从这个角度说，"董仲舒们"帮汉武帝论证了专制统治的合法性，也把汉末诸帝送进了油锅，甚至把汉献帝的国祚送入了末路。

秦汉思想史，可以概括为一个从天兴到天塌的历史进程。汉王朝崩溃以后，宇宙论儒学遭到了抛弃。于是，下一个历史阶段，各种思想学说又纷纷站出来"补天裂"了。

第十二讲　诸天融混

这一讲我们讲秦汉时期的百家融混运动。

如果说春秋战国是百家争鸣，那么集权王朝诞生后，思想上必然进入统一阶段。我把相对自然的思想统一过程称为"百家融混"。因为百家都试图为人生、社会寻找意义（天）和秩序，所以百家融混也可称为"诸天融混"。

汉初是所谓"黄老当道"的时代，那时的百家融混是以道家（黄老）为主。司马谈在《论六家要旨》中对秦汉时期的道家思想进行了如下概括：

> 道家使人精神专一，动合无形，赡足万物。其为术也，因阴阳之大顺，采儒墨之善，撮名法之要，与时迁移，应物变化，立俗施事，无所不宜，指约而易操，事少而功多……其术以虚无为本，以因循为用，无成势，无常形，故能究万物之情。不为物先，不为物后，故能为万物主。

其中的重点是"其为术也，因阴阳之大顺，采儒墨之善，撮名法之要"，因此秦汉道家与先秦道家大不相同，前者杂而后者纯。

下面我们以《吕氏春秋》和《淮南子》两部书为例讲述秦汉思想融混运动。

《吕氏春秋》是吕不韦召集门客撰写的一部书，也是中国历史上第一部影响深远的杂著。此书虽成于秦朝建立之前，但书成不久，秦始皇就统一了天下。秦始皇也不重视这部书，它在汉代才真正产生重大影响，因此我们把它放在秦汉政治思想史中讨论。

吕不韦早年是赵国大商人，他把政治当成生意来做，而且做成功了。起初，秦公子异人在赵国当人质，过得相当憋屈。吕不韦觉得，异人对他来说是巨大的机会，所谓"奇货可居"，就想办法接近异人，赢得了异人的好感与信任。然后他就和异人密谋，想方设法让异人回秦国继承王位。为了加深与异人的关系，他把自己的女人赵姬让给了异人。在吕不韦的运作下，异人成功回国，继承了王位，是为秦庄襄王。庄襄王元年（前249），吕不韦被任命为丞相，封文信侯。三年后，庄襄王去世，赵姬年幼的儿子嬴政继位，尊吕不韦为相国，号称"仲父"。

嬴政继位后，赵姬成了太后，但这个太后还希望与吕不韦保持情人关系，这让吕不韦深感恐惧。为了满足太后，吕不韦向太后进献了嫪毐，两人还生了孩子。后来，太后和嫪毐的想法发展到疯狂的地步，甚至认为如果嬴政死了，他们生的孩子可以继位为秦王。嬴政得知消息后震怒非常，诛杀了嫪毐家族。此事牵涉吕不韦，吕不韦被罢相。吕不韦不知收敛锋芒，被贬后还宾客盈门。嬴政怕他造反，就令其一家迁居四川。吕不韦担心被诛杀，遂饮鸩自尽。

战国时期，魏国有信陵君，楚国有春申君，赵国有平原君，齐国有孟尝君，他们都礼贤下士，结交宾客，并在这方面要争个高低上下。吕不韦认为秦国如此强大，他也应该结交宾客，就招来了文人学士三千人，给他们优厚的待遇。这些人被召集起来干什么呢？就是写书。由门客撰写、吕不韦总编的这部书，就是《吕氏春秋》。吕不韦对这部书的水准非常自信，《史记·吕不韦列传》载，书成后，吕不韦将《吕氏春秋》"布咸阳市门，悬千金其上，延诸侯、游士、宾客，有能增损一字者予千金"。

吕不韦为什么要编撰《吕氏春秋》？钱穆认为这是吕不韦揽誉自重之举，最终目的是代始皇自立。萧公权也认为"吕书之政治意义为立新王以反秦"。他们的论据都是《吕氏春秋》中多有抗议秦王专任法家、政治苛酷之语。比如，"当今之世浊甚矣，黔首之苦不可以加矣。天子既绝，贤者废伏。世主恣行，与民相离""故威不可无有，而不足专恃……爱利之心谕，威乃可行。威太甚，则爱利之心息"等。《吕氏春秋》全书共计20余万字，分"十二纪""八览""六论"，其中"十二纪"是全书主干。"十二纪"持论常常贬低法家，先秦诸子皆在其称引之列，但无一言及商鞅、韩非，"八览""六论"虽偶尔列举法家言行，但整体上否定法家之主旨。

我认为，《吕氏春秋》从思想上排斥法家是很明显的，但仅凭这一点，就说吕不韦反秦，甚至想代始皇自立，根据太不充分。吕不韦担任丞相、相国多年，权势极大，确实有想造反的可能性。但是，秦汉两代史书中均没有吕不韦谋图造反的可靠证据。如果有可靠证据，嬴政当初痛斥吕不韦的时候不可能不予以列举。《吕氏春秋》的编撰目的应该是为即将到来的大一统帝国建构理论上的合法性，由此统一天下人的思想，只不过这套理论建构与秦国多年来施行的法家理论有相当大的不同，甚至背反。也可以说，吕不韦是希望通过这部书规劝秦始皇。

其实，《吕氏春秋》将其写作目的表述得很清楚，那就是要统一思想。"听群众人议以治国，国危无日矣。何以知其然也？……有金鼓，所以一耳也。必同法令，所以一心也。智者不得巧，愚者不得拙，所以一众也。勇者不得先，惧者不得后，所以一力也。故一则治，异则乱。一则安，异则危。""天下必有天子，所以一之也，天子必执一，所以搏之也。一则治，两则乱。"

那么，如何理解《吕氏春秋》的思想？

首先，它接上了《管子》《荀子》融混百家思想的端绪，只不过它融混的范围更大。因为它兼收并蓄，的确可以算是杂家。不少前辈学者曾统计过《吕氏春秋》征引过的古书、古人的次数，我在这里仅举一例，以说明其杂。1948年，学者王范之的统计数据表明，《吕氏春秋》曾3次引述《易》、3次引述《论语》、12次引述《诗经》、12次引述《尚书》、1次引述《孝经》、7次引述《黄帝书》、1次引述《墨子》、1次引述《左传》、7次引述《老子》、17次引述《庄子》、5次引述曾子、5次引述子华子、1次引述慎到、1次引述詹何、4次引述孔子。

其次，《吕氏春秋》虽属杂家，但并非没有一贯宗旨。这个宗旨是什么呢？汉代高诱评《吕氏春秋》很到位，他说："此书所尚，以道德为标的，以无为为纲纪，以仁义为品式，以公方为验格。"要言之，它主要是想融混儒、道、法、墨四家。

如何融混四家呢？《吕氏春秋》认为，人间秩序源自天道，人道必须与天道合一。它构建了一个以天道为准绳，以太一、两仪、阴阳、四季、五行、十二月为基本时空的系统，所谓"太一出两仪，两仪出阴阳，阴阳变化，一上一下，合而成章，浑浑沌沌，离而复合，合而后离，是谓天常。天地车轮，终而复始，极而复返，莫不咸当"。孔子以人文立教，强调人的道德主体性，同时就淡化了殷周时期的天帝信仰，人文主义、人本主义与神本主义是不同的。到

《吕氏春秋》，重新开始强调起"天"的作用来了。在该书序言中，吕氏自称：

> 尝得学黄帝之所以诲颛顼矣，"爰有大圜在上，大矩在下，汝能法之，为民父母"。盖闻古之清世，是法天地。凡十二纪者，所以纪治乱存亡也，所以知寿夭吉凶也。上揆之天，下验之地，中审之人，若此则是非可不可无所遁矣。天曰顺，顺维生；地曰固，固维宁；人曰信，信维听。三者咸当，无为而行。……天道圜，地道方，圣人法之，所以立上下……主执圜，臣处方，方圜不易，其国乃昌。

这个系统在"十二纪"中得到了详尽说明。何谓"十二纪"？一年分四季，春、夏、秋、冬，每一季又分孟、仲、季三段，共计十二段，也即十二个月、"十二纪"。在"十二纪"中，《吕氏春秋》将人事与天道（四季天时）进行了简单比附，由此融混了儒、道、法、墨四家，使之成为一个逻辑自洽的系统。

春天万物萌生。天生人，是要让人活的，否则他就不必"生"人。因此，人遵从天道、天命，就应该好好活。这里的人是个人，而不是人类这个整体性概念。对上天负责的，也是个人，而不是群体、社会。因此，个人优先于社会，个人好，社会才能好。《吕氏春秋》由此主张为我、"先己"、贵生，批评那些"世俗之君子，危身弃生以殉物"。它说："圣人深虑天下，莫贵于生。""全生为上，亏生次之，死次之，迫生为下。""全生"就是人的欲望都能得到合理的满足；"亏生"就是人的欲望能得到部分合理的满足；"死"不用解释，都能明白；而所谓"迫生"，就是生不如死的状态。因为"全生"是天的意思，也是人的理想，因此政治要符合天道，也要促成人民全生。

"始生之者，天也；养成之者，人也。能养天之所生而勿撄，之谓天子。天子之动也，以全天为故者也。此官之所自立也。立官者以全生也。"天道无为，万物自生，所以君王要无为而治。显然，这里凸显的主要是道家思想。

夏天万物滋长。人类进入文明时代以后，自然要立君主、定规矩、建制度以止民争斗。在这个时代，就需要进行道德教化，让人们发自内心地尽忠尽孝，遵守伦理秩序。《吕氏春秋》认为，学习，也是知天性的需要。"故凡学，非能益也，达天性也，能全天之所生而勿败之，是谓善学。"不学就违背天意。"天生人也，而使其耳可以闻，不学，则其闻不若聋。使其目可以见，不学，其见不若盲。"《吕氏春秋》多次谈及忠孝的重要性，因为这是建立稳定的政治、社会秩序的根本。比如，"凡为天下治国家，必务本而后末……务本莫贵于孝。""人主孝，则名章荣，下服听，天下誉。人臣孝，则事君忠，处官廉，临难死。士民孝，则耕耘疾，守战固，不罢北……夫执一术而百善至，百邪去，天下从者，其惟孝也?""先王之教，莫荣于孝，莫显于忠。忠孝，人君人亲之所甚欲也；显荣，人子人臣之所甚愿也。"这个部分凸显的当然就是儒家思想了。

正是从儒家思想出发，《吕氏春秋》虽然主张立君主，但又认为，君主只是治理天下的工具，而非目的。它甚至说出了下面这些掷地有声的话："天下非一人之天下也，天下之天下也。""置君非以阿君也，置天子非以阿天子也，置官长非以阿官长也。"它也称赞汤武革命："若令桀纣知必亡国身死，殄无后类，吾未知其厉为尤道至于此也。"也正是从儒家思想出发，《吕氏春秋》强调君主应该纳谏议、顺民意、节制欲望："亡国之主，必自骄，必自智，必轻物。自骄则简士，自智则专独，轻物则无备。无备召祸，专独位危，简士壅塞。"君主一人"耳目心智，其所以知识甚阙，其所以闻见甚浅。以浅阙博居天下，安殊俗，治万民，其说固不行"，"主虽巧智，未无不知也。以未无不知，应无不请，其道固穷。为人主而数穷于其下，将何以君人乎？穷而不知其穷，其患又将反以自多，是之谓重塞之主，无存国矣"。故君主必托贤臣，"正名审分以治吏，无为成身而天下自治矣。""先王先顺民心，故功名成。"人主应该"声禁重，色禁重，衣禁重，香禁重，味禁重，室禁重"。它也明确反对商鞅式的穷兵黩武。"昔上世之亡主，以罪为在人，故日杀戮而不止，以至于亡而不悟。""当今之世，巧谋并行，诈术递用，攻战不休，亡国辱主愈众，所事者末也。"

秋天是肃杀的季节。按五行说，秋天属金。金主兵、刑。人类社会既然已经进入文明社会，人心复杂，争斗繁多，单纯的道德教化当然不足以止乱防暴，军队和刑罚也是保障秩序的必要工具。在这个部分，《吕氏春秋》论述了法家的必要性。不过它同时又主张将领要爱兵如子，兴兵要讲道义，"义兵至，则邻国之民归之若流水，诛国之民望之若父母"。

冬天是万物归藏的季节。《吕氏春秋》在这部分讨论了人死后的问题。它主张人活着时就好好活，顺应自然，注重养生长生，临死也不要怕，要安于死，因为有生就有死，生死都是天命，不必恐惧。人死后，没有必要厚葬，因为这可能导致盗墓，使死者不能安死。这里体现的显然是墨家思想。它还主张士人要敢于杀身成仁，"士之为人，当理不避其难，临患忘利，遗生行义，视死如归。有如此者，国君不得而友，天子不得而臣。大者定天下，其次定一国，必由如此人者也"。

言及此，我们似乎可以将《吕氏春秋》的思想总结为一句话：以道为体，以儒为用，以法、墨为补。由以上介绍可知，这个通过比附构建的理论还是比较粗糙的，但在当时，它具备相当大的合理性。遗憾的是，秦始皇根本听不进去，他既不喜欢宾客，也不喜欢读书，迷恋的只是法家的势、法、术，因此虽取得了天下，但也二世就丢掉了天下。

下面讲《淮南子》。《淮南子》是汉武帝时淮南王刘安召集宾客数千人编著的一部杂著。刘安是厉王刘长的长子。刘长因罪徙蜀，中途绝食而死，文帝怜之，封其四子，刘安被封为淮南王。刘安感念祖、父两代命运，有反叛朝廷之志。其为人好书、琴，不喜犬马驰骋，却喜欢道德文章和名声，20余万字的《淮南子》即其志向和爱好的产物。武帝元狩元年（前122），刘安谋反事败露，自杀身亡，王后、太子等参与谋反者皆被灭族，相关人等皆受诛，淮南国被除为九江郡。

《淮南子》的写作目的与《吕氏春秋》如出一辙，那就是所谓的"纪纲道德，经纬人事，上考之天，下揆之地，中通诸理……观天地之象，通古今之事，权事而立制，度形而施宜……以统天下，理万物，应变化，通殊类，非循一迹之路，守一隅之指"。也就是说，《淮南子》无所不包，它要为宇宙、人间立法。如果说《吕氏春秋》还主要是通过将天时与人事比附的方法来建构其理论体系，《淮南子》则将这种比附的方法和范围扩大到整个宇宙时空来建构其"天人感应"理论。比如，人的灵魂是天给的，形体是地给的；天圆地方，所以人头圆足方；天有四时五行三百六十日，人有四肢五脏三百六十个骨节；天有风雨雷电，人有喜怒哀乐。如此等等。"圣人者，怀天心，声然能动化天下者也。故精诚感于内，形气动于天，则景星见，黄龙下，祥凤至……天之与人有以相通也……万物有以相连，精祲有以相荡也。"《淮南子》为什么要通过这种方式贯通天人？因为"言道而不言事，则无以与世浮沉。言事而不言道，则无以与化游息"。刘安的理论抱负足够大。

那么，《淮南子》的思想主旨是什么？高诱认为，该书虽然"物事之类无所不载，然其大较归之于道"。对比《吕氏春秋》和《淮南子》可以发现，后者比前者更强调"道"的绝对、优先地位。《淮南子》拆分了道和天，道高居天、地、人之上，既是宇宙万物的价值来源与依据，也是宇宙万物的主宰。当然，这里的"道"，就是老庄之道，尤其是老子之道，而不是活生生的人格神。

《淮南子》为什么仍然属于杂著呢？因为它也"采儒墨""撮名法"。我们来看看它对社会秩序演变的看法。

从老子的道本无为的观点出发，《淮南子》极度美化了初民时代无为而治的社会秩序。它描绘的理想的社会秩序与老庄并无二致：古者"凿井而饮，耕田而食"，"亲戚不相毁誉，朋友不相怨德"，"万民猖狂，不知东西。含哺而游，鼓腹而熙。交被天和，食于地德。不以曲故是非相尤。茫茫沉沉，是谓大治"。"混混苍苍，纯朴未散，旁薄为一，而万物大优。"什么叫道德？"率性而行谓之道，得其天性谓之德。"所以，任何人造的礼俗都没有必要，"达于道者反于清静"。

问题是，这种理想社会不可能长久，人类终归要进入文明时代。这一点，《淮南子》当然是知道的，只是它认为这个文明时代却是"衰世"。到了"衰世"，"人众财寡，事力劳而养不足，于是忿争生，是以贵仁。仁鄙不齐，比周朋党，设诈谞，怀机械巧故之心，而性失矣，是以贵义。阴阳之情，莫不有血气之感，男女群居杂处而无别，是以贵礼。性命之情，淫而相胁，以不得已则不和，是以贵乐。""及至山川溪谷使有壤界，计人多少众寡使有分数，筑城掘池，设机械险阻以为备，饰职事，制服等，异贵贱，差贤不肖，经诽誉，行赏罚，则兵革兴而分争生，民之灭抑夭隐，虐杀不辜而刑诛无罪，于是生矣。"怎么办呢？只能设君主以治理，"采儒墨""撮名法"就成为历史的、逻辑的必然了。所以，《淮南子》也称许儒家之治，所谓"政教平，仁爱洽，上下同心，君臣辑睦，衣食有余，家给人足，父慈子孝，兄良弟顺，生者不怨，死者不恨"。不过，它同时又强调，设立天子的目的只是促使社会和谐，让人们自得其乐，"所谓自得者，全其身者也。全其身，则与道为一矣"。

《淮南子》即便承认人类终归要进入文明时代，但又认为，任何时代都应该以无为作为政治的宗旨。无为不是"寂然无声，漠然不动，引之不来，推之不往"，而是"私志不得入公道，嗜欲不得枉正术。循理而举事，因资而立权。自然之势而曲故不得容者。事成而身弗伐，功立而名弗有。非谓其感而不应，攻而不动者"。"地宜其事，事宜其械，械宜其用，用宜其人"，则"各用之于其所适，施之于其所宜，即万物一齐而无由相过"。

《淮南子》言其中心思想："欲一言而寤，则尊天而保真。欲再言而通，则贱物而贵身。欲三言而究，则外物而返情。"所以，它强调的是人的自由权利，反对的是朝廷在权力和思想两方面越来越明显的独尊趋势，它甚至认为"天下是非无所定""不知世之所谓是非者孰是孰非"。结合《淮南子》的思想和刘安的事迹来看，我们基本可以断定，《淮南子》是一部"反书"，刘安试图以此书形成舆论与朝廷争夺民心。《淮南子》不过是汉初几十年黄老之术的一抹夕照和一曲挽歌而已。

《吕氏春秋》《淮南子》都试图以道家为主融混百家，以使人民更自由，但它们都失败了。失败的原因很多。从理论上讲，它们人为建构了天、道，希望以此约束专制君王，但这种约束力毕竟是人造的，太弱，专制君王完全可以不听这一套，因此它们注定是会失败的。从历史角度观察，这两部书的总编的身份别具意味，吕不韦是权臣，刘安是贵族，二人的最终结局都是自杀。这说明，在君主专制的历史背景下，权臣和贵族其实是无力从制度意义上制约君主权力的。西欧之所以演化出立宪政治，一方面与其信仰传统高度相关；另一方面，也与西欧各国的国王从来就不曾拥有像中国皇帝那样的专制权力，贵族也足以与国王分庭抗礼高度相关。对于立宪政治而言，观念上的分权思想与事实上的权力博弈缺一不可。

众所周知，最后胜出的是儒家，或者说是以儒家为主的融混运动。为什么？汉学家列文森在《儒教中国及其现代命运》中如此概括了儒家的获胜逻辑：

> 我们完全可以假定，儒教"中"的性质使得它特别适宜于长久生存，使得它在后面经久不衰的官僚社会中保持了活力；而当我们以儒家在周代晚期的各个对手为背景来看待它的时候，它的"中"的一面就很清晰地呈现出来了。
>
> 道教所有的路径都指向唯我主义：自我是道家最重要的关切——或者更确切地说，是对自我的放逐，是本我从致命的、趋向死亡的自我意识中获得的解放与拯救。这种对自我的放逐不是墨家的普遍之爱所要求的那种对自我的放逐；后者是利他主义而非唯我主义。儒家处于两者之间，它要求的是"等差之爱"，关心的是具体的、有边界的人际关系，既反对墨家那种对全社会一视同仁的态度，也反对道家那种超越任何社会关系之上的清静无为的立场。儒家代表的是"近处"，处于道家个人的"此地"和墨家普遍的"远方"之间的中间状态。正是在这个意义上，中国人家庭内部的凝聚力和文化上区别对待的态度（不是自我，不是世界，而是家庭与文化）成为典型的儒家世界观中密不可分的部分。
>
> 但是，法家比墨家更接近"外部的"、社会的一极，与处于"内部的"、反社会的一极的道家恰相反对，从而突出了儒家折中于"内外"的中间位置（如"内圣外王"）。儒家经典《大学》——《礼记》中相对独立的一篇——将"修身"与"平天

下"两个概念、个人的美德与社会的治理密不可分地联系在一起。儒家的理想是通过统治者德性之光的普照，在被统治者中间建立起社会秩序。然而，法家则是单向度地追求"平天下"（没有儒家那种对修身的关切与之相配合），追求社会秩序，于是这种秩序将一切都归结为随时可调用或威胁使用的专制权力，而绝不会归结为德性，归结为既非通过强力也非通过法律而是通过榜样实行的统治。而道家作为哲学上的无政府主义者则走到了另一面，他们为了自我最根本的德性而反对政府，反对社会秩序，这个自我既不受法家专制权力的操纵者的损害，也不受儒家那种人为的、不自然的、有社会影响的教育的提供者的损害。……

有时候人们说道家与法家背道而驰又殊途同归，在某种意义上，就它们共同的唯我主义特征而言确实如此，一个是孤独的统治者的专横的唯我主义（国家中的唯我主义），一个是孤独的隐士的无政府的唯我主义（自然中的唯我主义）。这种共同的唯我主义使得它们都厌恶儒家社会与思想上的规训，这种规训对无政府主义和专制主义都构成了一种约束。

实际上，法家开出的药方主要是政治性的，而道家开出的药方则彻头彻尾是非政治的，后者作为一种建设性的力量，拥有的主要是文化内涵（尽管道家可能会被用于政治上的破坏）。只有儒家是普世性的，在这个意义上，儒家是可贵的中庸之道。它的观念遍及政治（像法家那样）和想象（像道家那样）两个领域。在古典时期以后的帝制官僚体制中，儒家和法家一起塑造了政治中国，而儒家和道家（加上后来的佛教）则一起塑造了文化中国。那个共同的关系项、中间的道路，那个稳定性内在要求的平衡的支点，是儒家。

第十三讲　董仲舒：第二次补天运动

这一讲我们讲董仲舒。

董仲舒（前179—前104）是两汉最重要的思想家，被后世称为"儒宗"，其思想对中国之影响至今不绝。东汉王充，虽然批判董仲舒的"天人感应"说，但也称赞董仲舒："文王之文在孔子，孔子之文在仲舒。"在我看来，董仲舒是三千年来中国屈指可数的思想家之一。就我目力所及，思想史家对董仲舒的重要性的认识还远远不够。

董仲舒幼年就开始研究《春秋》，汉景帝时任博士，为学者师尊。武帝时，举贤良对策，董仲舒对以"天人三策"，脱颖而出。后为江都易王相国。易王武勇骄矜，仲舒以礼义匡正其言行，深得易王敬重。后曾下狱，获释不久即老死。一生著书甚多，"天人三策"明其大旨，《春秋繁露》最成体系，亦为其代表作。为什么叫《春秋繁露》呢？因为是"解读《春秋》所隐含的微言大义的心得"，"繁露"是自谦之词，类似于"细小心得"。为什么要解读《春秋》呢？因为《春秋》是继往开来之书，所谓"今《春秋》之为学也，道往而明来者也"。

如前所述，诸子百家从战国晚期已开始加速融混。至秦汉，如果说《吕氏春秋》《淮南子》代表了以道家为主的思想融混运动的兴起与失败，那么《春秋繁露》则代表了以儒家为主的思想融混运动的成功。这一成功，以儒家学说成为王朝政治意识形态为标志。可以说，董仲舒是开启王朝政治意识形态第一人。

董仲舒对百家的融混，包括对儒家、阴阳家、道家与法家的融混。其中道家对他的影响很大，比如他说："故为人主者，以无为道，以不私为宝。故为人君者，谨本详始，敬小慎微，志如死灰，形如委衣，安精养神，寂寞无为。"又说："为人君者，居无为之位，行不言之教，寂而无声，静而无形，执一无端，为国源泉。"法家对他的影响，主要体现在他强调君王的威势上，他说："为人主者，居至德之位，操杀生之势，以变化民。"

董仲舒对百家的融混，主要体现为儒家对阴阳家的融混。董仲舒的思想体系，以阴阳五行学说为表，以儒家学说为里，用前者构筑起一个宇宙时空秩序，用后者建构起一个人间政治、社会秩序。董仲舒构建了类似宗教的宇宙论儒学，目的是论证君主专制制度的合法性。所以他读《春秋》得出的结论是"王者必改制"。简言之，他认为先秦封建制应该与时俱进，改为大一统君主专制。当然，为了防止君权不受控制，他也试图用"天命说""天谴说"规训帝王，也强调"王者有改制之名，无易道之实"。

本讲主要讲如下几个问题：一是阴阳五行说；二是"天人感应"论；三是董学之"癌变"；四是对"大人感应"论的评价。

先来看阴阳五行说。阴阳家用阴阳五行来解释宇宙的运行方式。何谓阴阳？阴阳是促使宇宙万物迁流变化的、相反相成的内部力量，阴阳调和，则天地有序，阴阳失衡，则天地失序。阴阳也是古人认识宇宙万物的工具。就目前可见的文献来看，阴阳观念最早载于《国语》，道、儒两家后来都继承了关于阴阳的观念，《老子》说"万物负阴而抱阳"，《易传》则将阴阳作为认识事物的最基本的工具。

五行观念的起源可能比阴阳观念更早，它是古人认识存在的数理工具。五行是指水、火、金、木、土五种元素。为什么是这五种元素呢？一方面，它们是人们经常见到的，同时又是十分重要的五种客观存在。《尚书·大传》说："水火者，百姓之所饮食也。金木者，百姓之所兴作也。土者，万物之所资生也，是为人用。"《尚书·洪范》说："水曰润下，火曰炎上，木曰曲直，金曰从革，土爰稼穑。"《左传》说："天生五材，民并用之，废一不可。"另一方面，这五种元素之间是相生相克的关系：木生火，火生土，土生金，金生水，水生木；水灭火，火炼金，金伐木，木破土，土阻水。

按现代概念，阴阳学说可以被称为辩证法，五行学说可以被称为系统论。它们都是古人发明的认识宇宙万物的工具。从工具的角度看，它们本身并无对错之分，只有解释力强弱之别。有意思的是，在古希腊和印度，也有类似中国五行这样的认识事物的工具，只不过它们所用的具体材料与五行略微不同而已，它们是地、水、火、风（或气）。

战国时，阴阳、五行学说进一步发展，形成了影响极大的学派——阴阳家。阴阳家将阴阳、五行学说融合起来，构建了一个动态协调的系统理论。战国时名声最显赫的阴阳家是邹衍，他从时间与空间两个方面拓展了阴阳五行说。

从时间方面说，邹衍提出了"五德终始"说，这是一种主张循环论的历史哲学：每一朝代都必须拥有一种"德"，与水、火、金、木、土之一相配。每一朝代都是前朝的战胜者与后朝的战败者，因此新王朝所拥有之德必须战胜前朝，如五行相克一样，这样才能赢得政权的合法性。秦始皇就深信这一套。始皇封禅，为什么确定秦朝为水德？

因为周是火德，水能灭火。一个新王朝的德一经确定，就不能更改，执政过程中必须一直严守，否则就有违天道，可能被新王朝取代。

从空间方面说，邹衍极大地拓展了中国固有的"九州"概念。他认为，天下不仅有九州，九州之外又有九个九州，共八十一州。邹衍说："儒者所谓中国者，于天下乃八十一分居其一分耳。中国名曰赤县神州，赤县神州内自有九州。"虽然邹衍的推衍方法谈不上科学，但他却是彼时最有世界眼光的中国人。

邹衍为何发"五德""九州"之类今天看来荒诞不经之谈？因为战国时诸侯国君权势大张，君主专制的趋势日渐明显，邹衍创说的目的，大抵不过是劝诫国君不可专恃威势，使民不堪命，否则必将覆亡。

阴阳五行说在秦汉的命运一直相当顺遂：秦皇以其为实用学术，未予禁止；其说倡君权天授，又与被误解的道家之养生长生等论类似，正中皇帝万岁不死之妄想，故也无禁止之理。所以，到秦汉时期，阴阳五行说已盛行天下。司马迁在《史记》中说："夫阴阳、四时、八位、十二度、二十四节，各有教令，顺之者昌，逆之者不死则亡。"武帝召贤良对策，第一问即为"三代受命，其符安在？灾异之变，何缘而起？"。可见阴阳五行、符命灾异说在汉初已成为大多数人的共识，无须争议了。

秦汉时代，儒家为什么与阴阳家合流？从发生学来看，因为阴阳家出于方士，而方士自古即与儒士关系密切。古时，丧祭用礼乐，由儒士负责；亦用巫祝，即方士。有学者甚至认为，儒在古时亦为巫祝，本与方士不分。在郭店楚简中，孔子就说："吾与史巫，同途而殊归者也。"到秦汉思想统一时代，"殊归"又返回"同途"，儒家也是阴阳家，儒士也是方士。

正是在这个背景下，董仲舒出场了。

董仲舒的学说，可以用"天人感应"四字概括。"天人感应"观念，起源在春秋以前，并不由董仲舒所创造。董仲舒的贡献在于，他融混了天、人两方面，论证了"天人感应"的逻辑，构建了相对精密的理论体系。

董仲舒首先构建出了一个高悬的主宰之天。他的思想以"天"为基础，"天者，百神之大君也。""天者，万物之祖，万物非天不生。""道之大原出于天。"

天与人之间是什么关系？首先是天生人。"人之形体，化天数而成；人之血气，化天志而仁；人之德行，化天理而义；人之好恶，化天之暖清；人之喜怒，化天之寒暑；人之受命，化天之四时。"人的血肉之躯，也是仿效天生成的。比如，头如天圆，耳目如日月，鼻口如风气，骨节合天数，大骨节合月数，五脏对应五行，四肢如四季，眨眼如同昼夜。天还生成人间秩序，他是人间秩序合法性的来源和依据。"以元之深，正天之瑞，以天之瑞，正王之政，以王之政，正诸侯之位，五者俱正而大化行。"

董仲舒认为，因为人受命于天，所以人为世间万物灵长。也只有人，而不是其他动植物，才能"与天地参""人之超然于万物之上，而最为天下贵也。人，下长万物，上参天地"。而且"三者（天地人）相为手足，合以成体，不可一无也"。但人"与天地参"只是一种可能性，要变成现实，还需要人自身努力。从另一方面看，天对人总体上是很宽容的，他既智且仁。董仲舒说："仁，天心。""察于天之意，无穷极之仁也。人之受命于天也，取仁于天而仁也。""天亦有喜怒之气，哀乐之心，与人相副。"所以，人尊天，既有严守天命的一面，又可以适当权变。

不过，董仲舒还认为，天虽然生人，但"生"出的是自然之人，而不是社会之人，自然属性不能成为人之为人的基础。"性"，也就是人的社会属性，才是人之所以为人的基础。生＝天；情（欲）＝人；性＝生＋情。董仲舒之所以下这个论断，与他独特的人性论直接相关。孟子主张性善，董仲舒坚决反对，他说："性比于禾，善比于米。米出禾中而未可全为米也，善出性中而性未可全为善也。善与米，人之所继天而成于外，非在天所为之内也。天之所为，有所至而止。止之内谓之天性，止之外谓之人事。"既然人性不全为善，如何才能使人性趋善呢？董仲舒自然就带出了君主。君主的职责，就是教化民众，使之向善。"天生民，性有善质而未能善，于是为之立王以善之，此天意也。民受未能善之性于天，而退受成性之教于王。王承天意以成民之性为任者也。""天令之谓命，命非圣人不行。质朴之谓性，性非教化不行。人欲之谓情，情非制度不节。"如果说，《吕氏春秋》《淮南子》在论及人间政治、社会秩序时是"不得不"用儒家，董仲舒则是从改善人性的角度很自然地转到了儒家。

孔孟主张的是心性论，他们对天，多持存而不论态度。如今董仲舒大倡天道，要构建宇宙论言说，如何从儒家思想史找到依据呢？别忘了，董仲舒是治儒家经典《春秋》的专家，他用几句话就解决了这个问题，那就是所谓的"《春秋》之道，奉天而法古"，"视前世已行之事，以观天人相与之际"，"虽有知心，不览先王，不能平天下"。他能从《春秋》中阐发出微言大义，说明孔子很注重"奉天"，至于"法古"，当然是儒家思想应有之义。"奉天"，是从空间的意义上为人间秩序找到合法性；"法古"，则是从时间的意义上和历史角度为人间秩序找到合法性。于是，儒家五经六艺之学、历代圣王故事、典章制度都自然具备合法性，都是学习的对象。历史由此成为中国人的宪章。董仲舒从天那里兜了一个大圈子，目的还是为了回到儒家。

与先秦儒家不同，在董仲舒构建的新的天人体系中，君主在人间拥有绝对权力。人虽然是天所生，但人不能直接与天沟通，天子为上天之子，只有天子才能与天沟通。"王"字由三横一竖构成，三横为天、地、人，一竖是贯通天地人的权力，只有王才有这种权力。可以说，天子是半人半神的存在，也是天人沟通的中介。"唯天子受命于天，天下受命于天子。""人主立于生杀之位，与天共持变化之势。""天地人主一也。"天子只对天负责，老百姓则对天子负责。"君者民之心也，民者君之体也。""君人者国之元，发言动作，万物之枢机。""《春秋》之法，以人随君，以君随天……屈民而伸君，屈君而伸天。""君之所以为君者，威也，故德不可共，威不可分，德共则失恩，威分则失权。失权则君贱，失威则民散。"君主专制的合法性由此证成。

由此可知，董仲舒的天人体系其实可以置换为天君关系。天子虽然是人间之王，但他的权力的合法性来自天，天是王的父，能制约王权的只有天权。所以，天子要知天、法天，人间秩序要配天。"夫王者不可以不知天""为人君者其法取象于天""王者欲有所为，宜求其端于天"。先秦诸子已经普遍认为人人都可以与天沟通，进入汉代，到董仲舒这里，又打算把人民与天沟通的权利收回去了。这是君主专制的必然要求。

问题在于，在中国人看来，苍天不言，天意幽眇难见，如何才能知天、法天，进而配天呢？这就要靠阴阳五行说了。董仲舒说："天无所言，而意以物（即通过万物默示旨意）……君子察物而成告谨（即告诫）。""夫王者不可以不知天，知天，诗人之所难也。天意难见也，其道难理。是故明阳阴出入实虚之处，所以观天之志。辨五行之本末顺逆，小大广狭，所以观天道也……为人主者，予夺生杀，各当其义，若四时。列官置吏，必以其能，若五行。好仁恶戾，任德远刑，若阳阴。此之谓能配天。"总之，天虽不言，但天可以通过阴阳、四季、五行，甚至日月星辰、风雨雷电、草木虫鱼来向天子示意。

于是，通过广泛的比附，人间秩序与天意合符。比如，天有阴阳二气，且"凡物必有合"，所以人间有君臣、父子、夫妇之合。一年有四季，所以"圣人副天之所行以为政，故以庆副暖而当春，以赏副暑而当夏，以罚副清而当秋，以刑副寒而当冬。庆赏罚刑异事而同功，皆王者之所以成德也。庆赏罚刑与春夏秋冬以人类相应也如合符"。"四政者不可以易处也，犹四时不可以易处也。"一季有三个月，所以天子置三公辅政。天有五行，所以天子置司农、司徒、司马、司寇、司营行政，司农为木，司徒为金，司马为火，司寇为水，司营为土。总之，"仁义制度之数，尽取之天"。

董仲舒构建的天，是儒家的仁德、有情之天。如何证明天是仁德的呢？董仲舒说："天道之大者在阴阳。阳为德，阴为刑。刑主杀而德主生。是故，阳常居大夏，而以生育养长为事，阴常居大冬，而积于空虚不用之处，以此见天之任德不任刑也……王者承天意以从事，故任德不任刑。刑者不可以治世，犹阴之不可任以成岁也。"也就是说，天既然生人，当然就想让人好好生长，这就是儒家讲的"天地之大德曰生"。

天子若知天、法天、配天，人间就会形成理想社会。在董仲舒眼里，这个理想社会是："饮食有量，衣服有制，宫室有度，畜产人徒有数，舟车甲器有禁。生有轩冕、服位、贵禄、田宅之分，死则有棺椁、绞衾、圹垄之度。虽有贤才美体，无其爵，不服其服；虽有富家多资，无其禄，不敢用其财。"在这样的社会里，富者不会太富，贫者不会太贫，因为"大富则骄，大贫则忧。忧则为盗，骄则为暴"，盗暴生则乱起，所以董仲舒之经济政策不外薄赋敛、省徭役、限兼并、藏富于民诸端，与孔孟并无二致。

董仲舒的"天人感应"说包括两大部分：天命说、天谴说。天子若敬畏天道，天就授命他来治理天下；天子不敬畏天命，不替天行道，天就会惩罚天子。如何惩罚？天先是通过灾异谴告天子，天子若还不改悔，天就会剥夺天子的权力，革命就会爆发，王朝就会改姓，改由愿意知天、法天、配天、敬畏天命的人来统治天下。他说：

> 凡灾异之本，生于国家之失。国家之失乃始萌芽，而天出灾害以谴告之；谴告之而不知变，而见怪异以惊骇之；惊骇之尚不知畏恐，其殃咎乃至。（《春秋繁露》）

人主见天示警，当"省天谴而畏天威，内勤于心志，外见于事情，修身审己，明善心以反道者也"。董仲舒又根据五行感应论，讲了种种禳灾补救方法。

董仲舒虽然认为天可以收回对君主的天命，但反对天下可由武力夺取。"臣闻天之所大奉使之，王者必有非人力所能致而自至者，此受命之符也。天下之人同心归之，若归父母，故天瑞应诚而至。书曰：'白鱼入于王舟，有大火复于王屋，流为乌。'此盖受命之符也。"天之予夺，又假手于人。天命无常，唯有德居之。"故夏无道而殷伐之，殷无道而周伐之，周无道而秦伐之，秦无道而汉伐之，有道伐无道，此天理也。"

孔子不言性与天道，但董仲舒认为，"天人感应"思想也是孔子思想："孔子作《春秋》，上揆之天道，下质之人情，参之于古，考之于今。故《春秋》之所讥，灾害之所加也；《春秋》之所恶，怪异之所施也。书邦家之过，兼灾害之变，以此见人之所为，其美恶之极乃与天地流通而往来相应，此亦言天之一端也。"这样说，也很难说是厚诬孔子，因为孔子确实说过："凤鸟不至，河不出图，洛不出书，吾已矣夫。"孔子是信凤凰、河图这种本不存在的祥瑞的。

董仲舒的思想可以用一句话概括，"屈民以伸君，屈君以伸天"，目的还是想在君主专制的既成事实下，用天权来制约君权，所以他很少谈祥瑞和受命，多谈灾异和革命。这样看来，董仲舒可谓是一片苦心，与阿谀奉承之徒截然两途。

董仲舒的"天人感应"说后来成为了朝野共识。董仲舒之外，西汉经师多言天人灾异，且有多人敢于以灾异进谏，甚至有建议皇帝逊位者。据葛兆光梳理，汉昭帝时，眭弘就曾因泰山大石自立、上林苑枯柳重生等事上书皇帝"求索贤人，禅以帝位，而退自封百里，如殷周二王后，以承顺天命"。这是相当大胆的。汉成帝时，李寻就认为汉祚有中衰之象，哀帝时，他就劝皇帝改元易号，以避天谴。谷永对成帝问时也威胁皇帝若"终不改寤，恶治变备，不复遣告，更命有德"。翼奉事汉元帝，数次上书言灾异，但他说汉祚未终，只要迁都，就可以"与天下更始"。这样的例子还有很多，进谏者都是"天人感应"说的信奉者。

但董仲舒的天谴论至元成两朝已渐至衰微。平情而论，强主用天人说，用的是皇权受命于天之部分，至于限制君权之部分，多虚置而轻忽；而敬畏天命之主，虽品性温厚，但也优柔无能，权柄多被奸佞攘夺，即欲变轨以顺天，事实上也不可能。

当王朝政治衰乱之时，权臣、枭雄屡喜以受命说自认，而以革命说为推翻旧王朝的借口。但灾异来自天，非权臣、枭雄所能操控，怎么办？谶纬符命于是横行，因为这种东西完全可以自造以惑人，董仲舒的"天人感应"说于是发生"癌变"。汉哀帝、平帝时期，谶纬符命不断滋长。王莽执政时，孟通、哀章之流投莽所好，纷纷假造谶纬符命，鼓吹王莽应该称帝。王莽本有篡汉之心，此时愈发自欺欺人，以为自己代汉自立是天命所归，于是行假禅让，建立了"新"朝。王莽施政照搬儒家教条，以为如此即可得天下拥戴，稳坐江山，没想到新莽却为中国历史上最短命的王朝之一。汉兵讨伐新莽，王莽被困，他竟然说："天生德于予，汉兵其如予何？"

在西汉末年的大混乱中，信奉、利用谶纬符命的枭雄并非只有王莽一人。小者如公孙述，大者如东汉开国之君刘秀，皆深信之。公孙述趁乱在蜀地称王，李熊劝其称帝。公孙述说，当皇帝得有天命啊。李熊说，天命无常，能者居之。日有所思，夜有所梦，后来公孙述做梦，梦里有人暗示他可以当皇帝，不过只有十二年江山。他醒后与妻子商量怎么办，妻子说："朝闻道，夕死尚可，况十二乎？"意思是能当十二年皇帝也很好呀，还犹豫什么？于是公孙述称帝，并找来种种所谓证据证明自己称帝是天命所归。

刘秀是读书人出身，因是汉室苗裔，更深信符谶。刘秀起事前，即有多人以符谶倡言刘氏当复兴，复兴之主即刘秀。东汉建立后，刘秀及其后继之君甚至以符谶治天下，大事无不援引五行灾异说为原则决断。只不过，东汉之清流，多批评此举荒诞不经，桓谭、尹敏、张衡等人皆认为谶书非圣人所作，不可取法。张衡甚至建议"收藏图谶，一禁绝之，则朱紫无所眩，典籍无瑕玷矣"。东汉儒生虽多反符（图）谶迷信，却都认可天人灾异说。

萧公权曾在《中国政治思想史》中如此概括两汉天人说之发展轨迹：

> 盖回溯天人学说之始兴，约当西京之盛世。发展变迁，至于光武，为时已逾百年。应用多方，浸失原意。大略言之，武昭之世明灾异者用意多在警主安民，元成以后则倾向于抑权奸以保君国。哀平之世陈符命者为篡臣作借口，新室既败则又成止僭窃、维正统之利器。初则忠臣凭之以进谏，后则小人资之以进身。其

始也，臣下以灾异革命匡失政；其卒也，君上取符命谶记以自固位权。邹董之学，至此遂名存而实亡。

谶纬符命迷信可笑吗？可笑。但它已深深融入中国人的思想。民国建立，袁世凯不满足总统之位，想复辟称帝，其种种掩耳盗铃之举措，不就是公孙述、刘秀等人的故技之变种吗？此种故技，并不因袁死而绝迹。

李泽厚在《新版中国古代思想史论》中曾从中国人的心理结构、思维方式角度批评董仲舒的"天人感应"论：

也许更重要的是这种五行图式宇宙论给人们心理结构上带来的问题。例如满足于这种封闭性的实用理性的系统，既不走向真正的科学的经验观察、实验验证，又不走向超越经验的理论思辨和抽象思维。中国的思维传统和各种科学（甚至包括数学）长久满足和停步于经验论的理性水平。这一缺陷恐怕与这种早熟型的系统论思维也有关系。因为在这种系统论里，似乎把所有经验都安排妥帖了，似乎一切问题都可以在这系统中求得解决，从而不要求思维离开当下经验去作超越的反思或思辨的抽象以更深地探求事物的本质。所以，不是中国人缺乏抽象思辨的能力和兴趣，先秦的名家、墨辩证实了相反的情况；而是思维被这种经验系统束缚住、规范住了，成了一种既定的传统习惯和心理模式；同时，也是由于注重系统整体，便自觉不自觉地相对轻视、忽略对众多事物和经验作个别的单独的深入观察和考查，具体事物的分析、剖解、实验被忽视了。就是中医，也由于满足于这个行之有效的经验系统，从而不再重视人体解剖，而长久发展缓慢，很少有重大的突破和更新。应该说，这些都是这种直观的、原始的、早熟型的（因之实际上是不成熟的）宇宙论系统图式所带来的传统思维结构上的弱点与缺陷。

不仅如此，它可能还带来整个精神面貌和民族性格上的问题。这种宇宙图式具有封闭性、循环性和秩序性的特征。封闭性能给人们心理、性格以自我满足感。它可以表现为虚骄自大，固执保守，认为本系统内应有尽有，完整无缺，不必外求。循环论则否定真正的进化，从而向前只不过是复古，历史的演变不过是天道的循环，"天下合久必分，分久必合"。秩序性更带来所谓安分守己，听天由命，认为任何努力无不受既定秩序图式（天道）的限制和制约，自认已被规范在某种既定位置上和处在这个不能逃脱的图式网络中，"思不出位"，逆来顺受，培养奴性，不敢说"不"；个体价值完全从属于这个作为外在权威的超个性的普遍秩序，锁禁在这个封闭的组织网罗中。于是，君怀臣忠，父慈子孝，夫唱妇随，成了人们安心奉行的长久而普遍的宇宙法规。宋儒后来倡导的那一套"天理"论之所以能长期控制人们的心灵，恐怕也与早在秦汉时代便在人们生活中开始渗透并成为传统的这种宇宙图式观有关。

那么，应该怎样评价董仲舒的"天人感应"论？

我在本书序言将主宰之天的特点概括为四点：万物的创生者、万物的立法者、赏善罚恶的司法者、亲切的交流者。由上述介绍可知，董仲舒眼里的天，基本符合我对主宰之天的定义。可以说，董仲舒是中国思想史上最能认识主宰之天的价值，并高扬主宰之天的权威的思想家之一，这是董仲舒的伟大之处。先秦儒家没有真正解决天人关系问题，董仲舒力图通过"天人感应"论打通天人关系，可以看成是对先秦儒家的超越。

站在当时的现实的角度看，董仲舒构建这套"天人感应"理论有无必要？很有必要，因为先秦儒学中的宇宙论不发达其实是一种缺陷：一方面，它使人间秩序的合法性缺少神圣的源头，所以其权威性不够；另一方面，它只是一种道德学说，对普通人生活层面的覆盖不够。于是，儒家至少从汉初陆贾开始，就注意吸纳黄老学说、阴阳五行思想、数术方技等资源，有意识地建立儒学的宇宙论系统，使之上升到信仰层面。

余英时认为，汉儒以阴阳五行的通俗观念取代先秦儒家心性论，正好使儒家冲破大传统的藩篱，成为一般人可接受的道理。我也认为，因为先秦儒学不是信仰，不足以成为政治意识形态而凝聚人心，董仲舒引入阴阳家理论来构建"天人感应"说，提升了儒学的信仰品质，使儒家终于告别了空谈理想的阶段。事实上，正是董仲舒拯救了儒家。因此，不仅应该从政治哲学的角度看"天人感应"说，而且应该从政治神学的角度予以评价。要知道，天人互感同构是古人的信仰，甚至可以说是带有宗教色彩，至汉初已经成为几乎所有思想流派思考问题共同的前置预设，它是不证自明的"真理"。因为这套"真理"属于信仰，你信它，它对你来说就是真实的存在，大多数人信它，它对大多数人来说就是真实的存在。因此，我们也可以把《春秋繁露》看成汉代的"儒家起信论"。

董仲舒"天人感应"论的根本问题是什么？他把上天的普遍启示理解成了特殊启示，而他又不知道上天的特殊启示是什么。上天通过宇宙万物传达出来的普遍启示是不明晰的，每个人的理解不一样，人不能确知普遍启示的含义。董仲舒的目的是搞清天意，但他通过人为的、臆测式的"比附"，事实上"绑架"了天意，因此他的"天人感应"论是一种人为的补天、造天、造神理论。

董仲舒的比附之所以看似成立，是因为汉字的多义性导致思维的模糊含混性，使得他不仅没有将主宰之天与自然之天分离，而且有意利用了这种模糊性来完成他自圆其说的论证。我在前面已经概括地指出，汉字的"天"字至少有三层意思：一是"主宰"义，如天神、天帝、天公、天老爷、天尊、天意、天晓得、天知道、天怒人怨、天诛地灭等；二是"客观规律"义，如天道、天机、天数等；三是"自然"义，如天气、天空、天色、天幕、天光等。董仲舒在谈到"天"的时候，主要用的是"主宰"义，但也常常用"自然"甚至"客观规律"之义（其中主要是"自然"义）。或许，在他的观念里，这些含义本质上是相同的。所以，主宰之天发怒时可以通过自然之天显示灾异来谴责天子，最后收回天命。

问题在于，他如何证明灾异是主宰之天的意志？宽泛来说，自然现象为什么都是天意？即便自然现象都是天意，某个自然现象为什么必然对应某个人事现象？比如，阴阳二气为什么必然对应君臣、父子、夫妇？春夏秋冬四季为什么必然对应庆赏罚刑？一季有三个月，为什么必然对应"三公"辅政？五行为什么必然对应司农、司徒、司马、司寇、司营之职？

如何纠正董仲舒"天人感应"论？首先，必须把主宰之天和自然之天分割，这样才会给自然科学研究放出一条生路。其次，必须把主宰之天和天子分割，也就是政教分立，使得人人都可以直面主宰之天，这样才能给人带来自由。

有意思的是，董仲舒认为天子是上天的儿子，而天是人的"曾祖父"（"人之为人本于天，天亦人之曾祖父也"），这样算来，天子不仅是人民的"皇帝老子"，而且是人民的爷爷，人民就成了天子的孙子了。这样的比附之下，人民怎么可能有自由？既然如此，人民就必然走向抗击暴君那条路上去，历史循环论也就无解了。事实上，董仲舒的确解决不了历史循环论问题，在他的天道观里，甚至认为历史循环论符合天道，他说"天之道，终而复始"。我们要问的是，天如果爱人，为什么要让人陷入历史循环论的怪圈里不能自拔？

我在讨论墨子思想时曾如此总结："墨子，一个伟大的补天者，他的失败证明：人是无力补天的。人如果能补天，人就成了主宰，而天就已经不再是主宰之天了。"我想，把这句话移到董仲舒身上，也是合适的。

第十四讲　造经运动

这一讲我们讲汉代的造经运动。

中国人口数较多的民族是汉族。为什么叫"汉"族？因为这个民族的文化心理和思维习惯是在汉代奠定的。先秦时人们的想法并不一致，秦朝的历史又太短，而汉朝是帝制中国第一个统治时间比较长的朝代，这就为民族文化心理的塑造与思维习惯的形成提供了必要的时间和机会。在这个过程中，造经运动起到了至关重要的作用，这也是我讲这一运动的原因。

武帝时代，董仲舒虽然论证了儒家思想的合法性，但董仲舒毕竟是"今人"，根据中国思想厚古薄今的传统，他不是圣人，他的著作不具备经书的地位，要具备充分的说服力，就必须从古代经典中找到根据。这一需求，汉初已经产生，只是到武帝时代，变得越来越迫切了。

儒家在先秦时本已形成五部经典，《诗》《书》《礼》《易》《春秋》，但当时还不被称为"五经"。到汉武帝，才设立五经博士研究、解读"五经"。武帝立五经博士，根本目的是为汉代政治构建意识形态，而不是单纯的学术研究。新时代既然已不是先秦之封建天下，而是专制王朝，如何重新解释五经就成了博士们的任务。

汉皇既有极强的重塑经典之需求，文化断裂又为汉儒重塑经典提供了得天独厚的机会。秦皇焚书、项羽火烧咸阳宫之后，到了汉初，用先秦篆籀（古文）写成的经书已遍寻不得，朝廷只能找儒生用当时通行的隶书（今文）凭记忆默写出来，由此产生了今文经学。武帝时，据说在孔子旧宅发掘出一批竹简，用先秦古文写成，古文经学也由此产生。但西汉的大部分时期，今文经学的势力完全压倒古文经学，直到西汉末期，古文经学才兴盛起来。原因也很简单，因为今文经学是为新王朝服务的，它给汉儒留下了巨大的创造发挥空间，而古文经学毕竟要忠于原典，发挥空间当然就有限了。

因此，汉儒与五经，实质上是一种假借者与被借者的关系。当然，不同的经书文体、性质不同，可假借、发挥的空间不同，这就导致它们受重视的程度及后世流传的广度、深度不同。

比如《诗经》，无论你怎么发挥其"温柔敦厚"之教，毕竟只是一部采集来的诗歌集。很多来自民间的诗歌，跟政治扯不上直接关系。再怎么解释，它最大的作用也不过是影响民风的塑造。所以，《诗经》不能承担构建意识形态的主要责任。

《尚书》的情况与《诗经》类似。《尚书》是中国最早的官方公文总集，其中不少是臣下记录的上古历代天子的言论。既然《尚书》记录的不是某一个圣王的言论，就容易造成两方面问题：一是不同君王之间的观点不尽一致；二是君王言论多针对具体人事而发，未必都能提升到道的高度。再加之《尚书》版本、内容历来争议巨大，《今文尚书》真伪参半，今本《古文尚书》更晚至晋代才为梅赜伪造。种种原因的叠加，使得《尚书》也不能承担构建意识形态的主要责任。

真正适合汉儒发挥的，是《春秋》《易》《礼》三经。

先说《春秋》。孟子曾夸张地说过，"孔子成《春秋》，而乱臣贼子惧"。司马迁也说："夫《春秋》，上明三王之道，下辨人事之纪，别嫌疑，明是非，定犹豫，善善恶恶，贤贤贱不肖，存亡国，继绝世，补敝起废，王道之大者也。"所以汉皇极其重视《春秋》，文景时代，就已立《诗经》博士和《春秋》博士。前面说过，董仲舒就是《春秋》博士，也是公认的今文经学大师。但《春秋》毕竟是史书，如何发挥呢？

《春秋》在战国时期已出现解经三传：《左传》《穀梁传》《公羊传》。《左传》记事；《穀梁传》记制度；《公羊传》着重于政治思想，大讲拨乱反正、大一统之义，可谓为后王立法之书。事和制度都具有时效性，不便以此论证"经"之恒久性，所以汉儒更重视阐发政治思想的《公羊传》。对汉儒有利的是，《公羊传》在先秦只是口授传承，汉初才著为文字，所以也可以说，汉儒是假托古人"闹革命"。这种假托，有时候做得很过分，比如董仲舒的《春秋繁露》，处处以所谓微言阐发孔子未明言之大义，过度发挥。

汉代人之推崇《春秋》，有一个很好的例证，那就是传说汉末名将关羽也喜读《春秋》。大家不妨设想，如果关羽读的不是《春秋》，而是其他四部经书的任意一部，是不是非常不协调？

《易》本来只是占卜书，卦辞、爻辞都极简约，容易进行抽象理论创造而不被人批评。《易传》就是对《易》的理论创造。《礼》分三部书：《周礼》《仪礼》《礼记》。《周礼》记载周代的官职设置，《仪礼》记载周代的具体礼仪，都不便照搬，所以汉儒重视的是论述礼制的抽象道理的《礼记》。综合历代学者考证，可以明确地说，《易传》《礼记》虽取材于先秦，但实为汉儒编撰，绝非先秦著作。从思想史的角度看，《易》之《易传》、《礼》之《礼记》，尤其《礼记》中《中庸》《大学》两篇对中国人思想的影响可谓既深且远。

《易传》《中庸》《大学》，大都假托了先秦圣贤的名字行世，但只要仔细考辨其思想和行文风格，即知绝非事实。在此我想提出几点大胆的猜想：一，这几部书不仅是汉儒所编撰，而且极可能就是官方的五经博士所编撰；二，每部书都可能经过多人之手；三，五经博士编撰这些书，代表的是官方意志，而不是个人著述，因此作者没有署名权；四，为了增强其作为经书的权威性，于是假托作者是孔子、子思、曾子。由此可见，经典重塑运动其实就是造经运动。

即便如此，因为思想史并不只是研究具有真名实姓的思想家的历史，因此我们评述中国思想史，就不能忽视这几部书的价值。众所周知，《中庸》《大学》到南宋还入选了"四书"，可见朱熹等人也相当重视它们的价值。虽然《中庸》《大学》到南宋才凸显重要性，但它们都属于《礼记》的一部分，而《礼记》在汉代就受到重视，所以本讲我试着将其与五经一起讲。

下面我们就通过《易传》《中庸》《大学》来管窥一下五经四书所表达的思想主旨。

首先来看《易传》。

什么是"易"？"易"字由"上日下月"组成，日月每天都在交替运行，因此"易"的第一层意思，也是最重要的意思是"变易"。《易经》认为，宇宙万物无时无刻不在变化，唯一不变的就是变化本身。变化，就是天道，而天道本身是不变的，因此"易"的第二层意思是"不易"。宇宙万物的变化规律其实并不复杂，看穿了其实也很简单，因此"易"的第三层意思是"简易"。"不易""简易"二义均由"变易"生出，因此，《易经》又可理解为"变经"。

先秦诸子很少谈《易》，孔子谈到它，态度也相当谨慎，只说"五十以学《易》，可以无大过矣"。他们为什么态度谨慎？因为《易》本是一本占卜之书，它的预设本来是，宇宙万物都是天注定的，人所能做的不过是通过占卜的手段了解天意，因此人没有资格和能力自我立法；但先秦诸子，不论其思想主张多么不同，毕竟都是要为人间立法的。换言之，他们都强调人的主体性。即便是庄子，虽然主张逍遥，但逍遥的境界也是需要人自己去感悟、修炼的。

先秦诸子避谈《易》，但因为人们都用《易》来占卜，它的影响就越来越大。面对这个情况，汉儒的办法与先秦诸子就很不同，他们选择了通过解释《易》的办法来阐述自己的思想，这就是《易传》的由来。事实上，从汉初起，各种《易传》和纬书就层出不穷。今本《易传》，指《易经》中除卦辞及爻辞外的其他解经文字。《易传》又称"十翼"，指十篇解说文字。这些解释文字，与《易》本身并无多大关系，因为它的写作目的，不过是依托《易》来打通天人关系，这是时代的要求，也是汉儒的惯常做法。所以，《易传》说："是故形而上者谓之道，形而下者谓之器，化而裁之谓之变，推而行之谓之通，举而措之天下之民谓之事业。"大致是说，形而上的"道"抽象玄妙；形而下的"器"具体实在；事物交感化育，顺而应之叫作"变"；尊重规律，推而行之，叫作"通"；用规律治理天下就是"事业"。

今本《易传》，是汉儒融混道、法、阴阳诸家学说所作，他们通过这种融混，构建了刚健有为的、有情的宇宙观和人生观，所谓"天行健，君子以自强不息"。

这是如何做到的呢？《易传》说"一阴一阳之谓道"。也就是说，阴阳合一就是道。但事实上，《易传》并不是平等对待阴阳的，其实它更强调阳，这从八卦排列顺序就能清晰地看出来——第一卦就是乾卦。从对"乾""坤"的论述来看，这种倾向更为明显："大哉乾元，万物资始，乃统天。""至哉坤元，万物资生，乃顺承天。"一者统领天，一者顺承天，可见孰轻孰重。乾即阳，表主导性；坤即阴，表容受性。《易·彖卦上·否》也讲："内阴而外阳，内柔而外刚，内小人而外君子。"可见在《易传》的价值判断上,"阳"比"阴"更可取,这与董仲舒的阴阳观也完全一致。

《周易》八卦只做事实判断,并不包含价值判断,而在《易传》中,无论是"八卦""天地"还是"易",都有了明确的人文内涵,这就是"文王演《易》"的传统,也是《易传》"有情主宰之天"构建的过程。

《易传》认为,易理源于圣人对经验世界的抽象总结,而圣人当然是爱人的。

> 古者庖牺氏(即伏羲)之王天下也,仰则观象于天,俯则观法于地,观鸟兽之文与地之宜,近取诸身,远取诸物,于是始作八卦以通神明之德,以类万物之情……
>
> 昔者圣人之作《易》也,幽赞于神明而生蓍,参天两地而倚数,观变于阴阳而立卦,发挥于刚柔而生爻,和顺于道德而理于义,穷理尽性以至于命。

一方面,圣人的这种抽象总结无所不包,即所谓"范围天地之化而不过,曲成万物而不遗";另一方面,圣人的着眼点最后还是落在人间秩序上,"昔者圣人之作《易》也,将以顺性命之理。是以立天之道曰阴与阳,立地之道曰柔与刚,立人之道曰仁与义"。意思是圣人作《易》,是要顺从事物的天性,所以创立了表示天之道的概念"阴阳",表示地之道的概念"刚柔",表示人之道的概念"仁义"。因此,《易传》认为"仁义"即天理,是人类固有的天性。对比《周易》,这是《易传》作者塞进《易经》里极为重要的"私货"。

至此,儒家有情的主宰之天就被构建起来了。也只有从这个角度看,才能理解《易传》的"天人感应"观念:只有天是有情的,能感知人间冷暖的，人道才能影响天道。"夫大人者与天地合其德，与日月合其明，与四时合其序，与鬼神合其凶吉。"所以，《易传》才强调，君子的言行可以动天地，因此不得不谨慎。

当然，人道影响天道又是以遵从天道为前提的：人道如果不遵从天道，天就会惩罚人间；君王如果悖逆天道，革命就会发生。"革"字由"上廿下十"组成，所以天道每三十年有一个小轮回。《易》有革卦，象辞对革卦的解释是："天地革而四时成，汤武革命，顺乎天而应乎人，革之时义大矣哉"。

总之，通过《易传》的论证，《周易》本身的天定色彩减弱了，人的主体性得到了高扬。"一阴一阳之谓道，继之者善也，成之者性也。"人只要认识到如上阴阳和合且以阳为主导的道，坚持按道指示的方向行事，就是善，天也就会护佑人。"穷则变，变则通，通则久。"人如果一时糊涂，不按道指示的方向行事，就会穷途末路。但只要你知道变，变到道所指示的方向上来，就会命运亨通、好运长久。

再说《中庸》。《中庸》所论述的也是天人关系，与《易传》不同的是，《易传》的论述是由上而下的，而《中庸》的论述虽然也是由上而下的，但落脚却在由内而外。

儒家是否是一种宗教？这在近代以来一直是一个聚讼纷纭的问题。因为儒家不论及人死后的彼岸世界，也没有宗教场所和教会组织，因此我主张儒家并不是宗教，只是一种文教。这也是历代大多数儒家的共识。但这并不表明儒家没有宗教性，《中庸》就是儒家典籍中宗教性最强的著作，也是中国思想史上讨论天人关系的巅峰之作。

遗憾的是，后人对《中庸》的解读，大都不太对，尤其是朱熹的解读，更是没有抓住《中庸》的根本。在此，我决定对《中庸》进行较为详细、准确的解读。《中庸》首章，尤其重要，可谓字字珠玑、深刻透辟：

> 天命之谓性；率性之谓道；修道之谓教。道也者，不可须臾离也；可离，非道也。是故君子戒慎乎其所不睹，恐惧乎其所不闻。莫见乎隐，莫显乎微。故君子慎其独也。喜、怒、哀、乐之未发，谓之中。发而皆中节，谓之和。中也者，天下之大本也。和也者，天下之达道也。致中和，天地位焉，万物育焉。

对此，我的新解是：上天是一个人格神，创生万物，赐给人的就是纯洁的本性（人性）。换言之，人性是上天"注入"（即"命"）给人的。因此，我们会把某个人的性格称为"天性"。因为人性是天赐的，所以它是天人沟通的桥梁纽带。既然如此，顺着人性做事就体现了天道。但上天是无限的，而人的认知力是有限的，人性不可能完全认识、彰显天道，需要不断体悟修炼，不断地对标整全的天道，人对标天道的过程就是被上天教化、教正的过程。天道由天发出，虽然人眼不能见，但它掌管、保佑宇宙万物，因此它永远不可能离开人；如果能离开人，它就不是天道了。人也不可离开天道，否则必然进入歪门邪道。因为主宰之天无所不在、无所不察，所以君子不要认为在人看不见、不知道的场合可以放纵，而应该谨慎戒备，心怀对上天的敬畏。事物虽在暗处，也无法隐身；事物虽然细微，也无不显露在上天眼中。所以，君子在一个人独处时也要谨慎。人的情感还未启动时，呈现出纯洁的人性，这人性体现了天意。此时的人，处在大中至正的天意之中，不左不右，不偏不离，这个状态就叫"中"。当人做事的时候，情感必然随事物发动，如果此时人的情感发动仍能遵循、符合天道，这个状态就叫"和"。"中"，是天给人规定的伟大原则；"和"，是人间大道。真正做到了中和状态，就意味着敬畏天意，那么上天就会保佑天下，天地就会秩序井然，万物就会生长繁育。

《中庸》只用了短短的135个字就说清楚了天人关系这一古今第一大事。它的逻辑是：人道源自天道；上天赐予人本性，由此作为天人沟通的桥梁纽带；人间要建立和谐秩序，人就要不断返回天道，走进天道之中，也就是走进天定秩序之中。《中庸》为什么叫"中庸"？《说文解字》："中，内也，上下通也"，"庸，用也"。"上下通"就是人与天通，就是天人合一，"中庸"就是"用中"，"站在中这一边"。因为上天大中至正，"站在中这一边"就是站在上天这一边。换言之，"中"的状态不是人定的，左右等距不是中，上天的旨意才是中，才是标准，作为名词的"中"是作为动宾词的"中的"（瞄准标靶）的结果。

"喜怒哀乐之未发，谓之中；发而皆中节，谓之和。"这句话暗含的意思是，中道为一应然之道，故喜怒哀乐之发可中节，事实上也可不中节，甚至不中节才是人生常态。故"子曰：'天下国家可均也，爵禄可辞也，白刃可蹈也，中庸不可能也'"。人如何才能发而皆中节、达成中和、走进天道之中呢？这就引出了"诚"的概念，这对儒家来说是个至关重要的概念。

"诚"至少有两层意思：第一层意思是作名词用，即心思纯净不欺，既不自欺，也不欺人，更不欺天的真实境界，达到这一境界的人就是"诚者"；第二层意思作动词用，即努力成为一个心思纯净不欺的真实的人的过程，这个过程就是"诚之"。就第二层意思而言，"诚"与"率性""尽性"其实是同义词。

《中庸》说："诚者，天之道也。诚之者，人之道也。"意思是，天道就是真实本身，天道不欺人，天道也要求人真实。人要走进天道，只需要做到内心真实，返回那纯洁的人性就可以了。当人真正做到了真实无妄，就与天道同频，就能"参天地""赞化育"了，因为天地皆上天创生，化育实乃天意。"唯天下至诚，为能尽其性；能尽人之性，则能尽物之性；能尽物之性，则可以赞天地之化育；可以赞天地之化育，则可以与天地参矣。"人把握了天道，甚至可以预测事物的发展趋势。"至诚之道，可以前知。……故至诚如神。"《中庸》的宗教性意味至此达到一个高点。显然，这并不是先秦儒家所能想象的。既然孔子不言性与天道，也很难说他能将此大道传给自己的孙子子思，所以我不认为《中庸》是子思的著作。

不过，诚的境界不是那么容易做到的，只有圣人才能完全做到。

> 唯天下至圣，为能聪明睿知，足以有临也；宽裕温柔，足以有容也；发强刚毅，足以有执也；齐庄中正，足以有敬也；文理密察，足以有别也。溥博渊泉，而时出之。溥博如天，渊泉如渊。见而民莫不敬；言而民莫不信；行而民莫不说。是以声名洋溢乎中国，施及蛮貊。舟车所至，人力所通，天之所覆，地之所载，日月所照，霜露所队，凡有血气者，莫不尊亲，故曰配天。（《中庸》）

因此只有"极高明"，才能"道中庸"。

那么，一般人如何才能趋近诚和中庸呢？这就要靠人自身的学习和实践。"君子尊德性，而道问学。""博学之，审问之，慎思之，明辨之，笃行之。"这种努力不是为了让人看见，而是为了知天。

我为什么说朱熹对《中庸》的解读有问题呢？因为他对《中庸》关键词的解释违背了《中庸》天人交通、知天才能知人的要旨，所谓"思知人，不可以不知天"。为了便于理解，我们不妨根据朱熹著《四书章句集注》虚拟一场我与朱熹的对话：

萧三匝：《中庸》第一句话就说"天命之谓性"，请问这个"性"是什么意思？

朱熹：性就是理。（"性，即理也。天以阴阳五行化生万物，气以成形，而理亦赋焉，犹命令也。于是人物之生，因各得其所赋之理，以为健顺五常之德，所谓性也。"）

萧三匝：人性是上天赐予的，难道只是理的集合？若纯是理之集合，那么人的情感、意志之类从何而来？人的德性、才性从何而来？难道不是从天而来？

朱熹：……

萧三匝："率性之谓道"，请问"道"是什么意思？

朱熹：道就是路，就是人间日用之道。（"道，犹路也。人物各循其性之自然，则其日用事物之间，莫不各有当行之路，是则所谓道也。"）

萧三匝：通览《中庸》全文，"道"都是"天道"的意思，没有"道路"的意思，比如"道之不行也""国有道""君子遵道而行""君子之道费而隐""君子之道，造端乎夫妇，及其至也，察乎天地""忠恕违道不远""诚者自成也，而道自道也"。这一点，您怎么解释？您这不是拉低了道的地位吗？

朱熹：……

萧三匝："修道之谓教"，请问何为"修"？何为"教"？

朱熹："修"就是节制，"教"就是礼乐、刑政之类圣人的教化。（"修，品节之也。性道虽同，而气禀或异，故不能无过不及之差，圣人因人物所当行者而品节之，以为法于天下，则谓之教，若礼、乐、刑、政之属也。"）

萧三匝：您这是以圣人为标准，而不是以天道为标准，是高抬人而限制天、代替天。但通览《中庸》全文，却是处处以天道为标准，强调人应该对标天道。您对圣人知天的能力看得过于乐观，不知道圣人也不可能完全懂得天道。什么是"人物所当行者"？圣人有能力、有资格定义它吗？

朱熹：……

萧三匝："道也者，不可须臾离也；可离，非道也。"这个"道"，是什么道？为什么"不可须臾离"？

朱熹：这个道就是日用事物之理，它原本就在人心里，所以不可须臾离，而必须时刻敬畏。（"道者，日用事物当行之理，皆性之德而具于心，无物不有，无时不然，所以不可须臾离也。若其可离，则为外物而非道矣。是以君子之心常存敬畏，虽不见闻，亦不敢忽，所以存天理之本然，而不使离于须臾之顷也。"）

萧三匝：若道只是日用事物之理，类似于事物之客观规律，而非人格化的主宰之天，人何必敬畏它？在您眼里，理虽然源自天，但天赋予人间道理后，是不是就不再管人间事了？如果是，会不会导致人自以为神？如果不是，天在理之外如何干预人间事？

朱熹：……

萧三匝："君子慎其独"，君子为什么要慎独？

朱熹：因为虽然别人不知道你怎么想，但你自己知道啊。所以你应该常怀戒惧之心，遏制自己的私欲。（"独者，人所不知而己所独知之地也。言幽暗之中，细微之事，迹虽未形而几则已动，人虽不知而己独知之，则是天下之事无有著见明显而过于此者。是以君子既常戒惧，而于此尤加谨焉，所以遏人欲于将萌，而不使其滋长于隐微之中，以至离道之远也。"）

萧三匝：幽暗之中，细微之事，人所不知而己所独知，我为什么要戒惧，要遏制欲望呢？戒惧必有对象，我戒惧的对象是什么？难道不是高于我的主宰吗？如果按您的逻辑，我们需要敬畏的是自己内心的道德律，考诸历史和现实，道德律靠得住吗？离天而言道，在我看来，先生您根本不知"道"啊。老实说，您对《中庸》首章的解释无一不错，而首章是《中庸》的宗旨，由此决定了您对《中庸》的理解全盘皆错。显然，您在理论上出现了逻辑不自洽的毛病，后世读书人把您的《四书章句集注》当成教科书，所以您教出来的大多是伪君子也就不奇怪了。

朱熹：……

让我特别高兴的是，当代学者陈明也看出了朱熹的问题，他说："朱子《中庸章句》跳过句首'天'的概念，直接从'命犹令也'落笔，训'命'为'令'，从名词性的'命'去讲人之'性'，便将各种经验层面的道德原则作为'理'植入人心，进而定义为性，'以理为性'，实现其理本论的本体论与人性论的衔接，从而把文章的解读导入个体论视域里的心性论思维模式。他的思维背景是，'理也者，形而上之道也，生物之本也。气也者，形而下之器也，生物之具也。是以人物之生必禀此理，然后有性……天地之间所谓命者，理也'。离天言理，以理代天（天理概念中的'天'只具有抽象的绝对性意义，仅仅作为'理'的形容词而存在），《中庸》源于《周易》的天人关系架构就这样被解构于无形。而失去天之生命创造者这一根源和依据，人便裂解成为'理'与'气'的二元复合物。其间的理论难题姑置不论，'致中和''成己成物''参赞化育'等一系列内涵丰富、别开生面的论题也就此被塞入心性论的封闭平台，生命的展开表达或者被道德化为'已发未发'的修养论（或曰'心法'），或者被概念化为一种体用关系问题，其本身所具有的丰富内在义蕴与严密逻辑结构被严重窒息遮蔽。"

接下来讲《大学》。

什么叫"大学"？"大学"既可以训为"大学问"，又因为它的立论归宿不仅是成就道德，而且延伸至"治国""平天下"，所以也可解为"大人之学"。事实上，在汉代，有可能学习这些"大学问"的也只能是掌握一定权力的"大人"。

《大学》与《易传》《中庸》不同，专论人事。《大学》开篇两段话非常重要：

> 大学之道，在明明德，在亲民，在止于至善。知止而后有定，定而后能静，静而后能安，安而后能虑，虑而后能得。物有本末，事有终始，知所先后，则近道矣。
>
> 古之欲明明德于天下者，先治其国，欲治其国者，先齐其家；欲齐其家者，先修其身；欲修其身者，先正其心；欲正其心者，先诚其意；欲诚其意者，先致其知，致知在格物。物格而后知至，知至而后意诚，意诚而后心正，心正而后身修，身修而后家齐，家齐而后国治，国治而后天下平。自天子以至于庶人，壹是皆以修身为本。其本乱而末治者，否矣。其所厚者薄，而其所薄者厚，未之有也。

第二段就是所谓的"八条目"，"八条目"分别说的是什么呢？用今天的话说，"格物"就是要能区分事物之同异及本质，"致知"就是要知道修身进德的次序，"诚意"就是要心思纯净勿欺，"正心"就是要理性高于情感，"修身"的重点在不徇私，"齐家"是"治国""平天下"的预演。

需要指出的是，这"八条目"说来简单，但定义并不清楚，尤其是在《大学》文本中，对"格物""致知"的解释原文亡佚，由此酿成后世理学、心学大纷争，此良可哀也。此种详情，容后论列。

这里需要说的是，《大学》强调，"自天子以至于庶人，壹是皆以修身为本。""八条目"的枢纽在居中的"修身"一条，这是根本，"知本"才是大智慧。"修身"前诸条目（格物、致知、诚意、正心），皆属个人私德之修炼；"修身"后诸条目（齐家、治国、平天下），皆属广义的公共政治治理领域；而八条目从前到后分别都是因果关系，因此其顺序是固定的，不能更改。

由此可知，《大学》所论证的核心思想是：政治就是道德，道德就是政治，政治不过是道德的延伸而已。为什么道德修身如此重要？因为只要"大人"们成为道德高尚的人，一切政治、社会问题就全解决了。

显然，《大学》将政治与道德混同的思想承接自孟子的仁政思想。前面讲过，孟子的仁政，就是推广不忍人之心，行不忍人之政，内外打通，毫无隔离。这是一种理想，而这种理想建立在家国同构的基础之上，所以要"以天下为一家，以中国为一人"，这样就能"一家仁，一国兴仁"。也只有以家国同构为前提，下面这句话才能理解："所谓治国必先齐其家者，其家不可教，而能教人者，未之有也。"《大学》对何为至善这一问题的回答也证明了这一理论预设："为人君，止于仁；为人臣，止于敬；为人子，止于孝；为人父，止于慈；与国人交，止于信。"显然，对于处在政治、社会等级制上不同名分的人而言，至善的标准是不同的。

总之，《易传》《中庸》与《春秋繁露》一样，其写作目的都是为了构建天人合一的宇宙观和人生观，为君主专制政治提供合法性论证，让人们在这种制度下生活得心安理得，而《大学》则论证了个人修身与天下治理的关系。

我在前面讲过"抽象继承法"，那么，抛开这几部儒家经典与当时现实政治制度的关系，我们应该如何评价其理论呢？

《易传》有两大优点是值得继承发扬的：一是刚健有为的宇宙观和人生观，它是中国人历经劫难生生不息的思想号角；二是一切皆变的宇宙观和认识论，它使中国人并非完全不能与时俱进地接受新鲜事物。历代思想异端、清末启蒙思想家其实都继承、发挥了儒家思想中的变革因子，"周虽旧邦，其命维新"之所以可能，可以在这里找到源头。

《中庸》思想更加重要。中道是重要的认识论，它主张不偏激，强调渐进改良，但它不是无可无不可，而是要将人间秩序锚定在天定秩序的基础上。中道的理论预设可以被解释为否定人性完美，否认人间可以建成天堂，反对"理性的自负"，承认人间道理的相对性。中处即是其和处，因此，儒家绝对反对残酷的斗争哲学。

三部经典中，《大学》的地位最低。它谈道德，但不涉及德性根源问题；它谈政治，但不涉及权力及制度问题，也不能称为政治学；更要命的是，它明确主张政教合一。《大学》的理论预设——一个好人一定能成为一个好政治家，根本不能成立。《大学》将政治与道德混同是有害的，政治就是政治，道德就是道德，前者以人民的福利为标准衡量成败，后者以善恶为标准衡量对错，两者不可混同，否则必然导致评价标准的混乱。

最后，顺带谈谈《孝经》。《孝经》是汉初朝廷责成儒生编撰而成的。在汉代，除了五经，《孝经》也非常重要。汉皇以"孝"治天下，皇帝庙号都带一"孝"字，比如"孝文帝""孝景帝""孝武帝"。为什么朝廷要大力强调孝？因为统治者希望人民忠于他，于是就宣传忠是孝的扩大，"移孝为忠"，所以《孝经》为人民规定的人生意义是"始于事亲，中于事君，终于立身"，"君子之事亲孝，故忠可移于君；事兄悌，故顺可移于长；居家理，故治可移于官"。

必须指出，忠孝一体的观念，在先秦儒学中根本不存在，先秦没有把"忠孝"并称的。在先秦儒学中，父子之间的关系是"以天合"，即是基于血统的天然结合；而君臣之间的关系是"以义合"，君臣关系必须合乎"义"，否则臣子可以"不事王侯，高尚其事"。孔子讲"君君，臣臣，父父，子子"，讲的是君与臣、父与子各尽名分、义务。孟子讲"父子有亲，君臣有义，夫妇有别，长幼有序，朋友有义"，父子关系是以"亲"为纽带，君臣关系是以"义"为纽带，君臣关系与朋友关系类似。《礼记》也说"事亲有隐无犯""事君有犯无隐"。总之，处理父子关系和君臣关系，遵循的是完全不同的逻辑。《孝经》故意混同忠孝，"移孝为忠"，不过是为了论证专制的合法性！

　　所谓经，就是恒久不变的意思，但正如《易传》所言，天下哪有恒久不变的事物？就此而言，五经四书都不是真经。

第十五讲 王充：灭天拜物

这一讲我们讲王充。

王充，东汉光武帝建武三年生（27—约97）。幼时聪慧，喜读书，不与同龄人嬉戏。后游京师，受业大学，师事班彪。曾任刺史治中，后辞官家居，潜心著述，帝诏不就。

王充一生清贫，性情狂狷，自称："才高而不尚苟作，口辩而不好谈对；非其人，终日不言。其论说，始若诡于众，极听其终，众乃是之。以笔著文，亦如此焉。操行事上，亦如此焉……见污伤不肯自明，位不进亦不怀恨。贫无一亩庇身，志佚于王公。贱无斗石之秩，意若食万钟。得官不欣，失位不恨。处逸乐而欲不放，居贫苦而志不倦。淫读古文，甘闻异言。世书俗说，多所不安。幽居独处，考论实虚。"王充的代表作是《论衡》，计八十五篇，二十余万言。

汉儒多倡天人感应、符箓谶纬之说。举世迷信，而能疾呼抗议者，西汉有扬雄，东汉有王充。扬雄试图融混儒道二家，而未形成逻辑自洽之理论体系，固属浅薄，不必称述。王充则全盘反传统、反潮流，真可谓谔谔一士。两相对比，王充在中国思想史中之地位，实高于扬雄。

王充自述其著《论衡》之宗旨曰："疾虚妄。"王充实为汉儒之批判者，《论衡》实为大批判之书。在王充看来，所谓天人感应、符箓谶纬，皆属荒诞不经，所谓"虚妄"者也。

汉儒认为上天生人，王充却说："此言妄也。夫天地合气，人偶自生也。犹夫妇合气，子则自生也。夫妇合气，非当时欲将生子，情欲动而合，合而生子矣。""阴阳之气，凝而为人，年终寿尽，死还为气。"也就是说，万物生长，皆出于自然，"自然无为""而物自为"，非上天有意为之。

既然如此，所谓天人感应、五行生克、灾异示象之说，皆属荒谬。"夫天道，自然也，无为；如谴告人，是有为，非自然也。""夫国之有灾异也，犹家人之有变怪也。有灾异，谓天谴人君；有变怪，天复谴告家人乎？家人既明，人之身中亦将可以喻。身中病，犹天有灾异也；血脉不调，人生疾病；风气不和，岁生灾异。灾异谓天谴告国政，疾病天复谴告人乎？""夫天之不故生五谷丝麻以衣食人，犹其有灾变不欲以谴告人也。物自生而人衣食之，气自变而人畏惧之。""灾变时至，气自为之。"

王充不仅认为灾变不是上天惩罚人间的手段，而且认为人之行为亦不能动天。"夫天能动物，物焉能动天？""人生天地之间，犹蚤虱之在衣裳之内，蝼蚁之在穴隙之中。蚤虱为逆顺横从，能令衣裳穴隙之间气变动乎？"人为什么不能动天？因为天根本不可能听取人的意见。"使天体乎？耳高不能闻人言。使天气乎？气若云烟，安能使人辞。"

王充谈"天"说"气"，儒家也谈天说气，但王充眼里的天、气与儒家截然不同。要言之，儒家的天，主要是主宰之天，而王充的天，主要是自然之天；儒家的气，以孟子为代表，主要是一种精神性的存在，而王充的气，则是一种物质性的存在。这都表明，王充的思想属于道家一流。事实上，他也承认这一点，他说："黄老之家，论说天道，得其实矣。"

王充破汉儒之妄，雄辩滔滔，以常识理性评判，大抵也能服人。以今人科学眼光视之，王充之驳论，亦属平常，故此处不再引述。但王充所论，又不止此。

凡欲将天人两分者，易生积极的人生观与政治观，荀子就是如此，所以荀子重礼法、隆君权。但王充反其道而行之，最终却走向了宿命论。他认为，宇宙万物，一切皆偶然发生；此偶然发生之所以可能，是因为命中注定；人不能抗命，也不能改命。

> 凡人遇偶及遭累害，皆由命也。有死生寿夭之命，亦有贵贱贫富之命。自王公逮庶人，圣贤逮下愚，凡有首目之类，含血之属，莫不有命。命当贵贱，虽富贵之，犹涉祸患矣；命当富贵，虽贫贱之，犹逢福善矣。（《论衡》）

与"命"相对应，王充又提出了"性"的概念。"故夫临事知愚，操行清浊，性与才也；仕宦贵贱，治产贫富，命与时也。"也就是说，"性"决定了人的善恶操行，"命"决定了人的贵贱祸福，人的命运与人之善恶无关。"夫性与命异，或性善而命凶，或性恶而命吉。""命当夭折，虽禀异行，终不得长。禄当贫贱，虽有善性，终不得遂。""回也屡空，糟糠不厌，而卒蚤夭。天之报施善人，其何如哉？盗跖日杀不辜，肝人之肉，暴戾恣睢，聚党数千人，横行天下，竟以寿终。是遵何德哉？"所以，"形可变化，命不可减加"。

既然人的命运与人之善恶无关，王朝的命运当然就与君主的贤德昏暴无关。"夫贤君能治当安之民，不能化当乱之世。良医能行其针药，使方术验者，遇未死之人，得未死之病也。如命穷病困，则虽扁鹊未如之何。夫命穷病困之不可治，犹夫乱民之不可安也。""故世治非贤圣之功，衰乱非无道之致。国当衰乱，贤圣不能盛。时当治，恶人不能乱。世之治乱在时不在政，国之安危在数不在教。"既然治乱决于时数，与执政者的主观能动性无关，那么一切政教制度，甚至君主，有何存在的必要？王充虽然没有明说这一切都没必要，但还是高标了老子式"以不治治之"的政治理想。

王充的思想，除反对"天人感应"说以外，还反对将圣人神化，反对尊古卑今，反对章句之学，在当时影响甚大。王符的《潜夫论》、仲长统的《昌言》、崔实的《政论》、刘邵的《人物志》、应劭的《风俗通义》，均受其影响。

总之，王充思想以"疾虚妄"始，以"陷绝望"终。就"疾虚妄"而言，他有功；就"陷绝望"而言，他甚至有罪。他是一个糟糕的医生，本想治愈病人，但最后却把病人治死了。他的"手术刀"事实上变成了"杀人刀"。如果人间真如他所论述的那样，那么人活着还有什么意义和乐趣呢？人还何必修身进德呢？

王充思想之所以走向反面，根本上在于他的心灵不能体会主宰之天对人类的重要性。他批评汉儒的"天人感应"说，但所持的批评标准仅仅是效验及实证。他说："凡论事者，违实不引效验，则虽甘义繁说，众不见信……事有证验，以效实然。""事莫明于有效，论莫定于有证。空言虚语，虽得道心，人犹不信。"问题在于，效验、实证仅仅适用于经验事实问题，根本无法作用于价值与超验、先验问题。汉儒混杂主宰之天与自然之天固然昏聩，但王充虽然能通过效验、实证证明自然之天与人事、政治无关，却不能证明超验的主宰之天不存在。也就是说，实然、应然、必然是三类问题，论证实然问题可以借助于效验、实证手段，但这种手段无力论证应然、必然问题。论证必然问题只能借助于逻辑，而应然问题根本上涉及信仰，它是无法论证，也不必论证的。

人类不能没有信仰，而凡涉及信仰领域，最后都必然要求有一绝对的、永恒的、产生万物而本生自生的、超验的主宰之天存在。是非、善恶，一切价值，最终都根源这个主宰之天。董仲舒等汉儒的问题不在于构造了一个主宰之天，而在于这个主宰之天是粗陋的，同时他们又混淆了主宰之天与自然之天。王充心灵粗陋，故《论衡》虽洋洋数十万言，却无一言及此。以此衡之，岂可谓见道？王充推崇老子，但老子儿重"虚"义，所谓"致虚极，守静笃，万物并作，吾以观复"也。以此衡之，王充又岂可谓真懂老子？

因其如此，王充思想内部，充满了无可化解的矛盾。他无法回答"气""性""命"从何而来的问题。他虽然大讲天人感应、五行生克、灾异示象皆为"虚妄"，但他又认为国家之命运决于天时，而表现为灾祥，所谓"天命当兴，圣王当出，前后气验，照察明著"。"若高祖、光武者，曷尝无天人神怪光显之验乎？"这不是前后矛盾吗？他主张的天是自然之天，但观下语可知，他根本无法完全排除主宰之天："谓天自然无为者何？气也。恬澹无欲无为无事者也，老聃得以寿矣。老聃禀之于天，使天无此气，老聃安所禀受此性？"老子的寿命得之于气，气又来自天，若天、气只是物质性存在，何以能决定人的寿命？如果物质性的天、气可以使老子长寿，何以不能使老子同时代的人都长寿？难道是天、气选择了老子？若如是，此天、气还是物质性的存在吗？

王充捅破了天，人于是变得无所归依。这种结果，比汉儒之迷信更加可怕。思想家论宇宙万物、人间万事而反对主宰之天的存在，终不免皮相之谈。这就是王充带给我们的教训。

第三章

第十六讲　千年沧桑：第三次补天运动

这一讲我们讲从汉末、魏晋、南北朝到隋唐这一千年左右的中国思想史走势。

前面我说过，汉儒构建了一个"天"，但这个"天"最终坍塌了，其重要原因是汉儒没有把主宰之天与自然之天分离，所以无法因应汉末灾异频发这一自然现象。同时，因为汉儒构建的"天人感应"说是汉王朝的政治意识形态，因此王朝的覆灭也就意味着"天"的坍塌。这主要是从政治哲学或政治神学的角度观察得出的结论。

本讲我想从政治社会学或意识形态与现实政治的互动关系的角度概括一下汉儒所构建的"天"是如何坍塌的，以及坍塌之后中国思想史演变的内在逻辑。既然我是遵循理论的内在演变逻辑进行叙述，当然就未必完全按时间先后顺序论列。

凡是意识形态，总是无所不包，它是让人信奉的，不是让人质疑的，因此皆有自我固化、自我封闭倾向。知识分子与意识形态的关系，是构建者与被造物的关系。但因为意识形态具有上述特点，所以它一旦被构建起来，就不需要人表达不同意见，崇尚独立自由的知识分子也就必然靠边站了。意识形态的僵化必然导致思想窒息和内部创造力的丧失。因此，发展到后来，意识形态就无法解释新出现的事物。这一点，到最后就连当政者也了然，于是他们也不得不放弃对意识形态的解释权，而只能勒令人们信奉其教条了。这就是"天人感应"说在汉代的发展轨迹。

面对僵化的意识形态和自身被边缘化，知识分子至少可以有两种选择：一是"思想家退出，学问家登场"（李泽厚语）；二是用构建这一套意识形态的终极理想来激活意识形态的僵化和庸俗化。汉代初期知识分子的选择也包含这两种路向。

第一种路向就是考据、训诂、博物浪潮的兴起，所以后世又把考据学称为"汉学"。既然意识形态的义理已经不需要讨论，知识分子又必须思考问题，那么思考的方向就很自然地转向如上所说的实际的学问。西汉末年开始，一些知识分子就以成为通人作为人生志向，到东汉，这一趋势越发明显。史书也称许了不少这样的通人，比如桓谭"博学多通，遍习'五经'"，梁鸿"博览无不通，而不为章句"，法真"好学而无常家，博通内外图典"，张衡"君子不患位之不尊，而患德之不崇；不耻禄之不夥，而耻智之不博"，贾逵"弱冠能诵《左氏传》及五经本文，以《大夏侯尚书》教授，虽为古学，兼通五家《穀梁》之说……学者宗之"，马融"才高博洽，为世通儒，教养诸生，尚有千数"。在这种风气下，通儒贾逵、马融、郑玄先后成为知识界的领袖。

"士大夫子弟皆以博涉为贵"的风气产生了很多知识成果。比如，许慎写出了工具书《说文解字》，医药学家写出了《黄帝内经》《难经》《伤寒杂病论》《神农本草经》等中医奠基之作，张衡发明了浑天仪、地动仪，以炫耀名物知识为内容、铺排富丽的汉赋更是成为与时代特色紧密配合的文学样式。

问题是，上述这些学问都无法回答人生意义、是非善恶、政治合法性来源等问题。于是，越来越多的知识分子逐渐选择了上述第二种路向，即推崇儒家构建的意识形态，且以这套意识形态背后高标的理想来批评现实政治。

且不说西汉末年的政治腐朽，这里单说东汉。如果说在西汉，知识分子还有可能实现布衣卿相之梦，东汉则是豪族政权当道。终东汉一世，皇帝与豪族的关系从来就没有理顺，其中又牵涉外戚和宦官屡操权柄，士大夫阶级长期被打压的问题。东汉的政治现实，与汉儒所构建、推崇的儒家意识形态之间的距离如同霄壤。儒家本来就是道德理想主义者，这种政治现实就更激发了一些知识分子潜藏的道德理想主义。于是，以道德理想来批评现实政治逐渐成为了社会风气。坚持理想的儒生自命为清流，以示与掌握权力的外戚、宦官等浊流抗衡，这种社会风气催生了，并最终引爆了清议运动。

东汉知识分子"尚名节"，正如《后汉书》所言，当时的情况是"匹夫抗愤，处士横议，遂自激扬名声，互相题拂，品核公卿，裁量执政"，"中外承风，竞以臧否相尚，自公卿以下，莫不畏其贬议，屣履到门"。于是，有人敢于赤身、以箭穿耳拦御驾；有人敢说儒生虽然是"王者之臣，其实师也"；有人敢上书皇帝，指责皇帝盲目塞听，建议皇帝想想秦朝是如何灭亡的；还有人斥责皇帝蓄养的宫女太多。这就连皇帝也怕清流了。

清流之所以敢如此大胆地批评权贵，大概有如下几个原因。一是他们自认为占据了道德制高点。二是这能给他们带来好名声。范晔就批评他们"刻情修容，依倚道艺，以就其身价"，"朝政日非，则清议益峻，虽为正人者，指斥权奸，力持正论，由是其名益高"。在范晔看来，他们根本没有实践操作能力。三是他们逐渐形成了一个事实上的党派，也产生了自己的领袖。这些领袖，先是"天下楷模李元礼

（膺），不畏强御陈仲举（蕃），天下俊秀王茂叔（畅）"，后是所谓"三君""八俊""八顾""八及""八厨"。交友称"同志"，即产生于这一时期。

范晔站在汉室政治统治的角度批评清流，虽然说的大都是事实，清流也有清流的毛病，比如只知标榜道德，没有实操能力，但换个角度看，得出的结论就不同了：正是因为权贵垄断了权力，不给清流机会，清流才没有实操机会培养行政能力，当然也就缺乏实操能力。范晔不能倒果为因。至于喜好名声，这算什么缺点呢？

我们不妨设想一下，如果汉代的清流党生活在代议政治时代，他们最好的职业就是当议员来监督行政当局，他们中的一些人也可以出任政务官以提升实操能力。可惜的是，汉代的君主专制没有议会政治的生存空间，而之所以如此，是因为清流们没有得到部分掌握实权的人的支持。现代英国的议会政治之所以能够产生，是因为在重要的历史关头议会有自己的军队加持其权力。中国汉代的清流凭借的只是儒家的至高理想，没有与权贵抗衡的实力，其失败便是注定的。

悲剧从东汉桓帝延熹九年（166）开始爆发。这就是著名的"党锢之祸"。当时，一个被清流党领袖李膺严惩的罪犯的学生上书皇帝，告发"膺等养太学游士，交结诸郡生徒，更相驱驰，共为部党，诽讪朝廷，疑乱风俗"。在君主专制的政治体制内，结党就意味着以下犯上，可能颠覆政权，最为皇帝所不能容忍。皇帝此前未必不知道清流已经结党，但没有人举报，皇帝又忌惮舆论，也就隐忍不发。如今既然有人告发李膺等人结党乱政，那就给皇帝提供了收拾清流们的最佳机会。于是，一场面向全国悬赏、逮捕清流党人的行动就开始了。这就是第一次党锢之祸。

第一次党锢之祸固然沉重地打击了清流党，但同时也激发了知识分子群体更大规模的抗争。他们在新的领袖的带领下，更加猛烈地批评权贵和朝政。三年后，也即汉灵帝建宁二年（169），清流党再一次遭到更为沉重的打击，虞放、杜密、李膺等百余人惨死狱中，遭到各类处罚的知识分子共计六七百人。

党锢之祸后，活下来的知识分子赵壹发出的哀叹是："河清不可俟，人命不可延。顺风激靡草，富贵者称贤。文籍虽满腹，不如一囊钱。"可见当时人心的惶恐与荒芜。

正是在第一次党锢之祸爆发的那一年，一代博学通儒马融去世了。马融的去世，象征着一个时代——汉儒时代的终结。虽然东汉在此后还延续了几十年，但从思想史的意义上看，儒家构建的"天"已经坍塌了。也是在第一次党锢之祸爆发的那一年，襄楷上书朝廷，列举种种灾异，比如"入夜无故叫呼，云有火光""春夏以来连有霜雹及大雨雷""山上有龙死""星陨为石"，直言"汉兴以来未有拒谏诛贤用刑太深如今者也"，甚至放言汉朝"文德将衰，教化废也"。更重要的是，他在上书中透露了"宫中立黄老浮屠之祠"和道教、佛教经书已经入宫廷的事实。

由此可见，皇帝的天道信仰也已经崩溃了，这也暗示了下一个历史时期的思想命题：儒家退场，道、佛登场。历史由此进入了"千年玄风"时代，或者叫"三玄"时代。"三玄"本指《易经》《老子》《庄子》，我用来转指玄学、道教、佛教。"三玄"时代是由道家开启的，玄学、道教都与道家高度相关，佛教则属外来宗教。前面我在讲秦汉思想概况的时候说过，汉代的道家"肢解"了老庄。他们"肢解"了老庄思想对儒家的否定面相，到汉末流为放诞不羁之玄学；他们不懂老庄，尤其是庄子精神上的自我超越，将其降格为对肉身长生不死的追求，于是产生了道教。

为什么接替儒家登场的是道家呢？汉初，黄老思想盛行，儒家得势之后，道家思想并未完全销声匿迹。儒家强调群体秩序，道家追求个人自由。政治越腐朽，意识形态的弦就绷得越紧，统治越高压，就越容易产生两种结果：一是心态积极的人追求自由的愿望和行动会更强烈；二是心态消极的人会更愿意借助"无为""逍遥"思想遁世。这两方面，都催生了人们对道家思想的需求，这也是儒道互补的内在逻辑。西汉中后期，道家就开始复兴，比如扬雄就写过《法言》来阐述他的道家主张。进入东汉后，著名的知识分子更是大多都私好黄老。

道家思想的再次兴起有两大原因：从政治环境看，一些人早就看到了东汉政治已无可为，读书人还不如归隐山林。《后汉书·逸民传》就说，东汉章帝以后，"帝德稍衰，邪嬖当朝，处子耿介，羞与卿相等列"，于是许多人选择了当隐士。清议运动也不是所有读书人都参与的，有人在运动时期就看到了"焚书坑儒"的结果，有人甚至对清流结党提出了尖锐批评。比如，刘梁就在《破群论》里说："世多利交，以邪曲相党"；徐幹也讨厌读书人结党，宁愿选择"闭户读书，不与之群，以六籍娱心"。从思想史发展的内在逻辑看，汉儒构建的"天"毕竟还是粗疏的，他们归根结底关心的还是人间的政治问题，而不是抽象的、终极的意义来源问题。这方面的问题，道家本来就比儒家更为关心。儒家的"天"坍塌之后，在中国既有的思想资源中，也只有道家似乎可以承担起补天的责任。

清议运动是儒家知识分子发起的群体性政治抗争运动，清议运动失败后，接着兴起的是清谈运动。清谈的内容，就是玄学。玄学兴起于魏正始年间，其核心是对儒家思想的全面否定和对道家思想的创造性发挥。问题在于，如果道家可以救人心、救世道、补天裂，那么它在过去的历史时期为何没有做到这一点？

魏晋玄学最终归于湮灭了，这一事实充分证明了它无力补天。为什么它不能补天？关键是两个原因：一方面，道家思想主要是哲学，道家的"道"主要是规律之天，而不是主宰之天；另一方面，人生是需要意义的，因此无论天道还是人道，都承认人生是有意义的，但玄学在本质上是解构性的，它认为最高的道，是一个"无"字。所以，玄学无力提举人心，端正风俗，引导政治。

从逻辑上讲，道家也必须发展成为道教。但道教就能补天吗？也不能。原因至少有如下三个方面：一，道教完全是一个杂糅的系统，它杂糅了道家、阴阳家及符箓谶纬、数术方术等未经提纯的信仰；二，道教教义的核心追求是养生和长生不死，而不是对死后的彼岸世界的证成，但凡是宗教，无不着意于彼岸世界；三，道教鬼神系统烦琐杂乱。信仰的坚定需要以信仰的纯净为前提，因为纯净，才能明确、有力，所以多神信仰与没有信仰其实差不多。不是有句俗话吗？"龙多不治水。"如果神很多，人到底该听谁的呢？从种种方面看，直到今天，道教都只是一个初级宗教，或者根本不能称其为宗教。所以，它也不能承担起补天的历史责任。

玄学的湮灭和道教的初级宗教特点证明了中国既有的思想传统创造力的衰竭，它们已经无力为中国人提供信仰。真正值得高度重视的是佛教，它提供了一套来自异域的、完全不同而又自成体系的意义世界，在经、论、律三个方面都远比玄学和道教严密、高明。

综览世界文明史可以发现，一个文明体的重生，需要受另一个意义世界的刺激，而且最好是完全异质的意义世界的刺激。举例来说，西方文明主要就是希腊理性文明和希伯来信仰系统相互冲突、融合的结果，缺少任何一个源头，都无法理解西方文明。因其如此，美国著名保守主义政治理论家拉塞尔·柯克（1918—1994）会在其名著《美国秩序的根基》中将目光投向先知时代的耶路撒冷，并将耶路撒冷的信仰与伦理、雅典的理性与荣耀、罗马的美德与力量、伦敦的法律与市场概括为"美国秩序的根基"。

佛教与中国思想传统的相遇是世界文明交融的大事件，其作用同基督教与希腊、罗马的相遇相似。这一大事件导源于汉朝与匈奴对西域控制权的争夺，这使中国人的视野得到了极大拓展。据《史记》《汉书》记载，西汉人已经知道土耳其、波斯、印度等国的存在，东汉人已经知道罗马共和国的存在。据梁启超研究，佛教真正进入中国，在汉末桓帝、灵帝之后。

佛教是宗教，其传入中国后，经过几百年演化，最终融入了中国的思想传统，至唐代，中国形成了自己的佛教宗派：天台宗、华严宗、禅宗。佛教的中国化包括非常多的面向，是一个值得深入研究的课题。佛教与中国思想传统的相遇是中国第一次与异质的意义世界的相遇，研究清楚其中的经验与教训，无疑可以对始于1840年、至今尚未结束的中西文明的相遇与融合提供可资借鉴的视角。不过，考虑到文章篇幅及我的论述主旨，这里我只能从"天"（意义世界）的重构角度谈一点自己的认识。

在佛教中国化的历史进程中，中国人的"天"其实是由三股力量共同支撑的，那就是儒、释、道。唐朝是诗歌的王国，而三位著名诗人分别代表了儒、释、道对中国文化的影响："诗圣"（儒）杜甫、"诗佛"（释）王维、"诗仙"（道）李白。一般人喜欢说"三教合一"，乍看起来，这似乎是事实。至今，南方的很多寺观里，确实同时供奉了孔子、释迦牟尼、老子。但是，既然名为三而不是一，就说明它们并未融合为一。也可以说，三教就是三个天，而天只能有一个。三个"天"并立的事实说明，中国人的"天"并未补上。换言之，这就是现在总有人说中国人缺乏信仰的根源。

这一现象因何造成？原因当然是相当复杂的，其中有三个重要原因不得不说：一是中国人传统的常识理性太过早熟而且强大，因此难以理解超验之天的存在；二是中国人传统的实用理性太过早熟而且强大，因此对主宰之天总采取利用态度，所以我们拜天神都是需要回报的，我们与天神的关系实质上是一种交易关系；三是佛教本身并无造物主和第一因的观念，佛教也谈到天，但佛教的天不是主宰之天，天在佛教教义中地位很低，因此它对人心的提举的力量也有限。

宗教分为他力救赎型和自力拯救型，前者又称"外在超越"，后者又称"内在超越"。儒释道都是依靠自力而不是依靠他力的教（文教或宗教）：儒家认为，每个人通过自己努力修身，都可以成"圣"；佛教认为，每个人通过自己努力见性，都可以成"佛"；道教认为，每个人通过自己的努力修炼，都可以成"仙"。"自力拯救"是三教的共识，这使它们能够和平共处，也使它们的超越性弱于一神教。

打个比方来说明他力救赎型和自力拯救型宗教的不同：有一个小孩子掉入深井之中，他力救赎型宗教就如同井边的成年人，只要你信他，愿意伸出你的手，他就能拉你上来；而自力拯救型宗教不承认有神存在（或存在初级神，如道教），因此井边根本没人，你只能通过自己的努力爬出深井。问题在于，小孩子要爬出深井难度太大。人性既有追求希望的一面，又有绝望的一面，这就使那种陷入绝望的小孩子会放弃努力，而选择下坠死亡了。在上天面前，我们大多数人不就是这个无力自救的小孩吗？

还有一个角度可以证明玄学、道教、佛教都没能补上汉儒所构建的天的坍塌带来的意义世界的空缺，那就是宋明理学的产生。后者之所以产生，就是为了再次补天裂。

第十七讲　玄学：玄幻之天

这一讲我们讲玄学。

自汉末至魏晋，知识分子越来越崇尚自由不羁的人生态度。他们的行为，堪称放纵、怪诞。这个群体，史称"魏晋名士"。几乎所有名士都好谈老庄、沉迷酒色、服药行散：嵇康"好言老庄，而尚奇任侠"；阮籍"倜傥放荡，行己寡欲，以庄周为楷模"；刘伶"常乘鹿车，携一壶酒，使人荷锸而随之"，并吩咐随从"死便埋我"。刘伶有一次在家里赤身裸体见客，客人对此很不自在，他却说，天地是我的房屋，房屋是我的衣裤，你为什么要钻进我裤裆里来啊？荀粲好色，美貌的妻子早逝后，他很悲痛。朋友笑话他看不开。他说他不是因为妻子死了而悲痛，而是因为美色凋谢而哀伤。名士们不仅好女色，而且自恋，不少人甚至喜欢敷粉，比如下面要谈到的何晏就是个"粉控"。这也难怪，因为名士中不少人的确是美男子，比如嵇康、王衍、卫玠。尤其是卫玠，美得超出了凡尘，常常引得满城人围观，后来不堪其累，竟因此而死，故有"看杀卫玠"一语。

《世说新语》一书集中呈现了魏晋名士群体的风貌。读这本书，很容易发现这个群体的特点：这帮人衣食无忧，聚在一起时最喜欢做的，除了喝酒，就是清谈。清谈以幽玄为主题，故魏晋之学又称"玄学"。

玄学的基本立场是什么呢？其实嵇康的那句名言几乎就是玄学的宣言，那就是"非汤武而薄周孔，越名教而任自然"。换言之，名士们在政治上反专制，在思想上当然就要借助鼓吹自由的道家反对主张秩序的儒家。

劳思光认为，玄学的发展经历了两个阶段：第一个阶段是推崇老子，产生了贵无派；第二个阶段是推崇庄子，产生了自然派。通过对古代经典进行再解释来阐释自己的思想主张是思想家的惯常做法，中国思想家更是如此，魏晋玄学家就是通过重新注解先秦经典来对道家思想进行了一场创造性发挥。

何晏（约190—249）是玄学创始人和贵无派第一个代表人物。他是汉大将军何进之孙，也是曹操的养子，跟曹丕、曹植兄弟一起长大。曹魏正始年间，何晏著《论语集解》，援引老子思想来解释儒家。于是，世间"始有玄虚之言"。

玄学贵无派面对的是儒家构建的、长期统治天下的意识形态——"天人感应"说，他们首先需要处理的是与儒家的关系。贵无派的态度与其说是要打倒儒家，不如说是要以道家为主来沟通儒家，所以贵无派的两个代表人物何晏、王弼都要注解《论语》。在天人关系方面，具体而言，就是基本保留儒家关于"人"的学说，而用道家形而上的"道"来置换儒家的主宰之"天"。贵无派玄学家其实也看到了儒家是不能、也不应该彻底打倒的，他们不过是想缝合道、儒而已。玄学家也无意做严格尊重道家原典的训诂、注释工作，原典只是他们的工具，他们对自己的定位其实是思想家。

从这个意义上来理解何晏的观点，就能一目了然。首先，何晏重新解释了老子的"无"和"无为"。老子的"无为"是策略性的处世方法，其目的还是为了有为，何晏则认为道本于无，无为是道的体现。"有之为有，恃无以生"，天地万有以无为本。虽然"道不可体"，但"德有成形，故可据"。他试图打通形而上层面的、以无为本的道与形而下层面的儒家的道德实践。正始十年（249），何晏被司马懿杀死，其书存世极少。

真正将贵无论讲得成体系的是王弼（226—249）。王弼是少年才子，十多岁时就表现出了惊人的才华。何晏当吏部尚书时，见到王弼，甚是惊奇，对王弼评价极高："仲尼称后生可畏，若斯人者，可与言天人之际乎？"

孔子不喜欢谈天人之际之类的问题，西汉中期的桓谭对此的态度是："盖天道性命，圣人所难言也，自子贡以下，不得而闻，况后世浅儒能通之乎？"魏晋名士当然不认为自己是"浅儒"，他们大讲"性与天道"，荀粲就说："常以为子贡称夫子之言性与天道，不可得闻，然则六籍虽存，固圣人之糠秕。"这个反诘很厉害，意思是，既然孔子不讲"性与天道"，那么儒家传下来的六经就不是米面，而是糠麸罢了。他的预设是，"性与天道"的问题是最重要的问题，其他问题与之相比都是次一级的问题，"天下孰有本不足而末有余者邪？"

王弼的主要著作是《老子注》《周易注》《周易略例》《论语释疑》等。他认为，汉儒对《周易》的注解"殆皆妄也"，原因是"存象忘意"，也就是浮于表象而忘记了天道，他要做的就是"笼统玄旨"，重新解释《周易》所揭示的天道。他得出的结论是，"寂然至无是其本矣"。为什么要"以无为本"？因为从逻辑上说，一切具体的存在（有）追到尽头只能归结为由无所生。《老子》说，"天下万物生于有，有生于无"；王弼则说，"天下万物，皆以有为生，有之所始，以无为本，将欲全有，必反于无也"。因为道生万物，无也生万物，所以道就是无。"道者何？无之称也，无不通也，无不由也。况之曰道，寂然无体，不可为象。""以无为用，则莫不载也。"这种说法，与何晏非常相似。

王弼既然从《周易》《老子》里推论出道就是无，接下来他就用这个"无"来故意曲解孔子所讲的道。孔子说，"士志于道"；王弼说，这个"道"就是"无"。《论语》说，"林放问礼之本，子曰：大哉问"；王弼就引申道，"时人弃本崇末，故大其能寻本礼义也"，"本"就是"天道"。《论语》说："天何言哉？四时行焉，百物生焉，天何言哉！"这本是孔子诫勉人不要乱说话的，王弼却拉来申说他的"本"。"予欲明言，盖欲明本，举本统末，而示物于极者也……修本废言，则天而行化，以淳而观，则天地之心见于不言。寒暑代序，则不言之令行乎四时。天岂谆谆者哉？"

既然万物生于无，孔子之道就是"无"道，为什么孔子不谈它，而老子却不断谈到它？这是王弼必须回答的问题。非常有意思的是，在王弼少年时代谒见裴徽时，裴徽就问过他这个问题，王弼的回答让人称奇：因为孔圣人体会到了道就是无，但知道无是不可说的，所以就不说它，而"老子是有者也，故恒言无所不足"，所以"老不及圣"。

这个故事说明了几个问题：首先，魏晋时期，孔子还是大家公认的"圣人"，任何人要进行思想创造，都不能无视孔子，或直接打倒孔子。其次，融合儒道两家是一种潜在需求，否则裴徽就不会如此提问，王弼也不会如此回答了。最后，大家隐约感到，儒道两家是可以融合的，否则也不会有上述提问和回答。

上面我举例说明了王弼曲解、背离了孔子之道，下面我再举例说明他融合两家的努力。王弼虽然是贵无派理论的完成者，但他的思想与何晏略有不同。何晏心目中的圣人显然是老子一类绝情用智的人，所以他说"圣人无喜怒哀乐"。王弼不同意这个说法，认为："圣人茂于人者，神明也。同于人者，五情也。神明茂，故能体冲和以通无。五情同，故不能无哀乐以应物。然则圣人之情，应物而无累于物者也。今以其无累，便谓不复应物，失之多矣。"也就是说，圣人并非无情之人，只是圣人能超越外物，不为外物所累而已。可见王弼更能理解儒家。关于这一点，又可见其注《周易》："成大事者必在刚""阳，刚直之物也。夫能全用刚直，放远善柔，非天下至理，未之能也""用纯刚以观天，天则可见矣"。注重阳刚而不是阴柔，显然是儒家的主张。另外，《老子》书中凡是涉及权谋数术处，王弼注解时皆不采纳。

贵无派玄学家主张天道是"无"，人道是"无为"，但儒家明明主张天道是"有"，人道是刚健"有为"，两者从理论上如何打通？在实践上，天道的"无"又如何指导人道的"有为"呢？贵无派玄学家的论证是粗疏的，甚至是矛盾的，以至于是不能成立的。

王弼与何晏死在同一年，24岁就死了。他死后，尤其是西晋统一后，玄学贵无派就沉寂了，玄学由此发展到第二阶段——自然派。

自然派玄学家的兴趣纷纷转向注解《庄子》，庄学于是大盛。自然派玄学家抛弃了贵无派玄学家所主张的无和无为观念，转而注重"自然"之道。

自然派玄学家的代表人物主要是向秀和郭象。向秀本是嵇康的朋友，也是"竹林七贤"之一。嵇康死后，他选择了做司马昭的臣子。向秀被认为是"发明奇趣，振起玄风"的关键人物。他大谈"自然"，认为万物不生于无，而是自生自灭，所以人也应该顺应自然，一切存在皆为合理，人追求荣华富贵和享乐本就是合理的。"自然"当然是"有"，于是道家的自然（有）和儒家的名教（有）就融合了。玄学经他这么一解释，就受到既自命清高逍遥，又贪图荣华富贵的高官名士的欢迎。

但向秀还没注释完《庄子》就死了。向秀死后，其子年幼，不能继承父业。有一种说法是郭象（252—312）剽窃了向秀遗著，另一种说法是郭象参考了向秀的说法，发展了向秀的注解。郭象也是少年才子，太尉王衍经常夸郭象，说听他说话"如悬河泻水，注而不竭"。

儒家高悬了一个主宰之天，贵无派玄学家构建了一个形而上的"无"的天，认为有生于无，郭象则通过《庄子注》明确批评了贵无派有生于无的观念。他说："无也，则胡能造物哉？""无既无也，则不能生有。"但他也反对有能生有："岂有之所能有乎？"那万物从何而来呢？不是从造物主那里生出来的吗？他又反对有造物主。"夫造物者，有邪？无邪？无也，则胡能造物哉？有也，则不足以物众形。"

既然万物不是造物主造出来的，那是怎么生出来的呢？郭象反复申说，万物是自然生出来的。"然则生生者谁哉？块然而自生耳。自生耳，非我生也。我既不能生物，物亦不能生我，则我自然矣。自己而然，则谓之天然。天然耳，非为也，故以天言之。以天言之，所以明其自然也。岂苍苍之谓哉？故天者，万物之总名也。莫适为天，谁主役物乎？故物各自生而无所出焉，此天道也。""故明众形之自物，而后始可与言造物耳。故造化者，无主而物各自造，物各自造而无所待焉，此天地之正也。"总之，"上知造物无物，下知有物自造"。

问题是，万物如何可能自然、自生、自造？郭象提出了"玄冥之境"的概念，万物"未有不独化于玄冥之境者也"。什么叫"玄冥之境"？"玄冥者，所以名无而非无也。"老实说，郭象解释不清楚这个问题。于是，他干脆放弃了对这个问题的追问，"起索真宰之朕迹，而亦终不得，则明物皆自然，无使物然也"。

郭象以"自然"贯通一切，他消除了儒道对立。在他看来，一切都是自然，身处庙堂也是自然。"夫圣人虽在庙堂之上，然其心无异于山林之中。"只要做到"无心而顺物""与物冥合"的自由境界，就能"忘天地，遗万物，外不察乎宇宙，内不觉其一身，故能旷然无累，与物俱往而无所不应也"。由此，一切存在皆合理，人只要顺应，就能得大自由。"夫我之生也，非我之所生也。则一生之内，百年之中，其坐起行止，动静趣舍，情性知能，凡所有者，凡所无者，凡所为者，凡所遇者，皆非我也，理自尔耳，而横生休戚于其中，斯又逆自然而失者也。"

郭象如此高标"自然"，是庄子的原意吗？显然不是。庄子的梦想是做大鹏以"逍遥游"，郭象则说大鹏固然逍遥，燕雀也逍遥。庄子称赞藐姑射之神人，郭象则说："此皆寄言耳。夫神人，即今所谓圣人也。夫圣人虽在庙堂之上，然其心无异于山林之中，世岂识之哉？徒见其戴黄屋，佩玉玺，便谓足以缨绂其心矣。见其历山川，同民事，便谓足以憔悴其神矣。岂知至至者之不亏哉？"郭象并非不知庄子之意，实乃故为曲说，钱穆批评郭象非常到位："庄子理想境界在'逍遥游'，不得已而始有'人间世'，郭象则只想不离'人间世'而求为'逍遥游'，此已一谬。庄子以'逍遥游'意境而得'齐物论'智慧，亦以'齐物论'智慧而达'逍遥游'意境，郭象则以'齐物'混同于'逍遥'，于是大鹏、斥鷃同等齐列，是谓再谬。"

庄子宁愿做曳尾泥涂之龟，也不愿投身名利场，向秀、郭象既然高举庄子，为什么反倒论证出追求荣华富贵和享乐居然也是"自然"？原因在于，他们都是不尚名节、贪图富贵之徒。

向秀与嵇康为友，嵇康作《养生论》，向秀作《难嵇叔夜〈养生论〉》说："崇高莫大于富贵，然富贵，天地之情也。……此皆先王所重，关之自然，不得相外也。""生之为乐，以恩爱相接，天理人伦，燕婉娱心，荣华悦志，服飨滋味，以宣五情，纳御声色，以达性气，此天理之自然，人之所宜，三王所不易也。"司马昭曾无不讥讽地问向秀："闻子有箕山之志（隐居山林之志），何以在此？"向秀的回答居然是："以为巢、由（两个著名隐士）狷介之士，未达尧心，岂足多慕？"为了颂圣，他将司马昭比为尧，竟不惜鄙视隐士，这还有脸自称庄子之徒吗？

关于隐逸的问题，郭象的回答与向秀如出一辙。他说："治之由乎不治，为之出乎无为也。取于尧而足，岂借之许由哉？若谓拱默山林之中而后得称无为者，此庄老之谈所以见弃于当涂，当涂者自必于有为之域而不反者，斯之由也。"又说："若独亢然立乎高山之顶，守一家之偏尚，此故俗中之一物，而为尧之外臣耳。"在郭象这里，做隐士居然成了"俗物"，取媚权贵反而成了高洁之人，与向秀一样，这还有脸自称庄子之徒吗？史书也明确记载，郭象乃一热衷名利之人，当时达官贵人，皆浮慕老庄，郭象欲求富贵荣华，于是注解《庄子》以取媚权贵。

玄学发展至向秀、郭象之自然派，看似玄妙，实已沦为混世之妄学，其犬儒主义特征非常明显。向秀、郭象二人的做派，让我想起了犬儒主义学派晚期的一个人物德勒斯，此人就曾对一个富翁说："你慷慨大度地施舍给我，而我痛痛快快地取之于你，既不卑躬屈膝，也不唠叨不满。"周濂在讲述西方哲学史的时候如此总结西方犬儒主义的发展脉络："从遗世独立到愤世嫉俗，从愤世嫉俗到玩世不恭，再从玩世不恭到反对崇高，与权力合谋，最终，当代的犬儒主义恰好走到了古代犬儒主义的反面。"在我看来，周濂对犬儒主义发展脉络的概括也完全适用于从道家庄子到玄学自然派的历史轨迹。

以上述评，着重于形而上学，这里再顺带提一下魏晋名士之政治思想。魏晋名士之政治思想，大多无足称道，大抵不过承袭老庄美化初民社会而主政治自由放任主义，绝少新意。唯一可称述者，为鲍敬言对君主制度之质疑。他认为，君主之权，并非得自天命，而由力所取：“儒者曰：天生烝民而树之君。岂其皇天谆谆言，亦将欲之者为辞哉？夫强者凌弱，则弱者服之也。智者诈愚，则愚者事之矣。服之，故君臣之道起焉。事之，故力寡之民制焉。然则隶属役御由乎争强弱而校智愚，彼苍天果无事也。”君主之立，既非天命，更非民意。鲍敬言此论，犀利明快，言前人所不敢言，实乃历史之真相。试问，历代开国之君，谁是天命？至于民意所归，更属荒谬无征。

至此，可以对魏晋玄学做一总体评论了。

就玄学理论本身而论，它是一个粗疏的、逻辑不自洽的系统。它甚至没资格称为“学”。玄学家的根本问题在于，他们粗糙的心灵根本无法理解主宰之天的重要性和必要性。贵无派用一个形而上的“无”代替了儒家的主宰之天，他们做的不过还是捅破天，而没有能力补上天，因为这个“无”本身不是主宰之天。人间的一切意义、价值要能深入人心，稳如磐石，则必须要有一个主宰之天作为万物之源。贵无派既然想不到这一层，当然就没法补天。这也注定了他们所推崇的“无”，无力与儒家主张的“有”打通。自然派对主宰之天完全采取逃避主义的态度，认为一切自生自造，但万物何能自生自造是一个不容逃避的问题。万物若真是自生自造而不需主宰，则人间任何道德、伦理、制度都不可能存在，自由也无法得到丝毫保障。因为，这样的人间，人们说的虽然是形式上彼此可以理解的共同语言，但由于不信奉任何共同价值，实质上就无法交流沟通，共同体也就无法存在哪怕一天。自然派把一切都解释为自然，当能指和所指都无限扩展的时候，“自然”这个词就会变得毫无意义。更何况，自然派立说包藏着难以掩饰的名利心，根本无法做到“修辞立其诚”，而当“修辞”不能“立其诚”，这辞还有什么意义呢？

玄学家为什么无法实现理论上的超越突破？因为他们太迷恋中国传统的常识理性，而且他们通过自己的论证加固了这种常识理性。这就使他们所主张的"无",一方面可以接引佛教"空"的观念(东晋名僧道安就说"无在万化之前,空为众形之始"。早期翻译佛经,即以"无"释"空");另一方面,它又抵制真正的宗教精神。

玄学自然派对常识理性的论证,除了阻止了宗教精神的升华,也阻止了科学理性的发展。如果一切都是自然而然而不需追问,那么中国就不可能诞生像牛顿那样的科学家。牛顿若认为苹果从树上掉下来是个常识,不再追问这个常识背后的原理,他能发现万有引力定律吗?当代知识分子常以常识为批评事物的依据,这一方面固然是因为世上有太多反常识、无底线之事,另一方面也说明他们受常识理性毒害太深。思想家持论,绝不应止于常识,凡止步于谈常识的人,都无法谈出任何深刻的思想,也不会有任何真正的"见识"。

从玄学理论对现实政治的影响而论,它的表现更坏。汉末,儒家所维系的人心固然已经散乱,但玄学所起的作用不是重新凝聚起人心建构更合理的制度,而是进一步打碎、败坏了人心。干宝就在《晋纪总论》中说,当时"行身者以放浊为通,而狭节信;进仕者以苟得为贵,而鄙居正;当官者以望空为高,而笑勤恪","太康以来,天下共尚无为,贵谈老庄,少有说事"。西晋傅咸就弹劾王戎,"不依仰尧舜典谟,驱动浮华,亏败风俗"。东晋戴逵也撰写了《放达非道论》,讽刺名士"有疾而为颦""无德而折巾"。那个时代崇尚"玄妙""雅远""旷达",它们的实质是什么呢?"玄妙"就是"立言借于虚";"雅远"就是"处官不亲所司";"旷达"就是"奉身散其廉操"。

由此可见,当时并非没有思想家看到玄学对政治的毒害,这其中最值得提及的是西晋的裴𬱖。裴𬱖著有《崇有论》,写作目的就是"深患时俗放荡,不尊儒术。何晏、阮籍素有高名于世,口谈浮虚,不遵礼法,尸禄耽宠,仕不事事。至王衍之徒声誉太盛,位高势重,不以物务自婴,遂相放效,风教陵迟,乃著《崇有》之论以释其蔽"。

裴𫖮发"崇有"之论，得到的结果却是"王衍之徒攻难交至，并莫能屈"。

裴𫖮虽然也认可"有生于无"，但他认为无生有之后，无即虚悬，有无分离，有就成了世间法则。"是以生而可寻，所谓理也。理之所体，所谓有也。""大建厥极，绥理群生，训物垂范，于是乎在，斯则圣人为政之由也。"如果万物皆有，思想尚无，那么即无从应物。"形器之故可征，空无之义难检，辩巧之文可悦，像象之言足惑，众听眩焉，溺其成说。"结果则是"欲衍则速患，情佚则怨博。擅恣则兴攻，专利则延寇"，"唱而有和，多往弗反，遂薄综世之务，贱功烈之用，高浮游之业，卑经实之贤"。结论是："养既化之有，非无用之所能全也。理既有之众，非无为所能循也。""济有者皆有也，虚无奚益于已有之群生哉？"裴𫖮虽然没有跳出儒、道两家的框框，但毕竟指出了人间必须"崇有"的现实。

可悲的是，直到东晋，士人才普遍认识到玄学之大害。东晋桓温北伐，望中原山河而长叹："遂使神州陆沉，百年丘墟，王陵甫（衍）诸人不得不任其责。"此论实为东晋士人公论。孙盛作《老聃非大圣论》《老子疑问反讯》，斥老子之清净无为为祸源；王坦之作《废庄论》，批庄子教人放纵，"庄生之利天下也少，害天下也多"；范宁著《论斥王何》，认为"王弼何晏二人之罪深于桀纣"，因为桀纣之祸乱不过一世，而王何之祸乱历代不息，"吾固以为一世之祸轻，历代之罪重。自丧之衅小，迷众之愆大也"。至明末，顾炎武有亡国（政权）、亡天下（文化）之分梳，而魏晋名士，乃亡天下之罪人。顾炎武曾言："国亡于上，教沦于下，羌戎互僭，君臣屡易，非林下诸贤之咎而谁咎哉？"

清谈诸公是否应该为西晋亡国承担责任？当事人王衍的故事及其反思尤其值得注意。王衍是清谈派的始作俑者和代表人物，曾任中书令、尚书令，位列三公。他被石勒俘虏后，所谓洒脱风度顿时消失，为了活命，他辩解说西晋灭亡与自己无关。石勒怒道："君名盖四海，身居重任，少壮登朝，至于白首，何得言不豫世事邪！破坏天下，正是君罪。"他又无耻地劝石勒称帝，但石勒鄙视他，还是将他活埋了。临死前，王衍发出沉痛的反省：

> 呜呼！吾曹虽不如古人，向若不祖尚浮虚，勠力以匡天下，犹可不至今日。（《晋书·列传第十三》）

汉初用黄老与民休息，武帝舍黄老而尊儒术。儒家之天坍塌，黄老又起。玄学无补于世，儒家又重回主场。此势所必然也。只不过，经此一循环，李充、葛洪等人对儒道二家之认识，已取综合之态度。要言之，以道家无为而治为本，儒家仁义道德为用，李充就说过"本末之涂殊而为教一也"。或言，无为而治是目标，但礼治断不可废。尤其至葛洪，中国传统思想之整合成为显明之趋势。

要言之，玄学家力倡自由原本没有错，但他们没有看到自由与秩序不过是一体两面的存在。秩序与自由的关系，大致可以概括如下：良善的秩序是自由生成的秩序，但没有秩序做保障，任何政治自由均无法落地。所以前述政治学家柯克在《美国秩序的根基》里会首重秩序。什么是秩序，与自由的秩序如何生成是两个问题，都很重要。玄学家们一方面打碎了旧秩序，另一方面根本不着意于自由秩序如何生成的问题，由此带来的必然是失序、失范和持久的动荡。说到这里，我还想追问一个问题：关于自由秩序如何生成，先秦至两汉，有留给我们相关的思想资源吗？我的回答是：基本没有。这正是玄学家只能"破旧"不能"开新"的根本原因。

劝君少赞"竹林七贤"，也不要一读《世说新语》就激动得兴高采烈，仿佛魏晋名士就是自由派。别忘了，魏晋名士，可是世家大族出身，大多数人也是政府官员。政治再腐朽，世事再艰难，都不是他们逃避、混世的理由。

一句话，玄学，非玄妙之学，乃玄幻之学。玄学可以捅破天，但无力补天。在一个玄幻的天下，任何一条路都是死路。

第十八讲　佛教：空幻之天

这一讲开始我们讲佛教。

佛教是一个历史悠久、理论体系精微、戒律严整的宗教，它进入中国以后，对中国思想文化产生了深远的影响。全面、深入地论述佛教，显然不是讲义的体例能够承载的，无论从哪个角度看，我也只能以尽量简练的笔墨来评述佛教。我不是佛教徒，没有虔诚的佛教徒可能具有的那种宗教体验，所以我的评述重点，只能是指出佛教对中国人思想观念产生的影响。

佛教由印度人乔达摩·悉达多（前563—前483）创立，因为他出身于释迦族，成佛以后，就被人称为释迦牟尼，意思是释迦族大彻大悟的人。又被尊称为佛陀、如来。"如"这个字非常有意思，佛经中有很多含这个字的词，比如"真如""如如"等。通俗地讲，"真如""如如"都可以理解为大道、真理或最高存在。"如来"这个词非常妙，它由梵文"如"与"来"两层意思构成，意思就是"好像来了一样"。《金刚经》对"如来"的解释是"如来者，无所从来，亦无所去，故名如来"。也就是说，他是一种只可感知，但没法看见的存在。

按金观涛的说法，"'如来'是指那个了解真理、来过世间但已没有踪迹可寻的"觉悟者。我认为，"如来"也可以理解为大道或真理本身。因为他不需要"因"，故无所从来，也不需要"果"，故亦无所去。

佛陀寂灭后，弟子们就开始纷纷回忆、追记佛陀当年讲道的语录。这一过程持续了几百年时间，形成了各种各样的佛经。佛经本来就很多，而且每部佛经的着重点都不同，有些经书之间的教义还存在不小的差异，加上解经著作（"论"），以及戒律（"律"），佛教可谓是一个典籍浩繁的宗教。因为具备这个特征，同时佛经在翻译过程中有些词汇根本找不到对应的中文词汇，只能用音译，这就给人们理解佛教教义带来了巨大困难。

如何才能以简驭繁，理解佛教教义和原理呢？我认为，只要把握下面几个关键词，就能大体把握。这几个关键词是：苦、解脱、空（Sunya或Sunyata）。

印度各种宗教的共同特点是认为人生是痛苦的，佛教诞生于印度，也继承了这一观点。"苦"，是佛教一切理论的逻辑起点和前置预设。为什么人生充满痛苦？因为人人都有欲望，想升官，想发财，想声名显赫，想身体健康、不老不死，想家庭幸福、家族兴旺……人有无尽的欲望，欲望得不到满足，就会产生痛苦。这种苦不仅会伴随人的一生，而且还会通过"六道轮回"进入来世，以至永远，无穷无尽。总而言之，欲望不能满足即"苦"，而人的欲望几无穷尽。所以在佛教看来，人生的真相就是欲望不停流转，一种苦接着一种苦，此即佛教"三法印"所说的"诸行皆苦"。

劳思光说，"常人以苦乐相对，其实'苦'与'乐'至少在实在性或存在性方面，不属同一级序。简言之，即是所谓'乐'实依'苦'而立，'苦'则理论地先于'乐'而成立"。为什么呢？因为苦产生于人的欲望无法实现，而欲望又是与生俱来的，所以苦是不可避免的。但乐只是"'苦'之停止或移除"。"因为'乐'依于'先在之苦'之停止而呈现，故本身无实在性。而苦则依生命本身而有，有某一程度之实在性。换言之，'乐'之意义须通过'苦'而界定，而'苦'之意义不须通过'乐'而界定，故'苦'之意义先在于'乐'之意义"。

什么叫"解脱"？就是摆脱无常、轮回，脱离苦海，进入极乐世界，即真如境界。佛教的所有教义，都是教人如何才能离苦得乐，佛教就是"解脱"之教。"解脱"，又称"涅槃"。"解脱"是指解除束缚，"涅槃"是指超越生死，着眼点不同而已。

如何才能实现解脱呢？修持方法是"戒""定""慧"。"戒"就是持戒，就是规定佛教信众哪些事不能做。针对信众的品级不同，戒律的多少也不同，最基本的是五戒：不杀生、不偷盗、不邪淫、不妄语、不饮酒。"定"就是将信众的意识凝定在不指向任何对象的状态，也就是所谓"前念不生，后念不起"的状态。一个人既要神志清醒，又要意识不指向任何状态，这个状态的确很难想象。但是，只有达到这样的状态，才能完全破除对外物的执着。简而言之，真正的"定"会让你的意识成为一面镜子，虽然可以成像，但并不留住相，东西移开，不对着镜子，相就消失了。

"慧"的确切含义是什么？我认为，"空"既是生"慧"的关键，同时，"慧"的核心也就是"空"。所以，关键是要理解、体验"空"的概念。很多人不理解什么是空，最普遍的误解是，空就是不存在，就是无。所谓"空"，其实是说一切存在都是有条件的、短暂的，而不是独立的、恒久的，当这些条件消失的时候，这个存在就变得不再存在了，或者说，就变成以另一种方式存在了。佛教说"空无自性"，"无自性"就是万物不会独立存在，"无自性"也就是空。比如，如果没有父亲和母亲，没有父亲和母亲的偶然相遇与结合，那么任何人都不可能存在。某个人活着，说明这个人身体内各个器官大体上还能正常、协调运转，如果其中一个或几个重要器官坏死了，也就是说这个人活着的条件消失了，这个人就会死掉，至少是肉体将不再存在。进而言之，今天的我与昨天的我其实已经不是同一个我，因为我不断接收了新的信息，组成昨天的我的那些条件已经发生了改变。

人所能看到的事物，都属于有条件的、短暂的存在。那么，万物为什么能够"如此"存在呢？按佛教的说法，这一切，都是因为"因（Hetu）缘（Paccaga）"。万物都是"由因缘而起"，所以万物的生成机制又称为"缘起"。什么叫"因缘"？"因"就是万物产生的原因，"缘"就是这些原因碰面的机会。只有原因，没有机会，万物也都不能产生。比如，有男人和女人是可以生出孩子的原因，但这个男人如果没有碰到过这个女人，两人没有结合，还是不可能生出孩子。因缘，也可以看成是对我上面所说的"条件性"的准确解释。"因"与"缘"的关系，不是简单的因果关系，至少还包括互为条件、相互依存的关系，所以佛教最早的经书《阿含经》说，二者"如两束芦，互倚不倒"。

《阿含经》用十二因缘的概念解释了人意识的生成过程。"无明缘行，行缘识，识缘名色，名色缘六处，六处缘触，触缘受，受缘爱，爱缘取，取缘有，有缘生，生缘老死。"这句经文需要详细解释："无明"是个人意识昏昏沉沉的状态；"行"是意识开始活动；"识"是意识已经指向具体事物；"名色"是指具体事物；"六处"即"六入"，也就是具体事物经过人的眼、耳、鼻、舌、身、意六种感觉器官形成知觉；"触"是感觉器官、感觉对象与知觉的接触、聚集；"受"是由接触而对具体事物生出感受；"爱"是喜欢的欲望；"取"是由喜欢产生的占有欲；"有"就是个别意识的形成状态，也即是已经占有；

"生"就是占有的事物处于存在状态；"老死"就是占有的事物逐渐进入衰亡的状态。

从这个过程来看，人之所以有欲望（爱、取），是缘于"受""触""六处""名色"，但根本上是来源于"自我"的觉醒，即"无明""行""识"。所以只要破除对"自我"的执着，认识到"诸法无我"，就可以消除对欲望的执着。"诸法无我"即是说人在本质上不能独立自主，一切都是受条件决定。当然，这里的"无我"，是无"假我"（有欲望的"我"），而不是"真我"。"真我"是指每个人都拥有的佛性，它是人能通过修炼成佛的可能性的根源。十二因缘是人理解空的观念的拐杖，因为"慧"的核心就是"空"，所以十二因缘也是帮助人获得智慧的拐杖。

从佛教理论出发观察，我们可以得出什么结论呢？我的结论是，佛教无法填补儒家构建的意义世界的缺陷，即主宰之天坍塌造成的信仰缺失。让我还是从佛教理论的关键词，尤其是"苦"说起。因为，佛教的理论源于对"人生本苦"的认定，整个佛教理论皆以此为前提严密推演。

事实上，苦乐关系并不如佛教认定的这么简单，它至少可以分梳成四个层面。第一，苦乐与客观事实基本无关，它在本质上只是一种个人的主观感受。对于同一件事，人们的感受可以完全不同，有人感受到的是苦，有人感受到的是乐。比如那个著名的半杯水故事：同样是半杯水，乐观的人会说，"真好，这里居然有半杯水可以喝"；悲观的会说，"真倒霉，怎么只有半杯水"？对整个人生而言，即便是相同的情况，乐观的人与悲观的人得出的结论也截然不同，乐观的人总觉得人生总体上是快乐的，悲观的人却觉得人生处处都是痛苦。哪个对呢？

第二，现实人生往往是苦乐交织的。有的人一生比较顺畅，乐在整个人生中占有的比例更大；有的人一生比较坎坷，苦在整个人生中占有的比例更大。但不管是顺还是不顺，苦与乐不过是个比例问题，很难说人生都是苦。所以劳思光说苦是先在性的存在是不能成立的，根本就无所谓谁先的问题。如果人生都是苦，那些不信宗教，尤其是不信佛教的人岂不都活不下去了？

第三，苦乐是可以相互转换的，苦到极点可能就迎来了乐，乐极又可能生悲苦。佛教强调的无常，与儒家《易传》强调的变易类似，但佛教的无常几乎是无规律的变化，《易传》虽然强调万事万物随时都在变化，但这种变化并非毫无规律可循，否则中国人就不会有否极泰来的思想。而且，《易传》还强调在这变化中潜藏着不变的道理。《易传》认为，"变易"与"不易"融合在现象界之中；佛教认为，现象界是变易的，只有彼岸的真如才是"不易"的最高实有，"变易"与"不易"处于对立状态。它既没有认识到变易之中有"不易"，也没有认识到"变易"本身的积极意义。两相对比，哪个高明一些？

第四，顺着苦乐转换这个角度说，很多事其实无所谓苦乐。比如父母为孩子辛苦奔波，看起来确实是一种苦，但看到孩子的成长，又是一种乐，而且没有奔波的苦也就没法感受到成长的乐，那么这种奔波到底是苦还是乐？那些杀身成仁、舍生取义的人到底是苦还是乐？

以上四点，也可以归结为第一点，即苦乐只是人的一种主观感受。所以，关键的问题不是痛苦本身，而是如何看待痛苦。

面对痛苦，佛教的办法是解脱，就是要人从痛苦中解放出来。关于解脱，这里又有几个问题。第一，痛苦为什么一定是无意义的，人为什么一定要从痛苦中解放出来？佛教号召人们进入极乐世界，但乐本身也是靠苦来定义的，没有苦，何来乐？这或许就是苦之于乐的意义。这就像没有丑就无法定义美一样。这方面的道理，老子已经讲得很清楚了。

第二，解脱何以可能？佛教是无神论宗教，否认有造物主或人格神的存在，佛陀不过是个先行者或老师而已，这种解脱纯粹靠个人的努力。但是，空宗所谓"俗谛"、有宗所谓"识"、真常派所谓"佛性"，从何而来？换言之，人的主体性从何而来？这不是你说有就有的问题，而是需要论证的。它们显然是先在于因缘的存在，那它们为何能存在？它们来自"真如"吗？如果是，这个真如只能是一种主宰之天，因为只有人格神才能赋予其他存在以能力，但佛教又否认有主宰之天，这里面的矛盾何解？如果真如不是主宰之天，它到底是什么？如果说不清人的主体性何来的问题，它怎么可能靠得住呢？理论上说不通，那么实践呢？

第三，佛教认为人生是无意义的，或者说人生的意义在于看透现实人生的无意义，它又如何能补上中国人的意义之天呢？人总是需要活在意义之中，否则人与普通动植物就没有区别，你不能说人生的意义就是无意义吧！老实说，解脱理论的实践带来的结果不就是对现实人生的舍离和放弃吗？

同样是面对痛苦，儒家的选择是主动承担、化解，道家和道教的选择是泯灭苦乐（所谓"齐物"），所以在任何情况下都可以逍遥游世，它们都承认此岸的价值。有人或许会说，佛教是宗教，当然就应该强调彼岸（来世）的价值啊。问题在于，强调彼岸的价值并不必然应该否定此岸的价值。佛教没有打通经验世界和超验世界，所以，它的答案只能是放弃现实人生。

真正的智慧不在于看到苦，并试图通过自我意识"解脱"此岸的苦，而在于既承认苦的存在，同时盼望上天赐给人灵魂上的喜乐彼岸，这才是真正的超越，这样的人生也才有意义。

印度佛教存在的问题，正是中国佛教试图努力克服的问题。接下来，我们就讲中国佛教的解决方案。

学者普遍认为，佛教正式传入中国是在东汉明帝永平十年（67），标志性事件是汉明帝命人从西域迎接僧人竺法兰及迦叶摩腾到洛阳传法。由此可见，此前佛教早已传入中国。佛教传入中国的最初时间，合理的推断只能是在西汉末年到东汉初年之间。

佛教传入中国后经历了翻译、学习和创造三个阶段，最后在隋唐时期形成了中国佛教三宗，尤其是禅宗。

早期翻译佛经的都是来自西域的僧人，主要来自月支、安息、康居、天竺（印度）。他们的名号，也分别冠以国名"支""安""康""竺"，如支娄迦谶、安世高、康僧会、竺法护等，他们都对早期译经工作作出了重大贡献。后来，他们的中国弟子出家以后也有随师姓的。

佛经的翻译方法被称为"格义"，就是用中国既有的概念，尤其是道家、玄学的概念来理解（格）佛经的原意（义）。这是一个非常漫长的过程。因为佛教的很多观念并非中国思想传统所固有，所以这种格义的办法往往导致佛教教义原意的失真。比如，用"无"去解释"空"，用"自然"解释"妙有"之类。东汉末年，第一部中文空宗经书《道行般若经》由支娄迦谶译出。他就用"无""本无""自然"等道、玄词语翻译"空""真如""性空"等佛教概念。三国时期，支谦重译《大明度无极经》，用"大明"译"般若"，用"无极"译"彼岸"。据黄国清研究，西晋时期的竺法护翻译《正法华经》，"自然"一词居然被用了75次，作为名词使用的"自然"被用了9次，其所对应的佛经原词后来分别被翻译为"自性""本性""涅槃""自相""无生"等。这样做，一方面固然有助于中国人迅速理解佛经，但另一方面也导致了人们对佛教的种种误解。

西晋灭亡后，南方与北方分属不同政权，政治衰乱无常，这给佛教的发展带来巨大机会。南北两方的译经运动都在此时进入了快速发展期，中国人对佛教也进入了学习期。

先说中国北方佛教运动的发展。

北方的佛教运动先后出现了两大代表人物：先是道安，后是鸠摩罗什。

道安（314—385）是西域僧人佛图澄的弟子，兼通般若、禅定、戒律。他是著名翻译家，校订、注疏了很多重要佛经的译本，并分析、论述了佛经原意，使佛经翻译初步告别了比附格义阶段。他还是著名的宗教活动家，不仅制作了被后世遵循的佛教戒律，而且派遣弟子分赴各地传教，使佛教得到极大推广。道安的弟子慧远后来在南方成了佛教运动的领袖。

道安时代的佛教徒，研习的主要是空宗教义，但龙树之《中论》至公元409年才被翻译成中文，故道安及其同时之"六家七宗"，并未真正了悟"空"义。"七宗"分别指本无宗、本无异宗、即色宗、识含宗、幻化宗、心无宗、缘会宗。"六家七宗"争论的大多是"空"到底是什么意思，但他们只从本体的角度看一切皆空，尚未从主体性角度看到"妙有"，故与佛教之"空"义尚有一段距离。要言之，道安及其同时代之僧人尚未完全摆脱道家影响。

真正深通空宗般若学的是鸠摩罗什。鸠摩罗什约生于公元344年，祖籍天竺，生于龟兹，原习小乘，漫游西域各国时遇大乘僧人，以此习得般若教义。鸠摩罗什于后秦白雀二年（385）到凉州，在凉州居住17年，公元401年到长安，413年在长安去世。罗什不是一个人来的中国，他带来了八百弟子推广空宗教义。罗什和弟子历时十几年重新翻译了35部、294卷佛教经论，其中包括《大品般若经》《小品般若经》《法华经》《维摩经》《金刚般若经》《首楞严经》《阿弥陀经》《中论》《大智度论》《十二门论》《百论》《成实论》。如今流传的佛经用词，大多都是罗什及其弟子所修订定本。

鸠摩罗什有个了不起的弟子叫僧肇（384或374—414）。僧肇自幼兼通儒、道，师从罗什之后，最能深会空宗教义。罗什非常欣赏他，推他为中国"解空第一"。僧肇著《肇论》以阐发空宗妙义，又能融会有宗，既强调万物皆空，又指出主体是绝对的存在，这个主体"触事而真"。僧肇比道安显然是更进了一步，《肇论》的出版标志着中国佛教徒已经由翻译佛经字句的阶段进入了学习阶段。僧肇死后，北方佛教渐趋衰落，后来虽产生了四个宗派，但于整部佛教史而言，并不算重要，故略而不论。

接下来说中国南方地区佛教运动的发展。

南方佛教运动的第一代领袖就是上文所述道安之弟子慧远（334—416）。公元365年，慧远被道安派至襄阳传教，378年后主要居住在庐山。慧远居于南方期间，东晋玄风正盛。慧远既未从道安处了悟佛教空义，加之受玄风影响，在佛教理论方面建树不多。他主要是一个佛教界的社会活动家。他是一个没有宗派意识的人，对各派僧人都很亲和，并积极支持他们的译经、传教活动。因他同时了解儒道二教，与东晋名士关系也极好。

南方佛教运动的第二代领袖是竺道生（355—434）。道生本是中国人，幼年时师从竺法汰出家，随后即从师姓。道生后来又拜鸠摩罗什为师，成为罗什的得意门生。道生这个人非常厉害，他明确说："无我本无生死中我，非不有佛性我也。""生死中我"就是"自我"，"佛性我"就是"真我"。更重要的是，在中国佛教徒中，道生第一个说出了人人皆可成佛的主张。他是个"先知式"人物，根据自己能接触到的一部分《大涅槃经》就得出了这个结论，而当时在中国流传的佛经并没有明确指出这一点。因为道生能见人所未见，所谓"孤明先发"，就被人认为是歪门邪道，甚至被人逐出了僧团，但道生对自己的主张坚信不疑。好在道生流落到庐山的时候，北凉译经师昙无谶翻译的全本《大涅槃经》传到了南方。佛经是佛陀说的话，具有毋庸置疑的权威性，该经明确说连"一阐提悉有佛性"，这就完全肯定了道生的说法。于是，道生名气日大，信众日多。

道生既主张人人都可以尽性成佛，又指出了顿悟的重要性。这就高扬了人的主体性——"一心"。这与印度佛教不同，印度佛教并未着意论述普遍真理"真如"与个人主体性"真我"之间的关系，甚至隐隐地认为这是两个东西，所以印度佛教基本不主张人人皆可成佛。但中国人显然不能接受这一点，所以从道生开始，高度强调"心"的重要性，甚至认为人心就是真如，是一非二，这就打通了真如与真我的关系，实现了教义上的圆融无碍。

从上述意义上看，道生阐扬真常教义，实乃日后中国佛教三宗，尤其是禅宗之先导。劳思光认为："就理论之贡献而言，唯日后在隋唐时，创立三宗之论师，及主张归向印度之玄奘等，可与道生并论。此外，如僧肇之智解，尚低道生一筹，慧远更非其俦矣。"

道生死后，中国南方地区所流传者，以空宗及真常派为主。114年后，有宗（唯识论）经典也被翻译到中国。翻译唯识论的著名人物前有南朝梁武帝时期的印度僧人真谛（499—569），后有唐僧玄奘（602或600—664）。真谛所创为摄论宗，可称为中国南方地区佛教运动的第三阶段，也是最后阶段。真谛死后20多年，隋即统一了中国。

唯识论与空宗最大的不同在于，它比较注重论述现象世界一切空幻的事实，但只说空幻，并不足以破幻，故摄论宗又在"八识"之外立"第九识"（"阿摩罗识"或"无垢识"），以说明如何才能破幻。但因其理论过于复杂，一般人很难懂得，所以传播不广。

鲁迅先生非常赞赏几类中国人，认为他们是"中国的脊梁"，其中就包括"舍身求法的人"，"舍身求法的人"指的就是玄奘。玄奘西行取经，在外游学17年，佛学造诣精湛，他在印度时就讲经说法，见解超越印度僧侣甚多，因此声誉极高。他还用梵文写过三部佛学论著。回国后编译了《成唯识论》，开创了中国佛教的法相唯识宗。他主持翻译了共计75部1330余卷佛教经典。玄奘虽然有两个著名的弟子窥基（632—682）和圆测（613—696），但他所开创的宗派的遭遇与真谛相似：唯识理论过于精深玄妙，所谓"有经皆讲，无疏不成"，有个叫道岳的法师只是研读《俱舍》，就"一习五载，不出住房"。唯识宗理论性过强，实际上就阻隔了人们对宗教本身的信奉，也很难引起信奉常识理性的普通人的兴趣。当时，有个法师著述宏富，但很少有人听他讲经，有一老者浏览了他的书，为他的病症找到了原因："汝所述颇符佛意，而阙人缘。"同时，玄奘也不主张人人皆可成佛，这与中国人传统的想法差异不小。所以，它在中国的影响既短暂，也比较小，法相唯识宗只传了四代就断绝了。

印度佛教理论在中国为什么没有向精深方向发展？因为中国人学佛是为了拿来用的，也就是用来解决灵魂寄托问题。当中国人发现不用深入钻研佛学理论也能理解佛教教义——"空"之后，当然就对理论本身不再感兴趣，而偏向于结合自身思想传统的创造了。

劳思光极为精确地指出，中国佛教是"心性论佛教"。先秦儒学本来高扬的就是心性论，当中国人认识到佛教教义的核心是人的心要认识到一切存在皆是空的时候，儒学的心性论传统就被再次激活了，佛教对人的主体性的强调也被凸显出来了。

在讲中国佛教三宗之前，尚有《大乘起信论》值得提及。《大乘起信论》是中国佛教的重要典籍，对中国佛教的发展影响极其重大，也可以说，它是中国佛教形成的标志。《大乘起信论》明确说"一心"就是"真如"。所谓"起信"，就是唤起人的信仰。至此，我想打个比方来说"真如"与"一心"的关系："真如"就是电线里的电流，"一心"就是电线上的插座，电流直通插座，插座之所以是插座，也是因为它直通电流。

中国佛教徒说，《大乘起信论》是印度马鸣菩萨的著作，由前述真谛和尚翻译成中文。但学界的普遍看法是，《大乘起信论》是一部伪书。其实，从思想史角度任何著作是不是伪作并不重要，重要的是它到底说的是什么，是不是在历史上留下了重大影响。在乎著作是谁所写，根本上还是执着，执着于所谓名人、权威，而这其实是违背佛教"空"义的。其实名人、权威未必就真有见识，无名氏未必就没见识，何况名人、权威也是从无名变得有名的，因此研究思想史，绝不能轻视所谓伪作。

基于"一心"就是"真如"的观念，《大乘起信论》又提出了"一心开二门"的观念。"二门"，一是真如解脱之门，一是因缘轮回之门。"一心开二门"的意思是，每个人，只要你真心想解脱成佛，就都能做得到。这种观点其实暗合了儒家一心可善也可恶的观点，只不过，一个讲的是解脱与轮回，一个讲的是善恶。而大乘佛教也讲善恶，或者说，大乘的解脱与轮回包含了善恶。佛教也讲因果报应，因果里面就包含了善恶，善因得善果，恶因得恶果。

因为如上种种关于心性的观念越来越得到中国人的认可，隋唐以后，佛教在中国迎来发展史上的黄金时代，中国佛教因此成立，并诞生了八大宗派：三论宗（法性宗）、天台宗、华严宗、瑜伽宗（法相宗、唯识宗）、律宗、禅宗、净土宗、密宗。其中，由中国僧人独创，同时理论性又较强的宗派是天台宗、华严宗、禅宗。

天台宗发展的是龙树创立的空宗教义，主张定慧双修，止观合一（"发菩提心即是观，邪僻心息即是止""无发无碍即是观，其性寂灭即是止"），但其所自创之新义，实依真常派精神。天台宗的基本经典是《法华经》及《大涅槃经》，其开山祖师号称是龙树，实则是智者大师（智颛，538—597）。天台宗提出了"一心三观"和"一念三千"的观点。"三"观就是"空""假""中"三个看待万物的视角，名为"三"，实为一个意思。"一心"即可体会"三观"。"一念三千"是说人只要生出一个念头，这个念头马上会对应到三千个（当然是大略说法）现象世界中的一个。所以你能否成佛，只在一念之间。一念见真如，就成了佛，但成了佛不意味着你永远是佛，你下一念再堕落，又会马上掉到凡间来轮回。这个观念，与印度佛教是不同的，印度佛教认为，成了佛就永远是佛了。

但智者大师没有走向禅宗直截了当的修行路径，他的修止观的前提是外具五缘：持戒清净、衣食具足、得闲居处、息诸缘务、近善知识。这样才能克制欲望，调和身心。智者大师寂灭后七代，遭遇会昌法难，天台宗于是大衰，此后虽不绝如缕，终不复智者当年开山时之盛况。

华严宗由贤首大师（法藏，643—712）创立，遵奉的是《华严经》，发展的是有宗唯识论，主张"一心""总该万有"，现象界的因缘永无尽头，"六相（总相、别相、同相、异相、成相、坏相）圆融"。贤首大师曾给武则天讲经，并被封为"贤首菩萨戒师"。但华严宗与天台宗的教义差别不大，它们的共同特点是尊重印度佛教教义，并在心性论基础上发展了这些教义。它们没有完全挣脱印度佛教的束缚而进行自由创造。华严宗的命运与天台宗类似，会昌法难后走向衰颓。

真正实现了自由创造，并成为中国佛教完成式的是禅宗。禅宗之所以叫禅宗，是对印度文"禅那"的音译，"禅那"对应的中文译名是"静虑"。禅那是古印度各大宗教共同的修行方法，即通过静坐清心实现精神上的超拔。佛教认为，禅那的目的是解脱、涅槃。印度佛教宗派虽多，但并未形成以禅那为教义的宗派。而且印度佛教讲的禅那，主要是"禅定"，而中国之禅宗，讲的主要是"禅悟"。禅宗完全是在中国形成的佛教宗派。

禅宗把初祖追溯到达摩（？—536）。达摩就不怎么读经，大家耳熟能详的是达摩面壁的故事。为什么要面壁？为了了悟空义。禅宗发展到五祖弘忍（602—675），一直宗奉《楞伽经》，到了六祖慧能（638—713）才尊《金刚般若经》为基本经典。慧能是中国禅宗事实上的开山祖师。慧能不识字，但却是有大智慧的高僧，弟子辑录其言行成书，是为《坛经》。他立的教义，可用"顿悟"两字概括，劳思光将其分疏为四点：见性成佛；定慧不二；无念、无相、无住；不依经论。

"见性成佛"是关键，"不悟即佛是众生，一念悟时众生是佛"。也就是说，只要见到了空性，任何人当下就成了佛。因此挑水吃饭时也可以成佛，成佛也不影响挑水吃饭等日常生活，成佛与出家与否、拜佛与否、建庙与否都没有关系。

"定慧不二"是说定就是慧，慧就是定，不能定，就不能生慧，没有慧，定也毫无作用，也不是真定。故慧能说："大众勿迷，言定慧别。定慧一体不二。定是慧体，慧是定用。即慧之时定在慧，即定之时慧在定。"又说："定慧犹如何等？犹如灯光。有灯即有光，无灯即暗。灯是光之体，光是灯之用。名虽有二，体本同一。"印度佛教的修行方法有坐禅一路，慧能也反对，"住心观净，是病非禅。长坐拘身，于理何益？听吾偈曰：生来坐不卧，死去卧不坐"。从理论逻辑来说，慧能显然是反对达摩面壁坐禅的。

"无念、无相、无住"是意识修炼的方法，要点在不执着。"先立无念为宗，无相为体，无住为本。无相者，于相而离相。无念者，于念而无念。无住者，人之本性。"

"不依经论"说的是不依傍经书，因为读经不能带给人智慧，只要能得了悟智慧，何必读经？慧能不识字，"（有）尼曰：字尚不识，曷能会义？师曰：诸佛妙理，非关文字"。"心迷《法华》转，心悟转《法华》。""若自悟者，不假外求。"

慧能的语录流传极多，要旨皆在高扬人的主体性。佛教本来否定有自性，而慧能偏用"自性"来指人的主体性。有一个现象或许值得拿出来讨论：为什么佛教典籍只有佛说的话才能称之为"经"，其他高僧大德的著作只能称为"论"，但慧能的言行被弟子记录下来就称为《坛经》？在我看来，原因很简单，因为六祖所改造的禅宗真正高扬的是人的主体性，六祖是真正只把佛祖当成已经觉悟的人看的高僧，而其他历代高僧还是有意无意把佛祖当成了不可置疑、不可超越的神，而后一种态度显然有悖于佛祖原意。

仅仅就《坛经》的"经"名便不难看出六祖慧能的高度革命性和创造性。一方面，禅宗的理论都能在佛教教义中找到源头，另一方面，六祖真可谓删繁就简，简到了极致，就删除了佛陀立教一千年来附着在佛教身上的种种衣饰。经过六祖革命，经书、寺庙、僧团、戒律、苦行等一切都变得无足轻重，真正重要的只是此心之一念。这就把握住了佛教的根本精神，同时由于其简便易懂，又赢得了最为广大的信众。六祖之于佛教的意义，完全可以与马丁·路德和加尔文之于基督教的意义等量齐观。

禅宗与印度佛教在教义上是否存在根本不同？如果说禅宗对佛教实现了创造性转化，它到底转化了什么？确实，二者存在不同，最大的不同就是禅宗用"一心"打通了经验世界和超验世界，使其不再是不相干的两截。换言之，它使信徒不再执着于舍弃现实人生，而是在现实人生中也能实现精神的解脱。慧能说："佛法在世间，不离世间觉。离世觅菩提，恰如求兔角。"印度佛教和禅宗最大的不同其实可用两句只差一个字的话来说明：印度佛教是"不落因果"，所以追求舍弃俗世的解脱；以禅宗为代表的中国佛教是"不昧因果"，也就是承认因果，承认现实人生，但人应该以不执着于因果来获得解脱。这是个巨大的差异。

禅宗讲的顿悟其实并不神秘，按李泽厚的说法，顿悟就是精神上"瞬刻即可永恒"的直观感受。李先生说："在某种特定条件、情况、境地下，你突然感觉到在这一瞬刻间似乎超越了一切时空、因果，过去、未来、现在似乎融在一起，不可分辨，也不去分辨，不再知道自己身心在何处（时空）和何所由来。所谓'不是心，不是佛，不是物'是也。这当然也就超越了一切物我人己界限，与对象世界完全合为一体，凝成为永恒的存在，于是这就达到了也变成了所谓真正的'本体'自身了。""在时间是瞬刻永恒，在空间则是万物一体，这就是禅的最高境地了。这里，要注意的是，瞬刻即永恒，却又必须有此瞬刻（时间），否则也就无永恒。可见这种永恒既超越时空却又必须在某一感性时间之中。既然必须有具体的感性时间，也就必须有具体的感性空间，所以也就仍然不脱离这个现实的感性世界。"

禅宗既已完成此创造性转化，当然就更能赢得读书人的好感和信奉。也正是因为禅宗不依赖经书、寺庙、僧团、戒律这些外在形式，所以佛教虽然在中国经历过几次劫难，禅宗的发展却一直没有受到太大影响。公元8世纪末9世纪初，其他宗派的僧人纷纷转归禅宗门下。

慧能弟子中，最可提及的是神会、行思、怀让。行思有弟子希迁，其弟子及再传弟子先后创立云门宗、法眼宗、曹洞宗。怀让有弟子马祖道一，其再传弟子先后分别创立沩仰宗、临济宗。这就是著名的禅宗五大宗派。五大禅宗中，沩仰宗、曹洞宗先绝，法眼宗至宋代中叶而绝，云门宗至南宋渐衰，流传至今的，主要是临济宗法脉。

这里有必要专门提出马祖道一来讨论。马祖道一的弟子有139人，其著名弟子有西堂智藏、章敬怀晖、兴善惟宽。马祖的思想更加简洁明快。慧能倡导"即心即佛"，马祖一系在此基础上又提出了

"非心非佛""平常心是道"的观念，这堪称是教义上的惊险一跃。

这里有一个"真我"与"真如"也即是人性和佛性的关系问题。在传统佛教教义里，二者是有差别的，真我虽然可以通向真如，但需要通过持戒、入定、习慧的艰苦修行才能达致。即便是主张人人皆有佛性的《大涅槃经》，也认为人不修炼就没法成佛，所以慧能那个被后世嘲笑的师兄神秀的那首偈语"身是菩提树，心如明镜台，时时勤拂拭，勿使惹尘埃"才符合传统佛教的修行次第。但从道生、《大乘起信论》、慧能以来，由于不断强调人的主体性，最后取消了一切分别，把真我等同于真如，把人性等同于佛性了。当我就是佛的时候，俗世就是净土，寻常心思就是佛法大义，人无论做什么都能体现佛法真谛。而到马祖这里，已经不满足于慧能的"即心即佛"，而要直接喊出"非心非佛""平常心是道"的口号了。后来的很多禅宗信徒还鼓吹马祖的观点，比如马祖的弟子盘山宝积就说："若言即心即佛，今时未入玄微。若言非心非佛，犹是指踪极则。"伏牛山自在和尚就说："即心即佛，是无病求病句；非心非佛，是药病对治句。"禅宗发展至此，已经是"饥来即食，困来即眠"（大珠慧海），"热即取凉，寒即向火"（长沙景岑），"不费心力作佛去"（赵州和尚），"佛法无用功处，只是平常无事"（临济义玄），"任性逍遥，随缘放旷，但尽凡心，别无圣解"（天皇道悟）了。

问题是，当不修就是大修，当神圣与平凡等同，这样的禅宗还有宗教的神秘意味和拯救性吗？宗教必然指向终极价值，当禅宗指向的终极价值等同于安心、自然、适意的时候，它和玄学自然派不是已经几乎没有区别了吗？宗教必然重视经书，当仰山慧寂说出《涅槃经》不是佛说，"总是魔说"的时候，佛教徒还能自称是佛教徒吗？宗教必然重视崇拜，当佛教徒已经不再崇拜佛的时候，还能自称是佛教徒吗？

老实说，禅宗发展到自由奔放、"任心即为修""天上地下，唯我独尊"（佛祖所言，被赵州和尚强调）的地步，已经消灭了佛教。道生早就看到了这一点，他说过"悟发信谢"，意思是，只要心悟了，宗教信仰就凋谢了。这样的宗教，如何可能收拾散乱的人心？禅宗除了往斗机锋式的智力游戏方面发展，还能做什么？佛教难道是智力游戏吗？那些所谓机锋、棒喝、公案、偈语，难道不是执着于智力竞赛吗？

禅宗诞生以后，佛教与中国的思想传统确实实现了融合。这种融合之所以可能，根本原因有两个：一是佛教与中国思想传统之间存在一个互补关系：佛教是宗教，而中国儒、道两家的宗教性都不够，而人是需要信仰的，所以中国人对佛教是有深层需求的。对此，南北朝时期的山水诗人谢灵运就已经有清楚的认识，他认为以儒家为代表的中国思想传统能"济俗救世"而不能深入"性灵之奥"，深入性灵之奥必须以佛经为"指南"。同时期的宗炳和尚也认为，"中国君子明于礼义，而暗于知人心"，而救济之道得依靠佛经，因为佛经"包五典（儒家五经）之德，深加远大之实；含（道家）老庄之虚，而重增皆空之尽"。二是佛教与中国思想传统都属于自力拯救型教化系统，彼此有可以沟通的共同语言。

除了如上根本原因，还有三个次生原因：一是佛教受到了中国主流知识分子的欢迎和鼓吹；二是佛教融入了中国民间小传统；三是这是一个长期的自然演化过程。根本原因是次生原因的前提，而这三个次生原因之间，一、三两条又是第二条原因的前提。

虽然佛教与中国的思想传统确实实现了融合，但如上所论，这种融合的结果是佛教宗教性的消失。问题在于，佛教在中国宗教性消失的原因又是什么？我认为，主要原因有三点：一是中国人顽强而早熟的常识理性虽然能包容异质文化，但也阻止了佛教在宗教方面的发展；二是实用理性否认那些看不见的好处；三是自力拯救型宗教本身在面临常识理性和实用理性的合力夹攻时抵抗力不足。

先来看常识理性对佛教的阻击及佛教迫于压力的步步后退。

所谓常识理性，就是将常识作为思考一切问题的逻辑起点，常识不可置疑、不可追问，所以不必追问自然现象常识背后的原因，不必追问人之常情（自然情感）产生的根源。常识基于经验世界，而佛教是宗教，必然是超越于经验世界的。宗教必然是反常识的，这就是习惯于常识理性的中国人反佛教的根本原因，最终导致了"三武一宗"（北魏太武帝拓跋焘，408—452；北周武帝宇文邕，543—578；唐武宗李炎，814—846；周世宗柴荣，921—959）灭佛事件。

从汉代到魏晋，佛教不过是在民间社会流传，被老百姓看成是一个颇有神通的、类似道教的东西，并不被读书人重视。晋室东渡以后（公元4世纪以后），佛教越来越受喜欢谈玄的名士士大夫喜爱，名僧由此纷纷与名士产生交谊，这自然就引起了统治者和部分知识分子的警觉和反感。

从政治上来说，中国人的政治常识是王权高于世间一切，"溥天之下，莫非王土；率土之滨，莫非王臣"，但在佛教看来，世间的一切都是空，真如才高于一切，这就不得不导致政教冲突。冲突集中于一点：教权是否应该独立？对中国人来说，王权既然高于一切，当然就高于教权，如果王权不能领导僧团，组织化的僧团的存在就永远是王权的威胁——教徒被组织起来造反怎么办？但对佛教僧侣来说，既然真如高于一切，世间一切皆空，以皇帝为代表的政治秩序就没有价值，因此皇帝没有权力领导僧团，僧团应该独自存在，独自活动，僧人也没有必要礼拜皇帝。慧远就写出了著名的《沙门不敬王者论》。但政教之间的关系根本是不平等的，正如道安所说，"不依国主，则法事难立"，低头的只能是教权而不可能是王权。于是，佛教领袖先是采取辩护的策略，比如说先王不反佛，今上至孝，也不应反佛；佛教不仅不会反对世俗王权，而且"五戒之禁，实助王化"，教徒"每见烧香，必先国家"；教徒内心敬爱皇帝，何必非要行俗世礼仪呢？但这些理由并不能说服统治者，最后教徒不得不改变立场，取消僧团的独立性。汉魏两代，朝廷虽允许西域人建寺庙、拜佛菩萨，但都禁止汉人出家。南北朝时期，虽允许汉人出家，但朝廷设置了僧官，管理僧团，根本目的还是为了防止其作乱。有意思的是，就在南方的慧远等人还在尽量坚持佛教的传统立场的时候，北方僧人法果已经承认王权至高无上的地位，他的理由是，魏太祖"明淑好道，即是当今如来，沙门宜应尽礼""能弘道者，人主也。我非拜天子，乃是礼佛耳"。到了元朝更有意思，当时刻的佛经前面必须要加上几句称颂皇帝的话，真可谓"没有大皇帝就没有如来佛"了。

从社会伦理来说，中国人的伦理是建立在血缘亲情上的孝道，所谓"百善孝为先"，所以人应该孝养父母、敬爱妻儿，父母死后，应该严格按祭礼祭祀，但佛教既然认为人子与父母的关系不过是因缘所致，当然就不值得珍视，僧人出家、舍姓、舍父母妻儿、无后、剃发、穿胡服、不跪拜，处处都与儒家孝道相反，这几乎就遭到了全社会的反对。佛教对此如何应对呢？当然不能通过阐述佛教空义直接、正面地反对孝道，因为这样做只能引起更强烈的反感和敌视。佛教的应对策略不外乎如下几个方面：一，评价宗教和世俗伦理应该用不同标准，"立道以舍爱居首，成治以忠孝宜先"；二，信徒出家，过的是类似于老子所主张的小国寡民的理想生活，中国人能接受老子，也应该接受佛教；三，信徒出家，不是不孝，而是大孝的表现，因为这能为父母、家人、社会、国家积累更多、更大的福报；四，选择性地翻译不反对孝道的佛经，伪造新的倡导孝道的佛经。

于是，《尸迦罗越六方礼经》《佛说善生子经》《菩萨睒子经》《盂盆兰经》被翻译出来了，《梵网经》《父母恩重经》《血盆经》也被造出来了。史书显示，隋唐时代，疑经和伪经都十分流行，人们往往难辨真假。

从文化观念来说，儒家认为，中国文化天然地高于"夷狄"，"夷狄"只能向中国学习，中国不可能向"夷狄"学习，这也可以称为文化民族主义，但佛教本来就来自"夷狄"，南北朝时期，让佛教"滚回"印度去的呼声非常强烈。对此，佛教徒如何辩护呢？辩护策略大概是如下几个方面：一，文化的高低程度与地域无关，也不存在排他性，天下任何地方都可能有高度发达的文化。二，文化高地也会转移，圣人在哪里，哪里就是文化高地。东晋《正诬论》说，舜是东夷人，文王是西夷人，"圣哲所兴，岂有常地"？道安也说："唯圣化无方，不以人天乖应。妙化无外，岂以华戎阻情？是以一音演唱，万品齐悟，岂以夷夏而为隔哉？"三，中国人之所以认为中国文化高于"夷狄"，是因为中国人自认为中国居于天地中央，但这种看法是虚妄的。佛陀生在天竺，在他看来，天竺何尝不是天地的中央，而中国不过是天地的边缘。

上述理由就能真正说服中国人吗？不能。事实上，真正让中国人接受佛教的，是其因果报应说所具有的惩恶扬善功能。在关键时候，实用理性倒是帮了佛教。早在三国时，吴国少主孙皓与康僧会的一段对话非常说明问题。孙皓问康僧会佛教所说的善恶报应是什么意思，康僧会说跟儒家《易传》的"积善余庆"说类似。孙皓又问，那既然已经有儒家，何必还要用佛教？康僧会的回答是："周孔所言，略示近迹，至于释教，则备极幽微，故行恶则有地狱长苦，修善则有天宫永乐，举兹以明劝沮，不亦大哉？"意思是，儒家的善恶报应说只注重眼前，不注重来世，而且缺乏强力制约机制，佛教可能补儒家之不足。显然，这才有助于君王的统治，于是历代君王大体上还是欢迎佛教的。只是，经常识理性和实用理性合力改造后的佛教，尤其是禅宗，已经不是原本的那个佛教了。正如道生所言，轮回、净土、果报都不重要，"善不受报，顿悟成佛"。

铃木大拙则从另一个角度指出了禅宗只能产生在中国的原因，其中一个原因就是中国传统重实践、实用，不像印度古代只认精神高贵，不屑劳作，僧人必须由人供养。中国禅宗强调自食其力，从事农业生产，过普通的劳动者的生活。我认为，这一点也与政治对宗教的打压有关，当统治者指责僧侣不治生产的时候，特别是当统治者解散寺庙的时候，僧侣不从事劳动就没饭吃啊！

最后来看自力拯救型宗教的抵抗力问题。自力拯救型宗教不承认有高于人的神存在，而人只能通过个体的修炼成佛。当佛教在中国面临常识理性和实用理性的合力夹攻时，僧侣、信徒心中没有一个神可以提供助力，他们必须而且只能依靠一个个单独的自我，这当然就缺乏强大的抵抗力。从禅宗来说，当高僧大德解脱成佛以后，佛对他们就失去了神秘感，于是他们纷纷骂佛骂祖，对尚未解脱的信众而言，佛也就被解构而没有神秘感、没有拯救力量了。当信众已经不再敬畏佛的时候，对佛的信仰当然就帮不了他去抵抗世俗的侵袭。当单一的个体要抵抗一个社会强大的惯性思维的时候，大多数人除了投降还能怎样呢？

佛教的入华过程是两个异质文明之间互动、博弈与融合过程，这一过程的结果是佛教的"消失"。那么，文明之间的博弈、融合是否必然导致其中一个文明消失，或被另一个文明完全同化呢？也不是。让我们来看西方文明的形成过程。西方文明也是由两个异质文明化合的产物：一是希伯来一神教基督教；一是希腊的理性精神。事实上，二者没有出现一个消灭另一个的情况，不仅保留了各自的根本精神，同时又实现了无缝融合。这一融合的逻辑就是：理性精神被解释为上帝的赐福。所以，宗教改革以后，西方人大多还是信仰基督教，宗教的可以归宗教，科学的可以归科学。

即便佛教不是一神论宗教，它是否可以为信众提供一套绝对的指引价值呢？从某种意义上说，也不是不可以。但问题在于，佛教的经书过于浩繁，所以不同宗派遵奉不同经书，高僧大德写的"论"也具有一定权威。当存在多个权威的时候，就等于没有权威。对宗教而言，权威必须是唯一的，这样才能提供绝对性。如果佛陀当年说的各种经能够整理成一本逻辑严整的诸如《真如经》之类的经书，情况是不是就会好一点呢？可能会好一点，这样至少能给信众提供一个教义边界。问题是，这种做法其实又违背了佛教的根本精神，因为这样做，事实上就把佛陀当成了唯一的神。

由上可知，中国在 19 世纪后遭遇比印度地理位置更西方的西方时出现的种种问题，在佛教入华时大多都出现过了。所以，佛教的中国化历史非常值得我们深入思考。只是由于篇幅原因，我不得不就此打住了。

正是佛教在中国的失败，给宋明新儒家提供了崛起的机会。

第十九讲　唐：开放之天

　　这一讲我们简要地勾勒一下唐代思想史。

　　唐代是中国历史上难得的黄金时代，能与唐代并称的，只有此前的汉代。所以中国人一提起历史上的光辉岁月，都说"汉唐盛世"。不过，从思想史的角度看，正如葛兆光的评价，唐代堪称是一个"平庸"的盛世。因为，除禅宗六祖慧能之外，唐代根本就没有真正的思想家。而慧能毕竟是宗教领袖，说他是思想家比较别扭。

　　既然如此，为什么思想史还应该关注唐代呢？至少有三个原因：一，思想界的平庸对一个时代未必是坏事；二，平庸并非意味着一成不变，其变化轨迹本身就值得研究；三，讲不清唐代思想史变化轨迹，就无法说清楚宋明理学的发生背景和根源。

　　爆发于天宝十四年（755）的安史之乱不仅是唐代历史的转折点，按内藤湖南和陈寅恪等人的观点，它也是整部中国历史的转折点。安史之乱是中国中古史与近古史的分水岭。其实，安史之乱也是中国思想史的转折点，因为正是在安史之乱以后，儒家一阳来复，发出了对时代的抗议之声，为宋明理学的诞生准备了舆论环境和思想资源。因此，我讲唐代思想史，也以安史之乱为分界点。

让我们来看看安史之乱以前，唐代统治者对儒、道、释三教的态度。

儒家思想主要是政治意识形态，所以历代统治者大多重视儒家。早在隋代，杨坚平定天下后，就曾大兴儒学，召集儒生，"使相与讲论得失于东都之下，纳言定其差次，一以闻奏焉"。同时，民间私学也很发达。之所以如此，正如《隋书·列传·儒林》所言："自正朔不一，将三百年，师说纷纭，无所取正。"简言之，为了统一思想，必须统一学术。

唐代皇帝当然也明白这个道理。太宗定天下后，马上就开始"留意儒学"，并召集房玄龄、杜如晦、于志宁、陆德明、孔颖达等著名学者"讨论坟籍，商略前载"（《旧唐书》）。为了给五经确定一个统一的解释范本，太宗还下诏召集前代通儒的子孙一起来订正五经章句。贞观十六年（642），《五经正义》由孔颖达奉旨编成。孔颖达比较少门户观念，颇能兼容南北各派，这也体现了太宗的意思。贞观二十一年（647），太宗又下诏："左丘明、卜子夏、公羊高、穀梁赤、伏胜、高堂生、戴圣、毛苌、孔安国、刘向、郑众、杜子春、马融、卢植、郑玄、服虔、何休、王肃、王弼、杜预、范宁二十一人，用其书，行其道，宜有以褒大之，自今并配享孔子庙廷。"（《旧唐书》）贞观二十二年（648），太宗撰成《帝范》一书，分别从君体、建亲、求贤、审官、纳谏、去谗、诫盈、崇俭、赏罚、务农、阅武、崇文诸方面建立典范，期待后世子孙遵循。另外，《贞观政要》记录了太宗的政治理念，核心是体现儒家思想的一句话："专以仁义诚信为治。"

此外，显庆元年（656）《隋书·经籍志》修成，《周礼疏》《仪礼疏》也陆续撰成。武则天称帝以后，又亲撰《臣轨》以规训臣下。她为臣子规定的品行为同体、至忠、守道、公正、匡谏、诚信、慎密、廉洁、良将、利人诸项。玄宗时期，继此前编定的《贞观礼》《显庆礼》，又编定了《开元礼》。开元十年（722），玄宗还亲自注释了《孝经》，令天下读书人学习，还举行了封禅、祭孔大典，重新编定了历法。

唐皇还将儒家经典作为科举考试的内容。开元十三年（725）以后，朝廷已形成完善的科举、官僚制度。于是，"天下英雄入吾彀中"，读书人普遍臣服皇权得以成为现实。儒家作为唐代的意识形态被建立起来了。

道教至隋代已由苏元朗发展出内丹派。李唐皇室本有少数民族血统，为赢得汉人认可，也为抑制佛教发展，于是追根溯源，追认同姓之老子为远祖。唐代开国，高祖就定下了"老教孔教，此土先宗，释教后兴，宜从客礼。令老先、次孔、末后释宗"的祖训，朝廷后来甚至追封老子为"太上玄元皇帝"。武德元年（618），召道士在太极殿行道。唐代选举中有"道举"一科。唐高宗上元二年（675），贡士加试《老子》。开元十九年（731），朝廷在五岳分别建置老君庙。唐玄宗不仅注释了《孝经》，还注释了《道德经》。开元二十一年，诏天下人藏阅其书，贡举人减试《尚书》《论语》《策》，加试《老子》。开元二十九年，令两京及各州都建置玄元皇帝庙，并设"崇玄学"，习《老子》《庄子》《列子》《文子》，每年准明经例送举。天宝初，改称《庄子》为《南华真经》，《文子》为《通玄真经》，《列子》为《冲虚真经》，《庚桑子》为《洞虚真经》。两京各置玄学博士助教。唐玄宗以前，宫内道士已有7人，玄宗时代，增至21人。各郡均建置道教宫观，总数高达1687座。与此同时，相当多的道士得到尊崇甚至重用。

佛教在唐代的发展势头自不待言。正是在唐代，中国佛教三宗得以发扬。从图书编撰角度说，中国律宗开山祖师道宣编撰了大量著作，仅目录学著作《大唐内典录》就多达10卷，道宣之弟道世所编佛教百科全书《法苑珠林》更是多达100卷。从君主重视的角度说，唐高祖召道士在宫中建立内道场的同时就召了僧人，唐太宗朝延续了高祖旧规，武则天时期则更加重视佛教，不仅在长安和洛阳建立内道场，而且还有相当数量的僧人从山林进入都市甚至内廷。从寺庙建置的角度说，唐初，各州就开始建官方寺庙，并置僧官进行管理。都市里的寺庙也相当繁盛，长安就有200多座寺庙，数万名僧侣。唐玄宗时代，地方也设置了僧统，帝国各地"开元寺"矗立。佛教最繁盛时，"十族之乡，百家之闾，必有浮图为其粉黛"。

如上事实并不能说明初唐、盛唐思想史演变逻辑。事实上，这一时期的思想史呈现出儒家逐渐式微的趋势，也只有在这个背景下，才能理解道教和佛教的兴盛。儒家的式微，大致有如下三方面原因。

首先，唐代皇帝屡屡违反儒家教义，致使读书人和老百姓对儒家的信念不断发生动摇。唐太宗李世民发动玄武门事变，杀死兄弟，逼父逊位，已大背儒家孝悌要义。事实上，太宗对此也心有忌惮，生怕后世子孙效仿其行。他要为后世子孙确立规范，所以亲自写了《帝范》，也批评佛教"上以违忤君主，下则扇习浮华"，略有防范之意。

武则天称帝后，太平公主、韦皇后、上官婉儿、长宁公主、安乐公主，甚至连宫女都干政，更是挑战、摧毁了儒家的阴阳尊卑大义。正如桓彦范在唐中宗复位后的上书中所说："以阴乘阳，违天也。以妇违夫，违人也。违天不祥，违人不义。"武则天甚至改了"天""地""日""月"等字的写法。为了赢得政权的合法性，笃信佛教的她果断更改了李唐祖训，下诏"令释教在道法之上"。因为，佛教《大云经》有女身可以为帝的说法。武则天的面首、洛阳白马寺住持薛怀义就写了《大云经疏》，宣称武则天是"弥勒下生作女王，威伏天下"。为了摆脱、对抗关陇贵族的制约，武则天不仅迁都洛阳，而且通过科举大力选拔寒门士子。因为需要大量士子加入官僚队伍，武则天不惜取消严格的考试程序，直接任命有举人资格的读书人担任御史、评事、拾遗、补阙等官职。显然，缺乏权力根基的寒门士子更便于武则天控制。由此，贵族、宗族势力逐渐瓦解，躁进的寒门家族、士族逐渐掌控了行政权。

唐睿宗本是一个窝囊皇帝，复位以后，为了保住皇位，就利用其妹太平公主动摇儿子李隆基的势力，而李隆基则想方设法逼迫父皇逊位。这些做法，显然违背儒家父慈子孝的教义。总之，经历了三次皇位争夺战后，儒家教义已经成了不能服人的招牌了。

其次，当儒家经典固化为读书人仕进的工具和阶梯之后，就再也不能激发人真诚的信仰和继续创发的动力。历史再次上演了意识形态僵化的老故事，当然这不是最后一次上演旧剧。近代学者文廷式就说："唐人以诗赋为重，故《五经正义》既定，而经学荒芜，一代谈经之人，寥寥可数。"日本学者高濑武次郎也说："令以《五经正义》为登第科目，故经说一定，争端以绝，或惟有以暗诵《五经正义》而自足，不再务求新说，亦为人情所难免也。"这一点，其实唐代君臣已经看得很清楚。唐睿宗就曾连下《诫励风俗诏》《申劝礼俗诏》，但并无作用。玄宗也感叹："进士以声韵为学，多昧古今。明经以帖诵为功，罕穷旨趣。安得为敦本复古！""问礼言诗，惟以篇章为主，浮词广说，多以嘲谑为能，遂使讲座作俳优之场，学堂成调弄之室。"上元元年（674），大臣刘峣就上书说："日诵万言，何关理体？文成七步，未足化人。……劳心于草木之间，极笔于烟云之际，以此成俗，斯大谬也。"

最后，开放虽然带来了繁荣，使得大量少数民族文化和生活方式盛行于中国，但儒家根本无力消化这些文化和生活方式。李唐皇室本身就有少数民族血统，对所谓的"夷夏大防"的坚持本来就显得牵强。他们也没有真正坚持这一点，皇朝的统治事实上还在依靠少数民族甚至外国人。开元、天宝年间，高仙芝（高丽人）、王毛仲（高丽血统）、哥舒翰（突骑施人）、安禄山（粟特人）等少数民族人士甚至担任了封疆大吏。从宗教文化的角度说，不仅外来的佛教盛行于中国，摩尼教、景教（基督教支派）、祆教也陆续进入中国传播。大历年间，荆州、扬州、洪州、越州各建摩尼寺。唐玄宗时期，允许天下府郡建大秦寺。史书记载，至少长安、洛阳、灵武、周至、沙州、广州都建有大秦寺，在洛阳的修善坊、会节坊、立德坊及河南、凉州建有祆祠。从生活方式的角度说，少数民族和外国人的生活方式几乎完全与儒家礼教的规范相反，他们带来的服装、玩物、游戏、歌舞无不体现了自由豪放的性格和文化。比如，有的舞者裸体而舞，有的歌舞"腾逐喧噪"。虽然有人批评"安可以礼义之朝，法胡虏之俗"，但整个社会不仅早已"胡化"，而且已经极度奢靡。到玄宗时，"长安胡化盛极一时"。玄宗虽然试图扭转局面，但种种措施都不奏效。上至王公大臣，下至街巷走卒，大多沉浸在异国风俗中不能自拔。于是儒家礼教的约束力丧失，是非善恶已经没有标准。玄宗注解《孝经》发生在开元十年（722），十年以后，他又注解了《道德经》，次年，他又注解了《金刚经》，三部经注都颁布天下，并称三经都是"不坏之法，真常之性"。显然，到此时，开放的帝国早已丧失了意识形态的纯一性，玄宗的做法，不过是步步后退而已。

以上三大原因，哪个更根本？在我看来，最独特、最重要的原因是第三点。也就是说，儒家思想在唐代没有完成转化性创造或创造性转化，它不能赢得异族人的普遍信仰，因此它也无法成为整合天下的强大的思想资源。从理论上说，儒家思想的转化性创造或创造性转化有两条路可走：一是上行路线，吸收当时流传在中国的各大宗教观念，形成一个包罗万象、涵盖天人的大系统，以赢得对天人关系的解释权；二是下行路线，吸收少数民族甚至异国的政治观念，抽象成为基础性、宪法性的底线共识，成为人间政治的合法性来源。遗憾的是，唐代不是一个思想家的时代，没有人做这种转化和创造性工作。老实说，这也不能怪唐代统治者，因为儒家以血缘关系为纽带、以农耕经济为基础的观念的确不易赢得游牧、商旅民族的认可，儒家要实现抽象化的历史条件或许也并未具备。这其中最典型的例证是，杨贵妃虽然收了安禄山做义子，但信奉祆教，自称是该教"光明之神"的安禄山并不能从心里认可儒家的忠孝观念，想反叛还是会反，不会有什么心理压力。从这个角度讲，那些始于北朝的少数民族倾慕华夏文化并力图归化的故事，或只是儒家的一种有意夸大。

从上述意义上讲，李唐盛世终于天宝是历史的必然。此后，则边将、女后、宦官、藩镇、盗贼相继作乱，开放的盛世风光不再，唐朝人的心灵由此告别了雍容、自由、开放，进入了批判、整肃异端以试图重整纲纪的时代。于是，先有韩愈发起的重振儒家道统运动，后有会昌灭佛事件。

我准备以韩愈为例来讲述安史之乱后的思想史，但要理解韩愈，又需要对安史之乱后的政治局面进行简要叙述。

安史之乱后，藩镇进一步坐大。唐德宗建中三年（782），朱滔、田悦、王武俊、李纳、李希烈同时称王。次年，朱泚赶跑德宗，在长安自称"大秦皇帝"。此后，边患不停，吐蕃、回鹘、云南多次进犯。元和十年（815），大臣武元衡、裴度相继被刺，宰相出门必须配护卫，"朝士未晓不敢出门，上或御殿久之，班犹未齐"，盗贼甚至敢威胁朝廷"毋急捕我，我先杀汝"。好在有回鹘、云南等相继背离吐蕃，朝廷也几次用兵击破吐蕃，边患随即得以解除。元和十二年至十三年，朝廷相继平定藩镇，宪宗朝出现中兴迹象。在此背景下，重振专制君权成为儒家士大夫的普遍呼声。于是，曾参与平定淮西之乱的韩愈（768—824）走进了思想史。

韩愈平生"以兴起名教弘奖仁义"为志向，其政治思想，以《原道》《原人》《原性》《原鬼》《论佛骨表》等文为代表，其宗旨不外后世所谓"君主专制"四字而已。韩愈不相信人民有自治能力，所谓"民之初生，固若禽兽然"，必有待君主教养。他在《原道》中说：

> 古之时，人之害多矣。有圣人者立，然后教之以相生相养之道。为之君，为之师。驱其虫蛇禽兽，而处之中土。寒然后为之衣，饥然后为之食。木处而颠，土处而病也，然后为之宫室。为之工以赡其器用，为之贾以通其有无，为之医药以济其夭死，为之葬埋、祭祀以长其恩爱，为之礼以次其先后，为之乐以宣其湮郁，为之政以率其怠倦，为之刑以锄其强梗。相欺也，为之符玺、斗斛、权衡以信之。相夺也，为之城郭、甲兵以守之。害至而为之备，患生而为之防……如古之无圣人，人之类灭久矣……是故君者，出令者也；臣者，行君之令而致之民者也；民者，出粟米麻丝，作器皿，通货财，以事其上者也。君不出令，则失其所以为君；臣不行君之令而致之民，则失其所以为臣；民不出粟米麻丝、作器皿、通货财以事其上，则诛。

换言之，在韩愈看来，君贵而民贱，人民离开君主，则一日不可活，君主失职，可以批评，但人民不承担义务，则当诛杀。韩愈有句名言："臣罪当诛兮，天王圣明。"这是不是令人毛骨悚然？

前世儒家圣贤，于君位传承尚贤，虽自禹始而传子，但儒家论证颇多含糊，如孟子，不过说"天与贤则与贤，天与子则与子"，儒家本不愿为君权世袭论张本。而韩愈从政治稳定的角度出发则认为："尧舜之传贤也，欲天下之得其所也；禹之传子也，忧后世争之乱也。尧舜之利民也大，禹之虑民也深。"受位之子不贤怎么办？韩愈的辩护词是：

> 传之人则争，未前定也；传之子则不争，前定也。前定虽不
> 当贤，犹可以守法；不前定而不遇贤，则争且乱。天之生大圣也
> 不数，其生大恶也亦不数……与其传不得圣人而争且乱，孰若传
> 诸子，虽不得贤，犹可守法。（《对禹问》）

这就是赤裸裸地为家天下背书了。韩愈怕天下因争权而乱，不知
只要人类社会存在，权争就不可避免，解决的办法不是取消权争，而
在于为权争设计出公允理性之解决办法。韩愈大概做梦也不会想到，
政治上的争斗，可以争而不乱。

韩愈自诩为当世圣人，"自度若世无孔子，不当在弟子之列"。孔
子之后，韩愈唯一服膺的，不过孟子一人。汉儒如董仲舒者，当然不
在他眼里。他首次提出了所谓儒家"道统"说：

> 博爱之谓仁，行而宜之之谓义，由是而之焉之谓道。……斯
> 吾所谓道也，非向所谓老与佛之道。尧以是传之舜，舜以是传
> 之禹，禹以是传之汤，汤以是传之文、武、周公，文、武、周公
> 传之孔子，孔子传之孟轲，轲之死，不得其传焉。荀（荀子）与
> 扬（扬雄）也，择焉而不精，语焉而不详。（《原道》）

在韩愈看来，自己就是孟子之后唯一的圣人。他虽高举孔孟的旗
帜，但抛弃了孔孟之民本主义而鼓吹君主专制，以此角度看，孔孟若
再生，必号召弟子"鸣鼓而攻之可也"。

让我们再来看看孔孟对君臣关系的看法。《论语》："子路问事君，
子曰：勿欺也，而犯之。"意思是，不要欺骗君主，而要敢于犯颜直

谏。孟子则说，要敢于"格君心之非"。即便是尊君的荀子，也说："从道不从君，从义不从父。"韩愈看不上荀子，其"臣罪当诛兮，天王圣明"论调怕是连荀子都会嗤之以鼻。有意思的是，孔子还说过："雍也可使南面。"意思是，仲雍这个学生有资格做天子。西汉人就是这么解释这句话的；但到了东汉，注疏家则将"南面"解释为做诸侯；到了六朝，注疏家又将"南面"解释为做卿大夫。可见汉以后是一个专制加深的时代，而到了唐代，韩愈甚至喊出了如此不知羞耻的口号，不知他来注解孔子这句话，会怎样歪曲原意。

韩愈既自命为当世儒家之圣人，那么道统所系，就极力排斥佛老杨墨，尤其排斥佛教不遗余力。韩愈之所以排佛，在于"佛者，夷狄之一法耳……不服先王之法，不知君臣之义、父子之情。""溺于其教者，以夷狄之风而变乎华夏，祸之大者也，其不为戎乎幸矣。"而观其驳论，不能深入佛老理路，无视儒家不能满足大多数人民的宗教信仰需求，纯从二教所引起的社会效果出发，多粗疏、浅薄、武断，极少宽容风度。如其斥佛骨为"朽秽之物"，士民之迎佛骨为"诡异之观，戏玩之具""伤风败俗，传笑四方"，灭佛骨之办法则为"付之有司，投诸水火，永绝根本"，灭佛老之办法为"人其人（明令和尚、道士还俗），火其书（焚毁佛、道典籍），庐其居（将寺庙、道观变成民房）"。

韩愈虽自命醇儒，其实思想驳杂，与"醇"字毫不相干。他反对神权迷信，但又相信天命鬼神；他认为墨家偏离正道，但又主张"孔墨并用"；他崇尚王道，鄙视霸道，但又称赞管仲、商鞅之事功；他抨击二王集团的改革，但在反对藩镇割据、宦官专权等主要问题上，与二王的主张并无二致。

韩愈既自命圣人，"习成文武艺"，自然就要"货与帝王家"，于是他自比"千里马""从龙之云""麒麟"，等而下之，则自比"诤臣"。为了求官，韩愈不惜低声下气给当权者写信自荐，自夸其才，自言其志，忸怩作态。韩愈文集中此类文章所在多有，真让人脸红不已，不堪卒读，不忍引述。需要说明的是，我不是第一个批评韩愈干禄之心太重的人，北宋欧阳修早已有过类似批评。程颐也说：

> 贤者在下，岂可自进以求于君？苟自求之，必无能信用之理。古人之所以必待人君致敬尽礼而后往者，非欲自为尊大，盖其尊德乐道之心不如是，不足与有为也。（《近思录》）

程颐并非苛责于人而宽待于己：

> 伊川先生在讲筵（皇帝侍讲）……不为妻求封。范纯甫问其故，先生曰：某当时起身草莱，三辞然后受命，岂有今日乃为妻求封之理。问：今人陈乞恩例，又当然否？人皆以为本分，不为害。先生曰：只为而今士大夫道得个"乞"字惯，却动不动是乞也。（《近思录》）

总之，韩愈思想狭隘浅薄，空有卫道之心，且怀帝师之想，称不上是思想家。因为韩愈无视儒家思想的根本缺陷——不能赢得汉族以外其他民族的认同，他对唐王朝开出的药方，就不过治标之术，而远非治本之道。

与韩愈同时期的儒家人物，还有李翱可以一提。韩愈卫道，在佛教的刺激下，不得不"原性"，而李翱则提出了"复性"论。所谓"复性"，就是恢复人之所以能成为圣人的纯正、向善本性。"妄情灭息，本性清明，周流六虚，所以谓之能复其性也。"如何恢复？不过还是如佛教禅定一样，斋戒静心，不思不虑，只是儒者在这一过程中需要达到的是至诚境界，而不是佛教的解脱境界。这就开启了宋明心性论儒学的大门。

问题在于，韩愈提出的"道统"，李翱提出的"复性"，如何才能赢得读书人的认可？对于前者，葛兆光指出，在韩愈、李翱时代，佛教与道教都已经建立了传承有序的传教谱系（其中包含虚构），这就为儒家虚构一套道统赢得人们潜意识的认可创造了条件。对于后者，《大学》对正心诚意的强调，《中庸》对天命之性的强调，都能为"性"的观念找到合法性根据。

韩愈力倡道统，目的在于垄断、独占真理，强化儒家作为意识形态的必要性。他也希望通过国家的科举考试和祭祀系统向全天下强力灌输这套意识形态。他先是在自己身边团结了一个文人集团，发动了文学革命，随着自己的政治地位日渐提高，加之他好为人师的性格，又试图把文学革命转变为一场思想革命，这就是所谓的"文以载道"。

他的思想革命赢得了一些人的赞同，但当时也有不少人看到了其中潜藏的思想专制的危险，批评他的人也不少。比如，韩愈的好朋友柳宗元就坚持认为韩愈所斥责的佛教"有不可斥者"。柳宗元也不喜欢韩愈好为人师的习惯，他自己坚决不愿当所谓的导师。宰相裴度也批评韩愈过于好文，"不以文为制，而以文为戏"。

有意思的是韩愈的学生张籍对韩愈的批评："执事（韩愈）聪明，文章与孟轲、扬雄相若。盖为一书而兴存圣人之道，使时之人、后之人知其去绝异学之所为乎？曷可俯仰于俗，嚣嚣为多言之徒哉？"这是批评韩愈热衷于批评别人，建议他写出理论专著来排斥佛老，不必在浅层次上喋喋不休。这是张籍在写给韩愈的书信中的建议。韩愈回信说，他不会写排斥佛老的书，因为这样做会得罪很多人。"今夫二氏（佛老）行乎中土也，盖六百年有余矣。其植根固，其流波漫，非所以朝令而夕禁也。"在我看来，以韩愈的理论素养，根本没有能力写出深入的排佛老之作。

更有意思的是张籍对韩愈的生活、处世作风的批评。韩愈好名、不宽容而且好赌博，张籍对此一一批评，认为老师的举止不合圣人之道：

> 然欲举圣人之道者，其身亦宜由之也。比见执事多尚驳杂无实之说，使人陈之于前以为欢，此有以累于令德。又商论之际，或不容人之短，如任私尚胜者，亦有所累也。先王存六艺，自有常矣，有德者不为，犹以为损，况为博塞之戏，与人竞财乎？君子固不为也。今执事为之，以废弃时日，窃实不识其然。且执事言论文章，不谬于古人，今所为或有不出于世之守常者，窃未为得也。愿执事绝博塞（赌博）之好，弃无实之谈，宏广以接天下士，嗣孟子、扬雄之作，辨杨、墨、老、释之说，使圣人之道，复见于唐，岂不尚哉！（《上韩昌黎书》）

不过，整体上看，韩愈的儒家专制主义在中晚唐并未成为读书人和士大夫的共识，他所推崇的孟子在唐代也没有进入官方祭祀名单中。

以韩愈为代表的儒家专制主义认为，只要排斥佛老，重整儒家纲纪，天下就能重回盛唐黄金时代。这不过是一种没有任何根据的空想。韩愈死后20年，即会昌四年（844），信奉道教的唐武宗在道士赵归真等人的怂恿下发动了大规模灭佛运动，拆了佛寺4600余座，强令26万多名僧尼还俗，拆除招提、兰若4万余处，庙产全部收归国有。遭到整肃的还有基督教和祆教，其命运与佛教等同。此举对佛教几乎是毁灭性的，它带来的后续反应显示，其对道教的打击也是毁灭性的。因为，两年后宣宗即位，下诏恢复佛教，同时诛杀、流放了赵归真等道士，道教的势力受到了极大打击。此后，佛道两教都开始走下坡路了。但唐朝并没有因此中兴，反而很快就走到了尽头。武宗灭佛和宣宗打击道教，充分说明了排斥佛老并不能赢得"美丽新世界"。

唐代思想史的演变画出了一条从自由开放到专制封闭的轨迹，这个轨迹说明了三个问题：一，无论初唐、盛唐的统治者是否主观上愿意，但客观上形成的思想上的自由开放局面和政治经济上的盛世是同构的。二，儒家思想无力应对开放时代，成为多民族政治共同体人民的普遍信仰。这一基本特点，在此后的中国历史上多次得到证明。非但如此，自由开放的时代必然导致人们对儒家价值的质疑。三，儒家知识分子面对乱世，习惯于在所谓异端思想上找祸根，而不知问题恰恰出在儒家自己身上。

第四章

第二十讲 宋明：从造天到灭天

这一讲开始我们讲宋明理学，本讲先梳理宋明理学概况。

由宋至明，中国人构造的思想体系，后人统称其为"宋明理学"。其实，两宋及元代，并无"理学"一名，当时人称之为"道学"。所以，直至元人修《宋史》，仍专列章节《道学列传》，记录两代思想家之事迹。后来，人们讽刺那些满口仁义道德，一肚子男盗女娼的人，就称其为"假道学"，对于那些捍卫道统的人，就称其为"卫道士"。"理学"一词正式使用，迟至元末张九韶编撰《理学类编》。此后，"理学"一词才逐渐广播，并为世人所接受。

"理学"，就是讲道理的学问，也是宋以后中国人的哲学。这里的"理"，是从天上到人间无所不包的法则、道理。

为什么理学诞生于宋代？原因至少有三个：

一、中国历史上每经大乱，新王朝一统江山之后，总有统一思想之需求与冲动。宋承唐末五代十国大乱而来，自然也有这一需求与冲动。理学运动本质上就是一场源自民间的思想统一运动。不过，王朝虽有统一思想的需求与冲动，并不意味着它一定能够实现。对理学而言，统一思想的需求与冲动只能算是必要条件，不能算是充要条件。

二、宋代皇帝自太祖开始，即定下偃武修文、优待读书人的国策，这使读书人得以恢复自信，重拾尊严，也使他们能够从容思考，建构思想体系。太祖被部下将领黄袍加身，担心部下故技重施，遂演出"杯酒释兵权"的大戏。治理天下不能靠武人集团，必须依靠较易控制的文人集团。于是，开国初期，太祖就立下了"不得杀士大夫及上书言事人"的祖训。两宋读书人政治地位之高远非唐代可比。他们可以担任政府实职，掌握行政权，也可负责谏议监察，所以宋代士大夫的谏议监察权很大。读书人如果不做官，还可以成为负责民间教化和维护秩序的绅士；有志于学问者，则可以自办书院，所以宋代书院发达，民间讲学兴盛。这种种因缘际会交相激发，重新点燃了读书人用道统来制约君权的梦想。所以，宰相赵普对太祖说："天下惟道理最大，故有以万乘之尊而屈于匹夫之一言，以四海之富而不得以私于其亲与故者。"枢密使文彦博更是直谏神宗，说皇帝"为与士大夫治天下，非与百姓治天下也"。

三、宋代政治、军事力量不振，其版图自始至终远不能与汉唐盛世相比。辽、西夏、金、蒙古等少数民族政权势力都很强大，且不断侵犯边境，代表汉人的宋朝时时处于被侮辱、被损害，以至于不得不不断示弱、退让的境地。北宋朝，先有澶渊之盟，后有靖康之耻。南宋朝，朝廷更是偏安东南，无力复振，最后只能被元朝摧毁。在此背景下，上至君臣，下至民间，无不被深深的忧患意识笼罩。这种忧患意识激发了士大夫以天下兴亡为己任的责任感，所以北宋范仲淹说"居庙堂之高则忧其民，处江湖之远则忧其君"。忧患意识也激发了知识分子自觉地进行思想创造的担当意识。为了提振汉人王朝的自尊心，他们一方面总结历史教训，认为中国之乱，在思想上源于释道两教风靡，于是理学必须反此二教，独自树立；另一方面，则强调汉人王朝政治、文化之优异。于是，欧阳修写了《正统论》，孙复写了《春秋尊王发微》《儒辱》，石介写了《中国论》《怪说》。石介说："居天地之中者曰中国，居天地之偏者曰四夷。""四夷处四夷，中国处中国，各不相乱。"他认为，"中国人"当然应该排斥来自"夷狄"的佛教，因为佛教"灭君臣之道，绝父子之情，弃道德，悖礼乐，裂五常，迁四民之常居，毁中国之衣冠，去祖宗而祀夷狄"。

众所周知，明代以王阳明为代表的心学虽然也属于宋明理学的范畴，但阳明心学与两宋道学大不相同，甚至可看作是对道学的反动。理学的发展为什么走出了如此轨迹？这里，我先仅从社会环境变化的角度指出要点。

理学在宋代并不是官方意识形态，而是民间自发产生的新学。理学家们的目标虽然是建构新的意识形态，但在现实生活中，他们都不是掌握了实权的高官，他们扮演的主要是教师和政治批评者的角色。正是因为理学家的这一现实处境，使理学充满了生命力而不至于僵化。

吊诡的是，两宋汉人政权并未将理学升格为官学，倒是元朝统治者给了理学极大的恩典。元仁宗皇庆年间，朝廷规定科举考试以朱熹选定的"四书"为课本，以朱熹撰写的《四书章句集注》为参考书。当然，这都是出于统治的需要，但民间学术由此也就成为了官方意识形态。自此以后，截至晚清废科举以前，理学一直是官方意识形态。

明代是一个高度君主专制的时代。胡惟庸案后，太祖朱元璋废除了宰相一职和三省制度，皇帝直管六部。皇帝还经常打击由士大夫负责的谏议监察权，朝廷廷杖大臣更是屡见不鲜，而依靠太监建立起来的"警察国家"更使天下读书人时刻处于惊惧之中。皇权不尊重读书人，甚至屡屡践踏读书人的尊严，读书人自然就不会产生与皇权风雨同舟的意识，所以明代读书人对皇朝往往投以冷眼旁观的态度，这与宋朝完全相反。理学既然是皇朝的统治工具，就必然日趋教条僵化，束缚了天下士子之心灵，读书人对皇权日趋疏离、反感，自然就会波及为王朝合法性进行论证的理学。于是，一旦王阳明喊出"心外无理""心外无义""心即天"的口号，天下读书人大多望风响应。因为，心学从本质上讲是帮助人们摆脱理学桎梏的学问，它在精神实质上是号召人们独立、自由、解放的。

以上是宋明理学的发生、发展背景及其演变逻辑。但一项持续久远的思想运动之所以发生，外因固然重要，更重要的却是思想发生、发展、演变的内在逻辑和理路。下面，我就试着勾勒一下宋明理学的内在演变逻辑。

整体上说，宋明理学是由宋代儒家知识分子发起的一场旨在清除释道两教及汉儒天人感应说影响的思想运动。这一运动以回到孔孟为宗旨，以发挥儒家经典为手段、路径，以凸显心性论和人的主体性为特色，以重建中国人的伦理道德为现实诉求。需要强调的是，宋明理学家虽然反对佛教，但其反对的主要是佛教舍离现实人生的态度，转而肯定现实人生的意义；与其说他们反对佛教尤其是禅宗的心性论，毋宁说他们融合了佛教精密的心性论，以完善孔孟粗疏的心性论。与此相应，宋明理学家虽然反对道教，但其反对的也主要是道教顺应万物、与世混沌的人生观，并不反对道教的宇宙论。至少，在宋明理学的初创阶段，理学家们仍然借助了道教的宇宙观。

从宋明理学的内在演变逻辑看，这场回到孔孟的思想运动可以划分为奠基、成熟、解体三个阶段，三个阶段的代表人物分别是：周（敦颐）张（载）、程（颐）朱（熹）、陆（九渊）王（阳明）。每一阶段的后一代表人物比前一代表人物更为重要，因此也可将宋明理学三个阶段代表人物简化为：张载、朱熹、王阳明。在这三个阶段，理学家关注的重点并不相同，根据其关键词，又可将三个阶段分为：天理阶段、性理阶段、心理阶段。

　　周敦颐被尊为"宋儒之首"，治学从《易传》《中庸》出发。因为在宋初，道教象数之学已侵入易学，所以周敦颐思想虽以儒家为主，也掺入了道教因子。张载的情况与周敦颐类似，也是从《易传》《中庸》出发发挥儒家思想。所不同的是，宋明理学的基本命题，均已由张载提出和规定。要言之，周、张的兴趣，在构造一个高悬的天。这个天，既包含主宰之天，也包含规律之天，前者为宗教之天（天），后者为哲学之天（理）。二者皆与个人这个主体性存在没有太大关联，因此其思想与孔孟最远。

　　二程（程颢、程颐）兄弟都是周敦颐的弟子，所治经书以《中庸》《大学》为主，兼取《易传》形上学观念。但二程论学，以"性"为核心，这就是所谓的"性即理"。在二程看来，"性"就是"天"赋予人的"理"。二程与周、张最大的不同在于，他们所言之天，为主宰之天，而排除了周、张思想中规律之天的成分。二程之所以提出"性即理"的观念，目的显然是为了沟通天人。

　　朱熹治学极其渊博，他努力综合周、张、二程，事实上成为宋儒之集大成者。后世以"程朱"并称。需要指出的是，"程朱"之"程"，单指程颐，不包含程颢。朱熹虽然试图沟通天人，但在他的思想中，天的地位远高于人，所以在他和吕祖谦编辑的《近思录》第一章即讨论"道体"，这是孔孟从来没谈到的主题。因为朱熹试图综合周、张、二程，所以朱熹思想中的天混杂了主宰之天（天）和规律之天（理），这一点与二程又存在极大的不同。

　　不管是主宰之天还是规律之天，问题在于，在程朱理学中，天人关系并不融洽。这里有必要展开讲一下程朱理学的内在紧张，这种紧张最终导致了程朱理学的解体。

　　其实程朱关注的问题，张载早就提出了，这就是"心统性情"的问题。张载认为，"心"分为"性""情"两个方面，"性"是"道心"，"情"是"人心"。"性，心之所具之理。而天，又理之所从出也。"为什么"性"是"道心"？因为它来自天理（道）。"性"是天赋予人的——"天命之性"，"情"是人本身具有的感性——"气质之性"。朱熹同意张载关于"心""性""情"的解说，还认为喜怒哀乐未发时是"性"，已发时是"情"。"性者心之理，情者心之动，心者充性情之主。""此心之灵，其觉于理者，道心也；其觉于欲者，人心也……人心出于形气，道心本于性命。"

心、性、情等概念是宋明理学的基本概念，由这些概念出发，后来就演变出了如今我们耳熟能详的诸如"心性""性情""道理"等诸多近现代词汇。所以，搞清这些概念是理解宋明理学的前提，也是理解中国人日常观念的前提。为了帮助大家理解这些概念，让我用下面几个等式来表明这些概念的关系：

心＝性＋情

性＝道心＝天命之性＝天理＝绝对理性

情＝人心＝气质之性＝包含人欲＝感性

道心与人心，即性与情之间是一种什么关系呢？道心来自天，但必须通过人心来呈现。人心则是人生来就有，但如果离开道心的规制，人就无异于禽兽，而不能称其为人，因此人心也不应该离开道心。综合言之，从必然性上看，道心不离人心；从应然性上看，人心也不离道心。二者是一种相互依存的关系。

朱熹是懂得这个道理的，所以从理论上讲，他一方面强调道心，另一方面也承认人心的必要性。他说："向来专以人可以有道心，而不可以有人心，今方知其不然。人心出于形气，如何去得！然人于性命之理不明，而专为形气所使，则流于人欲矣。如其达性命之理，则虽人心之用，而无非道心……可学以为必有道心，而后可以用人心，而于人心之中，又当识道心。""性只是理，然无那天气地质，则此理没安顿处。""虽是人欲，人欲中亦有天理。"

对于道心与人心的关系，程朱开出的药方都是：道心是第一位的，人心是第二位的，人心必须从属于道心。不过，话虽如此，人心哪那么容易时时处处服从于道心的规制。更大的问题则正如朱熹所言，"天理人欲，几微之间"。既然天理、人欲之间的界限没法分清，则天理与人欲之间就会经常处于"如血战相似"状态。于是朱熹又说："天理存则人欲亡，人欲胜则天理灭。"结论则是要"存天理灭人欲"。显然，他自己推翻了天理人欲可以和谐共存的理想，或者至少说他的理论之中存在着无法化解的、深刻的矛盾。

最早向程朱理学提出挑战的是与朱熹同时代的陆九渊。陆九渊说："心一也，人安有二心？"与程朱的"性即理"不同，陆九渊明确提出"心即理""心外无理"。他还说："万物森然于方寸（心）之间，满心而发，充塞宇宙，无非此理。""心之体甚大，若能尽我之心，便与天同。""收拾精神，自作主宰，万物皆备于我，有何欠缺？当恻隐时自然恻隐，当羞恶时自然羞恶。"在整个宋明理学运动中，陆九渊第一次提出了人的主体性的重要性，他的思想也更接近孔孟本旨。但是，由于当时程朱理学的影响过于强大，也由于陆九渊的理论系统性不够，所以他的主张在宋代影响极小。

真正高扬人的主体性，将陆九渊首倡的心学推向高峰的是明代的王阳明。王阳明问："忠与孝之理，在君亲身上？在自己心上？若在自己心上，亦只是穷此心之理矣。""假而果在于亲之身，则亲没之后，吾心遂无孝之理欤？"这种对程朱理学的质问是很有说服力的。

从理论建构上，王阳明先是提出了"工夫"论直探人的本心。他认为，知就是行，行不离知，"知是行之始，行是知之成"，所以"知行合一"。然后他又提出了著名的"致良知"说，"良知是天理之昭明灵觉处"，良知就是本体，"充其恻隐之心，至仁不可胜用，这便是穷理工夫"。

需要指出的是，其实程朱（理学）、陆王（心学）都要"明天理去人欲"，但两派方法不同，程朱重先验之理，陆王重超验之心；程朱重由上至下，陆王重由内而外、由下而上。因为陆王重由内而外、由下而上，所以比周张、程朱更能体现宋明理学回到孔孟（心性论）的宗旨。但同时，因为陆王重由内而外、由下而上，高扬人的主体性，也就解构了儒家的既有规范。

应该说，这并不是陆王的初衷，王阳明的本意不过是从良知中发现天理而已。但是，正因为他强调心的作用，王学后继者按阳明的思想逻辑，最后就必然发展到"任心之自然"，取消既定天理的地步。王阳明之前，陆九渊已提出"自作主宰""自立自重"的主张，认为"六经皆我注脚"。王阳明既以"良知"为主体，自我便成为宇宙人间的最高权威。先秦儒家毕竟还重视天命，至阳明弟子王艮，却提出了"造命""易命"论。于是，程朱所极力反对的人欲、私心也得到了王学后人的肯定。陈乾初说："人欲恰好处，即天理也。"李贽则说："夫私者，人之心也。人必有私而后其心乃见，如无私则无心矣。"至此，朱熹担心的情况终于出现了，"专言知觉者，使人张皇迫躁而无沉潜之味，其弊或至于认欲为理者有之矣"。

宋明理学以回到孔孟为宗旨，到王阳明算是真正回到了孔孟，或最接近孔孟，但回到孔孟的结果却是让宋明理学乃至孔孟之学解体。这说明了什么？说明回到孔孟不能解决问题，王阳明的失败其实证明了孔孟的失败。那么我们要问，为什么要回到孔孟？孔孟为什么具有不可置疑的权威性？后世为什么还有种种回到孔孟的无谓努力？

因为心学高扬人的主体性，必然导向对个人独立、自由等价值的提倡，从这个意义上看，也可以说王阳明是中国式自由主义的大宗师。当然，我这里说的"自由主义"，采用的是最为宽泛的概念，与西方近世诞生之自由主义存在巨大不同。

由此，宋明理学走完了从天理阶段到性理阶段，再到心理阶段的历史过程。这是一个逐渐用人替代天的过程，人的价值不断抬高，天的权柄逐渐下降，因此也可以说是一个从造天到灭天的过程。即便在天理阶段，宋明理学的起点就不高，因为如果仅仅把天理解成理，就杀死了活生生的人格神，至少是限制了其内容，将天矮化成了无情感的理之聚集了。

因为宋明理学日趋走向个人心理，所以整体上体现的是一种内倾性格。换言之，理学于政治思想着意不多。但众所周知，孔孟儒学包含内圣、外王两个缺一不可的方面。从这个角度看，宋明理学是相对跛足的儒学。因其如此，也因为宋代自始至终处于外患之中，于是自然就激发出了与理学相别，甚至相对、相反的经世致用学派，他们斥心性为空谈，疾呼富国强兵。经世致用学派在北宋的代表人物有欧阳修、李觏、王安石等，在南宋有薛季宣、吕祖谦、陈傅良、陈亮、叶适等。这一学派在明代则表现为东林党人运动。

鸟瞰整部中国思想史，如何评价朱熹、王阳明二人之得失？这是一个非常不容易回答的问题。在我看来，中国至今写作思想史、哲学史的学者大都没有很好地回答这个问题。之所以如此，根本原因在于习惯于常识理性和实用理性的中国学者不太能够深刻理解"天"对个人和人类的价值。

在我看来，首先必须明确天对人的价值。必须强调的是，人类社会的一切价值，都只能来自于天。而且这个"天"，只能是人格化的主宰之天。任何价值要能在人心扎根，最后也都只能源自于信天。为什么？让我们来看政治哲学的核心词。对政治而言，有人主张自由，有人主张平等，通过纯粹的辩论，这两种人就能相互说服对方吗？不可能，因为主张自由的人，根本上是信奉自由的价值；主张平等的人，根本上是信奉平等的价值。信什么这个领域的事是可以通过理性说理解决的吗？不可能，因为它们根本上就分属两个领域。中国人口头上老说"天赋人权"，其实"天赋人权"已经充分说明了人类的价值源自于天的事实，而且这里的天显然只能是主宰之天。客观规律之天、自然之天均是无情之天，怎么可能赋予人权利呢？可惜的是，人们口头上说"天赋人权"，心里并未深刻理解"天"的含义与价值，其着重点不过是在"人权"而已。

在一个民族的思想深处，有没有这个天，导致的后果是截然不同的。信天，就会敬天，敬天，才能爱人；不信天、不敬天，做事就无底线。即便是上文所说"天赋人权"问题，如果不信这人权是天赋予你的，而且是不能让渡的，谁会拼命去争取它？

谈完了天对人的重要性，我们再来评价朱熹和王阳明得失。让我们再次简要回顾宋明理学走的这个从造天到灭天的历史轨迹：周、张试图造出一个天，但他们的天混杂了主宰之天和规律之天，因此并不纯净。二程继续造天，所造为主宰之天，显然比周、张高明。朱熹又回到混杂之天，虽然高扬天理，但其实并未深刻认识到一个单一的主宰之天的重要性。从这个意义上讲，他不如二程。但不管怎么说，他还没有放弃天，就此而言，他显然比王阳明深刻、高明。周、张、程、朱都在努力造天，但陆、王却在努力拆除这个天。从这个意义上讲，阳明堪称不智。要知道，当一切价值都被解构以后，人类皈依何处？而只要有人类社会，人心又怎能无处皈依？人心无处皈依，不就等同于身处荒原的动物吗？

所以我认为，中国人内心深处原本就稀薄的天并不坍塌于清末西学东渐，而是在王阳明时就已被完全捅烂了。阳明以后，直至今日，这个天也并未得到有力修补。

阳明心学是中国式自由主义，从它解放人们早已禁锢的心灵而言，可谓功德无量。但问题在于，自由与秩序是一体两面，人类需要自由，但同时也不能没有秩序。没有秩序，自由也无法得到保障。王学及王学末流重于解构而轻于建构，所谓"冲决网罗"是也，但他们没有认识到，一切都可解构，天是不能不断解构下去的。

王阳明之外，宋儒主张的主宰之天就好吗？如果好，又为什么会坍塌呢？

李泽厚曾将朱熹的"理"与康德的"绝对命令"进行对比，并认为二者存在相似性，因为二者都强调道德价值的绝对性。不过，康德学说诞生于宗教文化背景之中，他的"绝对命令"源于超验的上帝。相比而言，朱熹的"理"因为对主宰之天的强调不够，其超验价值的来源就要单薄得多。这不是朱熹一个人的问题，甚至不是宋儒这个群体的问题，而是儒家本身的问题。

儒家的天不过是对人间秩序的合法化表达，天道从上天的"生生之德"推出。儒家的仁义礼智信也是天道，而这个天道的内容最多不过是圣人总结的结果。但圣人也是人，而不是神。换言之，儒家的天道不过是对人伦价值的模拟，天源自于人，而非人源自于天。这样被抽象出来的天道，虽然理论上高于人道，但其本质还是人道，其对人性的提举作用是相当有限的。而且，如果这个由历史形成的人道并不符合人性，它上升为天道就会对人产生禁锢。显然，天的超越性远高于人，即便后者是圣人。

程朱理学总是让人陷入天理、人欲交战的困境之中，这是很多人批评程朱理学的着力点，典型的说法即后世所谓"天理杀人"。我在上面从最浅显的角度也如此主张。但往深处说，问题并不在此，类似天理与人欲的对立或挣扎，在任何宗教或宗教性的文明系统里都存在。这体现了超越与临在、彼岸与此岸必有、必要的张力。这其实是健康的张力，也是神人、天人、梵我的必有区别和对立，否则二者就没有区别了。问题在于如何处理这种张力，或者如何化解这其中的焦虑，使人性得到舒展，但又不要流于放纵。

问题的关键在于如何理解天、如何理解自由？由于上天是自由行事的，如果人性是天赐予的，那么人崇尚自由就是天赐予的。因此，人的自由是有神圣源头的，同时又是有边界的，这个边界就是上天的旨意。因为有边界、有制约，这样的自由就不会导致放纵。宋明理学的天道基本上是基于人伦的，越发展到后来，人实际上越会踢开上天闹革命，自以为是，甚至自以为神，于是人只对自己定的标准负责任，天理、人欲的关系就更加纠结：基于人伦的天本质上既然是人本的，是人构建的，那么，人哪能抵御人欲的试探呢？通俗而言，宋明理学中天理人欲交战的实质是离不开私欲的人在与自己内心定的那个标准交战，其结果就只能是自己定的标准被不断拉低，以服从利益的需要。于是，放纵就成了必然。不仅如此，人们还会为自己的放纵找到各种理论上的借口，甚至拉来上天背书，以此自我安慰，自欺欺人。

至此，我们可以说朱熹和王阳明都存在思维盲区。这个盲区，就是对天的认识不足。如果要我用最简洁的话来概括本讲论旨，我会说：

天就是天，人就是人。苍天无限，人力渺小。

天悬人安，天低人危。天本自启，道本自道。

舍天论道，坐井观天。无法无天，天怒人怨。

第二十一讲　周敦颐：重建天人

这一讲我们讲周敦颐，他是宋明理学的开山鼻祖。

周敦颐（1017—1073）是个非常有意思的人。与跟他同辈的邵雍一样，二人都是名士、高士，与后世以程朱为代表的正襟危坐、峨冠博带、力斥佛老的理学家截然不同。他当过的最高官职是江西南昌知府，但他的兴趣是当个隐士。他不喜欢交游时人，喜欢神交古人，也极喜游历山川，渴慕神仙生活。晚年定居庐山莲花峰下，号"濂溪"，人称"濂溪先生"。他从不铲除窗前野草，因为他要借此感悟万物生机。他的生活作风是道教徒式的。他也能欣赏佛教的妙处。众所周知，他写过流传千古的散文名篇《爱莲说》，可是大家想过没有，为什么他爱的偏偏是莲花？莲花不正是佛教的象征物之一吗？他就不怕别人批评他这个新儒家的开山鼻祖思想不纯吗？其实这都是以俗人眼光揣度高士。在像周敦颐这样的高士眼里，这些都不是问题，因为他从来没想过要当什么开山祖师。他在思想史中的地位是被后人，尤其是朱熹，极力强调并论定的。

朱熹对周敦颐评价极高，认为他接续了儒家道统：

盖自邹孟氏没而圣人之道不传。世俗所谓儒者之学，内则局于章句文词之习，外则杂于老子释氏之言，而其所以修己治人者，遂一出于私智人为之凿，浅陋乖离，莫适主统，使其君之德不得比于三代之隆，民之俗不得跻于三代之盛。若是者盖已千有余年于今矣。濂溪周公先生，奋乎百世之下，乃始深探圣贤之奥，疏观造化之原，而独心得之。立象著书，阐发幽秘。词义虽约，而天生性命之微，修己治人之要，莫不毕举。河南两程先生既亲见之而得其传，于是其学遂行于世。士之讲于其说者，始得以脱于俗学之漏、异端之惑，而其所以修己治人之意，亦往往有能卓然不惑于世俗利害之私，而慨然有志于尧舜其君民者。

（《朱文公文集》卷七十八）

朱熹文中提到二程"亲见"周敦颐"而得其传"，说明周敦颐在世时就已经有人认识到了他的价值。周敦颐任南安军司理参军时，还比较年轻，二程的父亲程珦通判军事，见周敦颐"气貌非常人，与语，知其为学知道，因与为友，使二子颢、颐往受业焉"。程珦欣赏周敦颐的学问，因此请他当自己两个儿子的老师。黄庭坚则赞赏周敦颐胸怀广大、超然脱俗，"如光风霁月"。

周敦颐说："圣希天，贤希圣，士希贤。"他深刻地认识到了"天"的价值，作为思想家，他的志向是"明天理之根源，究万物之终始"。他的两部代表作是《太极图说》（又称《太极图易说》）、《通书》（又称《易通》）。他通过这两部著作构建了新的天人关系。太极图源于道教，可见周敦颐思想受道教影响极深。

有人说《易经》是中国人的《创世记》，在我看来，《太极图说》就是宋明理学的《创世记》。《太极图说》不过是一篇249字的文章，表面上看，它只是对太极图（与今日所常见太极图不同）的解说，但周敦颐据此规定了半部中国思想史的发展方向。《太极图说》全文如下：

> 无极而太极。太极动而生阳。动极而静，静而生阴。静极复动。一动一静，互为其根。分阴分阳，两仪立焉。阳变阴合，而生水火木金土。五气顺布，四时行焉。五行一阴阳也，阴阳一太极也，太极本无极也。
>
> 五行之生也，各一其性。无极之真，二五（即阴阳五行）之精，妙合而凝。乾道成男，坤道成女。二气交感，化生万物。万物生生，而变化无穷焉。
>
> 惟人也，得其秀而最灵。形既生矣，神发知矣。五性感动而善恶分，万事出矣。圣人定之以中正仁义而主静，立人极焉。
>
> 故圣人"与天地合其德，日月合其明，四时合其序，鬼神合其吉凶"。君子修之吉，小人悖之凶。
>
> 故曰："立天之道，曰阴与阳。立地之道，曰柔与刚。立人之道，曰仁与义。"又曰："原始反终，故知死生之说。"大哉《易》也，斯其至矣！

此文看似简单，但如何解读，尤其对文中"无极"与"太极"关系的理解，历来众说纷纭。南宋时，陆九渊、陆九韶兄弟曾就文中"无极"一词与朱熹辩论两次，每次辩论，双方都写了上万字书信阐述己见。陆氏兄弟认为，"无极"一词源于道家，《太极图说》有"无极"，但《通书》中不见"无极"，所以"无极"是个累赘无用之词，或者是周敦颐学问未成熟时的提法。朱熹则在答陆九韶的信中说："然殊不知不言无极，则太极同于一物，而不足为万化根本；不言太极，则无极沦于空寂，而不能为万化根本。"但朱熹又认为："上天之载，无声无臭，而实造化之枢纽，品汇之根柢也，故曰'无极而太极'。非太极之外，复有无极也。"我认为，陆氏兄弟此见偏狭，朱熹看到了太极本身的问题，以及"无极"的价值，但对"无极"与"太极"关系的理解也是错的。"太极"是一切存在的总和，"无极"则可谓抽象的主宰之天。"无极而太极"之"而"字，并不是并列义，而是承接义，也即是"无极"生出"太极"。"太极本无极"则是"太极本于无极"义，而非"太极"的本质是"无极"。

为什么如此解释？首先当然是从文章内在逻辑链条和作者用词习惯出发（此中细节此处不再展开）分析的结果，其次是从该文版本变迁出发的分析结果。"无极而太极"最初有两个版本：《国史·周敦颐传》原文为"自无极而为太极"，《九江故家传本》原文为"无极而太极"，两个版本均显示出是"无极"生出了"太极"。

要言之，周敦颐通过引入道家的"无极"观念，即"有生于无"的观念，将其嫁接于儒家的"太极"观念上，重新构建了儒家的天道观和天人关系，弥补了传统儒家天道观不足的缺陷。周敦颐思想中的"天"就是无极，他的宇宙万物生成逻辑是：无极生太极；太极生阴阳；阴阳生五行；阴阳五行化生万物；人为万物灵长；圣人与天地一体，故能为人间制定标准。至此，周敦颐为天、地、人都立了法：天之道为阴阳，地之道为刚柔，人之道为仁义。

周敦颐对道家的借用不仅体现在关于"无"和"无极"的观念上，还体现在"主静"观念上，但这一切借用的目的还是为了重新激活儒家，引出"圣人定之以中正仁义"的论点。可以说，作为思想家的周敦颐调用了道家的思想资源对儒家实现了"转化性创造"。而且，这一"转化性创造"不仅体现在对道家的借用上，还体现在对阴阳五行观念的借用上。要知道，周敦颐是根据《易传》来解释太极图，但

《易·系辞》里有"四象八卦"观念，并无五行观念，《太极图说》里的五行观念完全是周敦颐自己加进去的。

《太极图说》虽然高屋建瓴、开天辟地，但毕竟文辞简约，很多问题并没有说清楚。比如，主宰之天与人的主体性之间到底是一种怎样的关系？天在何种程度上主宰？人在何种程度上可以努力？这就要留待《通书》来解说了。

《通书》共40章，起于论"诚"，终于论"蒙""艮"二卦。金观涛认为："《通书》解决了儒学的另一个重大命题，这就是圣人可学。""在汉代，因为圣人不可学，最多可以修炼成为君子，君子的道德实践必须是为帝王服务。周敦颐则肯定地说，圣人可学，士子只要去欲修身就可以成圣，在境界上明显高于为帝王服务。"的确，在《通书》中，周敦颐提出了一个自问自答的问题："圣可学乎？曰，可。曰，有要乎？曰，有。请闻焉。曰，一为要。一者，无欲也。无欲则静虚动直。静虚则明，明则通。动直则公，公则溥。明通公溥，庶矣乎。"显然，周敦颐这里已暗含后世"天理人欲"说了。

如何才能成为无欲的圣人呢？关键是"诚"。"诚"是源自《中庸》的重要观念，《通书》借此观念以作为全书中心观念。在《中庸》中，"诚"有"本体"及"工夫"二义，前者指天的本质属性，后者指通向天的方法和路径。《通书》对"诚"的解释与《中庸》相同，有时它又兼容了这两层意思：就本体义而言，《通书》的表述有"大哉乾元，万物资始，诚之源也""乾道变化，各正性命，诚斯立焉，纯粹至善者也"。本体意义上的"诚"，既是主宰之天，又是万物创生者。就工夫义而言，《通书》的表述有"圣，诚而已矣。诚，五常之本，百行之源也"。就本体、工夫兼容义而言，《通书》的表述有"诚者，圣人之本"。这句话可以理解为"圣人所本（依据）的是诚"，也可以理解为"圣人之所以是圣人，是因为他能达到诚的境界"。

周敦颐还提出了一个与"诚"相应的概念——"几"。"寂然不动者，诚也。感而遂通者，神也。动而未形有无之间者，几也。诚精故明，神应故妙，几微故幽。诚、神、几曰圣人。""几者，动之微，善恶所由分也。盖动于人心之微，则天理固当发现，而人欲亦已萌乎其间矣。"这两句话的意思是，天道是"诚"，所以人应该"诚"，但人心一动，可能做到"诚"，可能做不到。做到，就是善；做不到，就是恶。做到，是因为服从天理；做不到，是因为摆脱不了人欲。所以，善恶全由"动"来定。"动而正曰道，用而和曰德。""邪动，辱也。甚焉，害也。故君子慎动。"先秦儒家主张刚健有为，而周敦颐主张"心静""慎动"，已经开启了宋明理学内倾化方向。

人能否做到"诚"，与"性"有关，所以周敦颐也提到了"性"这一概念。但他所说的性，不过是一种感性的存在，也就是我在上一讲讲到的"气质之性"，与程朱的定义截然不同。周敦颐说："性者，刚柔善恶，中而已矣。"这句话，联系下面这句话则可以解释："惟中也者，和也，中节也，天下之达道，圣人之事也。故圣人立教，俾人自易其恶，自至其中而已矣。"简言之，性分刚柔善恶，但最好的性是中和之性。因为天道就是中道，所以人能达致中和之性，也即"诚"，这样就能沟通天道。天人合一由此证成。

上面讲到，《太极图说》得出的结论是"天道为阴阳，人道为仁义"，那么，阴阳与仁义之间是什么关系？《通书》回答了这个问题："天以阳生万物，以阴成万物。生，仁也。成，义也。故圣人在上，以仁育万物，以义正万民。"

《通书》还论及了种种问题，兹不详及。

通观《太极图说》及《通书》可知，作为宋明理学的开山祖师，周敦颐只大略论及了天人关系，其中有太多细节问题没有论及，而且周氏之理论体系并不圆融。比如，天道既然主宰万物，人欲又从何而来？"性"既然只是"气质之性"，那就只是一种客观存在，它为什么或在何种意义上才能达致中和状态？如此等等。

凡开宗立派者，其理论都很难精纯完备，所以我们对周敦颐也不能苛责。

第二十二讲　邵雍：游戏天数

这一讲我们讲邵雍。

在中国历代思想家中，最狂的莫过于邵雍（1011—1077）了。因为，他自称是天地的学生。且看他的自传《无名君传》：

> 无名君生于冀方，长于冀方，老于豫方。年十岁，求学于里人，遂尽里人之情，己之滓十去其一二矣。年二十求学于乡人，遂尽乡人之情，己之滓十去其三四矣。年三十求学于国人，遂尽国人之情，己之滓十去其五六矣。年四十求学于古今，遂尽古今之情，己之滓十去其七八矣。五十求学于天地，遂尽天地之情，欲求于己之滓无得而去矣。
>
> 始则里人疑其僻，问于乡人，曰：斯人善与人群，安得谓之僻？既而乡人疑其泛，问于国人，曰：斯人不妄与人交，安得谓之泛？既而国人疑其陋，问于四方之人，曰：斯人不器，安得谓之陋？既而四方之人又疑之，质之古今之人，古今之人终始无可与同者。又考之于天地，天地不对。当时也，四方之人迷乱不复

得知，因号为无名君。夫无名者，不可得而名也。

邵雍又曾作诗自赞，他很喜欢这首诗，《传》文中曾引述了一半，整首诗为：

> 松桂操行，莺花文才。
> 江山气度，风月情怀。
> 借尔面貌，假尔形骸。
> 弄丸余暇，闲往闲来。

如自传及自赞诗所言，邵雍小时候就"自雄其才，慷慨欲树功名，于书无所不读"。成年后，他意识到不能从故纸堆中讨学问，自叹"昔人尚友于古，而吾犹未及四方"。于是，泛游天下，足迹曾至河汾、淮汉，以至于山东、江苏、湖北等地。回到家乡后，共城令李之才拜访他，问他是否愿意学"物理性命之学"（象数之学）。邵雍愿意受教，李之才就教他《河图》、《洛书》、八卦、六十四卦之类学问。他虽学自李之才，但"探颐索隐，妙悟神契，洞彻蕴奥，汪洋浩博，多其所自得者"。

邵雍在世时就已名满天下。他周游天下后回到了洛阳长住，其时洛阳是北宋的文化中心，退休高官司马光、富弼、文彦博、吕公著等人都住在洛阳，晚邵雍一辈的学者二程也住在洛阳。这些士大夫和学者结成了一个较为紧密的清谈组织，邵雍是这个组织的灵魂人物。这些高官不仅"雅敬雍，恒相从游"，而且送他房子、花园。司马光写《历代论》《资治通鉴》时，也曾听取邵雍的意见。邵雍不仅是洛阳这个文化沙龙的灵魂人物，甚至堪称当时的士林领袖，史书记载："士之道洛者，有不之公府，必之雍……贤者悦其德，不贤者服其化。"

邵雍年轻时有功名心，但长居洛阳以后，对做官渐失兴趣。那些高官朋友多次向朝廷举荐他，朝廷也愿意付之高位，他都推辞不就。他的生活状态，正如吕希哲在和邵雍诗中所言，"先生不是闭关人，高趣逍遥混世尘"。无独有偶，程颢也在和邵雍诗时说他"混世尘"。

流传下来的邵雍故事很多，其中不少都是说他能未卜先知，非常神奇。比如，吕惠卿为相之前，洛阳有杜鹃啼鸣，邵雍闷闷不乐，别人问他缘由，他说："洛阳旧无杜鹃，今始有之。不二年，上用南士为相，多引南人，专务变更，天下自此多事矣。"他怎么能从洛阳杜鹃啼鸣就推知南方人会当政府首脑呢？他的解释是："天下将治，地气自北而南。将乱，自南而北。今南方地气至矣，禽鸟飞兽，得地气之先者也。"再比如，有个叫欧阳棐的官员去拜访邵雍，他本不认识人家，却能把人家的履历说得分毫不差。

下面讲邵雍的思想。

古希腊哲学家毕达哥拉斯认为，万物的本原是数。17世纪著名科学家伽利略也说，自然这部大书是用数学写成的。从某种意义上说，邵雍就是中国的毕达哥拉斯和伽利略，他的学问，主要是象数、数术之学。他这种学问，源自道教、阴阳家及方术之士。他有著作《皇极经世》《先天卦位》《观物篇》等。《皇极经世》属于占星学。邵雍认为，借宇宙星辰之象数可以预知未来。在邵雍的观念里，三十年为一世，十二世为一运，三十运为一会，十二会为一元，一元即宇宙的一个生命周期，所以一元相当于129600年。在宇宙的一个生命周期里，万物都将经历由生到死的过程。他的历史观是循环论。按他的历史观，在宇宙的一个生命周期里，治世不过十分之一，其他时期，每况愈下。因此，他是典型的悲观主义者。《先天卦位》讲的是六十四卦生灭转化的道理，其主旨与《皇极经世》类似。总之，《皇极经世》《先天卦位》二书之立论大都荒诞不经，其所宣扬的，不过先天决定论，这也是邵雍思想的主旨。在我看来，邵雍值得重视的理论著作，是《观物篇》（内外），因为它论述的是天人关系。

在邵雍的观念中，最高的存在是"太极"，是"道"，"道为天地之本，天地为万物之本。以天地观万物，则万物为物；以道观天地，则天地亦为万物"。所谓"观物"，即找到一个看待宇宙万物的独特视角，使人能成为圣人，与天道合而为一。首先，要打破习以为常的空间意识，不要"以我观物"，而要"以理观物""以物观物"，如此"我"便能超脱于万物，实现"万物亦我""我亦万物"。这显然是庄子《齐物论》的翻版。其次，要打破固有的时间意识，因为"古""今"皆相对而言，端赖于观者从哪一视角进行观察，即所谓"以古自观，则古亦谓之今矣。是知古亦未必为古，今亦未必为今，皆自我而观之也"。当人的观念超脱于时空之外时，便能成为圣人、与天道合一了。请注意，这里强调的是跳出人的有限性，获得主体性。

人为什么能跳出有限性，获得主体性？邵雍说："人之所以能灵于万物者，谓其目能收万物之色，耳能收万物之声，鼻能收万物之气，口能收万物之味。……谓其能以一心观万心，一身观万身，一物观万物，一世观万世者焉。又谓其能以心代天意，口代天言，手代天功，身代天事者焉。又谓其能以上顺天时，下应地理，中徇物情，通尽人事者焉。又谓其能以弥纶天地，出入造化，进退今古，表里时事者焉。"简言之，因为人是万物灵长，可以感知万物；圣人是人中之杰出者，能超越一己之有限存在，观"万心""万身""万物""万事"，于是与天地同体，代天立言、理事。

如果我们还记得庄子的主张，不难发现，邵雍的主张其实不过是对庄子主张的转换：庄子的"真人""至人""神人"可以与道同体，逍遥神游，但不屑于立言、理事，邵雍的"圣人"还是关心人间秩序的，这就是所谓"弥纶天地，出入造化，进退今古，表里时事"。但显然，邵雍的"圣人"也不是传统儒家所谓的刚健有为之圣人。

朱熹很重视邵雍的思想，有人问他："康节（邵雍谥号）心胸如此快活广大，安得如之？"朱熹其实也说不清楚，只能含糊答道："邵子这个道理，岂易及哉？他胸襟中这个学，能包括宇宙始终古今，如何不做得大、放得下？今人却恃个甚，敢复如此？"

这不过是朱熹一个人的观点。事实上，与邵雍同时的二程虽与邵雍过从甚密，但他们对邵雍的思想、学问，甚至为人都是不认可的。程颢说，邵雍本想向他兄弟传授"数学"（象数、数术），但被婉拒。程颐说，自己与邵雍同居一巷三十多年，什么事都会问，但对其"数学"，连一个字都没问过。程颢评邵雍"亦只自天资自美尔，皆非学之功也""却于儒术未见所得"。程颐则说"尧夫（邵雍字尧夫）之学……要之亦难以治天下国家，其为人则直是无礼不恭，惟是侮玩"。"邵尧夫临终时，只是谐谑须臾而去，以圣人观之，则亦未是，盖犹有意也。""邵尧夫犹空中楼阁。"更有意思的是，邵雍临终时，叮嘱其子请程颢给他写墓志铭，按说墓志铭里不便批评逝者，但程颢还是忍不住，委婉地批评邵雍所学是旁门左道。

北宋以后，历代儒家也大都认为邵雍不算儒家。邵雍比周敦颐年长6岁，而且比周敦颐多活了4年，但历代儒家都公认周敦颐而不是邵雍才是宋明理学的开山鼻祖。直到清代，理学家张伯行（1652—1725）编《正谊堂全书》，根本不收邵雍的理论著作，该书中有一部《道统录》，也只字不提邵雍。

在我看来，这些都很好理解，一个喜好、钻研象数、数术之学的人，怎么能算儒家呢？不能说邵雍的思想中没有儒家的成分，比如，邵雍也说"天地之本，其起于中乎？人居天地之中，心居人之中，心为太极"。"先天学，心法也。图皆从中起，万事生于心。""心一而不可分，可以应万变。"但是，儒家成分在邵雍思想中绝对不占主流。

那么，不站在儒家的角度，而站在重构天人关系的角度，应该怎么评价邵雍呢？我不得不说，邵雍用象数、数术构建起来的天（即"太极""道"）既粗疏，又无新意，几乎不值一提。我之所以专列一讲来讲邵雍，唯一的原因是，他是所谓"北宋五子"之一，而这个"北宋五子"，主要是出于朱熹的牵强附会甚至误会。

第二十三讲　张载：代天立命

这一讲我们讲张载。

张载（1020—1077），长安人，世称横渠先生。年少时喜谈兵，21岁写信给范仲淹，志愿跟随范仲淹为朝廷收复失地。范仲淹见他是可造之才，劝他："儒者自有名教，何事于兵？"并鼓励他读《中庸》。张载于是苦读《中庸》，但觉得《中庸》讲得不够透彻，遂深入佛、道两教多年。"究极其说，知无所得，反而求之六经。"他学有所成后，到京师讲学，坐在虎皮上讲《易经》，听众极多。一天傍晚，表侄二程去拜访他，与他讨论《易经》。他发现，二程讲《易》比自己讲得好，于是决定此后自己不再讲《易》。但他在与二程讨论道学要点时，却树立起了自信心，自言："吾道自足，何事旁求？"于是尽弃异学。

张载一生没当过大官，居住乡间时，唯以读书、思考、写作为事，中夜思得一新说，便离床记下。所以，二程说"横渠之学，苦心力索之功深"；钱穆说"濂溪高洁，康节豪放，横渠则是艰苦卓绝"。张载"以为知人而不知天，求为贤人而不求为圣人，此秦汉以来学者大蔽也"。他认为圣人可学，"学必如圣人而后已"。他教学生，"每告以知礼成性变化气质之道"，希望学生成为圣人。

张载气魄很大，他的志向是：

> 为天地立心，为生民立命，为往圣继绝学，为万世开太平。
> （又称"横渠四句"）

这显然是圣人志向。"为天地立心"，就是说要为天地树立一个根本的主宰；"为生民立命"，就是说要为人生找到根本的意义；"为往圣继绝学"，是继承道统，接续已经中断的孔孟儒学；"为万世开太平"，是指出上述"三为"的目的——开启长久的太平盛世。这句话虽然也提到"往圣"，表示自己学有所承，但张载既然要"为天地立心，为生民立命"，显然表明，他认为截至北宋，天地无心，生民无命，这难道不意味着"往圣"失职吗？所以张载虽然继承孔孟，但并不以孔孟为满足，显然是要发展孔孟。他不满足孔孟什么呢？其实就是不满足孔孟对天的建构、论述，所以他才要"为天地立心"，而"为天地立心"是"为生民立命"的前提。

但圣人毕竟还是人，而不是神，作为人，想为天地树立一个根本主宰，是不是太狂妄、太僭越了？人怎么能为天地树立根本主宰呢？主宰之天先于人存在，何曾需要人来树立？人如果能代天立命，那还要天干吗？人造的天，还是天吗？那样的天，不成人的玩物了吗？

不过，换一个角度来看，我们对张载这句话就能抱以"同情地理解"态度了。因为，张载所身处的是一个缺乏真正信仰的国度，他认识到了这个问题，也只能如此自我期许。事实上，历代认识到这个问题的思想家，也都会做出与张载一样的选择。而他们所面临的，必然是一个"造天"悖论：没有天，或者说天太单薄，所以要造天，但人又无法造天。换言之，中国的思想家面临的是一个不得已的局面。

张载是如何"为天地立心，为生民立命"的呢？换言之，张载是如何重构天人关系的呢？这就要提到他的著作。张载的著作，以《正蒙》《西铭》最为重要，《经学理窟》《易说》也比较重要，《文集》《语录》也可以参考。让我们通过张载的著作，尤其是《正蒙》《西铭》，来考察他所构建的天人关系。

顾名思义，天人关系包括天、人，以及二者的沟通机制三个方面。在张载这里，这三个方面分别对应的是"气""仁""诚"三个关键词。下面我们就来分别分析这三个关键词：

先来看"气"。气论是中国思想的重要观念，也是张载思想的核心观念。不过，在张载之前，已有此观念，比如孟子就说"我善养吾浩然之气"。董仲舒、周敦颐、邵雍也论气。但在张载之前，气论在理论上并不完善。实际上气论滥觞于张载。张载论气的话非常多，让我们来考察数段：

"太虚无形，气之本体。其聚其散，变化之客形尔。"这是说，太虚为宇宙万物的最高存在和最后实在，它是气的本体；万物的形状，不过是"客"，而且都是由气所变而来。

"太虚不能无气，气不能不聚而为万物，万物不能不散而为太虚。循是出入，是皆不得已而然也。"这是说，太虚只是一个概念性存在，它不能离开实际的气而存在，气聚而成万物，气散而万物消失，重归太虚。

"天地之气，虽聚散攻取百涂，然其为理也，顺而不妄。""气块然太虚。升降飞扬，未尝止息。《易》所谓'絪缊'，庄生所谓'生物以息相吹''野马'者。与此虚实动静之机，阴阳刚柔之始。浮而上者阳之清，降而下者阴之浊。其感遇聚散，为风雨，为雪霜，万品之流形，山川之融结，糟粕煨烬，无非教也。"这是说，气不是胡乱聚散，而是遵循既定的规律的。

"知虚空即气，则有无、隐显，神化、性命，通一无二。顾聚散出入，形不形能推本所从来，则深于《易》者也。"这是说，太虚不在气之先，太虚就是气，虚气是一，不是二，太虚与气，异名而同质。气无形，故可称为太虚，但太虚不是"无"（不存在），只是看不见而已。因此，说太虚是气的本体，不过是不得已的因缘说法，并不表示气由太虚生出。所以张载强调，气的特点是"方其聚也，安得不谓之客；方其散也，安得遽谓之无"。张载之所以如此强调，表明他反对道家"有生于无"的主张。

要而言之，"太虚"等于"气"，也即儒家通常所说的"天"。气，既是形而上的天，又是推动万物生灭的内在动力。张载用气论打通了形上形下两种存在。

再来看"仁"，这就要提到张载的一篇著名文章——《西铭》。

张载讲学，喜欢将学堂东西双庑写上格言，东面名为《砭愚》，讲为人为学的注意事项，西面为《订顽》，讲万物一体之义。程颐将其篇名改为《东铭》《西铭》，"铭"就是"铭刻"，所以后世有"座右铭"一说。《西铭》又比《东铭》更具理论性，可以说是张载人生观的纲领。《西铭》全文如下：

乾称父，坤称母；予兹藐焉，乃混然中处。故天地之塞，吾其体；天地之帅，吾其性。民，吾同胞；物，吾与也。大君者，吾父母宗子；其大臣，宗子之家相也。尊高年，所以长其长；慈孤弱，所以幼其幼；圣，其合德；贤，其秀也。凡天下疲癃、残疾、茕独、鳏寡，皆吾兄弟之颠连而无告者也。于时保之，子之翼也；乐且不忧，纯乎孝者也。违曰悖德，害仁曰贼，济恶者不才，其践形，惟肖者也。知化则善述其事，穷神则善继其志。不愧屋漏为无忝，存心养性为匪懈。恶旨酒，崇伯子之顾养；育英才，颍封人之锡类。不弛劳而厎豫，舜其功也；无所逃而待烹，申生其恭也。体其受而归全者，参乎！勇于从而顺令者，伯奇也。富贵福泽，将厚吾之生也；贫贱忧戚，庸玉汝于成也。存，吾顺事；没，吾宁也。

《西铭》的核心词，是一个"仁"字。如果说，张载的气论采取的是由天而人的俯视视角，那么《西铭》采取的则是由人而天的扩展视角。扩展什么？扩展"仁"。也可以说，《西铭》是将人生观扩展为宇宙论。程颢说："仁者浑然与物同体，《西铭》备言此体，以此意存之，更有何事？"杨龟山说："《西铭》扩前圣所未发，与孟子同功。"这还真不是夸张的说法，因为"体"的观念，非先秦儒家所有。张载之所以主张万物一体，应该是受佛学影响，所以论理必须论到本体不罢休。

《西铭》最重要的观点，也是其逻辑起点，是前几句话："乾称父，坤称母；予兹藐焉，乃混然中处。故天地之塞，吾其体；天地之帅，吾其性。民，吾同胞；物，吾与也。"为什么人能与万物一体？因为天地是人的父母，但天地不仅生出人，也生出万物，所以一切人犹如一母同胞，万物虽与人不同，但也是人的伴侣。"民胞物与"的论点由此证成。接下来，既然人与天地万物一体，大家都是天地的孩子，相当于一家人，当然就无所谓公私、得失、争执，甚至无所谓生死，所以"富贵福泽，将厚吾之生也。贫贱忧戚，庸玉汝于成也"。"存，吾顺事。没，吾宁也。"人的命都是父母给的，按张载的说法，人当然就应该顺从父母。在这个思想逻辑里，人的价值唯剩尽自己的职分而已。

问题在于，人认天地做父母，是一厢情愿，天地也认人是自己的孩子吗？这就涉及天人的沟通机制。为解决天人沟通问题，张载提出了几个重要观念：性、诚、学。核心是"诚"。

什么是"性"？在张载看来，性就是上天赋予人的绝对理性和绝对善。这表明，天是认可人为其孩子的。性有如下几个特点：一、性源于天。所以张载说"性与天道合一"。"性者，万物之一源，非有我之得私也。"二、性乃至静。"至静无感，性之渊源。有识有知，物交之客感尔。"三、性乃至善。"性于人无不善，系其善反不善反而已。"既然性"无不善"，人为什么还需要"反"（返）性？因为张载在这里所说的性乃是"天地之性"，天地之性虽然是至善的，但奈何人有"气质之性"，"形而后有气质之性。善反之，则天地之性存焉。故气质之性，君子有弗性者焉"。因为天地之性与气质之性共用一个"性"字，容易引起误解，其实如果把天地之性置换成"天"，更容易理解张载的逻辑。朱熹曾高度评价张载将性一分为二的观点：

气质之说起于张、程，极有功于圣门，有补于后学，前此未曾有人说到此。如韩退之《原性》中说三品，说得也是，但不曾分明说是气质之性耳，性哪里有三品来？孟子说性善，但说得本原处，下面却不曾说得气质之性，所以亦费分疏。诸子说性恶与善恶混，使张、程之说早出，则这许多说话，自不用纷争。故张、程之说立，则诸子之说泯矣。（《朱子语类》）

既然上天已经赋予人性——绝对理性和绝对善，人要敬畏天，则只需打磨掉气质之性，返归天地之性就行了，这就是著名的"尽性"观。"尽性"之性，显然是天地之性。"天本参和不偏；养其气，反之本而不偏，则尽性而天矣。性未成，则善恶混。""客感客形，与无感无形，惟尽性者一也。"

如何才能尽性？根本上是要做到心态上的"诚"。"性与天道合一，存乎诚。""自明诚，由穷理而尽性也；自诚明，由尽性而穷理也。""天之化也，运诸气；人之化也，顺夫时。……《中庸》曰：至诚为能化。孟子曰：大而化之。皆以其德合阴阳，与天地同流，而无不通也。""尽性"也可以理解为改变气质，所以我在前面提到，张载教学生，要"每告以知礼成性变化气质之道"。

那么，在心诚的前提下，有没有尽性的具体路径？当然有，这就涉及"学"与"知"。张载明确说，圣人可学而致。"如气质恶者，学即能移。……但学至于成性，则气无由胜。""为学大益，在自能变化气质；不尔，卒无所发明，不得见圣人之奥。"

学什么？学的不是知识，而是成德之道。所以张载说："世人之心，止于闻见之狭；圣人尽性，不以见闻梏其心。……见闻之知，乃物交而知，非德性所知。德性所知，不萌于见闻。"

如何学？"学贵心悟，守旧无功。"张载反对死读书，并希望通过读书提升道德境界。"凡经义，不过取证明而已，故虽有不识字者，何害为善？""要见圣人，无如《论》《孟》为要。《论》《孟》二书，于学者大足，只是须涵泳。"如何才能"心悟"？首先要虚静其心。"虚则生仁。""天地以虚为德，至善者，虚也。""始学者，亦要静以入德；至成德，亦只是静。""心既虚，则公平；公平，则是非皎然易见。当为不当为之事，自知。""人当平物我，合内外。如是以身鉴物，便偏见；以天理中鉴，则人与己皆见。犹持镜在此，但可鉴彼，于己莫能见也。以镜居中则尽照；只为天理常在，身与物均见，则自不私。己亦是一物；人常脱去己身，则自明。"为什么要虚静其心？根本原因在于这样才能做到"寡欲"。"仁之难成久矣。人人失其所好，盖人人有利欲之心，与学正相背驰，故学者要寡欲。"虚静、寡欲的学习方式，当然就不主张创新，而只应以"求是"为目的，所以张载说"有言经义须人人说得别，此不然。天下义理只容有一个是，无两个是"。

张载构建的天人体系大要如上。应该说，他基本上已经提出了宋明理学所有重要的观念，发展了周敦颐关于虚静、性及圣人可学的观念，消除了周敦颐、邵雍思想中的道家成分，抛弃了邵雍思想中的象数、数术成分。但张载的思想体系还谈不上精纯。比如，他说，"由太虚有天之名，由气化有道之名，合虚与气有性之名，合性与知觉有心之名"。这里有很多观念比较混乱，比如，既然虚、气本不可分，何来"合虚与气"？比如，在张载的观念里，气既是一种精神性的存在，往往又是一种物质性的存在，这就难免混杂不清。再如，为什么天地之性是"至善"的？以往儒家往往从天的"生生之德"论述天的善性，但他们无视了宇宙万物也是会死灭的这一事实——天让万物死很难说是体现了天的善性。张载倒是认识到了天地让人生死的两面事实，但他把这也归之于天地之善性，那么这何以是一种善性？

张载为什么重要？仅举两例：如今我们夸一个人，爱说："他/她气质真好啊。"最近几年坊间常流传一个观点："三十岁以前，人的长相是父母给的；三十岁以后，人的长相是自己修的。"前者说的是气质很重要，后者说的是气质可以改变，而这些观念，都是从张载开始才深入阐发的。

最后，我们再次回到张载的抱负，尤其是"为生民立命"上来。现代新儒家唐君毅在《人文精神之重建》的自序里说："民主自由，是为生民立命。"徐复观对此进行了发挥，现引述如下，以作本讲结语：

> 从教化上立人格的命，同时从政治上立人权的命，这才是立命之全，得性命之正，使前者有一真确的基础，使后者有一真实

的内容，于是生民的命才算真正站立起来了。……假使孔孟复生于今日，亦必奔走呼号，以求能先从政治上为生民立命，打开从教化上为生民立命的困难。而孔孟在今日所讲的教化，亦必是以促成民主自由为主要内容的教化。论中国文化而接不上这一关，便不算了解中国文化自身的甘苦。欲融通中西文化，首先必须从中国已经内蕴而未能发出的处所将其迎接出来，以与西方文化相融通，这是敞开东西融通的一条可走之路。假定于此而先把自己锢蔽起来，岂特徒增中西的扞格，且亦阻塞中国文化精神应有的发展之流，不足以言"通古今之变"。（《儒家思想与现代社会》）

第二十四讲　程颢：性理之天（一）

这一讲我们讲程颢。

程颢（1032—1085）为人从容宽和，《宋史》说他"资性过人，充养有道，和粹之气，盎于面背。门人交友从之数十年，亦未尝见其忿厉之容。遇事优为，虽当仓促，不动声色"。他被名臣吕公著推荐，担任过中央监察官，数次接受神宗皇帝召见，进说儒家正心诚意、去欲制怒、亲贤远佞之道。神宗皇帝很喜欢听他讲话，并希望经常见到他。有一次，神宗与他谈话，甚至忘了吃饭。王安石本与程颢亲善，但二人政见相左，王安石只能将程颢贬到京外做小官。他当地方官，以民为本，政绩突出，而且喜欢向人民宣讲仁义道德。程颢享年只有54岁，与他弟弟程颐比起来，不算长寿，他弟弟活了75岁。"颢之死，士大夫识与不识，莫不哀伤焉。文彦博采众论，题其墓曰'明道先生'。"

程颐对哥哥称赞不已，程颢去世后，他写了一篇《明道先生行状》赞扬哥哥，历史上很难找到第二篇弟弟回忆哥哥的文章能如此不吝夸赞的。这篇文章中的一些话，后来被修《宋史》的人直接采用。

文中说：

> 先生资禀既异，而充养有道。纯粹如精金，温润如良玉；宽而有制，和而不流；忠诚贯于金石，孝悌通于神明。视其色，其接物也，如春阳之温；听其言，其入人也，如时雨之润。胸怀洞然，彻视无间。测其蕴，则浩乎若沧溟之无际；极其德，美言盖不足以形容。

> 先生行己，内主于敬，而行之以恕。见善若出诸己，不欲弗施于人。居广居而行大道，言有物而动有常……

> 先生之门，学者多矣。先生之言，平易易知，贤愚皆获其益，如群饮于河，各充其量。先生教人，自致知至于知止，诚意至于平天下，洒扫应对至于穷理尽性，循循有序。病世之学者舍近而趋远，处下而窥高，所以轻自大而卒无得也。

> 先生接物，辨而不间，感而能通。教人而人易从，怒人而人不怨，贤愚善恶咸得其心。狡伪者献其诚，暴慢者致其恭，闻风者诚服，觌德者心醉。虽小人以趋向之异，顾于利害，时见排斥，退而省其私，未有不以先生为君子也。

程颢的思想，据程颐及《宋史》所说，是"泛滥于诸家，出入于老释者几十年，返求诸六经而后得之"。但程颢没写过专著，他的思想，只能散见于程门弟子所记语录及他为数不多的信札。如今研究程颢的思想，主要是依据朱熹编定之《河南程氏遗书》。该书共25篇，第一篇至第十篇是二程兄弟语录，第十一篇至第十四篇是程颢语录。因为二程思想同中有异，因此只要认真辨别，不难判定哪些是程颢的话，哪些是程颐的话。

程颢的思想，可用三个关键词概括：理、性、仁。

程颢说过，"天理"二字，是他"自家体贴"而来。所谓"天理"，即来自上天的理。那么，何为"天"？程颢说："天者，理也。"他把"理"与"天"等同，因此他所谓的"天"，虽然还有主宰之天的特点，但已逐渐转入、降格为规律之天——万理聚集之天。程颢之前，周敦颐、邵雍、张载偏重于论主宰之天。程颢虽然讲天理，但侧重点已逐渐偏向于理，也即是规律之天。自程颢开始，"理"才成为儒家倾注心力最多的概念。"理学"之所以名为"理学"，根源也在此。程颢说："万物皆有理，顺之则易，逆之则难。各循其理，何劳于己力哉？"也可以说，从程颢开始，中国思想家们希望为宇宙人生打造一个理性的基础。

程颢所谓的理，究竟包括些什么内容？要回答这个问题，必须事先指出一个关键点，即中国人经常用一个词表达几层不同的意思，因此阅读古人文本，要理解其具体含义，就必须分清楚"能指"与"所指"的区别。比如，程颢的"理"，有时候指的是共相，也即是万有运行的总规律，即狭义之"天理"；有时候又指的是殊相，即个别事物的运行规律，即所谓的"百理"。所以程颢说："天理云者，百理俱备。""天理"和"百理"之间是源与流的关系，即天地之间有一个理，而这个理又可以在万事万物中得以体现，使得每一个事物都存在自己的具体之理。

那么，"天理"到底又是什么？程颢对此说得过于简约，只说"天地之大德曰生。天地细缊，万物化育"，此外，就属于"不可道"的领域了。不仅程颢如此，儒家论天，基本上都如此，其对天的认定，不过简简单单的"生生之德"。

让我们来看"百理"。"百理"的特点，有两条：一是各有各的理。程颢说："服牛乘马，皆因其性而为之。胡不乘牛而服马乎？理之所不可。"二是世间万物，都处于对立统一关系之中，这就是所谓的"有对"。程颢多次申说此理，比如："天地万物之理，无独必有对。皆自然而然，非有安排也。每中夜以思，不知手之舞之足之蹈之也。"又如："万物莫不有对，一阴一阳，一善一恶，阳长则阴消，善增则恶减。斯理也，推之其远乎？人只要知此耳。"再如："质必有文，自然之理。必有对待，生生之本也。有上则有下，有此则有彼，有质则有文，一不独立，二则为文。非知道者，孰能识之？"

总之，程颢论理，过于简单，并没有什么了不起的创见。下面来看他论"性"。理学又称"性理学"，是因为程颐在哥哥死后直接提出了"性即理"的论断，不过仔细考察程颢的言论，不难发现，程颢必然会同意弟弟的这个论断。

程颢说得很清楚："道（理）即性也。若道外寻性，性外寻道，便不是。"他还说，最高存在"在天为命，在义为理，在人为性，主于身为心，其实一也"。也就是说，"命""理""性""心"，完全是一回事，只是针对不同的语境，用词不同而已。

因为性与理原本是一回事，所以性也分共性与个性，共性等于"天理"，个性等于"百理"。抓住了这个特点，我们就能读懂程颢下面这段极难读懂的话（括号内文字为我的注释说明）：

生之谓（共）性，（个）性即气，气即（个）性，生之谓也。人生气禀，理有善恶。然不是（共）性中元有此两物相对而生也。有自幼而善，有自幼而恶，是气禀有然也。善固（个）性也，然恶亦不可不谓之（个）性也。盖"生之谓（共）性"，"人生而静"。以上不容说，才说（个）性时，便已不是（共）性也。凡人说（共）性，只是说"继之者善"也，孟子言人（共）性善是也。夫所谓"继之者善"也者，犹水流而就下也。皆水也，有流而至海，终无所污，此何烦人力之为也？有流而未远，固已渐浊；有出而甚远，方有所浊。有浊之多者，有浊之少者。清浊虽不同，然不可以浊者不为水也。

如此，则人不可以不加澄治之功。故用力敏勇，则疾清，用力缓怠，则迟清。及其清也，则却只是元初水也。亦不是将清来换却浊，亦不是取出浊来置在一隅也。水之清，则（共）性善之谓也。故不是善与恶在（共）性中为两物相对，各自出来。此理，天命也。顺而循之，则道也。循此而修之，各得其分，则教也。（《河南程氏遗书》）

程颢在这里是通过性的概念来论述善恶。要言之，源自天的共性完全是善的，但人的个性则混杂了恶，这是因为个性受"气"（外在物质）影响。所以，要消除个性中的恶，就必须"加澄治之功"。理学家所关注的重点，不过"为善去恶"四个字罢了。

不过，在具体如何为善去恶，也即如何养性的问题上，理学家们的看法并不一致。比如，张载就认为，"定性未能不动，犹累于外物"，也就是说，定必得静，不静则无定，这是《大学》标明的修养次第。张载之所以如此主张，也是受佛教之禅定观念影响的结果。但程颢明确反对这个看法，他给张载回了一封书信，这就是有名的《定性书》：

所谓定者，动亦定，静亦定；无将迎，无内外。苟以外物为外，牵己而从之，是以己性为有内外也。且以性为随物于外，则当其在外时，何者为在内？是有意于绝外诱，而不知性之无内外也。既以内外为二本，则又乌可遽语定哉？

夫天地之常，以其心普万物而无心。圣人之常，以其情顺万物而无情。故君子之学，莫若廓然而大公，物来而顺应。……苟规规于外诱之除，将见灭于东而生于西也。非惟日之不足，顾其端无穷，不可得而除也。

人之情各有所蔽，故不能适道，大率患在于自私而用智。自私则不能以有为为应迹，用智则不能以明觉为自然。今以恶外物之心，而求照无物之地，是反鉴而索照也。……与其非外而是内，不若内外之两忘也。两忘则澄然无事矣。无事则定，定则明，明则尚何应物之为累哉？

圣人之喜，以物之当喜；圣人之怒，以物之当怒，是圣人之喜怒不系于心，而系于物也。是则圣人岂不应于物哉？乌得以从外者为非，而更求在内者为是也？

从动静皆能定的这个论点看，程颢的主张显然高于张载。因为，从哲学上说，既然儒家承认《易传》动态运行的天道观，则人道观主静就与天道背反了；从实践结果上说，无视外物的个人修身必然导致理论脱离实践。但程颢的论证却带来了很大的问题。

宋儒无不批佛，但程颢对佛教的批判比前人高明。他说："佛学……只是以生死恐动人。可怪二千年来，无一人觉此，是被他恐动也。圣贤以生死为本分事，无可惧，故不论死生。佛之学为怕死生，故只管说不休。下俗之人固多惧，易以利动。至如禅学者，虽自曰异此，然要之只是此个意见，皆利心也。……如杨、墨之害，在今世则已无之。如道家之说，其害终小。惟佛学，今则人人谈之，弥漫滔天，其害无涯。""所见者色，所闻者声，所食者味，人之有喜怒哀乐者，亦其性之自然。今强曰必尽绝得天真，是所谓丧天真也。"

程颢反对释道两家，但他的一些观点，却暗合释、道。比如，上文所说，"有为为应迹""明觉为自然"，孔孟所主张的是有为之道还是无为之道，是应迹还是未应迹？孔孟若主无为，又何必积极奔走天下？比如，"心普万物而无心""情顺万物而无情"，无心无情，还是儒家吗？再如，圣人无喜怒，以物之喜怒为喜怒，但作为客观存在的外物，何来喜怒？喜怒本就是由客观引起的主观感受，而这主观感受则取决于个人的价值观、是非观，怎么能说圣人之喜怒不系于心呢？如果真是如此，则圣人之心就成了佛教的镜子，只能映照，顺应，不能主动了，这还是儒家吗？所以，张君劢就说："《定性书》等于中国的禅学。"在我看来，程颢的理论之所以存在这个矛盾，与他"出入于老释者几十年"的经历有直接关系。也可以说，他援佛入儒的工作，做得还不够圆融自洽。

最后，我们来看看被很多学者看重的程颢论"仁"的文字，也就是《识仁篇》：

> 学者须先识仁。仁者，浑然与物同体，义、礼、智、信皆仁也。识得此理，以诚敬存之而已，不须防检，不须穷索。若心懈，则有防；心苟不懈，何防之有？理有未得，故须穷索；存久自明，安待穷索？此道与物无对，"大"不足以明之。天地之用，皆我之用。孟子言"万物皆备于我"，须"反身而诚"，乃为大乐。若反身未诚，则犹是二物有对，以己合彼，终未有之，又安得乐？《订顽》（即《西铭》）意思，乃备言此体，以此意存之，更有何事？"必有事焉而勿正，心勿忘，勿助长"，未尝致纤毫之力，此其存之之道。若存得，便合有得。盖良知良能，元不丧失。以昔日习心未除，却须存习此心，久则可夺旧习。此理至约，惟患不能守。既能体之而乐，亦不患不能守也。

程颢把"仁"高抬到本体层面，对"仁"的理解基于张载的《西铭》，只是在此基础上强调两点：一是要"识"仁；二是要"存"仁。

周敦颐、张载都主"静",程颢既然反对一味的虚静,遂提出一个"敬"字。"学要在敬也,诚也,中间便有个仁。""某写字时甚敬,非是要字好,即此是学。"通俗地讲,"敬"可以理解为对存在最高本体的信心。

由上可见,程颢的思想还是比较粗糙的,他构建的天人关系远未自洽。他的思想之所以比较支离,症结在于对天的认识不清。他把理等同于天,显然是以偏概全,所以他没有、也无法讲清"仁"这个"体"从何而来这一问题。与程颢一样,英国的道德学家巴特勒(Joseph Butler)也认为,"仁慈是一切德行的总和",但他同时却指出了仁慈的来源,"我们所称为怜悯者或上帝之爱……也许有人认为无法和仁慈相联,然而,事实上,如果真要称为无限良善者的话,便应该相联"。我认为,是否相信主宰之天的存在,这一主宰之天在属灵的意义上到底包含什么内容,正是程颢与巴特勒的差异,而这种差异也可以看成是中西思想之重大差异。

第二十五讲　程颐：性理之天（二）

这一讲我们讲程颐。

程颐（1033—1107）比程颢小一岁，但比程颢多活了20多年。程颐18岁时就上书皇帝，"欲天子黜世俗之论，以王道为心"。游太学，见到当时的大儒胡瑗，胡瑗出题问道："颜渊所好何学？"程颐的回答是："学以至圣人之道也。"儒家传统理念认为"圣人不可学"，所以胡瑗对程颐的回答大为惊异，立即任命他担任学术职务。

程颐与哥哥的性情截然不同：哥哥宽和，他青年时代颇为狂傲，进入中年后则严肃得不近人情。他18岁时在《上仁宗皇帝书》中说："臣所学者，天下大中之道也。圣人性之为圣人，贤者由之为贤者，尧舜用之为尧舜，仲尼述之为仲尼。"显然，程颐给自己的定位是当代圣人。圣人虽为臣，但职责则应该是帝师，所以他要上书皇帝，给皇帝一个开悟的机会。"如臣者，生逢明圣之主，而天下有危乱之虞，义岂可苟善其身，而不以一言悟陛下哉？"仁宗皇帝没有理他。哲宗登基后，程颐受司马光推荐，担任秘书省校书郎，后转为皇帝侍讲，这就真成帝师了。他又上书哲宗皇帝，大讲帝师对皇帝的重要性。他还提出了具体建议："乞朝廷慎选贤德之士以侍劝讲。讲读既罢，常留二人直日，夜则一人直宿以备访问。皇帝习读之暇，游息之间，时于内殿召见，从容宴语。"有几个皇帝愿意请两个夫子随时在跟前指指点点呢？所以哲宗皇帝也不怎么喜欢程颐。

不仅皇帝不喜欢程颐，王安石、苏东坡两派人也都非常看不惯程颐，屡起冲突。王安石一派看不惯程颐的原因以后再讲，苏东坡一派看不惯他，主要是受不了他身上那股圣人气。正因为这两派，尤其是几次当政的王安石派看不惯程颐，所以他一生没担任过重要的行政职务。

客观而论，程颐是北宋最重要的思想家。程颐的思想，可以看成是对程颢思想的深化和发展。程颢大而化之，程颐则严整条贯。让我们跟着程颐的逻辑来认识他的思想。

首先，什么是"理"？理就是宇宙人间的规律，它源于天而统治一切。程颢认为，理，又分为整全的"天理"与通过具体事物呈现出来的"百理"。程颐显然也认同哥哥的说法，事实上，他在论理的时候，就有时候讲的是"天理"，有时候讲的是"百理"。对于"天理"，程颐说："天地之化，虽廓然无穷，然阴阳之度，日月寒暑昼夜之变，莫不有常。"对于"百理"，程颐说："天下物皆可以理照，有物必有则，一物须有一理。"

二程兄弟为什么要讨论理？因为他们想要找到、论证人间秩序的道德基础。也即是，论理是为了成德。直到今天，中国人一旦开始"讲道理"，讲的主要也是是非善恶的道理。所以，二程必须把作为客观规律的"理"与带有主观性的"善"绑定起来。程颐说："天下之理，原其所自，未有不善。喜怒哀乐之未发，何尝不善？发而中节，则无往而不善。发不中节，然后为不善。"其实，客观规律无所谓善不善的问题，这其中的关节，我后面再讲。

那么，人为什么能认识源自天上的理呢？孔孟是从个人所具有的"仁"的本性向外推出合宜的人间秩序，宋儒则首先认为有一个高高在上的天理。程颐的突出之处是，他明确提出了"性即理"的主张。也就是说，虽然有一个天理，但人可以认识它。因为人性是天赐的，即"天命之谓性"，天赐给人的这个"性"就是理，人天生就具备了认识天理的能力。这无异于告诉人们，理并不神秘，你只要想认识理，就能认识理。

既然"天下之理……未有不善"，而性就是理，那么，恶人、恶念、恶事从何而来？程颐说："性无不善，而有不善者，才也。"又说："性出于天，才出于气。气清则才清，气浊则才浊。……才则有善有不善。"也就是说，人性中恶的出现，是受"浊气"的影响。

前面提到过，气论是中国思想中最重要的观念之一，要理解程颐的思想，尤其需要理解"气"的概念。程颐自己就极言"气"的重要性，他说："论性不论气，不备；论气不论性，不明。"为什么说"论性不论气，不备"？因为只讨论性，不能说明为什么存在恶，所以不完备。为什么"论气不论性，不明"？因为如果没有性指引方向，气就会成为混沌一团，剪不断，理还乱。

那么到底什么是气？程颐只说气是"形而下者"，没明确定义什么是气，但通观其论述，不难发现，气就是构成万物的一种看不见的、必需的物质存在。说气是"形而下者"，是因为它是物质的，而不是理念式的"天""道""理"。"陨石无种，种于气。麟亦无种，亦气化。厥初生民，亦如是。""理"与"气"是不可分离的：没有"理"，万物失其根本；没有"气"，万物就无法展现出具体形态。换句话说，"理"只有通过"气"才能生出万物，"气"只有依凭理才能够构成万物。"理"与"气"的关系也可以类比糕点的制作过程，"理"作为一种规则相当于看不见的模具，"气"作为质料，则依据模具的形状来制成各种各样的糕点。

由此可见，正是因为有气的存在，天性（共相、天理）呈现为个性（殊相、百理）。如此，我们就能理解下面这段话了："告子言生之谓（天）性，通人物而言之也。孟子道（天）性善，极本原而语之也。生之谓（天）性，其言是也。然人有人之（个）性，物有物之（个）性，牛有牛之（个）性，马有马之（个）性，而告子一之，则不可也。"与程颢相比，程颐更重视事物的个性（殊相、百理），因为人能接触到的，只能是殊相。

由上可知，性一方面就是理，另一方面也可以理解为人认识理的可能性。既然气是恶的来源，也即是人认识理的障碍，消除气的不利影响就成了人认识理、恢复天性的必然要求。而这，就需要人的自觉努力。所以程颐说："在物为理，处物为义。""方其未养，则气自是气，义自是义，及其养成浩然之气，则气与义合矣。"这就把人的主动性与理的客观性勾连起来了。又说："秉得至清之气生者，为圣人；秉得至浊之气生者，为愚人。……然此论生知之圣人，若学而知之，气无清浊，皆可至于善，而复性之本。……孔子言上智下愚不移，亦无不移之理。所以不移，只有二：自暴自弃是也。"也就是说，加入了人的主观努力，人认识理的可能性就可以变成必然性。

具体来说，人如何才能认识到天理呢？程颐讲得很明白："涵养须用敬，进学则在致知。""识道以智为先，入道以敬为本。"认识天理必须双轮驱动：一轮是用敬；一轮是致知。

"天下无一物非吾度内者，故敬为学之大要。"何为"敬"？"敬"是一种心理状态。"敬，只是主一也。主一则既不之东，又不之西，如此则只是中；既不之此，又不之彼，如此则只是内。在此则自然天理明。"天理为一，主一就是人心与天理合一，有限的人与无限的天理合一，或曰人心只被天理引导，而不为外物牵引诱导。所以，"敬则无己可克"。或者说，敬既是克己的过程，也是克己的结果，真达到这个天人合一的状态，当然也就"无己可克"了。

程颢高举"仁"的旗帜，以仁为体。程颐也相当赞赏仁道，他说："大抵尽仁道者，即是圣人。""君子所以异于禽兽者，以有仁义之性也。"但程颢以"天地万物一体"解释仁，程颐则以"公"心释仁。"又问：如何是仁？曰：只是一个公字。学者问仁，则常教他将公字思量。""公则一，私则万殊。至当归一，精义无二。""义与利，只是个公与私也。""圣人以义为利，义安处便为利。"

程颐虽然没有明说天理的内容到底是什么，但结合上面两段论述可以得知，这个独一的天理，主要特点就是仁、公。从这个意义上看，二程兄弟并无不同。

程颢讲敬的重要性，他主张以敬存仁，余则无事。在这一点上，程颐与哥哥的区别就出现了，这种区别甚至是重大的，他不满足于只谈敬。他说："敬只是涵养一事。必有事焉，须当集义。只知用敬，不知集义，却是都无事也。"又说："敬只是持己之道，义便知有是有非。顺理而行，是为义也。若只守一个敬，不知集义，却是都无事也。且如欲为孝，不成只守一个孝字？须是知所以为孝之道，又须是识在所行之先。譬如行路，须是光照。"

"集义"就是"致知"，程颐之所以成为中国思想史上的重要人物，关键是因为他非常重视认识论——格物、穷理、致知。弟子问他如何才能觉悟，他说"莫先致知""只是致知""须是知了，方能行事。……未敢知，怎生得行？勉强行者，安能持久？除非烛理明，自然乐行。"

"又问：如何是格物？先生曰：格，至也。言穷至物理也。""穷理格物，便是致知。"简言之，所谓格物，就是搞明白事物所蕴藏的理，也即是穷理，最后达到致知的目的。致知，知什么呢？"穷理尽性以至于命，只是一事。才穷理，便尽性，才尽性，便至命。"在程颐看来，格物所得之"理"，并非科学意义上的"物理"，而是道德意义上的"天理"。

那么如何才能通过格物、穷理达到知天理的目的呢？程颐的逻辑是：

首先，万物各有其理。"凡眼前无非是物。物物皆有理。如火之所以热，水之所以寒，至于君臣父子之间，皆是理。"

其次，万物各自的理是可以通过"格"获知的，获知的办法有多种。"穷理亦多端：或读书，讲明义理；或论古今人物，别其是非；或应接事物而处其当，皆穷理也。"

再次，穷理的路径是从一至多再到整体。要从一物开始格起，"今日格一件，明日又格一件"，先搞明白一物之理，然后再搞明白另一物之理，逐渐搞明白百理，就能体会到那个共相之天理了。程颐为什么重视事物的殊相？因为认识百理是认识天理的必由之路。

但这里必须注意的是，所谓穷理，主要不是从广度说，而是从深度说，所以既要在事物上穷究其理，又不必把万物之理都穷尽了才知道天理，这既没有必要，也没有可能。为什么没必要？有两个原因：一是因为百理之中都包含了天理，如同佛教所说的"月映万川"，百理都是天理的投影。"所以能穷者，只为万物皆是一（天）理。""物我一（天）理，明此则尽彼，尽彼则通此，合内外之道也。"所以，透过百理，可窥见天理。二是因为人类具备其他动植物所不具备的举一反三的类推能力。"格物穷理，非是要穷尽天下之物；但于一事上穷尽，其他可以类推。至如言孝，其所以为孝者如何。穷理如一事上穷不得，且别穷一事，或先其易者，或先其难者，各随人浅深。如千蹊万径，皆可适国，但得一道而入得便可。""须穷理，便能尽得己之性，则推类又及人之性。既尽得人之性，须是并万物之性一齐尽得，如此然后至于天道也。"人为什么没有可能穷尽天下万物之理呢？因为人的生命、精力都是有限的，而天下万物是无限的，正所谓"以有涯逐无涯，殆矣"。那么，到底穷多少事物的理才可以窥见天理呢？这当然没法定论，因为每个人的天赋资质不同。这就如同学生要懂得高等数学的某个原理，必须通过做习题来加强理解，有的学生做两三道题就完全明白了，有的学生做一百道题也未必明白。

最后，需要指出的是，万物之"物"，不完全是事物，也包括人自己。"物不必谓事物然后谓之物也。"因为人身就是一个小宇宙，所以人也可以透过认识自己来认识天理。"自一身之中，至万物之理，但理会得多，相次自然豁然有觉处。""格物之理，不若察之于身，其得尤切。"

接下来的问题是，人认识了天理之后，应该怎么办呢？程颐的意思很简单：人只要顺着天理行事，让万物各得其所就行了。"万物庶事，莫不各有其所。得其所则安，失其所则悖。圣人所以能使天下顺治，非能为物作则也，唯止之各于其所而已。"既然要让万物各得其所，人就应该消除对物的占有欲。于是，程颐提出了天理人欲对立说："不是天理，便是私欲。……无人欲即皆天理。"

事实上，在如何面对天理方面，程颐的主张是相当矛盾的：一方面，他主张人应该顺天理；另一方面，他又主张"人力可以胜造化"。他说："世间有三件事至难，可以夺造化之力：为国而至于祈天永命，养形而至于长生，学而至于圣人，此三事功夫一般分明。人力可以胜造化，自是人不为耳。""贤不肖之在人，治乱之在国，不可归之命。""然富贵贫贱寿夭，是亦天定。孟子曰：求则得之，舍则失之，是求有益于得也，求在我者也。求之有道，得之有命，是求无益于得也，求在外者也。故君子以义安命，小人以命安义。"这里的论证非常混乱，简直是不知所云了。

如何解释程颐思想中的这种明显的自相矛盾处？有学者说，可以认为，程颐凡提及自然界处，皆主张人应该顺天理；凡谈到人类社会，又倾向于主张"人力可以胜造化"。我认为，这种解释毫无意义。因为，我们分析一个思想家的思想，不是分析他主张什么，而是分析他的思想体系在逻辑上如何自洽，如果其在逻辑上是不自洽的，它就是缺乏说服力的。这种看法不是把天理分成了两截吗？但程颐的整个思想体系不都主张天理是一不是二吗？

其实，对天的认识不清正是程颐的根本问题。程颐眼里的天，不是主宰之天。由此，"鬼神便（只）是造化""只气便是神也""只妖亦无，皆人心兴之也"。他眼里的天，杂糅了自然规律和道德律令。或者说，在他眼里，道德律令是高于自然规律的。他虽然大讲认识论，但对他来说，"闻见之知"是手段，"德性之知"才是目的。所以，他说："致知，但知止于至善，为人子止于孝，为人父止于慈之类。不须外面只务观物理，泛然正如游骑无所归也。"也就是说，"德性之知"裹挟了"闻见之知"，"闻见之知"并不具备独立的意义。但我们知道，"德性之知"是求善之知，"闻见之知"是求真之知，两者是截然不同的。人们追求前者，是为了成就道德人生；追求后者，是为了探究自然规律。前者需要人的主动参与证成，后者则是一种不以人的意志为转移的客观存在，人们只能去发现、证明。

混杂自然规律和道德律令导致的结果是严重的。从程颐、朱熹开始，因为强调格物致知，中国本来是可以发展出来科学理性的，但因为在他们眼里，"闻见之知"从属于"德性之知"，同时"德性之知"又摆脱不了"闻见之知"，结果就只能是既发展不出独立的科学理性，又使实践理性（道德秩序）丧失了坚实的根基。

第二十六讲　朱熹：第四次补天运动

这一讲我们讲朱熹。

中国历史上，有三个人被国人公认为是"夫子"："孔夫子""孟夫子""朱夫子"。"夫子"是老师的意思，他们三人是中国人共同的老师，这是很崇高的荣誉。"朱夫子"就是朱熹（1130—1200）。

据《宋史》记载，朱熹小时候就不寻常。他4岁的时候，父亲朱松以手指天教他认"天"字，他却问父亲："天之上何物？"如此小的孩子，就追问终极存在问题，可见朱熹是个天生的哲学家。不仅如此，有一次和小伙伴玩耍，朱熹居然在沙子上画出了八卦图。《宋史》的记载未必夸张，事实上确实有这样的人。朱熹聪慧异常，19岁时就考中了进士，20岁时就担任了同安县主簿。有意思的是，他当了4年主簿，也就是才24岁，便辞掉了政府公职，要去当一所道观的监督，因为这一职务有助于他潜心思考、著述。因为，他的志向不是做官，而是做圣人。据朱熹的学生黄榦讲，朱熹是一个表情严肃、言语扼要、行动稳重、思想正直的人。朱熹的性格近似程颐，但比程颐和蔼一些；作息极有规律，仿佛钟表一样不会改变轨迹，这一点颇像康德。

朱熹给宋宁宗当过40天侍讲。虽然他的志向不是做官，也没当过重臣，但他一生都在试图用理念、人脉影响政治。关于现实中的朱熹与当时政治的关系，余英时在《朱熹的历史世界》有过详细考证和论述。事实上，朱熹并不为当时的权臣韩侂胄所喜欢，后者甚至极度讨厌他，先是称朱熹的学派是"道学"派，言语中颇含讽刺，后来直接攻击他的学术是"伪学"，指其提倡"伪学"的目的是结党营私、颠覆朝廷政权。这是相当严重的指控。韩侂胄的朋友高文虎甚至上奏皇帝，希望处死朱熹。朱熹之所以只当了40天侍讲，直接原因就是受到韩侂胄的排挤。事实上，无论是在北宋，还是南宋，道学家一直是以抗议者的面目出现在当时的政治、文化环境中的。

历史的有趣之处在于，抗议思想后来成了统治思想，朱熹注解的"四书"后来成了天下读书人的必读书，朱熹成了儒家思想的集大成者——朱夫子。张君劢甚至说："如果我们看看东西方古今的思想家，便可以毫不犹豫地说，朱熹是最伟大的思想家之一：他的地位相当于柏拉图和亚里士多德在希腊时期，或笛卡尔、莱布尼兹和康德在现代的地位。"

朱熹立志要当圣人，就后来的历史事实来说，算是得偿所愿了。他的成功，一方面是因为天资过人，另一方面也因为机缘好：他的老师是李侗，李侗的老师是罗从彦，罗从彦的老师是杨时，杨时是程颐的入室弟子。他父亲朱松也是罗从彦的弟子。也就是说，就理学的发展而言，朱熹继承的是北宋周张二程持续不断的学统。当然，朱熹并不以周张二程为满足，他所重视的道统，是要承接孔孟。朱熹的著述达20多部，其中多是对往圣先贤著作的再解释。他对前人的经典，采取的是孔子的态度，编撰、注疏多于创作，在编撰、注疏中阐发自己的思想。他平生为文100卷，又有问答录80卷、别录10卷，绝对算是高产学者。

之所以说朱熹是儒家思想的集大成者，是因为他构造了一个比较完整的理论体系。支撑他这个理论体系的核心思想，可以概括为"理一分殊"四个字。如何才能认识清楚他这个理论体系呢？我认为需要把握几个关键词：理、气、欲。

什么是理？理就是创生者、终极存在、万物之所以成为万物的根源。朱熹说："未有天地之先，毕竟也只是先有此理，便有此天地。若无此理，便亦无天地。"又说："未有事物之时，此理已具。""惟其理有许多，故物有许多。""做出那事，便是这里有那理；凡天地生出那物，便是那里有那理。"可见，在朱熹眼里，最高、最终极的存在不是天，而是理，理先于天地而生，是理生出天地万物。

在二程那里，理分为"天理"和"百理"，前者是万物共同之理，后者是万物殊别之理。朱熹的说法与二程略有不同，在他的概念里，理就是殊别之理，即万物各自之理，也即是性；作为共同的那个理，也即"天理"，应该叫"太极"。显然，这是借用了周敦颐的概念。朱熹说："总天地万物之理，便是太极。"

但正如劳思光所指出的那样，在朱熹这里，"总"字的意思并不明确，由此导致非常大的理论问题。"总"，有"总摄"和"总和"两层意思。若是"总摄"之义，那么说太极"总天地万物之理"，即表示太极是天地万物殊别之理的最大公约数，如前儒所言"生生"之类；若是"总和"之义，那么说太极"总天地万物之理"，即表示太极是天地万物殊别之理的算术叠加。

事实上，朱熹有时是把这个"总"当成"总和"用的。比如他说："所谓太极者，只二气五行之理，非别有物为太极也。"又说："自其微者而观之，则冲漠无朕，而动静阴阳之理，已悉具于其中矣。"太极既然包含一切，当然就是"总和"的意思。但朱熹又常常把这个"总"当成"总摄"用，他认为"人人有一太极，物物有一太极"。"盖统体是一太极，然又一物各具一太极。"如果说万事万物都有一太极，则此太极只能是"总摄"义，不能是"总和"义，原因是：牛有牛的理，马有马的理，如果太极是天地万物殊别之理的"总和"，那么这太极就包含牛马各自的理，朱熹既然说万事万物都有一太极，那么牛身体中怎么可能包含牛马等万物各自的理呢？牛能体现马的理吗？朱熹是首屈一指的理学家的代表，但由于对天理（即太极）的定义模糊，决定了他的理论在起点处就存在问题。

朱熹的"太极"观念既借自周敦颐之《太极图说》，则自然牵涉周敦颐的"无极"概念，因为《太极图说》首句即是"自无极而太极"。周敦颐这句话说的是有生于无的道理，也就是无极"生出"太极，这显然是受道家影响的结果。朱熹为了理论自洽，将"自"字删去，变为"无极而太极"，在他的理论体系中，这句话的内涵就变成了：无极就是太极，无极之上没更高的本原存在。他说："无极而太极，只是无形而有理，周子恐人于太极之外，更寻太极，故以无极言之。"又说："圣人谓之太极者，所以指夫天地万物之根也。周子因之而又谓之无极者，所以著夫无声无臭之妙也。太极本无极，则非无极之后别生太极，而太极之上先有无极也。"在朱熹看来，"无极"与"太极"，本是一物，之所以于"太极"之外别立"无极"一概念，只是因为"太极"是无形、无声、无味的，"无极"只是对"太极"的特点的解释。通观《太极图说》观念及周敦颐用词方法，可知这完全是无稽之谈。这在前文讲《太极图说》时已略微论及，此处因论及无极，又捎带一提。

下面说气。什么是气？简言之，气是万物得以成为万物的无形之存在。朱熹说："天地之间，有理有气。理也者，形而上之道也，生物之本也。气也者，形而下之器也，生物之具也。是以人物之生，必秉此理，然后有性；必秉此气，然后有形。"严格说，气并不是"形而下之器"，而是使器成为器的助力。

理与气之间是什么关系？归纳起来，大概有如下六个方面：

一、理是一种独立的存在，不依靠气而存在。即便万物都消失了，理仍然存在。"且如万一山河大地都陷了，毕竟理却只在这里。"需要指出的是，这里的理，是共同之理，即太极。朱熹相信邵雍的世界循环论，认为循环没有穷尽，即便世界完全毁坏了，因为太极不灭，就可以再造出一个世界来。太极无所谓"行迹""情意""计度""造作""动静"，只是一个"洁净空阔底世界"。

二、因为理才是最高、最终极的存在，因此从逻辑上讲，而不是从时间上讲，理先于气。朱熹说："有此理后，方有此气。"按西方哲学史说法，朱熹是典型的唯实论者。

三、气必须依理而存在，有气，则此气中必有此理。"气以成形，理亦赋焉。""若论禀赋，则有是气，而后理随而具。"

四、理无所谓动静造作，但它可以使气动静造作。天地万物的生成是一个气化的过程，所谓气化，就是理气结合的过程，也可以说是理乘着气运行的过程。"天地之初，如何讨个人种？自是气蒸结成两个人，后方生许多万物，所以先说乾道成男、坤道成女，后方说化生万物。当初若无那两个人，如今如何有许多人？那两人便似而今人身上虱，是自然变化出来。""气化是当初一个人，无种，后自生出来底。形生却是有此一个人后，乃生生不穷底。"也就是说，生物最先是由理气化生而来，然后才由雌雄结合而生生不绝。至于无生物，则都是化生而来。"阴阳，气也，生此五行之质。……天地之间，何事而非五行？五行阴阳七者混合，便是生物的材料。"儒家虽然避谈鬼神，但朱熹的这些论述，却带有一定的神秘色彩。

五、理与气在现实中一旦结合为物，理便成为殊别之理，理气之间便不可分割，因为"天下未有无理之气，亦未有无气之理"。"所谓理与气，此决是二物。但在物上看，则二物浑沦不可分开各在一处，然不害二物之各为一物也。若在理上看，则虽未有物，而已有物之理；然亦但有其理而已，未尝实有是物也。"前面说，理是一种独立的存在，这里又说"未有无气之理"，如何理解呢？因为前面所说的理是太极，后面所说的理是万物各自的理，所以朱熹又说："无是气，则是理亦无挂搭处。"朱熹论"理"，有时指的是太极，有时指的是万物各自的理，读其文，当细究其所指究竟为何，否则极易搞糊涂。

六、"气虽是理之所生，然既生出，则理管他不得。如这理寓于气了，日用间运用都由这个气，只是气强理弱。"也就是说，虽然不存在无理之气，但理气一旦化生为物，气就具备了相对独立性，理就变成了潜存的力量，而且总是斗不过气。这里的理气关系，类似于上天与人的自由意志的关系：天生人，造万物，但天给了人自由意志，人运用自己的自由意志，往往走向不信天的结果。朱熹在此处之所以下一转折，正是为人的主观努力预留了理论上的空间。

接下来我们讲欲。上面讲理与气，是从上到下讲，都属于客观存在的领域，与人的主动性并无关联。换言之，与人的善恶行为没有关联。但我们都知道，儒家的所有理论，最终都是要指向人间的道德秩序的，也就是说，都是要讨论为善去恶问题的。那么，天理与人欲到底是一个什么关系呢？

要回答这个问题，首先要明确什么是善。朱熹说："继之者善，是天理流行处。"也就是说，"天理流行"就是善，天理无不善。那什么是恶呢？"人生而静，天之性，未尝不善。感物而动，性之欲，此亦未是不善。至于物至知知，然后好恶形焉，好恶无节于内，知诱于外，不能反躬，天理灭矣，方是恶。"意思是说，人生下来是好静的，这是先天赋予的本性，受到外界的影响而变为好动，这是本性受到了引诱，但这时也还不是"恶"。人的认识和外界事物相交接，就会表现为两种态度：喜好或厌恶。喜好或厌恶的态度如果从人自身得不到节制，再加上对于外界事物的引诱不能自我反省，那么人的天性就会完全丧失。这时"恶"就诞生了。

天理为什么会灭？因为气化以后，在物中，气总是处于强势地位，理虽然还存在，但处于弱势的、被压制的地位，长此以往，就相当于灭了。朱熹说："人物皆秉天地之（天）理以为性，皆受天地之气以为形。……若在物言之，不知是所秉之（天）理便有不全耶？亦是缘气秉之昏蔽故如此耶？曰：惟其所受之气只有许多，故其（百）理亦只有许多。……又问：物物具一太极，则是（百）理无不全也。曰：谓之全亦可，谓之偏亦可。以（天）理言之，则无不全，以气言之，则不能无偏。"

正是由于我上面讲过的朱熹有时用"理"指共同之理——太极、天理，有时又指殊别之理——百理，而且对共同之理的定义又不清楚，所以这段话表述的意思极为混乱。试问，理根本是无形的存在，按说一个针尖上就可以"立住"所有天理，怎么能说因为气不够，所以物所包含的理就不够呢？可以说，朱熹说这段话时，原无确定之主张：他既说万物因为所受之气有限，故所蕴含的共同之理有限；又说万物都蕴涵整全的共同之理，这不是自相矛盾吗？如果我们不追究他的表达的矛盾处，只从大意看，似乎可以如此理解：万物虽然都蕴涵整全的共同之理，但这共同之理又常常被气赶到角落里去了，所以理既全又偏。全，是指它的内容全；偏，是指它并不是大中至正地蕴涵在万物里，而是处在偏僻的角落里不受待见。

朱熹又从气之偏正来讲理之通塞。因为理通则善，理塞则恶，所以其指向还是善恶问题。"自一气而言之，则人物皆受是气而生。自精粗而言，则人得其气之正且通者，物得气之偏且塞者。惟人得其正，故是理通而无所塞；物得其偏，故是理塞而无所知。"此处论证的是人之所以为万物之灵长的原因：人能得气之正，所以能与天理合一，物得气之偏，所以不能与天理合一。但同样是人，秉受的气"又有清明昏浊之异"。所以，人虽都有与天理合一的可能性，但因为气质之性的不同，并不是人人都可以达到天人合一的至善境界。

即便我们认可浊气是万恶之源，但问题在于，气本身不就是理之所生吗？太极不是只有一个吗？为什么气可以不听理的绝对命令？对这个问题，朱熹的解释毫无逻辑，根本不能服人。我在前面讲过朱熹的理气关系类似于天与人的自由意志的关系，二者应该是一种高低位阶关系，也就是说，天高于人，连人的自由意志也是天所赐予，这样就解决了天人矛盾。置换到朱熹的话语体系里，理应该高于气，气无论如何主动奔突，都应该跳不出理的掌心。但朱熹没有明确指出理气之间的位阶关系，这就使得他的所有辩护都显得非常苍白。

上面讨论了气的清浊不同导致了善恶不同，那么，恶在人身上表现为什么呢？就是欲望。什么是欲望？朱熹的定义是："心，譬水也。性，水之理也。性所以立乎水之静，情所以行乎水之动，欲则水之流而至于滥也。""爱是泛爱那物，欲则有意于必得，便要拿将来。"简言之，按张载"心统性情"说，朱熹把人的心分为负责理性的性和负责感性的情，他所反对的不是情，而是情之泛滥导致的"必得"冲动。

朱熹对人欲的认识是比较客观的，他认为人欲是必然会产生的。"有个天理，便有个人欲。盖缘这个天理须有安顿处，才安顿得不恰好，便有人欲出来。"什么叫"恰好"呢？就是"发乎情，止乎礼"，情、礼皆顺乎天理，所以不需要消灭情，"圣人千言万语，只是教人存天理、灭人欲"。如何是灭人欲？朱熹打了个比方："秉气之清者为圣为贤，如宝珠在清冷水中；秉气之浊者为愚为不肖，如珠在浊水中。所谓明明德者，是就浊水中揩拭此珠也。"这自然让人想到禅宗六祖慧能的师兄神秀的那首偈："身是菩提树，心如明镜台。时时勤拂拭，勿使惹尘埃。"

众所周知，在慧能系禅师看来，神秀的这首偈子显然不如慧能那首著名的偈能说到佛性的究竟处。但朱熹是儒家人物，一贯反佛，尤其是反禅宗的。我想即便他的"拭珠"论与神秀的"拭镜"论意思差不多，也不会承认是受了神秀的影响，更何况走得更远的慧能了。

那么，如何才能去人欲呢？关键是让心循理动，心与天理合一，勿使情泛滥为欲。朱熹又提出了"人心""道心"之说，大抵不外以"道心"驭"人心"，即以理驭情、存理灭欲。具体如何才能使天理战胜人欲呢？朱熹的办法与程颐并无二致，不外"穷理""居敬""格物""致知"之类，朱程二人对这些进学次第的具体论述，也大同小异。学者多以朱熹之"格物""致知"理论为其重点，但因其与程颐大同小异，这里就不详述了。现只引朱熹的一段话作为他在这方面思想的代表性言论："所谓致知在格物者，言欲致吾之知，在即物而穷其理也。盖人心之灵，莫不有知，而天下之物莫不有理；惟于理有未穷，故其知有不尽也。是以《大学》始教，必使学者即凡天下之物，莫不因其已知之理而益穷之，以求至乎其极。至于用力之久，而一旦豁然贯通焉，则众物之表里精粗无不到，而吾心之全体大用无不明矣。此谓物格，此谓知之至也。"由此可见，朱程二人对格物致知目的的理解也是一样的。按朱熹的话说，就是"格物所以明此心"，而与探究自然界之规律无关。

我们应该如何评价朱熹呢？在此，我想重申并补充我在前面说的，朱熹是儒家思想之集大成者。周敦颐虽然开启了重建天人关系——补天之路，但"北宋五子"的理论体系并不精密，到朱熹这里，才算是中国思想史上第四次补天运动的完成。朱熹不仅试图综合"北宋五子"的思想传统，而且试图远探孔孟本旨。

不仅如此，他虽然反佛教，但对道家和道教不仅有同情的理解，而且试图将道教思想融入其思想体系。他对老子的评价是："今观老子书，自有许多说话，人如何不爱？"又说："康节（邵雍）尝言，老氏得《易》之体，孟子得《易》之用，非也。老子自有老子之体用。"朱熹解释《易经》，非常重视象数，他不仅推崇《河图》《洛书》及邵雍之《先天图》、周敦颐之《太极图》，而且认为它们源自儒家，体现的是儒家思想。但事实上，《河图》《洛书》源自纬书，出自道教；而《先天图》又依《河图》《洛书》立说，亦根植于道教；《太极图》也出自道教。朱熹还化名撰《参同契考异》，《参同契》乃道教内丹派图书。朱熹大概也认识到了这一点，而他自认是儒家，所以选择了用化名考辨道教经典。

那么，朱熹这一集大成的工作水平如何？这就不仅要看他"集"了些什么，而且要看他"集"的各部分之间的逻辑是否自洽，更要看他思想的原创性如何。但老实说，对于后两个方面，朱熹的表现平平，他的理论体系既未实现逻辑自洽，原创性也不够。我们看他的论述，仿佛都能看到前人的影子，前人没有解决的问题，他也没有推进多少。这两个方面的问题，根源在于原创性不够，以至于他无力用自己的思想体系来剪裁前人的思想成果，他的集大成，主要是一种物理式的拼接，而不是化合。朱熹自己或许在一定程度上会承认这一点。他与吕祖谦编辑了《近思录》，该书首卷就是"道体"，可见其具有笼罩全书的地位。但他在与门人谈话时也承认"《近思录》首卷难看"，因其"道理孤单"，所以他建议门人如果读不懂第一卷，可以从第二、第三卷开始读起。顺带说一句，在我看来，《近思录》之论"道体"，岂止"难看""道理孤单"，简直就是粗陋。甚至可以说，"北宋五子"并未解决道体这一理学理论根基问题，故其理论体系，总嫌浮泛。朱熹对此有所推进，但贡献也有限。

朱熹理论的内在矛盾，前面已经零星谈及，这里再从总体上略论如下：

首先，理与气的矛盾问题。朱熹既认为天理决定一切，又认为万物一旦气化，经常出现"理管不得气"的情况。这只是一种意见，而不是一套理论。既然天理决定一切，它就应该管得了气；如果管不了，则应该论述清楚其原因何在，而不是简单指出这一现实。既已指出，就自然应该追问下去，是什么因素导致了气各行其是。

其次，天道观与本性论的矛盾问题。就本性论讲，既然万物实现其本性，也即循天理就是善，那么狮虎的本性就是要吃其他动物，包括吃人，狮虎是否善？就天道观讲，朱熹所谓的天理，也即太极的核心内容是什么？是"生生之德"吗？如果是，狮虎吃动物、吃人不正是符合让狮虎生的天理吗？问题在于，狮虎的生是以其他动物的死为条件和代价的，那么其他动物的天理又该如何实现？这不是一个独特的例子，事实上，任何动物（包括人）的生都是以其他动植物的死为条件和代价的。也就是说，任何动物实现天理都是以损害其他动植物实现天理为条件和代价的。那么，这一事实是否就推翻了贵生的天理？朱熹可能会辩解说，害生不是实现天理的意思，而是气之所为的结果，但任何动物都以害生为生的条件，贵生的天道又如何实现呢？这个问题的实质是：朱熹希望打通天道与万物本性，但至少从事实层面看，并未打通。为什么不能打通？因为朱熹并未从天道角度把人抬高到世上万物主宰者的地位，他虽然认为人是万物灵长，但仅仅是从人能得气之正，物不能得气之正，因此人能与天理合一的角度论证，而这是完全不够的。试问，为什么人能得气之正，而物不能？这是谁决定的？

最后是"人为什么必须存天理""为什么能够存天理"的问题。

首先，在朱熹的理论中，心只是一种经验存在，本身并不具备超验价值，心又分为道心（性）和人心（情）两部分。那么，人为什么必须让道心驾驭人心呢？朱熹可能会说，人天然具有趋善冲动。但世间有恶人这一事实证明，这一趋善的冲动只是一种可能性，不是一种必然性。世间任何教化系统都面临这个问题，一般而言，宗教对这个问题的回答是能解决问题的，因为它一方面鼓励人们趋善；另一方面，也会告诫人们，如果你不趋善，甚至作恶，就会受到严厉的惩罚，如下地狱之类。儒家不是宗教，朱熹眼中的天略有主宰之意，但基本上也不是主宰之天。他说："而今说天，（像）有个人在那里批判罪恶固不可，说道全无主之者又不可。"有人再问他天是不是主宰者，他的回答是："这个也只是理如此。"因此，即便是朱熹，也无法从根本上解决这个问题。

其次，人如何有可能让道心驾驭人心呢？气有清浊，心属气，因此心有昏明，人在"存天理，灭人欲"之前，心是昏大于明的，"存灭"过程是心逐渐清明的过程，最后达致此心大明、"全体大用"之境界。问题在于，"存灭"之前，没有主宰力的昏浊之心何以能有格物、致知、穷理的冲动？世间任何教化系统都面临这个问题，而自力拯救型教化系统无法解决这个问题，因为人无法抓着自己的头发脱离地球。

朱熹思想的问题还有一些。比如，其"道统"论基本上属于虚构，至少可以说是他的一种主观建构；他虽然重视对历史上的儒家经典的注释，但他缺乏基本的考证能力，所以武断地认为《大学》"盖孔子之言，而曾子述之"，《中庸》是子思著作。他注解的"四书"往往并非原意，更多是自己的主观发挥。要言之，他的注解总是以他所主张的"理"代替"四书"作者所高扬的"天"。对此，我在讲《中庸》的时候已经有比较详细的论证。又因其如此，他依据这些经典所建构的儒家道统就更靠不住。

第二十七讲　陆九渊：心理之天（一）

这一讲我们讲陆九渊。

陆九渊（1139—1193）与朱熹同时，但与朱熹思想截然不同。朱熹之学被称为"理学"，陆九渊之学被称为"心学"。如果宋明思想史中只有程朱理学，未免单调乏味，正是因为陆王心学的诞生，才使中国思想史孕育了转变的可能。所谓"陆王心学"，南宋之陆九渊是开山之祖，明代之王阳明是集大成者。

陆九渊之父陆贺生有六子：九思、九叙、九皋、九韶、九龄和九渊，皆学识超群，其中九韶、九龄、九渊三兄弟都是南宋著名思想家，人称"金溪三陆"。中国思想史中的思想家兄弟现象很有意思，值得细细研究。仅宋代而言，北宋有"二程"，南宋就有"三陆"。作为亲兄弟，他们的思想也大致相似，这大概是因为他们从小读的书、经的事大同小异的缘故。

上一讲我们讲到朱熹小时候就非同寻常，其实陆九渊也是天生的思想家。陆九渊早慧，三四岁的时候，就问父亲天地的尽头在哪里。父亲笑而不答，陆九渊居然为了思考这个问题废寝忘食。还在儿童时代，他的举止就与其他孩子不同，见到他的人都很尊敬他。他听见人诵读程颐的文章、语录，就认为程颐讲错了，讲的不是孔孟之道。十几岁时，他读古书至"宇宙"二字，书上的解释是"四方上下曰宇，往古来今曰宙"，于是忽然省悟道：

> 宇宙内事乃己分内事，己分内事乃宇宙内事。宇宙便是吾心，吾心即是宇宙。东海有圣人出焉，此心同也，此理同也；西海有圣人出焉，此心同也，此理同也；南海、北海有圣人出焉，此心同也，此理同也；千百世之上有圣人出焉，此心同也，此理同也；千百世之下有圣人出焉，此心同也，此理同也。（《象山全集》）

陆九渊考中进士以后，读书人争相与之交游。后来他回到家乡，每次开讲席，院墙内外都挤满了听众，就连德高望重的老人都会拄着拐杖前去听讲。有人劝他著书，他说："六经注我，我注六经""学苟知本，六经皆我注脚"。朱熹一生高度重视六经、注解六经，陆九渊却说"六经皆我注脚"，不认为六经是不可置疑的权威，他在乎的是道和人自身。由此可见，陆九渊的气魄相当之大，最可体现陆氏气魄的或许是他的一首诗：

> 昂首攀南斗，翻身依北辰。
> 举头天外望，无我这般人。（《无题》）

我们不可认为陆九渊的上述言论和诗歌体现的是才子式的孟浪狂傲，事实上，它们是他思想体系的自然发抒。

陆九渊的思想体系，围绕一个"心"字构建。朱熹综合"北宋五子",认同二程的"性即理",也认同周敦颐构建的天道观。简言之,朱熹构建了一个从上到下、从天到人的体系。陆九渊高扬人心的作用,直接提出了"心即理"的论断,这个论断实际上是针对程朱一系提出来的。因为心学是理学的反对派,所以我们谈陆九渊的时候不得不提朱熹,以及朱陆论战。

接下来我们从核心思想、修养工夫、朱陆纷争三个方面来透视陆九渊的思想。

陆九渊的核心主张当然就是"心即理",他是在写给朋友李宰的书信中提出这一著名论断的。他先是引用了很多孟子论心的话,然后得出结论说:"天之所以与我者,即此心也。人皆有是心,心皆具是理,心即理也。"

在朱熹那里,"北宋五子"是如同先知一般的存在,他们是他构建道统不可或缺的组成部分。陆九渊否认朱熹构建的道统的真实性,他高举孟子的旗帜,认为自己直接承接的是孟子思想。有人问他的学问何所授受,他的回答是:"因读《孟子》而自得之。"又说:"孟子之没,此道不明。千有五百年之间,格言至训,熟烂于浮文外饰;功利之习,泛滥于天下。"换言之,孟子的思想,只有到他这里,才算接续上了。这不是陆九渊自夸,明代王阳明给陆九渊文集作序,即明确说陆氏"简易直截,真有以接孟氏之传"。"故吾尝断以陆氏之学,孟氏之学也。"不过,严格来说,程颢的思想与北宋其他四个思想家存在很大不同,程颢说:"先圣后圣若合符节,非传圣人之道,传圣人之心也。非传圣人之心也,传己之心也。己之心无异圣人之心,广大无垠万物皆备。欲传圣人之道,扩充此心耳。"由此可见,陆九渊的思想与程颢大抵是一路。也可以说,二程兄弟分别开启了心学、理学两派。所以,陆九渊虽然批评程颐,但却不批评程颢,很难说他的思想没有受到程颢的影响。

陆九渊的"心"所指为何？陆九渊说："孟子云：'尽其心者知其性，知其性则知天矣。'心只是一个心，某之心，吾友之心，上而千百载圣贤之心，下而千百载复有一圣贤，其心亦只如此。心之体甚大，若能尽我之心，便与天同。为学只是理会此。"在朱熹眼里，人心只是一个经验性的存在，本身并不具备主宰之义，主宰者是"理"，是"性"。劳思光指出，既然陆九渊认为"只是一个心"，那么这个心就不是受世界纷纭万象干扰的经验之心，只能是超验的主宰之心；尽一己之心，就能"与天同"，这个心显然也只能是超验的主宰之心。事实上，陆九渊与程朱对"心"的定义不同（程朱的心是被动的经验之心，陆九渊的心是超验的主体），这正是心学与理学的根本分歧之所在。也可以通俗地说，陆九渊用"心"取代了程朱的"天理"地位。

超验的主宰之心又是何意？这是指，心是一切价值的标准和源头，一切德性天理都内含于人心之中，人可以自作主宰，只要尽心，德性天理就可以自然展现出来。

> 此理本天所以与我，非由外铄。明得此理，即是主宰。真能为主，则外物不能移，邪说不能惑。……一向萦绊于浮论虚说，终日只依借外说以为主，天之所与我者反为客。主客倒置，迷而不反，惑而不解。坦然明白之理，可使妇人童子听之而喻。勤学之士反为之迷惑，自为支离之说，以自萦缠。穷年卒岁，靡所底丽，岂不重可怜哉？（《陆九渊集》）

既然如此，按我们通常的理解，那么我们每个人的所思所想是不是都是真理呢？每个人都可以各是其是、自作主张吗？人不是有时也起歹心，甚至杀心吗？陆九渊当然不会认为歹心、杀心也是真理，也是应该的，于是他提出了一个"本心"概念。他认为，那些心思都不是人的"本心"，人的本心只是"仁义"，人为非作歹是"失其本心"或"蔽其本心"的结果。什么是导致人"失其本心"或"蔽其本心"的原因？一是"物欲"，二是"意见"。"愚不肖者不及焉，则蔽于物欲而失其本心；贤者智者过之，则蔽于意见而失其本心。"显然，这里的"意见"就是基于经验世界的私见，因为一旦被经验世界的物欲和私见牵引、诱惑，真理就会被人抛到一边。

张载讲过"心统性情"，其中，"性"是绝对理性，上通天，"情"是人的感情，情发而不合理就会泛滥为物欲。朱熹又总讲"道心""人心"之别。陆九渊之"本心"，岂不与"性""道心"相似？的确相似。所不同的地方在于，程朱的进学理路是向外探求，强调格物致知；陆九渊的进学理路是向内探求，强调尽心知性。

无论是理学家还是心学家，都是儒家，只要是儒家，他的一切论证的落脚点都还是人间道德秩序构建如何可能的问题。对于理学家来说，人只要服从来自外部的天理，"存天理，灭人欲"，道德秩序就可以建立。那么对于心学家陆九渊来说，从理论到现实如何落地呢？这就要讲到他的修养理论。

首先，陆九渊反对程朱的天理人欲之分，他说："天理人欲之分论，极有病。自《礼记》有此言，而后人袭之。《记》曰：人生而静，天之性也。感于物而动，性之欲也。若是，则动亦是，静亦是，岂有天理物欲之分？若不是，则静亦不是，岂有动静之间哉？""若天是理，人是欲，则是天人不同矣。"他还说天理人欲之说不是圣人的话，因为"人亦有善有恶，天亦有善有恶，岂可以善皆谓之天，恶皆归之人"？程朱一系无不主张天理纯善，陆九渊认为"天亦有善有恶"，真是胆大包天。他不仅从根本上否定了程朱理论的基点，甚至挖了中国自古以来大多数思想家的祖坟。他之所以如此主张，根本上还是因为他在乎的是人，而不是天。

以上是陆九渊的驳论，他正面的修养理论是什么呢？是"知本""立志""先立乎其大者"。前面我说过，陆九渊说"学苟知本，六经皆我注脚"。他还说："吾之教人，大概使其本常重，不为末所累。"在他看来，朱熹所强调的格物致知穷理甚至读书都是"末"而不是"本"。他说："学者须是有志。读书只理会文义，便是无志。"他反对一些学者"大世界不享，却要占个小蹊小径子；大人不做，却要为小儿态，可惜"。那么什么是"本""志""大"呢？说穿了，就是要认识到人的道德主体性，要认识到"心"（本心）就是最高主宰，"心"具有一切能力。他高度强调"本""志""大"的重要性，以至于"近有议吾者云：除了先立乎其大者，全无伎俩"，对此，他的回答是"诚然"。有人问，既然你说立志重要，那如何立呢？他的回答居然是"立是你立，却问我如何立？若立得住，何须把捉"？

话虽如此，陆九渊并非真不教人如何立志，也非真"除了先立乎其大者，全无伎俩"。在他看来，解决了立志的问题，一大半问题其实已经解决了，然而很多人根本没有解决这个问题。

如何立志？《象山语录》说："傅子渊自此归其家。陈正己问之曰：陆先生教人何先？对曰：辨志。正己复问曰：何辨？对曰：义利之辨。若子渊之对，可谓切要。"所谓义利之辨，是个源自孔孟的老话题，在陆九渊这里，义利之辨其实就是公私之辨，人若能立公心，私心自消，所以义利之辨既是方法，也是目的。关于义利之辨，陆九渊著名的《白鹿洞书院讲义》有一段如此说道：

子曰：君子喻于义，小人喻于利。此章以义利判君子小人，辞旨晓白。然读之者苟不切己观省，亦恐未能有益也。某平日读此，不无所感。窃谓学者于此当辨其志。人之所喻由其所习，所习由其所志。志乎义，则所习者必在于义。所习在义，斯喻于义矣。志乎利，则所习者必在于利。所习在利，斯喻于利矣。故学者之志不可不辨也。……诚能深思是身，不可使之为小人之归。其于利欲之习，怛焉为之痛心疾首，专志乎义，而日勉焉，博学、审问、谨思、明辨而笃行之，由是而进于场屋，其文必皆道其平日之学、胸中之蕴，而不诡于圣人。由是而仕，必皆共其职、勤其事、心乎国、心乎民，而不为身计。

程颐以"公心"释"仁"，陆九渊主张立志、义利之辨，实际上就是主张公私之辨，心中要常存一个公心。"某尝以义利二字判儒释。又曰公私，其实即义利也。"搞明白公私之辨后，"不过切己自反，改过迁善"而已。由此可见，陆九渊与程朱的目的地都一样，只是路径不同罢了。

仅仅立志，常做义利之辨就行了吗？还不行。"既知道自立，此心无事时须要涵养，不可便去理会事。""人精神在外，至死也劳攘，须收拾做主宰。收得精神在内时，当恻隐即恻隐，当羞恶即羞恶。谁欺得你？谁瞒得你？"为什么要把精神往内收呢？因为人心随时都在与经验世界接触，难免流于放荡。如果流于放荡，则必须让心回复到本心状态。"复者，阳复，为复善之义。人性本善，其不善者迁与物也。知物之为害而能自反，则知善者乃吾性之固有，循吾固有而进德，则沛然无他适矣。故曰：复，德之本也。知复则内外合矣。"

"复性"是唐代李翱就提出来的观念，宋儒多同意并发展了这个观念。陆九渊这种说法，即多次谈到"性"，看起来是不是太像程朱说的了？其实不然，陆九渊所谓"性"，是"心"，之所以用"性"字，是因为他念念不忘的是人的"主体性"。事实上，根据他的观念，只要把握了大本大原，细分一些字词的具体意思并不重要。他的朋友李伯敏问他什么是尽心，性、才、心、情之间的差异如何厘定，他说这些问题只是"枝叶"，学者读书，不能只会解字，不求血脉，"须是血脉骨髓理会实处始得""且如情、性、心、才，都只是一般物事，言偶不同耳"。他还说："尧舜曾读何书来？若某则不识一个字，亦须还我堂堂地做个人。"

这个样子的陆九渊，遇到朱熹，会发生什么？事实上，要深入理解陆九渊及朱陆之别，就得考察朱陆二人的交往及论争历史。这段历史非常有意思。

首先我们来讲讲著名的朱陆鹅湖相会故事。宋淳熙二年（1175），朱陆会于江西信州铅山鹅湖寺，牵线人是吕祖谦。吕祖谦跟陆家兄弟交好，也跟朱熹交好，于是多次向朱熹引荐、称道陆氏。朱熹也听说过陆家兄弟，会面之前，他对陆家兄弟有些疑虑。比如，"陆子寿（九龄）闻其名久矣，恨未识之。子澄云：其议论颇宗无垢，未知今竟如何也？""陆子静（九渊）之贤，闻之尽久。然似闻有脱略文字、直趋本根之意，不知其与《中庸》学、问、思、辨然后笃行之旨又如何耳？"可见，朱熹一开始就看出了两派思想的不同。应该说，他把握住了陆家兄弟思想的要点。

吕祖谦为了鹅湖之会，先见了陆九龄，并表示鹅湖会就是要讨论朱陆异同。陆九龄就对弟弟九渊说，我们兄弟之间意见都不一定相同，怎么能指望在鹅湖会上与朱熹想法一样呢？于是兄弟俩先各自讲自己的思想主张，然后辩论，辩论以后，弟弟说服了哥哥。于是，哥哥九龄写了一首诗：

孩提知爱长知钦，古圣相传只此心。
大抵有基方筑室，未闻无址忽成岑。
留情传注翻榛塞，着意精微转陆沉。

珍重友朋相切琢，须知至乐在于今。（《鹅湖示同志》）

　　此诗已经道出了陆氏心学之大要，也即人心先立志、"着意精微"、打好根基才能扩充德行。陆九龄是准备见面时把这首诗吟诵给朱熹听的。鹅湖会上，吕祖谦先问陆九龄新近的思想动态，陆九龄就开始吟诵上面这首诗。哪知道，才吟了前面四句，朱熹就对着吕祖谦说："子寿早已上子静船了也。"陆九龄吟完诗，双方就开始辩论。陆九渊很为朱熹开始的那句话生气，同时因为与朱熹思想差异太大，于是也和陆九龄原韵吟出一首诗。他说这首诗是他在与哥哥来鹅湖的路上创作的：

　　　　墟墓兴哀宗庙钦，斯人千古不磨心。
　　　　涓流积至沧溟水，拳石崇成泰华岑。
　　　　易简工夫终久大，支离事业竟浮沉。（《鹅湖和教授兄韵》）

　　最后两句还没吟完，朱熹已经面目失色，等陆九渊吟完最后两句"欲知自下升高处，真伪先须辨只（或应为'自'）今"，朱熹就大不高兴了。很显然，陆九渊不仅重申了他们兄弟的观点，而且讥讽了朱熹的"支离事业竟浮沉"，朱熹当然不会高兴。

　　鹅湖之会，朱陆两派的根本区别在于，朱熹认为进德修身应该先泛观博览然后再返归简约，陆家兄弟则主张先发明人之本心然后才宜博览。双方谁都说服不了谁，于是朱熹指责陆氏"太简"，陆氏指责朱熹"支离"。至于因何如此，我在上面已经讲过，根本在于两派对"心"的定义完全不同：朱熹认为心不过是经验主体，当然就要鼓励人用心学习，格物致知；陆氏认为心是超验的主宰，当然就要先立其大了。

虽然两派意见相左，但毕竟只是思想观点不同，朱陆其实都是涵养颇高的读书人，所以双方的关系还不错。朱熹在鹅湖会后给朋友的信中还提到鹅湖会"讲论之间，深觉有益"。他也很警惕自己的主张是否会导致陆氏兄弟所指责的"支离"境地。他甚至还批评他的朋友吕子约"幽暗支离"。鹅湖会后六年（前一年陆九龄已去世），陆九渊拜访朱熹。朱熹邀请陆九渊在白鹿洞书院讲了上面所说的那篇著名讲义，并表示自己讲此节书不如陆九渊讲得深。鹅湖会后十一年，朱熹在写给陆九渊的信中还说："所幸迩来日用工夫，颇觉有力，无复向来支离之病。甚恨未得从容面论，未知异时尚复有异同否耳。"其时朱陆关系已有很大裂痕，但这封信不应理解为朱熹只是为了修复友情的客套话。

朱陆关系的进一步恶化是在此事发生后又五年。陆九渊致书朱熹讨论太极图及周敦颐《太极图说》问题，二人意见完全不合，以至于双方最终恶言相向。朱陆双方关于太极图的论争时间很长，主要集中在讨论我在前面说过的对"无极太极"的理解上。最早是陆九韶在鹅湖会后写信给朱熹讨论这一问题，陆九渊只是在多年后接过哥哥的观点继续与朱熹辩论而已。要言之，朱熹为建立其天道观，不得不高举周敦颐之说，但认为无极与太极是天理的两个说法，无极是指无形，太极是指有理；陆氏兄弟为高扬人心的主体性地位，认为太极就是最高的天理，加上无极概念完全是画蛇添足，这一概念完全是道家老子的宗旨，不能为儒家尊崇。因为谁都说服不了谁，最后只能以双方互斥对方是禅宗了事。我在前面多次说过，朱熹对无极以及无极与太极关系的解释是错误的，但陆氏兄弟否认无极思想的重要性，显然也不能服人。

可以讨论的反而是双方互斥对方是禅宗一事。朱熹当然不是禅宗。这一点，前文讲朱熹思想体系时已经讲明，需要说明的是陆九渊是不是禅宗。如果我们细想朱陆异同，很容易发现朱熹有点像神秀，陆九渊很像慧能，因为前者是要逐渐去认识最高存在，后者则直指本心，认为本心就是最高存在。但这不过是表面现象，问题的实质不在于强调心的重要性就是禅宗，而在于要用此心去干什么。也就是说心的指向是什么的问题：指向于超脱舍离的是禅宗，指向于进德修业的是儒家。陆九渊自己也把儒佛的这种区别讲得很清楚，这里不再引述。从这个角度看，程颐所谓"圣人本天，释氏本心"纯属偏见。事实上，孔孟的仁学，讲的正是心性论，而不是主宰之天。真正继承孔孟精神的，不是"北宋五子"及朱熹，反倒是陆王。

无疑，朱熹在世时，陆九渊是其哲学上最大、最重要的论敌，朱陆之争在当时影响未必有多大，但影响后世至为深远。清儒章学诚说："宋儒有朱、陆，乃千古不可合之同异，亦千古不可无之同异。"

整体而言，因为陆九渊开启了心学一派，其在中国思想史上的地位是毋庸置疑的。今日我们常说的"初心"，其思想源头大概可以追溯到陆九渊的"本心"这里。不过，心学也有自身无法克服的问题。问题何在，以后再讲，这里仅仅简略提及我对陆九渊的看法。

首先，宋儒辛辛苦苦构建的一个并不高明的天，被陆九渊拆除了一大半，此举功过其实参半。就功这一方面讲，他高扬了人的道德主体性，使人不至于被程朱理学的天理禁锢死；就过这一方面讲，他否认有一个外部的绝对真理存在，以心为价值判断标准，事实上极容易导致一个结果，就是人心日益失去敬畏，真理日益变得相对。而真理不绝对，就绝对不是真理。最终就会出现反对一切固有价值的局面。人心由此将变为荒原，失去指针。如果说儒家都是道德理想主义者，那么比起程朱而言，陆九渊更是道德理想主义者。但由于如上逻辑，道德理想主义也就必然走向反面。

朱熹其实已经预见到了这一点，他在答陆九渊书信时说："区区所忧，却在一种轻为高论，妄生内外精粗之别，以良心日用分为两截，谓圣贤之言不必尽信，而容貌词气之间不必深察者。此其为说乖戾狠悖，将有大为吾道之害者，不待他时末流之弊矣。"按现代的话来说，朱熹担忧的是陆九渊没有深刻认识到"人性恶"（即程朱所谓"人欲"）可能带来的灾难性后果。他说："大抵其（陆）学于心地工夫，不为无所见。但便欲恃此陵跨古今，更不下穷理细密工夫，卒与其所得者而失之。人欲横流，不自知觉，则高谈大论，以为天理尽在是也。则其所为心地工夫者，又安在哉？"这里的重点是"以为天理尽在是也"。换言之，人一旦自作主宰，就极易认为自己的一切行为都符合天理，而忘却陆九渊所谓的"本心"其实是"仁义"。遗憾的是，陆王心学最后的走向，恰如朱熹所预判。

其次，陆九渊并未构建一个逻辑严密、自洽的思想体系，朱熹批评他"有头无尾"也是事实。从"心即理"这一理论本身来看，其实就存在漏洞。程朱论"理"，从上下不同角度看，分"天理"和"百理"；从理的性质看，既包含价值标准（仁义之类），又包含客观规律。陆九渊也论"理"，只是"理"不是核心观念。他在不同场合论理，意思不同，但对"理"的观念与程朱一系并无多大区别，这就导致了问题。程朱的天理虽然是混杂的，但说天理既包含价值标准又包含客观规律还说得过去，陆九渊既然主张"心即理"，"心"可以是价值标准，但"心"可能是客观规律吗？从修养工夫来讲，陆九渊主要讲知本、立志、立其大者，毕竟还是很粗疏的。比如公私之辨，其实是一个很复杂的问题。何为公，何为私？这在现实中往往很难彻底厘清。举例而言，皇帝坐天下，即便他的所有行为都是出于公心，但他总不愿与人分享政权，执政权是公还是私？官员父母去世，他若停职去守孝三年，虽是尽孝，是为公还是为私？如此等等，不胜枚举。

最后，陆九渊思想存在反智倾向。程朱思想虽然最终是要建立人间秩序，但毕竟因为强调格物、致知、穷理，也为人认识自然界的客观规律提供了某种可能性。陆九渊连格致穷理都轻视，当然更不利于科学理性的建立。换言之，于科学理性而言，后世思想家可以从程朱体系打入一个楔子，扭转其发展方向，变为道德、科学二路并进；但陆九渊的思想中根本打不进这个楔子。

"初心"（本心）重要吗？当然重要。但"初心"靠得住吗？靠不住。这就是我的结论。当然，对于一个学派的开创者，我们确实不应苛责。思想学术的发展是一个接力过程，因此我们不必苛责开创者，但确有必要以严冷的目光打量集大成者。所以，对朱熹的批评就可以比较严厉，对陆九渊就应该相对宽容一些。

第二十八讲　圣王冲突

　　这一讲我们讲两宋事功派思想。

　　任何一种思潮的产生，总是为了因应时代困境。一流的思想家固然能超越时代、前瞻未来，但并不能凭空创造。因此，要认识两宋事功派之思想，就必须回到两宋历史现场。

　　两宋是一个经济繁荣、文化昌盛的时代。但不可否认，两宋也是一个政治、军事相当衰弱，且日渐衰亡的时代。从始至终，宋朝都受到周边几个少数民族政权的强大压力，最后被蒙古消灭。两宋致弱的种子，其实在开国时已经种下，根源在于太祖对武人造反之心结太重。太祖被部下黄袍加身，担心部下异日故技重施，于是对功臣上演了一场"杯酒释兵权"的好戏。不仅如此，太祖定下的治国大纲即是"务弱其兵，弱其将，以弱其民"。具体做法是：首先，将天下之兵集中于京师，分番屯戍于边疆，以此避免边疆武装力量坐大。其次，将帅与士兵分处，军事指挥权被皇帝垄断，将帅要用兵，必须事事请示汇报，以此避免兵将同谋反叛。最后，招募暴民、饥民当兵，以此驯化悍民，实现社会稳定。这样做的结果是，两宋军队对内虽不至于叛乱，对外也不足以御侮。北宋朝廷对外也就只能取委曲求全之策，步步退让，半壁江山沦丧后，仍以苟安为计。天下如何才能重归王道？金瓯如何才能重圆？这就是时代给两宋思想家提出的重大命题。

试图回答这个时代命题的思想家分为两派：一派就是理学家；一派则是事功。理学家的谱系，前面已经讲过；事功派在北宋有李觏、王安石等人，南宋则有陈亮、叶适等人。就政治思想而言，事功派的重要性远在理学家之上。

理学家的工作，是排斥外来之佛教，构建一套儒家的道德哲学体系，彰显汉民族文化之优越，以增强赵宋这个汉人政治共同体成员的自尊心和自信心。本着政治是道德自然延伸的思路，宋儒大力发挥内圣外王的政治思想。这里的逻辑是，内心圣洁的人，把内心的这份圣洁外推，所行之道就是王道，而王道无往不胜。

比如，朱熹在《上宋孝宗书》中就写道："天下之务，莫大于恤民，而恤民之本，在人君正心术以立纪纲。盖天下之纪纲不能以自立，必人主之心术公平正大，无偏党反侧之私，然后有所系而立。君心不能以自正，必亲贤臣，远小人，讲明义理之归，闭塞私邪之路，然后乃可得而正。"淳熙十五年（1188），他上封事又说："臣之辄以陛下之心为天下之大本者，何也？天下之事千变万化，其端无穷，而无一不本于人主之心者，此自然之理也。故人主之心正，则天下之事无一不出于正；人主之心不正，则天下之事无一得由于正。"朱熹还说："是以意诚心正而身修。至于家之齐、国之治、天下之平，亦举而措之耳。"简言之，朱熹认为，政治的目的，不过是如何造就圣君、贤相、仁义之民，令其"止于至善"。而这一切，始于正心诚意，尤其是君王的正心诚意。只要君王心正，则政治自然清明，国家自然强盛。

心学虽然反理学，但毕竟是理学的分支。心学家陆九渊与理学家朱熹对政治的看法本质上并无多少差异。他也认为，政治问题只不过是是非善恶问题，所谓："开辟以来，羲皇而降，圣君贤相，名卿良大夫相与扶持者，善也；其所防闲杜绝者，恶也。"

哲学家（理学家）开出的药方不禁让人哑然失笑。别忘了，两宋的首要问题，是御侮。试问，即便君王是圣人，即便举国都是圣人，就能挡得住军队铁蹄吗？这是再简单不过的道理，也难怪事功派要对理学家开出的药方嗤之以鼻。与朱熹同时，且与朱熹多有论辩的豪杰之士陈亮（1143—1194）对理学家的讽刺可谓辛辣：

> 自道德性命之说一兴，而寻常烂熟无所能解之人自托于其间。以端悫静深为体，以徐行缓语为用。务为不可穷测，以盖其所无。一艺一能，皆以不足以自通于圣人之道也。于是天下之士皆丧其所有，而不知适从矣。为士者，耻言文章行谊而曰尽心知性；居官者，耻言政事书判而曰学道爱人。相蒙相欺以尽废天下之实，终于百事不理而已。
>
> ……因吾眼之偶开，便以为得不传之绝学，三三两两，附耳而语，有同告密。
>
> ……至于艰难变故之际，书生之智，知议论之当知，而不知事功之为何物；知节义之当守，而不知形势之为何用。宛转于文法之中而无人能自拔。（《龙川文集·送吴允成运干序》）

在他看来，"风不动则不入，蛇不动则不行，龙不动则不能变化。今之君子欲以安坐感动者，是真腐儒之谈也"。

作为理学家的反对派，事功派对理学家的立论的批驳可谓抽丝剥茧、刀刀见血。不过，因为两派都生活于相同的文化传统与现实处境之下，在某些重大原则问题上，两派其实又共享同样的思想基础。

我们先来看两派之异：

一、理学家张口就是天命、心性问题。受佛老影响，宋初儒家以言性命、象数为尚，事功派多反对之。欧阳修说："性非学者之所急而圣人之所罕言。""六经之所载皆人事之切于世者，是以言之甚详。至于性也，百不一二言之。或因言事而及焉，非为性言也。"欧阳修这些话，可以看成事功派之革命宣言，此后事功派诸子本其旨而广其说，至李觏（1009—1059）而成系统之学说，今有《直讲李先生文集》存世。李觏从根本上就反对宋儒参合佛老、放言象数之风，说："圣人作《易》，本以教人。而世之鄙儒忽其常道，竞习异端。有曰我明其象，犹卜筮之书，未为泥也；有曰我通其意，则释老之学，未为荒也。昼读夜思，疲心于无用之说，其以惑也，不亦宜乎？"在李觏看来，圣人虽言性命，但其目的在言人事。"命者天之所以使民为善也，性者人之所以明于善也。观其善则见人之性，见其性则知天之命。""是以制民之法，足民之用，而命行矣。导民以学，节民以礼，而性成矣。"因此性命不是什么玄妙的事，不通人事致用而空谈性命，可谓荒诞不经。陈亮也批评理学家，"自谓得正心诚意之学者，皆风痹不知痛痒之人也。举一世安于君父之大仇，而方且扬眉拱手以谈性命，不知何者谓之性命乎"？

二、理学家大倡仁义，罕言功利，甚至将义、利看成水火不能相容的两件事，所以必讲义利之辨，事功派多反对之。其实，孔孟并非不言利，孔子就说过"足食足兵，民信之矣"，但后世儒者却耻言利，以为仁义足以自行。至程朱，甚至说出了"存天理，灭人欲"的话。李觏却直面人的利欲，他说："利可言乎？曰：人非利不生，曷为不可言？欲可言乎？曰：欲者人之情，曷为不可言？言而不以礼，是贪与淫矣。不贪不淫而曰不可言，无乃贼人之生，反人之情……焉有仁义而不利者乎？"如果说北宋的李觏等人对儒家先贤之批评尚属含蓄委婉，南宋的叶适（1150—1223）激于时势的发言则可谓更加勇猛而无所忌讳。叶适也认为，六经皆致用之学，离开治国安民之事而言道，乃圣人所不取。叶适甚至批评孟子与董仲舒。孟子说："君仁莫不仁，君义莫不义，君正莫不正，一正君而国定。"叶适反问道："若（齐）宣王因孟子显示暂得警发一隙之明，岂能破长夜之幽昏哉？"他批判董仲舒道："'仁人正谊不谋利，明道不计功。'此语初看极好，细看全疏阔。古人以利与人而不自居其功，故道义光明。后重出世儒者行仲舒之论，既无功利，则道义者乃无用之虚语耳。"

三、理学家大倡王道政治，反对霸道政治，所以最重王霸之分，必讲王霸之辨，事功派多反对之。李觏认为，霸道乃强国之道，所以孔子反对别人苛责管仲。李觏说："儒生之论，但恨不及王道耳。而不知霸也，强国也，岂易及哉？管仲之相齐桓公，是霸也。外攘戎狄，内尊京师，较之于今何如？"李觏这样对比，简直就是在打儒生的脸了。针对俗儒于王霸之道上的错误认识，李觏重新定义了王霸之分：首先，王霸非宗旨背反，只因施行者地位不同，天子用王道，而诸侯用霸道（诸侯之爵为"伯"，"霸""伯"音近而意近，"伯道"就是"霸道"）。其次，王者非徒以仁义行天下，王霸之别只在功利之大小不同而已，与义利比例无关。"若使周家纯任德，亲如管蔡忍行诛？"俗儒自炫仁义以为高，结果只能是"孔子之言满天下，孔子之道未尝行"。陈亮也重新定义了王霸之别：王者大公无私，霸者公而有私。所以，两者并非本质上的不同，只是程度上不同而已。表面上看，陈亮降低了对君主的要求，实则乃劝勉君主通过努力至少可成为霸主，不可谓用心不苦也。

四、理学家高举道德，罕言刑政，有人谈刑政，多被儒者斥为法家，事功派多反对之。王安石（1021—1086）就说："太古之道果可行之万世，圣人恶用制作于其间？为太古之不可行也。顾欲引而归之，是去禽兽而之禽兽，奚补于化哉？吾以为识治乱者当言所以化之之术。曰归之太古，非愚则诬。"在他看来，老子之自然与儒家之仁义皆陈义过高，理想虽好，但不能落地。"道有本末。本者万物之所以生也，末者万物之所以成也。本者出之自然，故不假乎人力，而万物以生也。末者涉乎形器，故待人力而后万物以成也。夫其不假人之力而万物以生，则是圣人可以无言也，无为也。至乎有待于人力而万物以成，则是圣人之所以不能无言也，无为也。故圣人之在上而以万物为己任者，必制四术焉。四术礼乐刑政是也，所以成万物者也。故圣人唯务修其成万物者，不言其生万物者。"其实，孔孟虽重道德，但不避刑政，只是后世儒者在实践中往往忽略后者。王安石明言"任德""任察""任刑"不可偏废。"任德则有不可化者，任察则有不可周者，任刑则有不可服者。"这一点，在今人看来其实只是常识，奈何在道德理想主义盛行的宋代，儒家常常看不清这一点，倒逼得王安石说出了实话。

事功派与理学家的思想主张虽然有如此大的差异，但不得不说，他们在两个原则问题上又取得了高度一致：

首先是民本主义。李觏虽然不排斥霸道，但其宗旨则是民本主义，故主张君主之天职为安民、养民，君主失职，天下可诛之。也可以说，李觏之政治思想，是以王为体，以霸为用。另外，儒家本有"天下为公"之理想，但自禹传位于启，天下既已为私。陈亮重新定义了天下为公说，以为可分疏为传位以公及为政以公两义，前者不可复得，后者则必须坚守。所谓为政以公，即君主存在之唯一目的在利民，此为治国之根本。陈亮、叶适有感于时势，既痛斥偏安之弊，又痛批中央集权制度。前者为当时士林共识，后者诚为难得之卓见。因为君主专制之病，不在有君主，而在专制集权，叶适有明确的行政分权思想，堪称中国之先知。

这是事功派，那么理学家呢？我要问一个问题：程朱为何高抬道统？目的当然是希望用道统制约政统，或者说是用道义制约权力。事实上，理学家普遍具有入仕与君王"共治天下"、在野聚集"论治天下"之心。张载、二程论具体政治，强调要复井田、再封建，以返三代之治，原因是什么？因为恢复井田的目的是矫正贫富悬殊之弊（史上是否真实实行过井田制是另一问题），再行封建的目的是矫正中央集权之弊。前者诉求的是平等，后者诉求的是自由。这两个方面，其实与事功派不谋而合。

为什么事功派与理学家都高扬民本主义？对事功派而言，他们虽然强调事功，但本质上还是儒家，而凡是真儒家，莫不强调民本主义。对理学家而言，回到孔孟本就是他们的目标，自然会鼓吹孟子的民本主义。

其次是与时俱进的变法思想。事功派主张与时俱进自然是题中应有之义：王安石就是北宋变法的核心和枢纽人物，甚至喊出了"天变不足畏，祖宗不足法，人言不足恤"的口号；叶适也认为，一时代有一时代之制度，制度必须与时俱进，只不过，他同时认为新制度的产生不能闭门造车，需要借鉴历史经验。"夫观古人之所以为国，非必遽效之也。故观众器者为良匠，观众病者为良医。尽观而后自为之，故无泥古之失而有合道之功。"这种想法，与英美近世之经验主义政治思想实能暗通。

那么理学家呢？在一般人的印象里，似乎理学家就是一副正襟危坐、因循守旧的形象。固然，理学家在道德上是守旧的，很多理学家在政治上也是因循保守的，但两宋的两个主要理学家其实是主张变法的，只不过他们与事功派的具体变法主张有所不同罢了。

比如，程颐虽然反对王安石的新法，但他也强调"时"的观念。"天下所随者，时也，故曰：天下随时。""君子之道，随时而动，从宜适变，不可为典要。非造道之深，知几能权者，不能与于此也。故赞之曰：随时之义大矣哉。""礼孰为大？时为大。亦须随时。当随则随，当治则治。当其时，作其事，便是能随时。""治道有自本而言，有就事而言。自本而言，莫大乎引君当道，君正而国定矣；就事而言，未有不变而能有为者也，大变则大益，小变则小补。"但程颐又认为，法有可变者，有不可变者。"三王之法，各是一王之法，故三代损益，文质随时之宜。若孔子所立之法，乃通万世不易之法。"简言之，可变者是具体的法令制度，不可变者是法令制度背后的原则。

朱熹则说，圣人虽有坚守，但"居今之世，若欲尽除今法，行古之政，则未见其利而徒有烦扰之弊"。"若是时节变了，圣人又自处之不同。""世人徒知秦废古法，三代自此不复，不知后世果生圣人，必须别有规模，不用前人硬本子。"因此朱熹从内心深处就认可熙宁变法，甚至可以说是王安石的同志。"熙宁更法亦是势当如此。凡荆公（王安石）所变者，初时东坡亦欲为之，及见荆公做得纷扰狼狈，遂不复言，却去攻他，其论故非持平。"朱熹甚至认为变法之所以失败，不在变得过多，有违常情，而在变得还不彻底。此又非一般理学家所能言、所敢言者。

更有意思的是，在反对空疏学问、倡导实学上，朱熹与王安石的主张几无不同：王安石变法，尤其着意兴学校、重实学，他特别反感以文章取士，认为此举"大则不足以用天下国家，小则不足以为天下国家之用"，于是改科举，罢诗赋，设军事、法律、医药诸科，令天下读书人学习。此举早于晚清废科举900多年。而朱熹也曾说："以今观之，士人千人万人，不知理会甚事，真所谓游手。只是恁的人一旦得高官厚禄，只是为害朝廷，何望其济事，真是可忧。"如果盖上作者姓名而只读文章，谁能想象这相同的观点竟然出自两大敌对的思想流派？

为什么事功派和程朱都主张变法呢？一方面，思想家若有现实感，本也不必为立异而立异；更重要的原因或许是，理学家们的榜样——孔孟都是主张与时俱进的人：孟子称赞孔子是"圣之时者"，孟子本人甚至提出了著名的革命论。

本讲主要评述事功派思想，因为事功派的言论在某种意义上是针对理学家而发的，所以不得不对比理学家谈事功派。但两宋政治思潮，却非这两派所能概括，至少还有一派，即政治上的保守派。事实上，正是在事功派与理学家取得深度共识的上述两点上，政治保守派却极力反对。这一派的人，谈不上是思想家，但在实际政治中影响不小。保守派的代表人物非司马光（1019—1086）莫属。

司马光反对民本主义，强烈主张尊君，所谓"君臣之位，犹天地不可易也"。"人臣之义，谏于君而不听，去之可也，死之可也"，独不可君臣易位也。他甚至不顾事实而谓君位传授"父之传归于子，自生民以来如是矣"。这就完全抛弃了孟子"天与贤则贤"原则的可能性，而甘愿为专制政治背书了。

保守派之尊君，其实也是为了高抬皇权以图增强国力、终致江山一统。这一派不单司马光一人，甚至成为一股强大的政潮。受此潮流影响，宋初有《忠经》传世。此书赤裸裸地为专制政治背书。推本溯源，中国古人很少言忠，主忠非中国文化之主脉。古人言"忠"，对内指"尽心"，对外不过竭诚待人之义，且忠乃两者相互之间的关系，非单方面之义务。《忠经》虽言君、臣、百官、守宰、人民皆有忠，但强调的是下对上之绝对责任，已变"忠"之古义。《忠经》旨在尊君，故言"为臣事君，忠之本也"，"尊其君有天地之大，日月之明"，臣下当"颂扬盛德，流满天下""奉君忘身，徇国忘家，正隆直辞，临难死节"。

司马光也反对变法。他说：

祖宗之法，不可变也。……使三代之君常守禹汤文武之法，虽至今存可也。（《温国文正司马公文集·温公续诗话》）

司马光重仁义，以为"自古圣贤所以治国者不过使百官各称其职，委任而责其成功也。其所以养民者不过轻租税、薄赋敛、已逋责也"。他也希望国富民强，但其办法不过"养其本源而徐取之"。元祐初年，司马光主持朝议，尽数废掉王安石新法。

苏轼（1037—1101）、苏辙（1039—1112）兄弟也是政治上的保守派，二人也是重道德而轻事功之典型，故坚决反对变法。苏轼《上神宗皇帝书》甚至说：

国家之所以存亡者，在道德之深浅而不在乎强与弱。历数之所以长短者，在风俗之厚薄而不在乎富与贫。道德诚深，风俗诚厚，虽贫且弱，不害于长而存。道德诚浅，风俗诚薄，虽富且强，不救于短而亡。

苏辙也以醇儒自命，主张"圣人躬行仁义而利存，非为利也。惟不为利，故利存。小人以为不求则弗获也，故求利而民争，民争则反以失之"。真可谓一个比一个会唱高调。

苏氏兄弟之所以持论疏阔，或与其少年得志有关。事实上，正如朱熹所言，苏轼后来也为此前力抵新法后悔，他在写给朋友的信中说：

吾侪新法之初，辄守偏见，至有异同之论。虽此心耿耿，归于忧国，而所言差谬，少有中理者。今圣德日新，众化大成，回

视向之所执，益觉疏矣。(《苏轼文集》)

知错能改，当然也体现了苏东坡的坦率可爱，但作为臣子，对国家的大政方针发言，岂可不再三思索？

儒学本以经世致用为旨归，孔子也不排斥功利，不过主张以义制利而已。功利与道德，合则两利，分则两伤，敌则两亡。但后世儒家，偏离孔子之中道，高倡仁义而不言功利，实在有违孔孟之道。两宋事功派能言前人所不敢言，可谓智勇之士。客观而论，事功派诸子虽非通常意义上之醇儒，但绝非法家，实乃敢于任事之真儒。他们虽不把仁义挂在嘴上，但并非认为仁义不重要，更不是要抛弃仁义，不过是以功利为手段落实仁义之宏旨。从这个角度看，事功派诸子实为通过行动拯救儒家之功臣。

以上是简论事功派，下面再简论理学家。让我们先来看朱熹说的一段话。他说：

千五百年之间……只是架漏牵补，过了时日。其间虽或不无小康，而尧舜三王周公孔子所传之道，未尝一日得行于天地之间也。(《朱子语类》)

可见他对中国历史的演进看得很悲观，那么为什么大道不能行天下，以至于大同？他的结论是："常窃以为亘古亘今只是一个理，顺之者成，逆之者败。固非古之圣贤所能独然，而后世之所谓英雄豪杰者亦未有能舍此理而得有所建立成就者也。但古之圣贤从本根上便有惟精惟一功夫，所以能执其中，彻头彻尾无不尽善。后来所谓英雄则未尝有此功夫，但在利欲场中头出头没。其资美者乃能有所暗合，而随其分数之多少以有所立。然其或中或否不能尽善，则一而已。"也就是说，天道是对的，但后人不遵天道，所以政治就一代不如一代。陈亮当时就反驳他道：

> 信斯言也，千五百年之间，天地亦是架漏过时，而人心亦是牵补度日，万物何以阜蕃？而道何以常存乎？（《〈龙川文集〉选注》）

陈亮是从常理出发提出驳论，但并未看到问题的根本处。其实，朱熹的上述看法，从根本上就错了。我想反问他的是，后世英雄为什么不做此"惟精惟一"功夫？在我看来，朱熹对古之圣贤德行的预设纯属幻想，而对后世英雄的责备则搞错了方向。原因在于，儒家的内圣就能开出外王的逻辑链条根本上就不成立。

儒家思想主要是一套道德哲学，它关注的是一个应然问题，它关注的重点是是非善恶，也即"内圣"，而"是""善"是绝对的，可以不依赖外在条件而存在。但政治是众人之事，它必须立足于实然，它往往着意的是成败，也可以通俗地说成是"外王"，而成败是很多因素导致的。这些因素综合起来可以称为"势"，"势"是不以个人意志为转移的，岂能以君主、臣民的道德这一个方面代替"势"的其他方面？也就是说，内圣与外王的运行逻辑截然不同。儒家的问题主要不在于内圣，而在外王。儒家如果仅仅关注内圣，那么"正其谊不谋其利，明其道不计其功"自是题中应有之义，无可指责。遗憾的是，儒家思想虽然主要是道德哲学，但它要冒充包治百病、囊括宇宙人间的真理，于是必然发展成道德理想主义，也就无法避免其悲剧性的结果：道德与政治，一荣俱荣，一损俱损，恶性循环，走不出怪圈。

如何走出怪圈？就是要让道德与政治分立，道德追求善，政治分配、制约权力。而要做到这一点，则必须打破儒家人性善的预设，因为人性如果能够至善，"圣上"既是"上"，又是"圣"，君师合一，谁会、谁敢制约他的权力？近代以来，西方政治哲学的主流，是讨论政治合法性和如何制约权力这两大主题。前者解决的是"我们为什么要服你管"的问题，后者解决的是"谁有权管我们以及他有权管什么"的问题。西方之所以将政治学的讨论重点放在这两大主题上，根本上是因为西人对人性有自私自利倾向的肯认，而这一对人性的预设，又直接源于他们的信仰中人人皆有原罪的思想。因此，对中国而言，如果要实现道德与政治的分立，又必须转变儒家的人性善预设，否则这一分立很难完成。而这一分立如果不能完成，进而设计出权力制衡制度，那么理学家和事功派都推崇的民本思想不过是镜花水月而已。要而言之，个人的权利意识不生、不兴，我们根本无法走出历史的怪圈。

有人或许会问，如同朱熹所言，尧舜三王周公时代，为什么能够打通内圣外王呢？我的回答是：一方面，上古时代的黄金世界不过是儒家的虚构和夸张，无法证实，也无法证伪。另一方面，即便上古时代是黄金世界，这一黄金世界也不可能于后世重现。原因是，孔孟思想以封建宗法为基础，所以可以靠君长之德行维持秩序和人心，但秦汉之后，已无封建，宗法也进入社会，而脱离政治，故孔孟之道不可能行于天下，这根本不是朱熹所谓工夫问题。人生于后世，而做着重回上古的迷梦，必然是白费"工夫"。

言及此，忽然想到西方历史。古希腊是城邦政治，雅典的直接民主制以小型城邦为载体；当历史进入罗马帝国时代，因为广土众民的大帝国与小型城邦的治理完全不能同日而语，因此必然抛弃直接民主制；若罗马执政者也如儒家一般好古，罗马帝国岂有可能一日存于世间？

第二十九讲 王阳明：心理之天（二）

这一讲我们讲王阳明。

王阳明或许是当代中国热度仅次于孔孟老庄的中国古代思想家了，这是个极有意思的现象。程朱思想统治中国几百年，为什么如今很少有人读朱熹、谈朱熹？为什么会出现持续的王阳明热？更基本的一个问题是，如今那些形形色色的"国学家"讲王阳明真的讲得对吗？要回答清楚这些问题，我们必须了解王阳明这个人，了解其思想的内在理路，以及他在中国思想史的地位和意义。如果我们满足于背诵几句阳明语录，我敢肯定地说，这样做无益于真正认识王阳明，也无益于真正认识任何思想家。

一般来说，思想家的理论被称为"大传统"，老百姓的思想意识被称为"小传统"。打个比方，王阳明的"致良知"说属于"大传统"，老百姓常说的"摸着你的良心说话"就属于"小传统"。大思想家的理论一般会进入小传统，而这一过程，是一个不断简化、世俗化的过程。这个过程对思想家来说，既是好事，也是坏事。因为思想家高深的思想由此可以转化为大多数人的意识，进而指导人们的行为，所以它是好事。但因为这种转化必然是一个简化、世俗化甚至脸谱化的过程，所以也是坏事。遗憾的是，如今那些谈王阳明的人，大多已经流入口头禅了。

王阳明（1472—1529）生在陆九渊死后280年。与朱熹、陆九渊一样，阳明也是个天才少年。11岁的时候，他祖父在镇江金山寺宴请宾客，举座皆是一代才俊。主客在宴席间吟诗遣兴，少年阳明也作诗一首：

> 金山一点大如拳，
> 打破维扬水底天。
> 醉倚妙高台上月，
> 玉箫吹彻洞龙眠。（《咏金山》）

这首诗的气魄让他祖父和宾客们都非常惊异，于是大家都鼓励他再写一首，他当即又写了一首：

> 山近月远觉月小，
> 便道此山大于月。
> 若人有眼大如天，
> 还见山小月更阔。（《蔽月山房》）

这一下，举座无不惊服。事实上，在整部中国思想史中，王阳明的确是一个"眼大如天"的人。此次聚宴之后第二年，王阳明问他的私塾先生，什么是人间第一等事，先生说，当然是读书登第啊。阳明疑问道："登第恐未为第一等事，或读书学圣贤耳。"王阳明不是宋明儒士中第一个从小就想当圣贤的人，但却是在学问、事功两个方面都取得了高度成就的唯一一人。

王阳明少有纵横天下之志，15岁时就出游居庸关长城一月左右，目的是考察长城的军事价值。进士及第后，他又上了很多折子讨论边疆军事问题，而这并不是他的本职工作。仿佛命中注定，他一生的事功主要也集中在军事上。他总是受到政治上的排挤、算计甚至迫害，但这都无法压制住他屡建军功。他成功平定了江西、广东、福建、广西匪乱，还轻松平定了宁王朱宸濠的叛乱。一系列巨大的军功使他受封为伯爵，这是很多儒家人物做梦都不敢想的荣耀。但他在平定完广西盗匪两年后就因病去世了。他死后，明穆宗继位。新君听从群臣建议，下诏追赠王阳明新建侯的爵位，谥"文成"。万历十二年（1584），神宗又下诏，允王阳明与陈献章、薛瑄、胡居仁从祀文庙，以表彰他们对儒学做出的巨大贡献。

王阳明的过人之处不仅在军功卓著，而且在他终生未曾因事废学。即便在戎马倥偬的岁月，他也随时与跟随他的弟子讨论学问。他青年时即怀疑朱熹的格物致知说有问题，但直到他被贬贵州龙场驿期间，才实现思想上的重大突破。37岁，他大悟格物致知之理；38岁，他提出"知行合一"学说；39岁，他教人"静坐"功夫；43岁，他的"致良知"说风行天下；50岁后，他的思想已经形成完备的体系；56岁，他又提出了简明扼要的"四句教"。无论从事功还是思想体系的建构方面看，并不算长寿（享年57岁）的王阳明可谓无憾。但他在临死前一年的一首诗作中表示，他是有遗憾的，因为他说"尚喜远人知向望，却惭无术救疮痍"。或许，他已经感觉到了明朝江山摇摇欲坠。

认识王阳明的思想体系，可以从如下几个关键词入手："心即理""致良知""知行合一""四句教"。这些关键词相互贯通，互为阐发。

先来看"心即理"。王阳明的学生徐爱问："至善只求诸心，恐于天下事理，有不能尽。"阳明答："心即理也。天下又有心外之事、心外之理乎？"这样的回答并未说服徐爱，于是他继续问："如事父之孝、事君之忠、交友之信、治民之仁，其间有许多理在，恐亦不可不察。"阳明叹息道：

> 此说之蔽久矣。岂一语所能悟？……且如事父，不成去父上求个孝的理？事君，不成去君上求个忠的理？交友治民，不成去友上、民上求个信与仁的理？都只在此心，心即理也。……此心无私欲之蔽，即是天理，不须外面添一分。以此纯乎天理之心，发之事父便是孝，发之事君便是忠，发之交友治民，便是信与仁。只在此心去人欲、存天理上用功，便是。（《传习录》）

这段对话非常关键，让我们来试作分析。很显然，徐爱所关注的是事理，也即程朱所谓作为殊相的"百理"，而且认为心不能包含所有事理。王阳明的回答是心就是理，没有心外之事理，只要尽心，心与天同，发出来就是事理，做出来的行为即合事理。这里我们必须指出的是，阳明的"心即理"究竟是什么。理，既可指价值规范，又可指事物运行的客观规律。阳明既说"此心无私欲之蔽，即是天理"，又号召弟子在"去人欲、存天理上用功"，可知阳明所谓的"心即理"，确切含义是：心是超验的价值规范和道德根源，而不是指可以经验到的客观规律。考诸阳明所有关于心的论述，这一点确定无疑。如果我们还记得陆九渊对"心即理"的论述，即可见阳明的进步。因为，陆九渊所谓的理是颇为含混的，这就使他无法回答心不能包括所有客观规律的质问。阳明严格界定了理的所指，就排除了理论上的含糊与混乱。

王阳明强调的是此心即是价值规范、道德根源，但这并没有说服徐爱，徐爱又接着问："如事父一事，其间温清定省之类，有许多节目，不亦须讲求否？"换言之，徐爱虽然认可心是价值规范、道德根源，心之所发是道德方向，但道德方向与具体的道德行为，毕竟不是一回事，而他在意的恰恰是这具体事理及具体道德行为。阳明的回答是："如何不讲求？只是有个头脑，只是就此心去人欲、存天理上讲求。……此心若无人欲，纯是天理，是个诚于孝亲的心：冬时自然思量父母的寒，便自然要求个温的道理；夏时自然思量父母的热，便自然要求个清的道理。这都是那诚孝的心发出来的条件。却是须有这诚孝的心，然后有这条件发出来。譬之树木，这诚孝的心便是根，许多条件便是枝叶。须先有根，然后有枝叶。不是先寻了枝叶，然后去种根。"

老实说，王阳明这是在答非所问。他只承认应该讲求事理，以及以什么为出发点去讲求事理，并未讲具体如何讲求事理。"根"虽然比"枝叶"重要，但有根是否必然有枝叶？即便精心培植根，土壤、水分、气候合宜，那么确实会长出枝叶，但徐爱问的是这枝叶长的形状，而并未否认根的重要性。换言之，即便人去尽了人欲，只存天理，就一定能正确认识事理吗？

那么王阳明对事理的真实看法如何？他虽然没有明确回答徐爱，但回答了郑朝朔与徐爱相同的提问。郑朝朔问："且如事亲，如何而为温清之节？如何而为奉养之宜？须求个是当，方是至善，所以有学问思辨之功。"这里的关键是"是当"二字，即合宜之义。阳明的回答是："若只是温清之节，奉养之宜，可一日二日讲之而尽。用得甚学问思辨？惟于温清时，也只要此心纯乎天理之极。奉养时，也只要此心纯乎天理之极。此则非有学问思辨之功，将不免于毫厘千里之谬。"

由以上问答解析可知，王阳明从心即天理出发，强调心作为价值规范、道德根源的意义，而且认为只要此心明朗、天理在握，是否讲求具体事理并不重要。圣人并非无所不能，但圣人知道天理，这就够了。他说："圣人无所不知，只是知个天理；无所不能，只是能个天理。"这句话的重点不在前半句的字面意思，而在于对后半句的强调。所以他接着又说：

> 圣人本体明白，故事事知个天理所在，便去尽个天理。不是本体明后，却于天下事物都便知得，便做得来也。天下事物，如名物度数、草木鸟兽之类，不胜其烦，圣人须是本体明了，亦何缘能尽知得？但不必知的，圣人自不消求知；其所当知的，圣人自能问人。如"子入太庙，每事问"之类。先儒谓"虽知亦问，敬谨之至"，此说不可通。圣人于礼乐名物，不必尽知，然他知得一个天理，便自有许多节文度数出来。不知能问，亦即是天理节文所在。(《传习录》)

简而言之，在王阳明这里，关于事物的具体知识并没有独立存在的价值。

不仅如此，阳明思想还存在比陆九渊更明显的反智倾向。他如此反对程朱："后世不知作圣之本，却专去知识才能上求圣人……不务去天理上着功夫。徒弊精竭力，从册子上钻研，名物上考索，行迹上比拟。知识愈广，而人欲愈滋；才力愈多，而天理愈蔽。"这与"知识越多越反动"何其相似！

这就自然要讲到阳明学说的第二个关键词"致良知"了。应该说，"致良知"在我如上所列的几个关键词中最重要，它能够统贯其他几个关键词，是阳明学说的核心。阳明自己就说："吾平生讲学，只是'致良知'三字。"不过，我必须指出的是，就这简简单单的三个字，内涵却很复杂。这三个字由两个词构成：一个是动词"致"，一个是名词"良知"。这两个词其实都有讲究，让我们先来看看到底什么叫"良知"。

王阳明说："良知者，孟子所谓是非之心，人皆有之者也。""良知只是个是非之心，是非只是个好恶。""天理即是良知，千思万虑，只是要致良知。""良知即是未发之中，即是廓然大公、寂然不动之本体，人人之所同具者也。"

这里说得相当清楚，人人都有"良知"，它就是超验的本体，就是价值规范（是非）和道德根源（善恶）。换句话说，"良知"等于"心"等于"天理"，它与我们现在通常所说的"知识"毫无关系，倒可以等同于我们现在所说的"良心"，而一般人认为"良知"的"知"就是知识。如上所说，王阳明根本没兴趣讨论知识问题，从他这里根本不可能发展出西方意义上的认识论和对自然科学的探究兴趣。

那么什么叫"致良知"？"致者，至也"，就是"去""到"的意思。"致良知"可以分疏为两层意思：对内，让自己的心常处于良知大明的无私状态，这是一个"狠斗私字一闪念"的过程；对外，让良知实现于万事万物。王阳明答复顾东桥的书信里说："吾心之良知，即所谓天理也。致吾心良知之天理于事事物物，则事事物物皆得其理矣。""致良知"既是一个过程，也是一个结果，这个结果也可以被称为"成德"。所以阳明说："夫学问思辨笃行之功，虽其困勉至于人一己百，而扩充之极，至于尽性知天，亦不过致吾心之良知而已。"

这个过程可不那么简单，因为虽然人人都有良知，但人人也都有人欲，真要让良知主宰此心，不是人人都可以做到的。"良知良能，愚夫愚妇与圣人同，但惟圣人能致其良知，而愚夫愚妇不能致，此圣愚之所由分也。"

儒家立说的目的，莫不是成就人间道德伦理秩序，阳明也坚信通过"致良知"，即可实现人间道德伦理秩序。那么，具体如何才能

"致良知"？这就得回到《大学》所谓"八条目"了。必须指出的是，王阳明对"八条目"，尤其是对前面"五条目"的解释与程朱大为不同。他认为"正心""诚意""格物""致知""修身"之间的关系不是程朱所说的时间上的先后关系，而是同一件事从不同角度言说而已。"盖身、心、意、知、物者，是其工夫所用之条理，虽亦各有其所，而其实只是一物。格、致、诚、正、修者，是其条理所用之工夫，虽亦皆有其名，而其实只是一事。"这"一事""一物"，说白了就是"致良知"，"五条目"不过是从不同角度论证这一点而已。既然如此，他对这几个条目词义的定义当然也就与程朱不同了。

何谓"正心"？"然心之本体则性也。性无不善，则心之本体本无不正也。何从而用其正之之功乎？盖心之本体本无不正，自其意念发动，而后有不正。故欲正其心者，必就其意念之所发而正之。凡其发一念而善也，好之真如好好色；发一念而恶也，恶之真如恶恶臭，则意无不诚而心可正矣。""正心"就是让心回到良知主宰的状态，所以"正心"其实就是"致良知"。

何谓"诚意"？"然意之所发，有善有恶，不有以明其善恶之分，亦将真妄错杂；虽欲诚之，不可得而诚矣。故欲诚其意者，必在于致知焉。""诚意"就是让意念纯净，就是去除恶的过程，所以王阳明说"欲诚其意者，必在于致知"，而下面我将讲到，阳明所谓"致知"就是"致良知"。所以，诚意其实就是"致良知"。

何谓"格物"？"物者，事也。凡意之所发，必有其事。意所在之事谓之物。格者，正也。正其不正，以归于正之谓也。正其不正，去恶之谓也。归于正者，为善之谓也。"程朱把"格"解释为"至"，把物的范畴规定得很宽，阳明却把"格"解释为"正"，把"物"解释为"事"，一个是向外求，一个是向内求。正于事不就是"致良知"吗？

何谓"致知"？王阳明更是明说："致知云者，非若后儒所谓充广其知识之谓也，致吾心之良知焉耳。"

何谓"修身"？"何谓身？心之形体运用之谓也。何谓心？身之灵明主宰之谓也。何谓修身？为善而去恶之谓也。吾身自能为善而去恶乎？必其灵明主宰者欲为善而去恶，然后其形体运用者始能为善而去恶也。故欲修其身者，必在于先正其心也。"正其心以至于修其身不就是"致良知"吗？

王阳明还曾以"致良知"学说重新解释《大学》首段——"大学之道，在明明德，在亲民，在止于至善"。在他看来，"明德""至善"不过是良知的别称，作为动宾词组的"明明德"，不过就是"致良知"。"自格物致知至平天下，只是一个明明德。虽亲民，亦明德事也。明德是此心之德，即是仁。仁者以天地万物为一体，使有一物失所，便是吾仁有未尽处。""是故明明德，体也；亲民，用也；而止至善，其要矣。"由此可知，阳明之"良知"的内容，核心还是一个"仁"字，而"致良知"也不仅限于"五条目"，而是贯通"八条目"的纲领。

王阳明在政治思想上较少创发，大抵还是高举孟子的仁政旗帜，其具体说法与张载之《西铭》也大抵相同：

> 大人者，以天地万物为一体者也。其视天下犹一家，中国犹一人焉。若夫间形骸而分尔我者，小人矣。大人之能以天地万物为一体也，非意之也，其心之仁本若是，其与天地万物为一体也。岂唯大人，虽小人之心亦莫不然，彼顾自小之耳。

下面我们再讲"知行合一"。遗憾的是，王阳明所谓"知行合一"与如今一般人所理解的知行合一——知道了就应该行——又完全不同。阳明所谓"知行合一","知"仍然是良知，在这里表示为一种价值判断；"行"也不是我们今天所谓的"行动"，而是表示为从意念的发动至行动的全过程；"合一"则指二者在根源处是一不是二，而不表示为两者在过程之中或过程结束后事实上的不分离。

对于王阳明的这个论点，上面讲过的那个学生徐爱还是不理解。他问阳明："如今人尽有知得父当孝、兄当弟者，却不能孝、不能弟，便是知与行分明是两件。"阳明的回答是："此已被私欲隔断，不是知行的本体了。未有知而不行者，知而不行，只是未知。"为什么"知而不行，只是未知"？因为这种情况下的知，不是良知在主宰，人没有把物欲去除，而如果良知充盈，做出价值判断的同时，就会开始行动，所以意念一动，即是行动的开始。为说明这层意思，阳明在不同场合可谓不厌其烦。"知是行的主意，行是知的功夫。知是行之始，行是知之成。若会得时，只说一个知，已自有行在；只说一个行，已自有知在。"他举《大学》"好好色"（喜好美丽的姿色）而言知行关系，"见好色属知，好好色属行。只见那好色时，已自（喜）好了；不是见了后，又立个心去（喜）好"。

无独有偶，还是上面讲过的顾东桥，又提出了与徐爱相似的问题。顾东桥问："若真谓行即是知，恐其专求本心，遂遗物理，必有暗而不达之处，抑岂圣门知行并进之成法哉？"王阳明答：

> 知之真切笃实处，即是行；行之明觉精察处，即是知。知行工夫，本不可离。只为后世学者分作两截用功，失却知行本体，故有合一并进之说。真知即所以为行，不行不足谓之知。……"专求本心，遂遗物理"，此盖失其本心者也：夫物理不外于吾心，外吾心而求物理，无物理矣。遗物理而求吾心，吾心又何物邪？心之体，性也，性即理也。……理岂外于吾心邪？晦庵（朱

熹）谓"人之所以为学者，心与理而已。心虽主乎一身，而实管乎天下之理；理虽散在万事，而实不外乎一人之心"。是其一分一合之间，而未免已启学者心、理为二之弊。此后世所以有"专求本心，遂遗物理"之患，正由不知心即理耳。夫外心以求物理，是以有暗而不达之处。此告子义外之说，孟子所以谓之不知义也。心一而已，以其全体恻怛而言，谓之仁；以其得宜而言谓之义；以其条理而言谓之理。不可外心以求仁，不可外心以求义，独可外心以求理乎？外心以求理，此知、行之所以二也。求理于吾心，此圣门知、行合一之教，吾子又何疑乎！（《传习录》）

必须指出的是，王阳明所谓"物理不外于吾心"，这里的"物理"不是我们现在所谓的物理，即不是自然界客观规律，而是价值规范，或今日所谓"道理"而已，所以阳明所举的例子是忠孝两端。

所以，"知行合一"的过程其实也只是"致良知"的过程。程朱教人"复性"，王阳明就教人复"心"（良知）。他说："圣贤教人知行，正是要复那本体，不是看你只恁地便罢。""只恁地便罢"，虽知，但并不是真知。

接下来我们讲"四句教"。阳明所谓"四句教"，简化来说就是：

无善无恶心之体，有善有恶意之动，知善知恶是良知，为善去恶是格物。（《传习录》）

这四句话，看起来简单，解释起来却不容易，以至于如今很多人的解释都是错的。不仅如此，就连王阳明的亲传弟子在阳明生前对这四句话的理解都很不同，甚至闹到阳明那里，要阳明给他们断个是非，这就演出了思想史上有名的"天泉证道"。更有意思的是，即便阳明给他们断了是非，他们仍然各持一端，以致成为王学在阳明死后分为截然不同的两大派的重要原因。

起争执的两个弟子是钱德洪与王畿，前者认为老师的"四句教"是不刊之论，后者认为"四句教"尚未说到究竟处。分歧的关键在第一句。王阳明既然高举"致良知"的大旗，怎么能说心体无善无恶呢？心是超验的最高主宰，如果心体无善无恶，良知从何而来呢？王畿就认为，如果心体无善无恶，那么推论起来，意、知、物皆无善无恶；如果意有善恶，那么心体也有善恶。

起争执的当天晚上，二人与王阳明同坐在天泉桥上，听凭阳明评判。阳明的评判如下：

> 二君之见，正好相资为用，不可各执一边。我这里接人原有此二种。利根之人，直从本原上悟入，人心本体原是明莹无滞的，原是个未发之中。利根之人一悟本体，即是功夫，人己内外一齐俱透了。其次不免有习心在，本体受蔽，故且教在意念上实落为善去恶，功夫熟后，渣滓去得尽时，本体亦明尽了。汝中（王畿）之见，是我这里接利根人的；德洪之见，是我这里为其次立法的。二君相取为用，则中人上下皆可引入于道。若各执一边，眼前便有失人，便于道体各有未尽。既而曰：已后与朋友讲学，切不可失了我的宗旨：无善无恶是心之体，有善有恶是意之动，知善知恶是良知，为善去恶是格物。只依我这话头随人指点，自没病痛，此原是彻上彻下功夫。利根之人，世亦难遇。本体功夫一悟尽透，此颜子、明道所不敢承当，岂可轻易望人？人有习心，不教他在良知上实用为善去恶功夫，只去悬空想个本体，一切事为，俱不着实，不过养成一个虚寂。此个病痛不是小小，不可不早说破。（《传习录》）

王阳明这种调解法，不禁让人想起禅宗慧能与神秀的顿渐之辩，但阳明却没有真正从理论上回答二人的争执。换言之，心体到底是否有善恶？要搞清这个问题，仅仅从对"天泉证道"的记载文本分析，是很难有结果的，正确的做法是，联系阳明在别处对善恶、动静问题的论述来分析。

王阳明曾与另一个弟子谈及类似话题，他说："无善无恶者，理之静。有善有恶者，气之动。不动于气，即无善无恶，是谓至善。"劳思光对此的解释是，不能把此处"至善"之"至"解释为"完满"，而应解释为"根源"，这就能解决"四句教"的理论难题。劳先生说："今就'心之体'讲，'心之体'为'善之根源'，故是'至善'；然正因其为'善之根源'，故不能再以'善'或'恶'描述之，故说'无善无恶'。……阳明总强调'动'方有善恶，故说'气之动'，又说'意之动'……如人根本未作推理思考，则推理能力未运行，亦无'正误'可说。'心之体'如未运行，则亦无'善恶'可说也。只在具体运行中，方有或正或负之问题。"劳先生此解，可谓精妙入微。简单来说，"心之体"是至善状态，因为是至善状态，那就不存在恶；因为善恶是相对而言的，无恶就不能显出善，所以心体也无善。

王阳明思想本质上乃是"解放儒学"。"解放儒学"既可理解为"解放了的儒学"，也可理解为王阳明的工作"解放了儒学"。王学是一种思想解放学说，这也是如今人们热衷于阳明语录的根本原因。阳明本人，虽然强调"仁"的价值，虽然认可三纲五常，但因为他高扬人的道德主体性，最后必然导向人性的解放。阳明的亲传、再传、三传弟子甚多。阳明活着的时候，事实上就已经掀起了一场轰轰烈烈的思想解放运动。阳明身后，其弟子各持己见，而其主流仍然指向的是人性解放。一些阳明弟子的思想，已经完全脱离了阳明的主张，但我们不能因此认为他们是对阳明的背叛，因为他们的思想是阳明思想的逻辑延伸。

如果说以上对王阳明"致良知"思想的评述还不能凸显阳明的指向是思想解放，那么下面的分析或许就能更明确地揭示这一点。而且我认为，这种思想解放的核心词就是"平等"和"自由"。

历代儒家无不尊崇孔子，孔子的思想在儒家这里具有不可置疑的地位，因为孔子是至圣先师。王阳明虽然也尊敬孔子，但他从人人皆有良知、不待外求这个角度出发，得出的结论是：就心之本体而言，"众人亦是生知"；就致知工夫而言，"圣人亦是学知"。他虽然认为不是每个人都能真正做到"致良知"，因此圣人与常人是不同的，但他又认为人人都可能"致良知"。从这个意义上说，他"见满街都是圣人"，因为在"致良知"这件事上人人平等。所以，不能不说，阳明的思想中蕴含有平等思想。

王阳明还不以圣人之是非为是非。他说："舜之不告而娶，岂舜之前已有不告而娶者为之准则？故舜得以考之何典，问诸何人，而为此耶？抑亦求诸其心一念之良知，权轻重之宜，不得已而为此耶？武（周武王）之不葬而兴师，岂武之前已有不葬而兴师者为之准则？故武得以考之何典，问诸何人，而为此耶？抑亦求诸其心，念之良知，权轻重之宜，不得已而为此耶？"弟子问他："良知一而已。文王作彖、周公系爻、孔子赞易，何以各自看理不同？"阳明的回答是："圣人何能拘得死格？大要出于良知同，便各自为说何害？且如一园竹，只要同此枝节，便是大同。若拘定枝枝节节，都要高下大小一样，便非造化妙手矣。汝辈只要去培养良知，良知同，更不防有异处。""圣人教人不是个束缚他通做一般，只如狂者便从狂处成就他，狷者便从狷处成就他。"因此人不应以圣人的言论为教条：

夫学贵得之心。求之于心而非也，虽其言之出于孔子，不敢以为是也，而况其未及孔子者乎？求之于心而是也，虽其言之出于庸常，不敢以为非也，而况其出于孔子者乎？

……夫道，天下之公道也。学，天下之公学也。非朱子可得而私也，非孔子可得而私也。天下之公也，公言之而已矣。（《传习录》）

由此可见，王阳明倡导的是打破一切外在权威，个人的言行由个人根据良知自决。所以，阳明的思想中也蕴含有极强的自由思想。

王阳明何以能发此石破天惊之论？原因大概有如下几个方面：

首先，明代把中国的专制政治推向了新的"高度"。明太祖时，朝廷就对贪官污吏剥皮囊草，贪污八十贯钱就要处以绞刑，至于残杀功臣、取缔宰相、大兴文字狱更是众所周知。明成祖篡位，又倚宦官为心腹，廷杖大臣，设置或复用锦衣卫和东厂，又启明代苛政之源。整个明代，昏暴之君不绝如缕，苛暴之政罄竹难书。阳明一生，也多次遭遇专制之苦。

其次，程朱思想不再是一种抗议思潮，而成为朝廷的意识形态，钳制人自由思想的工具。尤其是当程朱思想自元代开始与科举考试绑定以后，它就不仅必然走向僵化，而且必然走向腐化。宋嘉定二年（1209）至十三年，朱熹、张栻、吕祖谦、周敦颐、二程分别被朝廷赐予谥号。淳祐元年（1241），宋理宗下令让周敦颐、张载、二程、朱熹从祀孔庙。元仁宗皇庆二年（1313），朝廷下诏规定用朱熹注释的四书作为明经科考试的教材。明代，从太祖开始就"一宗朱氏之学，令学者非五经四书不读，非濂（周敦颐）洛（二程）关（张载）闽（朱熹）之学不讲"；成祖更是"命儒臣辑五经四书大全，而传注一以濂洛关闽为主"。到明嘉靖元年（1522），皇帝还下诏"自今教人取士，一依程朱之言，不许妄为叛道不经之书，私自传刻以误正学"。皇权不仅垄断政治，而且垄断思想，结果就是，上则寡廉鲜耻，下则死气沉沉。在王阳明这里，程朱思想非但不能解释现实政治，而且不能解决他内心的成圣困惑。在当时的环境下，阳明不能直接攻击专制政治，唯一能做的是瓦解为这套专制政治提供合法性论证的思想学说。

再次，明中期以后，商品经济高度发展，书院讲学之风日渐高涨，这都必然产生对思想自由的需求。王阳明本身就是书院讲学的实践者和推动者，而且倡导"知行合一"的他也不可能不关注社会现实的发展。可以说，他充分认识到了时代困境，并主动承担了为时代病灶开药方的使命。

最后，孔孟心性论思想帮了王阳明的大忙。孔孟心性论成了阳明的思想资源，而心性论思想的逻辑发展必然走向对人的道德主体性的高度强调，而高扬人的道德主体性的结果则是推翻孔孟自身坚持的具体规矩。宋明儒学以回到孔孟为目标，王阳明算是实现了这个目标，但回到孔孟的逻辑发展却是取消孔孟。这正是儒学的内在悖论。

就宋明理学的内部发展而言，王阳明的思想是对陆九渊的发展。就理论的内部自洽性和系统性而言，王阳明显然高于陆九渊。但除此之外，前面讲到的陆九渊思想的问题，在阳明身上依然存在。就阳明的"致良知"说而言，根本的问题在于，人能否完全为人间立法？

王阳明假定人人都能知是非善恶，这是良知说的立论前提，但这个假定的前提其实并不能成立。我可以从两个方面提出驳论：一方面，人类崇奉一些美好的价值（所谓"是""善"），但这些美好的价值彼此之间往往又会产生冲突。比如自由与平等，强调自由的人往往厌恶平等，认为平等会摧折个人自由；强调平等的人又往往厌恶自由，因为个人自由发展，结果就很难平等。请问，虽然二者的"是"

与"善"都是由良知发展出来的，但人的良知如何来判断绝对意义上的谁是谁非呢？阳明这一假设的问题在于，他认为人们通过良知可以选择出共同的"是"和"善"，但这根本是不可能的，否则美国就不可能既有共和党又有民主党了。另一方面，大多数人做决定难免短视，根本看不到长远利益。人们往往把魔鬼当成真神。欧洲高福利国家之所以爆发债务危机，这是最重要的原因。那么，通过"致良知"，让每个人参与公共决策的时候都能够一片公心，就能解决问题吗？不能。因为这根本不是个公私问题，而是个科学推理的问题，是个专业的政治问题，甚至是个经济学问题和财政学问题。而且，我所举的欧洲债务危机的例子不是孤例，公共生活中这样的例子随处可见。

诚然，人人都有良知，但正如王阳明自己承认的那样，人人从良知出发得出的结论并不尽同。但任何政治共同体都需要找到共识，如果绝对价值都被摧毁，以什么来凝聚共同体成员的共识呢？固然，阳明思想给人们带来了自由，这是其巨大功绩，但还存在更深一层的问题，即自由如何才能落地的问题。考诸人类历史，单靠自由并不能维持共同体的生存，自由与秩序是一枚硬币的两面，没有秩序做保证，自由就不能平稳落地。当然，另一方面，好的制度应该是保障个人自由的制度。事实上，王学在阳明身后的流变过程中，即越来越自由，但它只是一种观念上的自由，并没有落实在现实社会和政治之中。这里面的原因深究起来当然很多，但从理论上讲，摧毁一切绝对价值则根本不可能实现真正的自由。从这个意义上讲，阳明的"致良知"学说体现了一种"德性的自负"。在西方，"理性的自负"很可怕，哈耶克已经指出了这一点；在中国古代儒家，"德性的自负"更可怕，我们必须明确地指出。

儒家思想本质上是一种人文思想，儒家强调"经"的时候也不忘强调"权"的重要性，这就使得儒家缺少超验的绝对价值观念，所以儒家思想一落到现实生活中就很容易变异。王阳明为中国人开启自由之思并没有错，但他错在对绝对价值——"天"的坚守不够。这一点，在阳明生前，已经有人指出。比如，湛若水与罗钦顺就从阳明的格物说批评了阳明理论绝对价值稀薄的大病。湛若水说："兄之格物训云：'正念头也。'则念头之正否，亦未可据。如释老之虚无，则曰：'应无所住而生其心。无诸相，无根尘'，亦自以为正矣。杨墨之时，皆以为圣矣。岂自以为不正而安之？以其无学问之功，而不知所谓正者，乃邪而不自知也。"罗钦顺也说："若之何正其不正，以归于正邪（耶）？"简言之，如果没有一套绝对的价值标准，根本无法分辨什么是正，什么是不正。

　　当然，王阳明并没有摧毁一切绝对价值，他的本意也不是要摧毁绝对价值。正如我在前面讲的那样，他认可"仁"和三纲五常等绝对价值。但是，他的理论逻辑的发展则是摧毁一切绝对价值。这一点，在我接下来会讲的王学流变中会更清晰地呈现出来。

　　如果要用一句话来概括我对阳明心学的看法，我想说：良知源于天赐，但小于、低于天意，倘若抛弃上天而单靠人的良知，本质上就是靠人自己，而人是靠不住的。高扬良知、单靠良知，不过是人自以为是、自以为神的僭妄，实乃自找死路的做法。

第三十讲　王学流变：我即是天

这一讲我们讲王阳明学派之流变。

王阳明生前，弟子就很多。据王门后学、明末清初著名思想家黄宗羲在《明儒学案》中的说法，阳明身后，弟子遍及全国各地。黄氏根据王门后学所处地域将其划分为八大派：浙中、江右（江西）、南中（苏皖）、楚中（两湖）、北方、粤闽、泰州及背弃王门之李材。这种分法不能透显出王学流变的内在逻辑，从思想史的角度看，其实意义不大。因为，并不是同一个地方的门生思想主张就比较一致，不同地方的门生思想主张就不一致。

王阳明亲传弟子王畿对王学流变现象的梳理更具思想史意义。简言之，阳明弟子中有人认为只有将心回复到寂静状态才能"致良知"；有人认为良知需要在实践之中千锤百炼才能获得；有人认为"致良知"不该考虑"心之体"，从"意之动"开始探寻即可；也有人认为只要是心中所想，便都是良知……也就是说，王门弟子虽然都承认阳明的良知说，但对何为良知、如何"致良知"的看法千差万别，甚至多派之间的观点如同霄壤。作为亲传弟子的王畿已经看到这一现象，更何况三传、四传弟子。

王学为何发生这么大的流变？黄宗羲的解释非常有意思：一方面，他是王门后学，需要维护王阳明这个大宗师的地位；另一方面，他又没有把王学流变产生的问题完全归过于王门后学，而是指出了阳明思想本身存在的问题。读中国人的文章，尤其是古人的文章，必须学会揣摩文中转折的微妙含义，让我们先来看看黄宗羲如何通过不断转折评价王阳明。黄宗羲说：

先生命世人豪，龙场一悟，得之天启，亦自谓从"五经"印证过来，其为廓然圣路无疑。特其急于明道，往往将向上一几轻于指点，启后学躐等（即跨越阶段、等级）之弊有之。天假之年，尽融其高明卓绝之见，而底于实地，安知不更有晚年定论出于其间？而先生且遂以优入圣域，则范围朱陆而进退之，又不待言矣。先生属纩时，尝自言曰："我平生学问，才做得数分，惜不得与吾党共成之。"（《明儒学案》）

又说：

然"致良知"一语，发自晚年，未及与学者深究其旨。后来门下各以意见搀和，说玄说妙，几同射覆，非复立言之本意矣。（《明儒学案》）

这两段话翻译过来的意思是：王阳明先生是一代豪杰，所揭示的道当然是真道。但先生的真道太高深玄妙，一般人理解不了其中真意。先生又性急，只揭示了真道，但没有揭示走向真道的具体路径、方法，这就使得后学各取所需、自是其是。先生并未得享高寿，否则，估计也会完善其理论，尤其是关于具体路径、方法的理论。如果是那样，先生就能超越、统合朱熹和陆九渊之争了。显然，他暗示阳明其实还没有做到这一点。黄氏担心读者还看不懂他说的是什么，于是在上述第二段引文中直接指出阳明的"致良知"学说并未臻入化境。不过，他并未质疑阳明"良知"说本身的问题。他着意的还是"致"这个看法，与王畿其实并无不同。

事实正如王畿与黄宗羲所言，王门弟子对王阳明所揭示的良知本体并无异议（李材属特例，除外），异议发生在如何"致良知"上，也即工夫论上。大体言之，意见分为两派：一派认为良知需要用工夫培养；一派认为良知对每个人都是现成的，关键在悟得此良知，而不在、也不用对外用工夫。与此相应的是心之已发和未发之辨，此种辨析、辩论其实早在南宋的朱熹和张栻之间就已经发生。只因为朱熹是理学家，心在其理论中的重要性远不及阳明心学，因此那场辩论在思想史中的意义也远不及发生在阳明后学之间的辩论。

王门弟子众多，思想主张不一，用什么办法才能提纲挈领地把握其流变的逻辑呢？在我看来，应该紧扣的正是他们的修持理论，也即是工夫论。上面用两分法概括了王门弟子工夫论的不同，如果稍加细分，其实可以分为三派：一是内外兼修派；二是内修派；三是不修派。王学的流变，其实就是一个从兼修逐渐流为不修的逻辑过程。也只有从这个角度观察，才能深入认识阳明心学的实质和利弊。为了清晰地呈现这个逻辑过程，我只能删繁就简，讲邹守益、聂豹、王畿、王艮、李贽五个人的主要思想。由于越到后面，阳明心学的自由色彩越强，所以我对这几个人思想的讲述，也采取前简后详的方法。

邹守益（1491—1562）是内外兼修派的代表，黄宗羲在《明儒学案》中对其评价极高："东廓（邹守益）以独知为良知，以戒惧谨独为致良知之功。此是师门本旨，而学焉者失之，浸流入猖狂一路。惟东廓斤斤以身体之，便将此意做实落工夫，卓然守圣矩，无少畔援。诸所论著，皆不落他人训诂良知窠臼，先生之教卒赖以不敝，可谓有功师门矣。"又说："阳明之没，不失其传者，不得不以先生为宗子也。"

邹守益的核心思想，在"戒慎恐惧"四字。他说："圣门要旨，只在修己以敬。敬也者，良知之精明而不杂以尘俗也。戒慎恐惧，常精常明，则出门如宾，承事如祭。故道千乘之国，直以敬事为纲领。"

什么叫"戒慎恐惧"？其实就是"慎独"，《中庸》云："戒慎乎其所不睹，恐惧乎其所不闻。"通过"慎独"这种方式，就能使良知处于一片光明、不受私欲遮蔽的状态。在邹守益这里，"戒慎恐惧"能打通心之未发、已发的所有思维、实践活动，不使"自私用智之障碍得以害之"，而使内外合一。

总之，"致良知"的根本工夫在"戒慎恐惧"，其他如惩忿窒欲、迁善改过等具体方法均包含在"戒慎恐惧"之中。

聂豹（1487—1563）是内修派的代表，主张在心之未发处用工夫，根本不需要在格物上下功夫，因为"致知如磨镜，格物如镜之照"，"格物无工夫"。聂豹的核心思想在"归寂"二字，他认为已发不过是未发的影子，只要使心"寂而常定"，便可使心思从不澄净的状态重返澄净，自然而然地"致良知"，这个过程也叫"养良知"。他还说，他的这些想法正是王阳明的意思："先师云：良知是未发之中，寂然大公的本体，便自能感而遂通，便自能物来顺应。又云：祛除思虑，令此心光光地，便是未发之中，便是寂然不动，便是廓然大公，自然发而中节，自然感而遂通，自然物来顺应。"

王阳明将格物、致知看成一件事，并非不重视格物。阳明若在世，肯定不能认可聂豹"格物无工夫"之说。聂豹的主张，在当时就遭到阳明弟子的普遍反对，反对的理由可以归为一点：道不可须臾分离，你如今主张在静处、未发处用工夫，不在动处、已发处用工夫，不是将道斩为两截吗？对此质疑，聂豹的回答是，只要维护好良知本体，则动处、已发处无不合乎道。但这个说法并不能说服其他阳明弟子，对聂豹此论最有力的批评来自欧阳南野。他说："事不能皆循其知，则知不能皆极其至。"通俗而言，知与事之间存在种种干扰条件，并不是只要护定了良知本体，就一定能做成事、做好事，所以不能离开事而谈修心。

王畿、王艮、李贽则是不修派的代表。王畿、王艮只重视心悟，黄宗羲更是认为王畿"直把良知作佛性看，悬空期个悟，终成玩弄光景"，是阳明学派中入室操戈之人物。

王畿（1498—1583）是"天泉证道"故事中的反方辩手，认为"无善无恶"才是最高境界。王阳明去世时，他才30多岁，其后几十年，一直在讲学，故其影响极大。王畿的核心主张，可用一句话来概括：良知本体是现成的、当下具足的，根本不需要工夫去修、去证。他说："先师提出'良知'二字，正指见在而言，见在良知与圣人未尝不同。所不同者，能致不能致耳。且如昭昭之天与广大之天原无差别，但限于所见，故有大小之殊。""若必以见在良知与尧舜不同，必待工夫修证而后可得，则未免于矫枉之过。"

为什么只要认定超越的良知本体就不需要再修证？因为"吾人一切世情嗜欲，皆从意生。心本至善，动于意始有不善。若能在先天心体上立根，则意所动自无不善，世情嗜欲自无所容，致知工夫自然易简省力。若在后天动意上立根，未免有世情嗜欲之杂，致知功夫转觉繁难"。

但王畿既然说良知也有"能致不能致"，人也需要"在先天心体上立根"，那么如何才能"致"，如何才能立根呢？在他看来，关键是一个"悟"字，即所谓"君子之学，贵于得悟。悟门不开，无以征学"。王畿认为"悟"的方法有三种：一是得之于言语思辨的解悟，但这种悟离不开言语文字，离开言语文字，就可能再次糊涂，所以这种悟还不彻底。二是得之于静坐的证悟，但这种悟离不开环境，离开静坐的环境，也可能再次返迷，所以这种悟也不彻底。三是心悟，这才是真正彻底的悟，需要通过在人事上的"炼习"，而这种"炼习"，就是人处在痛苦情景下的"动忍增益"，也即是在艰困处境中磨心。

问题在于，这种彻悟，不还是离不开具体的情景，即人与事吗？那么，"悟"不还是"修"吗？人如果不能遇到王阳明当年那样的艰困处境，难道就不能彻悟吗？人需要在艰困处境中"炼习"，具体如何"炼习"呢？阳明既然说"致良知"，如何个"致"法，在王畿这里，终成问题。遗憾的是，王畿没兴趣细讲这些。但王畿也知道，"致良知"就是工夫，这个问题是绕不开的，所以他又说，"致良知"不过是在心上做减法。因为"悟"是不断做减法，因此在他看来就不是"修"。"良知不学不虑。终日学，只是复他不学之体；终日虑，只是复他不虑之体。无工夫中真工夫，非有所加也。工夫只求日减，不求日增，减得尽便是圣人。后世学术，正是添的勾当，所以终日勤劳，更益其病。果能一念惺惺，冷然自会，穷其用处，了不可得，此便是究竟话。"

王畿所谓的"彻悟"与佛教"觉悟"有何不同？王阳明的良知本体，能等同于佛性吗？无论如何，阳明还是儒家，是儒家，就不能满足于觉悟，而要在觉悟后化成世界，这正是儒家与佛教最根本的不同。可惜王畿没有认识到这一点，他甚至认为儒家与禅宗、道家并无多大不同。他说："老氏曰虚，圣人之学亦曰虚。佛氏曰寂，圣人之学亦曰寂。孰从而辨之？世之儒者不揣其本，类以二氏为异端，亦未为通论也。""圣狂之分无他，只在一念克与罔之间而已。……一念者，无念也，即念而离念也。故君子之学以无念为宗。"这种观点，不是禅宗又是什么呢？难怪黄宗羲要说他"直把良知作佛性看，悬空期个悟，终成玩弄光景"了。阳明后学走向"狂禅"，实自王畿肇端。

再看王艮。王艮（1483—1541），原名银，灶丁之子，家贫，少而失学，然好学不倦。有人认为他平时的议论很像王阳明，于是他就到江西去拜谒王阳明。阳明听说他来，主动迎接于门下。进入室内之后，王艮很不客气，自己坐了上座，一开口就与阳明辩论，越辩论越服膺阳明，于是自己移至侧座，下拜阳明，自称弟子。这出剧目第二天又上演了一次，最后他乃心悦诚服，于是再称弟子。阳明很高兴，把他名字改为"艮"，并对门人说："向者吾擒（宁王）宸濠，一无所动，今却为斯人动矣。"可见阳明很看重这个弟子。

《明史》对王艮的评价是："艮本狂士，往往驾师说上之。"王艮的确狂，他拜完老师回到故乡后，自制了一辆座驾，穿着奇装异服，驾着这辆车往北京去，车上写着一段广告语：

> 天下一个，万物一体。
> 入山林求会隐逸，过市井启发愚蒙。
> 遵圣道天地弗违，致良知鬼神莫测。
> 欲同天下人为善，无此招摇做不通。
> 知我者其惟此行乎？罪我者其惟此行乎？（《王心斋全集》）

举止如此招摇，不仅在明代让人难以接受，就是在今天也让人感到过于独特了。所以他到北京后，物议沸腾，同门也劝他赶紧回老家去，但他不听。王阳明先生得知后，去信严厉责备，他才回家。他去见老师，老师三次不见。最后一次，他长跪路旁谢罪，希望得到老师原谅，阳明出门送客，见到他也不理他。他于是跟随老师到了庭院，大呼"仲尼不为已甚"，意思是对别人的惩罚应该适可而止。阳明才原谅了他。

王艮创立了泰州学派，成了王学平民派之宗师。正如《明史》所言，王艮的狂，主要还不在行为上，而在言论上"往往驾师说上之"。王艮的言论如何超出了王阳明的范围呢？他的主张，落在"安身"二字上，所谓学者当"知得身是天下国家之本，则天地万物依于己，不以己依于天地万物。"他还说："百姓日用即道。"这种完全肯定世俗理性的说法，阳明岂能苟同？

众所周知，《大学》的枢纽在修身，但王艮通过不断转折，偷换概念，把成德意义上的"修身"改成了"安身"，于是变成了人应该以"安身"为本了。"修身，立本也。立本，安身也。安身以安家，而家齐；安身以安国，则国治；安身以安天下，而天下平也。故曰修己以安人，修己以安百姓，修其身而天下平。不知安身便去干天下国家事，是之谓失本也。……不知身不能保，又何以保天下国家哉！""安身者，立天下之大本也。本治而末治，正己而物正也，大人之学也。是故身也者，天下万物之本也；天地万物，末也。知身之为本，是以明明德而亲民也。"

综合考察王艮关于"身"的言论，可知"身"就是我们今天讲的"身体"，也即物质性的有形躯体，它是形而下的，而不是王阳明一再强调的超验的"心"体，也不是《大学》本义。王艮甚至提倡明哲保身，他有一篇文章就是《明哲保身论》，这篇文章的逻辑是：爱自己，就一定会爱别人；爱别人，别人就一定会爱自己。即"知保身者，则必爱身；能爱身，则不敢不爱人；能爱人，则人必爱我；人爱我，则吾身保矣"。显然，这个逻辑链条是不能成立的，你如何保证爱别人，别人就一定爱你呢？如果事实上别人不回报给你爱，你是否就不需要爱别人了呢？更要命的是，王艮一旦取消了"修心"，事实上就背叛了阳明的"致良知"教。而他一旦把道德问题等同于利害问题，一切从功利主义角度考量，则一切道德问题将不复存在。王艮还说过："吾身是个矩，天下国家是个方。"意思是，自己要为天下国家立规矩，除此之外，没有什么能立规矩。如果人人都这么想，必然导致道德多元主义和相对主义，人人都认可的道德准则必然不复存在。

道德，必然是不计利害的，否则哪会有杀身成仁、舍生取义之事？正如康德所言，道德律令也应该是绝对的，否则它就没法规范人的行为。儒家念兹在兹的从来都是道德问题，从这两个角度看，王艮也就不能称之为儒家了。黄宗羲就尖锐地批评王艮："以缚蛮为安身之法，无乃开一临难苟免之隙乎？"这是从理论逻辑的角度判断，事实方面更是如此，泰州学派的后学如颜钧、何心隐等人就真的完全抛开儒家道德自是其是了。

下面重点谈谈李贽，他是泰州学派的后学弟子，把泰州学派的主张发挥到了极致，同时也就完全否定了儒家。

李贽（1527—1602）本是个文人型官员，40岁才开始读王阳明的书，拜服阳明之学。51岁，担任云南姚安知府三年，后挂冠而去。56岁始着力著述，然后漫游四方。62岁在湖北麻城某寺庙削发，经常出入花街柳巷之中，并与两名女尼弟子寄居寺庙中。有人指控他与女尼通奸。此后，他被以异端邪说大伤风化、惑乱人心之罪名下狱。办案人员问他为什么乱写书，他答道："罪人著书甚多，具在，于圣教有益无损。"他76岁时在狱中用剃刀割喉自尽。割喉两天之后才气绝。侍者问他痛不痛，他用指头在手上写"不痛"，又问他为什么要自尽，他又用指头在手上写"七十老翁何所求"。

李贽的言行，半是天性使然，半是阳明心学影响的结果。他的性格，主要表现在两点上：一是平生不求庇于人。他自言六七岁即能自立，"若要我求庇于人，虽死不为也。历观从古大丈夫好汉尽是如此。不然我岂无力可以起家，无财可以畜仆，而乃孤子无依，一至此乎？

可以知我之不畏死矣，可以知我之不怕人矣，可以知我之不靠势矣"！二是平生最讨厌被人管。"夫人生出世，此身便属人管了。幼时不必言，从训蒙师时又不必言。既长而入学，即属师父与提学宗师管矣。入官即为官管矣。弃官回家，即属本府本县公祖父母管矣。来而迎，去而送，出分金，摆酒席，出轴金，贺寿旦，一毫不谨，失其欢心，则祸患立至。其为管束，至如木埋下土未已也，管束得更苦矣。我是宁漂流四外，不归家也。"正如《海阔天空》里的那句歌词，"原谅我这一生不羁放纵爱自由"，因为爱自由，所以李贽要削发为僧。在他看来，"无拘无碍，便是西方净土，极乐世界"。故要得大自由，非"出家"不可。这里的"出家"不单指佛教意义上的出家，他甚至认为古今中西的圣人莫不是出家者，佛陀、老子自不待说，孔孟也未尝不是如此。他说孔子"视富贵若浮云，唯与七十子游行四方。西至晋，南至楚，日夜皇皇，以求出世知己。是虽名在家实终身出家者矣"。

说李贽的言行半是阳明心学影响的结果，是因为李贽的思想是王阳明自由、平等思想的逻辑发展结果。李贽认为，个人乃真理之主宰者，若人不能自得于心，则无所谓真理。他说："道之在人，犹水之在地也。人之求道，犹之掘地而求水也。然则水无不在地，人无不载道也审矣。"因为，"天下无一人不生知（生而知之）"，所以只要反求于心，则道自见矣。以儒家之礼为例，他认为，"由中（内心）而出者谓之礼，从外而入者谓之非礼。从天降者谓之礼，从人得者谓之非礼。由不学、不虑、不思、不勉、不识、不知而至者谓之礼，由耳闻目见、心思测度、前言往行、仿佛比拟而至者谓之非礼"。以此逻辑，他也解构了仁、义、智、信等儒家价值所衍生出来的具体规范。

既然真理得于自心，为何世人不明此理？在李贽看来，实因世人多拘泥于古事、圣人、经书、道统而不自信，以至于不能自拔，丧失自我。他力斥此种行为之荒谬，其中多有精辟之驳论。如其斥崇圣之愚："盖天生一人，自有一人之用，不待取给于孔子而后足也。若必待取足于孔子，或千古以前无孔子终不得为人乎？"孔子之言论，有其具体之语境，故非不刊之论。圣人之言不必尽信，经书更不可尽信，因"六经语孟非其史官过为褒崇之词，则其臣子极为赞美之语。又不然，则其迂阔门徒，懵懂弟子记忆师说，有头无尾，得后遗前，随其所见，笔之于书。后学不察，便谓出自圣人之口也，决定目之为经矣。孰知大半非圣人之言乎？"至于韩愈至朱熹大倡的道统说，更属无稽。韩愈谓圣道于孟子后不传，但若"人无不载道"，圣道何曾一日灭绝？"自秦而汉而唐，而后至于宋，中间历晋以及五代，无虑千数百年，若谓地尽无泉，则人皆渴死久矣。若谓人尽不得道，则人道灭矣，何以能长世也？终遂泯没不见，混沌无闻，直待有宋而始开辟而后可也？何宋室愈以不竞，奄奄如垂绝之人，反而不如彼之失传者哉？"李贽此论，直斥儒家复古守成之弊，而倡个人自主及与时俱进说，可谓切中了儒家的要害。

李贽既然连古事、圣人、经书、道统都敢质疑，质疑程朱理学更是不在话下。事实上，他是反程朱理学的急先锋，对程朱理学的各个方面无不迎头痛击。比如，理学家言天理、太极，他站在经验主义的角度批评这些说法荒诞不经。理学家尊天理抑人欲，他斥其"穿衣吃饭即是人伦物理"，舍此并无所谓人伦物理之道。理学家忌人之私心，他认为"夫私者人之心也，人必有私而后其心乃见，若无私则无心矣……虽有孔子之圣，苟无司寇之任，相事之摄，必不能一日安其身于鲁也决矣……无私之说者，皆画饼之谈，观场之见，但令隔壁好听，不管脚跟虚实，无益于事，只乱聪耳，不足采也"。理学家不言功利，言利则失义，他却谓不谋利无以正义。而理学家"平居无事只知打恭作揖，终日匡坐，同于泥塑"，"一旦有警，则面面相觑，绝无人色"。更不必谈以道学为干禄术之小人，"彼讲周、程、朱、张者皆口谈道德而心存高官、志在巨富尔。既已得高官巨富矣，仍讲道德说仁义自若也"。"败俗伤风者莫甚于讲周、程、朱、张者也。"因为反对空谈性理，注重事功，李贽甚至认同一切能成事功者，秦始皇、商鞅等人均在其称许之列。

李贽思想之要旨，在冲决纲常名教之一切束缚，他甚至提出了男女平等、婚姻自由之主张。他说："谓见有长短则可，谓男子之见尽长，女人之见尽短，又岂可乎?"萧公权认为，李贽弃官削发，已废君臣、父子、夫妇、兄弟四伦，虽没有明言反对三纲五常，其实其言行处处在反对三纲五常。

李贽思想，与西方之政治自由主义极为接近。既倡个人自由，遂反对政府干涉人民生活。儒家力辟法家，其理由即为法家干涉人民生活。但儒家总以为自己出于仁心，故常有以己所欲强施于人之冲动。在李贽看来，此举之害，与法家略同。"夫天下至大也，万民至众也，物之不齐物之情也。中无定在，又孰能定其太过而损之，定其不及而益之也。若一一而约束之、整齐之，非但日亦不给，依旧是走在刑政上去矣。""若夫道路也，不止一途。性者心之所生也，亦非止一种已也。有仕于上者乃以身之所经历而欲人之同往，以己之所种艺者而人之同灌溉，是以有方之治而驭无方之民也。"李贽理想中之社会乃人民各从所好、各骋所长、各遂其生、各获其所之社会，这也正是苏格拉底理想中的"正义"社会。

本着个人自由之宗旨，李贽高举言论自由之帜："人之是非，初无定质。人之是非也，亦无定论。无定质则是此非彼，并育而不相害。无定论则是此非彼，亦并行而不相悖。"

李贽既以民为本，其论史遂常有令人惊异处而不违其道。如其论五代时历侍十二君之冯道，与儒家之见解就截然相反。儒家从"忠臣不事二主"的角度出发，无不厌恶冯道的做法，李贽却为冯道辩护：国家存在的目的是安养民众，如果君主不能安养万民，那么就由臣子来尽责。冯道虽然历侍十二君，但正是因为他的存在，百姓才得以"卒免于锋镝之苦"。

孟子本有"君之视臣如手足，则臣视君如腹心；君之视臣如犬马，则臣视君如国人；君之视臣如土芥，则臣视君如寇仇"之论，以明君臣关系为一相对之权利义务关系。后人轻忽此论，遂强调臣下对君主之绝对义务。李贽本孟子之论而又发扬之，其讥"痴臣"曰："夫暴虐之君，淫刑以逞，谏又乌得入也。早知其不可谏即引身而退者，上也。不可谏而必谏，谏而不听者乃去者，次也。若夫不听复谏，谏而以死者，痴也。何也？君臣以义交也。士为知己者死，彼无道之主，何尝以国士遇我也。"不但如此，臣遇暴君自当引身而退，若遇到昏君，则当揽权自卫。故，强臣揽权，情非得已，不宜抨击。"臣之强，强于主之庸耳。苟不强则不免为舐痔之臣所谗而为弱人所食啖也，自又安得瞑矣？"

李贽思想如钢钉钉墙，如匕首投枪，如狂飙突起，沉着痛快，酣畅淋漓，犁庭扫穴。虽然其具体观点也有自相矛盾处（如其赞许秦皇汉武为英雄，然此二人又岂是能顺民之君），然终不失为划时代的思想家。

"王学左派"高扬王阳明所揭示的人的良知的主体性，其思想指向的是自由、平等。越到后来，这一方向越加鲜明。李贽思想是"王学左派"的逻辑发展，既发挥了阳明心学的优点，也像其他"王学左派"一样，继承了其不足。这个不足，就是从未质疑"良知"本身，也即人的主体性，也即人是否真能为人间立法的问题。也可以说，阳明的良知是个筐，筐里装的是仁义，而到"王学左派"，就只认这个筐，以至于这个筐里什么都能装。

固然，"王学左派"给中国思想传统注入了难得的自由、平等思想，但由此也导致了绝对价值的丧失，以及共同体凝聚力的瓦解。老实说，不用等到西学东渐，中国的天早就被王学捅破了。宗教本可以维系人心，中国缺乏真正的宗教，所以长期以来依靠儒家教化维系人心。当由儒家构建的天被捅破以后，中国靠什么来维系人心呢？一切所谓的道德规范又怎么可能不瓦解呢？

从这个意义上讲，中国近世思想家与西方思想家最大的不同在于，中国思想家必须两面作战：一面是在政治哲学方面证成近现代价值，或者找到传统政治哲学与现代价值的卯合点；一面又不能无视绝对价值的重要性。这就使得中国的思想家必须更懂得渐进改良的智慧。因为，推翻一切并不意味着能够建构美丽新世界。但两面作战就意味着两难——批评与认同儒家的两难。同时，因为儒家本质上不是宗教，这就使得这种"转化性创造"工作在既定的两分思路中很难取得成功。中国思想史家，若本于儒家教义，对王学的流变多用"放荡""放肆"等词汇批评之；若本于现代自由、平等价值，对王学的流变又多赞赏之。在我看来，这两种看法，都没有看到问题的实质。

有没有第三条道路？也就是，不由儒家思想为中国人提供宗教需求，而仅仅把它当成政治、道德哲学进行"转化性创造"？或可请读者诸君再深思之。

因为看到了阳明心学的种种问题，明末思想者对阳明学说已多有批评，其中较显著者为东林党顾宪成、高攀龙。顾、高二人有感于明末人心流荡涣散，本着救世精神，欲综合程朱陆王成一新的理论系统，此二人虽颇能指出阳明学说缺点，但既缺乏对阳明核心思想的深切理解，也缺乏进行精微的理论创造的能力，故其言说，不值得深究。其后，刘宗周也有志于以心学为主融汇理学，但在我看来，其理论体系其实远不及王阳明，刘氏之努力，颇属无谓。为什么会出现这种理论创新不足的情况？我的看法是，儒家，无论理学还是心学，都已经较难为近世的思想大创造提供充足的思想资源了，中国思想的更化，需要更大的机缘才能实现。

第三十一讲　徐光启：黄天可立

这一讲我们讲徐光启。之所以讲徐光启，是为了讲中国思想史的另一种可能。

徐光启生活的时代，正逢天主教入华。李贽在世时，天主教传教士利玛窦（1552—1610）等人已在中国传教多年。利玛窦1582年抵达澳门，1595年到南京，1598年又到了北京。中国士大夫中，很多人皈依了天主教。据统计，明末皈依天主教的中国人达数千人，其中不乏宗室、内官与显宦。在此背景下，徐光启出场了。

徐光启（1562—1633）官至崇祯朝礼部尚书兼文渊阁大学士、内阁次辅。他的重要性在于，他是中国真正睁开眼睛看世界的第一人。与中国当时的读书人一样，他本是一个追求读书仕进的儒者，是天主教耶稣会传教士改变了他的思想。34岁那一年，他在广东韶州遇到了耶稣会神父郭居静（Cattaneo），深受天主教吸引。41岁，他在南京接受罗如望（Rocha）的洗礼成为天主教徒，为此他还在自己的名字上加了"保禄"二字。利玛窦（Ricci）比他年长10岁，和他是亦师亦友关系。利玛窦教授了他西方天文、地理、农业、水利等方面的知识。1604—1607 年，他与利玛窦共同将欧几里得的《几何原本》翻译为中文。他还著有《农政全书》。他任礼部侍郎的时候，建议根据西洋历法修改我国历法，因为我国历法无法准确推测出日、月食的时间。为此他受命入钦天监组建历局。钦天监任内，他不仅任命了自己的友人、也是天主教徒的李之藻为副手，还大胆起用耶稣会传教士龙华民（Longobardi）和邓玉函（Terrenz）为副手。邓玉函去世后，他又请汤若望（Schall von Bell）及罗雅各（Rho）接替邓玉函的工作，这两人也是传教士。

徐光启的特色在于，他信仰西方宗教，推崇西方科学。在儒家思想深入骨髓的中国，这简直是难以想象的。徐光启干的事，可以说是空前的。可以想象，他必然面临巨大阻力。

天主教在明末刚进中国时，就遇到了士大夫的普遍抵制，甚至有人向皇帝指控传教士庞迪我（Pantoja）等耶稣会教士败坏人心。这是相当严厉的指控。

在这个时候，徐光启站了出来为传教士辩护。他向皇帝上了一道《辨学章疏》。他说，这些西方传教士都是道德高尚、才能卓著、知识渊博的人，他们的言行没任何问题；如果他们有问题，那么他愿意为他们承担任何责任，因为他自己也信奉天主教。

为了消除皇帝的顾虑，他说，天主教的教化与儒家思想其实毫不矛盾：

> 臣累年以来，因与（传教士）讲究考求，知此诸臣（传教士）最真最确，不止踪迹心事一无可疑，实皆圣贤之徒也。且其道甚正，其守甚严，其学甚博，其识甚精，其心甚真，其见甚定，在彼国中亦皆千人之英，万人之杰。所以数万里东来者，盖彼国教人，皆务修身以事上主，闻中国圣贤之教，亦皆修身事

天，理相符合，是以辛苦艰难，履危蹈险，来相印证，欲使人人为善，以称上天爱人之意。其说以昭事上帝为宗本，以保救身灵为切要，以忠孝慈爱为功夫，以迁善改过为入门，以忏悔涤除为进修，以升天真福为作善之荣赏，以地狱永殃为作恶之苦报。一切诚训规条，悉皆天理人情之至。其法能令人为善必真，去恶必尽。盖所言上主生育拯救之恩，赏罚善恶之理，明白真切，足以耸动人心，使其爱信畏惧，发于繇衷故也。（《徐光启全集》）

不仅如此，徐光启还站在皇帝治理天下的角度，指出了天主教的社会功用："辅益王化""教化风俗""久安长治"。徐光启提出的建议是：

> 倘蒙圣明采纳，特赐表章，目今暂与僧徒道士一体容留，使辅宣劝化，窃意数年之后，人心世道，必暂次改观。乃至一德同风，翕然丕变，法立而必行，令出而不犯，中外皆勿欺之臣，比屋成可封之俗，圣躬延无疆之遐福，国祚永万世之太平矣！（《徐光启全集》）

为了进一步消除朝廷顾虑，徐光启还提出了考察传教士的三种方法，大意是把传教士翻译的所有宗教、科学、政治、艺术书籍拿出来公开讨论，如果悖逆常经，言无可采，不能启人智慧，则可斥逐，他自己也甘愿与传教士同领罪罚。

最后，徐光启还提出了处置传教士的三种方法：一是由朝廷提供生活所需，停止传教士接受外来接济；二是允许传教士传教，并接受人们监督，看他们言行是否正当，若不当则驱逐出境；三是观察那些信奉天主教的中国人的品行是否良善。

万历皇帝看了这份奏疏，批了"知道了"三字，事实上就是允许了传教士在中国传道、译书。

与徐光启一样，李之藻对天主教的认识也是从天主教与儒家精神不悖、有利于世道人心的角度立论，但他更强调主宰之天的价值。在为利玛窦《天主实义》所作的序言中，李之藻讲了如下五层意思：一、天是修身之原。"昔吾夫子语修身也，先事亲而推及乎知天。至孟氏存养事天之论，而义乃綦备。盖即知即事，事天事亲同一事，而天其事之大原也。"二、上帝是天的主宰。"帝者，天之主宰。"三、利玛窦一本事天。"然则天主之义不自利先生创矣。……然则小人之不知不畏也，亦何怪哉？利先生学术一本事天，谭天之所以为天甚晰。"四、《天主实义》写作宗旨是训善防恶。"其言曰：'人知事其父母，而不知天主之为大父母也。人知国家有正统，而不知惟帝统天之为大正统也。不事亲不可为子，不识正统不可为臣，不事天主不可为人。'而尤勤恳于善恶之辩、祥殃之应。……大约使人悔过徙义，遏欲全仁。念本始而惕降监，绵顾畏而遄澡雪，以庶几无获戾于皇天上帝。"五、天学合于儒学宗旨。"……特于知天事天大旨，乃与经传所纪如券斯合。……尝读其书，往往不类近儒，而与上古《素问》《周髀》《考工》《漆园》诸编默相勘印，顾粹然不诡于正，至其检身事心，严翼匪懈，则世所谓皋比，而儒者未之或先信哉！东海西海，心同理同。所不同者，特言语文字之际。而是编者出则同文，雅化又已为之前茅，用以鼓吹休明、赞教厉俗，不为偶然，亦岂徒然？"

为了说服皇帝和读书人，徐光启和李之藻的论述大多在强调天主教与儒家的相同处，而故意淡化了二者的差异，也不凸显他们自己的宗教体验。

说到二者的差异，我想顺带讲一个故事。御史杨廷筠也信仰天主教，打算受洗，但被教会拒绝，原因是天主教反对纳妾，而杨廷筠有侍妾。儒家不反对纳妾，教会的拒绝让杨廷筠左右为难。最后，在李之藻的说服下，杨廷筠放弃了侍妾，才如愿受洗。

下面我们来看徐光启对西方科学的推崇。事实上，我谈徐光启不仅是为了谈徐光启个人，更是谈他同时期思想上的同道，其中自然也包括李之藻。

徐光启在《几何原本》序言中说：

> 唐虞之世，自羲和治历，暨司空、后稷、工、虞、典乐五官者，非度数不为功。周官六艺，数与居一焉；而五艺者，不以度数从事，亦不得工也。襄、旷之于音，般、墨之于械，岂有他谬巧哉？精于用法而已。故尝谓三代而上，为此业者盛，有元元本本，师传曹习之学，而毕丧于祖龙之焰。汉以来，多任意揣摩，如盲人射的，虚发无效；或依拟形似，如持萤烛象，得首失尾，至于今，而此道尽废，有不得不废者矣。
>
> 《几何原本》者，度数之宗，所以穷方圆平直之情，尽规矩准绳之用也。利先生从少年时，论道之暇，留意艺学……因请其象数诸书，更以华文。独谓此书未译，则他书不可得论。遂共翻其要，约六卷。既卒业而复之，由显入微，从疑得信。盖不用为用，众用所基，真可谓万象之形圈，百家之学海。虽实未竟，然以当他书，既可得而论矣。私心自谓："不意古学废绝二千年后，顿获补缀唐虞三代之阙典遗义，其裨益当世，定复不小。"……

这篇序言再次体现了徐光启的游说技巧，其大意是：上古时代，中国人本来就重视数学，只是秦汉之后，此学失传。数学是一切自然科学的基础，《几何原本》是数学的祖宗，所以应该引进，以补充中国上古本已有之的"阙典遗义"。徐光启还说："下学工夫，有理有事。此书为益，能令学理者祛其浮气，练其精心；学事者资其定法，发其巧思。能精此书者，无一书不可精。"他还说，此书有"四不必""四不可得"。"四不必"是不必疑、不必揣、不必试与不必改。"四不可得"是欲脱之不可得与欲驳之不可得、欲减之不可得、欲前后更置之不可得。应该说，徐光启对数学的认识是深刻的。

与徐光启相似，李之藻也相当重视科学知识。他在认识利玛窦之前，曾绘制了一幅世界地图。认识利玛窦以后，他发现利玛窦也有一幅世界地图，而且对方的地图比他的科学、严密得多，就放弃了自己的地图，成了利玛窦的弟子。他也与利玛窦一起翻译了两本数学书，一本是几何方面的《圜容较义》，一本是算术方面的《同文算指》。更值得提及的是，李之藻还与傅汎际（Furtado）一起翻译了亚里士多德的逻辑学《名理探》。现在的人们都知道，逻辑学是社会学科的基础。很显然，徐光启和李之藻之所以要翻译西方的数学和逻辑学名著，目的就是要培养中国思想传统中相当缺乏的科学思维。

我上面的判断并非武断，让我们来看看利玛窦本人对这个问题的论述。他在《几何原本》序言中说：

夫儒者之学，亟致其知，致其知，当由明达物理耳。物理渺隐，人才顽昏，不因既明累推其未明，吾知奚至哉。吾西陬国虽褊小，而其庠校所业格物穷理之法，视诸列邦为独备焉。故审究物理之书极繁富也。彼士立论宗旨，惟尚理之所据，弗取人之所意。盖曰，理之审，乃令我知，若夫人之意，又令我意耳。知之谓，谓无疑焉，而意犹兼疑也。然虚理隐理之论，虽据有真指，而释疑不尽者，尚可以他理驳焉，能引人以是之，而不能使人信其无或非也。独实理者，明理者，剖散心疑，能强人不得不是之，不复有理以疵之，其所致之知，且深且固，则无有若几何一家者矣。

程朱陆王都谈致知，但所致之知都是德性之知，而非科学之知——物理。中国人没有西方哲学意义上的认识论，也就谈不上有科学思维。利玛窦在这里虽然也用了中国"格物""致知"的老词汇，但赋予了新的内涵，他把"格物"解释为对物理的探求，"致知"解释为对物理知识的获得，这不能不说简直就是发动了一场思想革命。自此以后，中国人才逐渐建立科学思维。徐光启、李之藻等人与利玛窦长期共事，相互之间过从甚密，可以推测，利玛窦关于格物致知的新思想，也是徐、李二人的共识。也可以说，利玛窦、徐光启、李之藻等人试图实现中国思想传统的创造性转化。这也正是他们对于中国思想史的意义。

明末到中国传教的耶稣会教士不仅仅上文提到的几位，传教士带到中国的书籍、他们与中国人合译的书籍也不仅仅上文提到的那些。统计数据显示，仅仅传教士金尼阁（Trigault）带到中国的西洋图书就多达7000余部。据学者张荫麟考证，"这样数量的书籍，是欧洲一个巨型图书馆的规模，几乎包括了文艺复兴运动以后的神学、哲学、科学、文学艺术各学科的所有知识"。传教士到中国来，虽然以传教为目的，但考虑到中国人思想观念的实际情况，他们的着重点首先是传播西方的科学知识，这样才不会引起中国人的反感。中国人自古养成了实用理性的民族性格，因此在很长一段时间内，中国从帝王到士大夫并不排斥西学，最典型的例证是，康熙皇帝甚至是个西洋科学迷。

但问题并非如此简单，随着西方神学和科学思想的引进，人们逐渐发现，它们必然解构中国固有的意识形态。按葛兆光的说法，它们给中国带来了"天崩地裂"的结果。

先来看西方天文、地理知识传入中国给中国人的观念带来的巨大冲击。中国人的传统观念里，"天圆地方"，天围绕北极星为中心转动，地不动。中国处于这块方形大地的中央。中国的皇帝是上天之子，稳居中央之国，是苍天之下无可争议的共主。但传教士带来的西方最新的天文学表明，地球绕着太阳转，天也不是圆的，而是无限的，也无所谓中心，地球是圆球，当然也无所谓中央。传教士带来的地理学也表明了这一点。它让中国人知道，世界由许多国家构成，这些国家都分布于地球之上。很多国家的名字，中国人闻所未闻。这就直接解构了中国人的意识形态。君权神授在古代为何必要？因为皇帝可以通过定义时间和空间来训导、规制人们的思想。长此以往，人们就会把这套思想当成理所当然的公理，根本不需要论证。如今，中国的时间（历法）经测量误差很大，空间意识又被证实为纯属虚构，那么，皇帝统治的合法性何在？

这个问题，清初的那个著名的"反动派"杨光先就看到了。他之所以反对西法，根本无关乎根据西洋天文学测算出来的天象是否准确，而是别有大用意在。"光先所以攻其西法，非其新法也，其言孟子之距杨墨，恐人至于无父无君。"到了清末，曾廉还认为："西人言，日大不动，而八星绕之……窥其用心，止欲破我天地两大，日月并明，君臣父子夫妇三纲而已。"即便进步如梁启超，也说："空间、时间二者，实吾感觉力中所固有之定理，所赖以综合一切，序次一切者，皆此具也。苟其无之，则吾终无术以整顿诸感觉而使之就绪。"梁启超不仅看到了天地观念的变化导致了政治意识形态不能自洽，而且看到了由此会导致人们无法思想的更大困局。

中国传统意义上的天，是主宰之天、规律之天与自然之天的混杂，彼此很难分开。如今，自然之天已经被西方的天文、地理学说解构，那么，原已稀薄的主宰之天的观念还能撑得住吗？要命的是，传教士带进中国的，不只关于自然之天的知识，更是整个西方的系统知识，这其中不可缺少的，也是与传教士身份密切相关的，是其关于主宰之天的信仰，那就是上帝信仰。虽然中国人找到了"上帝"一词来翻译基督宗教的神，但天主教教义与儒家的道德伦理学说在本质上其实是不同的。比如，基督宗教反对偶像崇拜，主张独一神，倡导原罪说、救恩说、契约论、自由平等说，如此等等，都与儒家思想截然不同。因此，中西双方在思想上发生冲突是必然的。

这种冲突在初期并不会彰显出来，因为彼时人们对西学的认识还局限于术的层面，但随着西方的科学思想和宗教信仰日渐扩散，人们认识到西学的术后面还有一个它们自己的道在支撑，冲突就会到来。事实上，虽然康熙与传教士曾经有过一段不短的蜜月期，但当传教士所传播的思想直接威胁中国意识形态的核心时，康熙的反应也相当断然，那就是彻底驱除传教士。就历史事实而言，这一冲突的直接导火索是罗马教宗对中国传教士发出了1704年教令，严厉指责传教士纵容天主教徒祭拜祖先，违背了天主教义。在罗马教宗的观念里，祭拜祖先的天主信徒根本不是合格的信徒。但在中国人的观念里，祭祖天经地义。更要命的是，在儒家思想里，家国同构，忠孝同理，祭祖体现了中国的孝道，如果切断这个孝道，臣民为什么还要忠于皇帝呢？于是，从康熙皇帝到整个朝野，举国震怒，朝廷遂于1707年把教宗派来的公使遣送澳门监禁。雍正元年（1723），朝廷勒令除了在钦天监供职的西洋人外，其余洋人都驱往澳门看管，不得再入内地。对于这一历史事实，一般人认为，错误在罗马教宗一方，但找到一个偶然事件的直接责任者意义不大，更应该看到的是中西思想的确存在的巨大不同。其核心主张就是不同的，所以冲突也是必然的。

中国古人总喜欢说"天不变，道亦不变"，但明末以后出现的问题是，天已经在变了，那么，道呢？在王阳明那里，中国的天已经变得不那么重要，最重要的是人心。到徐光启这里，就已经认为我们不妨换个天试试。正是从这个意义上讲，徐光启为中国思想史开启了另一种可能。也可以说，他启动了中国思想史进入近代的引擎。

第五章

第三十二讲　清：舍天求生

这一讲我们讲清代思想史概况。

朱明王朝是推翻元朝统治者而赢得天下的，但这个汉人王朝最终又被另一个北方游牧民族专制王朝——清——所取代。就武功而言，满人远不及蒙古人，因此明朝的覆灭带给汉人的痛苦也就空前深切。顾炎武因此发出了"亡天下"之巨叹。在他看来，共同体的败亡，分"亡国"与"亡天下"两种：前者只是朝代更替，后者却是文化消灭，即所谓"率兽食人"；前者还可以忍受，后者决不可忍。有人就在遗书中说："朝华而冠，夕夷而髡（剃光头发的刑罚，指清朝剃发令）。与丧乃心，宁死乃身。"

当一个王朝覆灭后，留恋前朝的读书人总会总结历史教训，追究前朝覆灭的根源。明末清初，读书人既然普遍深感"亡天下"之剧痛，追究明朝覆灭根源的需求就更加迫切。追究的结果是，明王朝亡于士大夫普遍沉迷于宋明理学关于天道、心性、良知的玄谈而不问实务。也就是说，宋明理学，尤其是其中的阳明心学，是明朝覆灭的罪魁祸首。这不是一两个读书人的认识，而是那一代读书人的共识。在此，仅列举几个名家的观点以见一斑：

顾炎武说："刘、石乱华，本于清谈之流祸，人人知之。孰知今日之清谈，有甚于前代者。昔之清谈谈老庄，今之清谈谈孔孟。……不习六艺之文，不考百王之典，不综当代之务，举夫子论学论政之大端一切不问，而曰'一贯'，曰'无言'。以明心见性之空言，代修己治人之实学。股肱惰而万事荒，爪牙亡而四国乱，神州荡覆，宗社丘墟。昔王衍妙善玄言，自比子贡，及为石勒所杀，将死，顾而言曰：'吾曹虽不如古人，向若不祖尚浮虚，勠力以匡天下，犹可不至今日。'今之君子，得不有愧乎其言。"他还直接指出王阳明是大乱之源，其罪"深于桀纣"。他说："以一人而易天下，其流风至于有百余年之久者，古有之矣，王夷甫（衍）之清谈、王介甫（安石）之新说；其在于今，则王伯安（守仁，即阳明）之良知是也。"

王夫之说："姚江王氏（阳明）阳儒阴释诬圣之邪说，其究也，刑戮之民、阉贼之党皆争附焉，而以充其'无善无恶圆融事理'之狂妄。""近世小人之窃儒者，不淫于鬼，而淫于释。""以良知为门庭，以无忌惮为蹊径。"其"祸烈于蛇龙猛兽"。

李塨说："高者谈性天，撰语录，卑者疲精死神于举业。不惟圣道之礼乐兵农不务，即当世之刑名钱谷，亦懵然罔识，而搦管呻吟，自矜有学。……中国嚼笔吮毫之一日，即外夷秣马厉兵之一日，卒之盗贼蜂起，大命遂倾，而天乃以二帝三王相传之天下授之塞外。""宋后，二氏学兴，儒者浸淫其说，静坐内视，论性论天，与夫子之言，一一乖反。而至于扶危定倾大经大法，则拱手张目，授其柄于武人俗士。当明季世，朝庙无一可倚之臣。坐大司马堂批点《左传》，敌兵临城，赋诗进讲，觉建功立名，俱属琐屑，日夜喘息著书，曰此传世业也。卒至天下鱼烂河决，生民涂炭。呜呼，谁生厉阶哉！"

这种认识，不是明末清初人的创造。明中期，杨慎就开始批评理学"凌虚厉空，师心蔑古""圣贤之学，切问近思，亦何必求知天外之事耶？"晚明二三十年，就兴起了一股反对阳明心学的运动。东林党人顾允成批评心学家："恁是天崩地陷，他也不管，只管讲学耳。"就连继承王学核心思想的刘宗周，也痛斥王学左派空谈误国。

大病如此，如何救治？方法当然就是舍弃宋明理学关于形而上学的主观玄想，将注意力转移到对经世致用学问的客观考察和实践上来。这正是整个清代思想史的主基调。虽然如此，清代思想史又可明显地分为三个时期，每个时期对应一大思潮：清初是经学救世期；清中期（乾嘉）是考据学一股独大期；清末思潮纷然，但大致可以称为西学东渐期。清代思想史之所以呈现如此特点，又与天下政治形势的演变息息相关。甚至可以说，政治形势在很大程度上直接决定了思潮变迁。同时必须指出的是，在清朝废科举之前，官方意识形态一直是不能服人的程朱理学。下面就结合清代政治形势演变简要勾勒一下清代思想史的变迁逻辑。

据统计，明末清初，殉明的士大夫多达3800多人，还有更多人选择了通过隐逸山林、遁迹海外等方式自我放逐。他们的行为，与其叫"殉明"，不如叫"殉道"，因为满人入关后的确爆发了许多被儒家读书人看来是"亡天下"的事件。比如，出台"留发不留头"的剃头令，"扬州十日""嘉定三屠"大兴科场案、文字狱。这些事件都给儒生带来了无尽的心灵创伤。面对严酷的政治环境，儒者的选择首先是组织、参与实际政治运动反抗暴政，这一运动也就是所谓"反清复明"。正如梁启超所言，明末清初的儒者，"不是为学问而做学问，是为政治而做学问"，他们本来都是从事反清复明运动的豪杰，直到反抗运动完全失败，他们才退而做学问，以期待来者。

明末清初的儒者，就像一柄柄烧得通红的宝剑，经过兜头的一瓢瓢冷水浇淋，其中的杰出人物就成了颇具创发力的一代思想家。清初三大儒（黄宗羲、顾炎武、王夫之）以及颜李学派的颜元、李塨是他们中的杰出代表。经世致用是这批人的共同主张，但在这个共同主张之下，他们的具体主张又可分为如下五个方面：

一是反对君主专制。比如黄宗羲，在总结明朝覆亡的政治原因时，把结论定在了君主专制政体上。在古代，虽有思想家梦想无君，对君主专制提出过批评，但无论是批评的力度、深度，还是建设性方面，都没有人可以与黄宗羲比拟。只要读读黄宗羲的《明夷待访录》，就很容易发现他是一个超越古人的思想家，其思想原创性足以令人惊叹。

二是发起经学运动。明代中后期，曾兴起以礼代理的运动，目的是为了搁置天理、经世致用。到顾炎武，则说："今之所谓理学，禅学也"，"古之所谓理学，经学也"。他希望通过研究经学，重拾先秦儒家经世致用的宗旨。不过，正因为他对经学的提倡，又在客观上成了清代考据学的开山鼻祖。有意思的是，宋明儒家发动回到孔孟的运动，是为了构建心性论（"内圣"）；顾炎武发动的回到孔孟运动，是成就新"外王"。值得深思的是，这两个运动都失败了，前者走向了价值体系的崩溃和心灵的无所归依，后者成为了一门考据手艺，与其宗旨几乎背道而驰。

三是创发民族主义。儒家对汉以外的民族本持包容态度，即便是那个首倡"道统"说的韩愈，也认为"中国而夷狄也，则夷狄之；夷狄而中国也，则中国之"，"中国"不过是个文化概念。明初，方孝孺激于元朝统治，大倡民族主义。到王夫之，激于清朝统治的事实，更发展为空前激烈的民族主义，甚至将民族主义发展到种族主义的地步。王夫之在世时交际不广，一生著书繁富，但从未出版，直到晚清，其价值才被新锐思想家发现，其著作才被刊刻出版，以助力彼时政治的需要。如何评价王夫之的民族主义是另一个问题，在这里我只想指出，在清初，民族主义不是王夫之一个人的思想，而是人们的普遍共识。

四是兴起气论哲学。中国人早就有"气"的观念，但将气论上升到哲学高度还是在明中叶以后，其高峰则是明末清初王夫之的气论。此前，与王阳明同时的王廷相就曾说："元气之上无物，无道，无理。"到刘宗周则说："理即是气之理，断然不在气先"，"有是气方有是理，无是气，则理于何丽？"到王夫之，则说："气者，理之依也"，"气外更无虚托孤立之理也"，"无其器则无其道""天下惟器而已矣"。气论哲学兴起的目的，是要改变程朱理学。因为程朱理学主张理在气先，所以气论哲学就主张理在气中。它否定了理的先验性及主宰性，将其降低为只是气在具体运行中显现出来的规律和条理。这就实现了从超验信仰到经验主义的转变。

五是强调实践理性。宋明理学不是被指责为不重视实践吗？清初人当然就要主张实践。我此前说过，中国人的思维方式本就是常识理性和实用理性，实践理性与之具有某种同构性。清初思想家都重视实践，但在理论上不断申说这一点的则是颜李学派。颜元就认为，做人就应该身体力行，以行为先，在行中自己寻找、验证天理。"思不如学，而学必以习。"他主张文武并重，文武兼修，"宁粗而实，勿妄而虚"，"宁为真白丁，不作假秀才"。他甚至在书院讲兵法。对比西方近代的唯理论和经验论哲学，显然，颜李学派的主张是经验主义。

总之，明代王阳明捅破天以后，清初思想家继续在捅天。清初思想界虽然沉痛，但也雄浑、强劲、开张，为什么后来偏偏是由经学带出的考据学一派独大，流行中国二百年呢？这也要从外部政治环境的变迁和思想内部演变的逻辑两个方面考察。不过，必须指出的是，外部政治环境的变迁是最重要的因素。一句话，清初思想家力倡经世致用，但清朝统治者最反对的恰恰是这一点。在他们看来，作为臣民，你们听话就好了，谁让你经世？经世致用，说到底，强调的还是个人的主体性，而皇权哪会允许臣民有什么主体性！

就外部政治环境而言，最值得说的是朝廷在意识形态塑造方面的步步为营，结果可以说是相当成功。让我们来看朝廷下的两步大棋：

首先，是对博学鸿儒的政策转变。康熙十二年（1673）前，朝廷对儒家大师，采取的是"胡萝卜加大棒"政策：既要利用，又要经常羞辱，甚至残杀。比如，撰写《贰臣传》之类史书贬斥叛逆，大树忠孝仁义气节；大兴文字狱等。天下初定后，朝廷政策明显转向收买吸纳。康熙十二年，朝廷下诏天下举荐山林隐逸。5年后，又下诏举荐博学鸿儒。这两个行动，针对的都是读书人好名声的毛病。但一方面，大儒那时大多都能坚守气节；另一方面，大家对朝廷此前的杀戮还心有余悸，对朝廷终归难以建立基本的信任。所以，著名学者没有接受举荐征召的。转折点发生在康熙十八年，朝廷开明史馆，请天下鸿儒都来参与明史的撰写。这一招相当高明，很多学者认为，参与撰写他们眷恋的前朝历史，是表达他们对前朝思想和感情的渠道和方式，与投降清朝统治者不是一回事。所以，有学者参与了此一修史工作，但不领薪俸，以此表明自己没有投降。这个口子一开，读书人的心理防线就渐渐打开了。加之时间一长，新生代的学者没有经历亡国之痛，对清朝统治者的仇恨也就比他们的先辈们弱得多了。更何况，清朝的统治看起来越来越稳固，社会也日渐安定富足，离开政府而谈经世，简直就是笑话。于是，读书人就纷纷归顺于新朝了。

在上述背景下，即便是那些曾经领导、参与反清复明运动的儒家大师，如黄宗羲、顾炎武，对清廷的态度也发生了微妙的转变。他们虽然立志终身不仕，但也不反对自己的后代、学生参与政府，他们也与那些参与政府的同辈名儒保持朋友关系。黄宗羲虽然没有亲自到北京主持编撰《明史》，但书中几乎所有重要问题都曾送达黄氏，请他做最后决定。为了孙子科举应试一事，黄宗羲曾给清廷大臣去信，称当朝皇帝是"圣主"，"皇上仁风笃烈，救现在之兵灾，除当来之苦集"。顾炎武与参与政府的孙承泽、朱彝尊等都是论学好友，与参与政府的外甥徐乾学兄弟书信往来频繁，还常常勉励他们要"以道事君"。

其次，是通过种种办法代表、垄断"真理"。罗马诗人贺拉斯说："被征服的希腊征服了其野蛮的征服者。"意思是，亚历山大大帝虽然在军事、政治上征服了希腊，却同时也成了接受、推广希腊文化的大功臣。在是否接受、推广被征服民族的文化这一点上，清代皇帝与亚历山大的态度是一致的，其具体做法大致如下：

一是皇帝亲自出面论证民族主义、种族主义的荒谬，其核心论点也是儒家的主张，比如雍正皇帝就说"有德者可为天下君"，"惟有德者乃能顺天"，"何得以华夷而有殊视"。顾炎武不是担心中国思想文化被消灭吗？清朝皇帝却说，我不仅不会消灭中国思想文化，我还要遵从甚至代表儒家传统。这就不仅消解了民族主义、种族主义，而且剥夺了博学鸿儒对儒家传统的独占解释权。

二是皇帝高举程朱理学，颁发《性理精义》《朱子全书》之类书籍规范天下人思想，使程朱理学成为皇朝正统的意识形态。以此作为科举考试内容，网罗尽天下读书人，也以此贬斥异端。康熙、雍正二帝都认为皇权垄断了真理，所以有资格表彰正统，贬斥异端。所谓表彰正统，就是表彰了一批宋代和当朝的"理学名臣"，从朱熹到李光地等人都予以表彰。所谓贬斥异端，比如在李光地改宗朱熹之前，康熙皇帝就曾斥责他"冒名道学"；雍正也斥责"后世儒学不醇，真伪杂出"。

三是被大树特树的那些当朝"理学名臣"纷纷主动加入贬斥异端的行列，其中的典型人物就有熊赐履、陆陇其、张伯行、汤斌、魏裔介等人。

四是严禁宋明两朝非常兴盛的民间书院结社讲学运动，同时也加强对出版物的控制。

由上述做法可以得知，清朝皇帝主要是把儒家思想当成统治工具。对清廷的这些做法的目的，就连当时到中国来旅行的朝鲜人朴趾源都能一眼洞穿。在《热河日记》中，他说：

> 清人入主中国，阴察学术宗主之所在与夫当时趋向之众寡，于是从众而力主之。升享朱子于十哲之列，而号天下曰：朱子之道即吾帝室之家学也。遂天下洽然悦服者有之，缘饰希世者有之……其所以动遵朱子者，非他也，骑天下士大夫之项，扼其咽而抚其背，天下之士大夫率被其愚胁，区区自泥于仪文节目之中而莫之能觉也。

以上是就外部政治环境而言，结论是：清初思想家呼吁的那种经世致用学问根本走不通了。借用李泽厚的一句话来说，乾嘉时代已经是一个"思想家淡出，学问家凸显"的时代了。但就算是做学问，为什么必然是考据学胜出呢？这就要回到对思想史内部运行逻辑的分析。为了说明这个问题，我们不妨用排除法来考察。

让我们返回清初的几个思想方向。反专制主义，显然是不能讲了。民族主义思想本来就比较浅薄，如今清廷已经坐稳了天下，显然也不能讲了。哲学终归玄妙，所以气论哲学也不是乾嘉学者真正感兴趣的主题。实践理性，说起来也不过是个口号，愿意实践，你实践去好了，谈不上可以进行什么高深的理论阐发。剩下的是什么呢？只有经学了。那么经学怎么就发展成了考据这个单一的方向？这又要结合整个清代学风的特点来看。

清代学风，抛弃了主观玄想，而转为客观考察。程朱感悟天理的方法，本来是两条：一是格物致知；二是读书明理。当虚悬的天被有明一代至清初的思想家打掉以后，两条路的具体所指就发生了改变：一是面对自然现象做学问，就是发展科学；二是面对古代文献进行重新考察梳理，这就是考据学。当时有发展自然科学的条件吗？没有。因为，一方面科举考试不考科学；另一方面，传教士退出中国后，尚未在中国落地生根的科学思维也没办法继续独自发展。那么，举国上下的读书人，也就只能做文献考据工作了。梁启超说，雍正、乾隆两朝，禁书不断。仅仅乾隆三十九年至四十七年（1774—1782），就焚书24次，烧毁图书13863部。因为当时思想控制很严格，读书人只有埋头古籍最安全。于是到乾隆朝，考据学兴起了。梁启超认为，乾隆时期编撰《四库全书》，四库馆开馆，标志着考据学时代的到来。

考据学都考据一些什么内容呢？它包含对经书的注释、史料的搜集鉴别、辨伪、辑佚、校勘、训诂、音韵、算术、地理、金石、方志、类书、丛书编撰校订等，核心是考订经典的起源以及经典字句的确切含义。按顾炎武的说法，"读九经自考文始，考文自知音始"。考据大师戴震则说："经之至者，道也。所以明道者，其词也。所以成词者，字也。由字以通其词，由词以通其道，必有渐。以今之去古既远，圣人之道在六经也，当其时，不过据夫共闻习知，以阐幽而表微。然其名义、制度，自千百世下遥溯之，至于莫之能通。是以凡学始乎离词，中乎辨言，终乎闻道。"也就是说，考据的终极目的，还是为了"闻道"。

就考据本身而言，考据学家在二百年里取得了极其丰硕的成果。从学术史的角度看，他们理清了经典的起源和内容，对于后人阅读、理解古代经典起到了巨大的帮助作用。但从思想史的角度看，考据学派起了什么作用呢？他们客观上是解构了古代经典，而没有建构起新的、能够指导中国人前行的思想系统。乾嘉考据学家是在程朱理学作为官方意识形态的背景下不得已而从事考据工作，他们工作隐含的方向其实是摧毁程朱理学。比如，阎若璩考证出了古文《尚书》是伪书，凌廷堪证明了《论语》《大学》中根本没有"理"之一字，而这些都是理学的立论基础。考据学家这样釜底抽薪，可谓彻底解构了理学。解构了理学也就从某种程度上解构了儒学，因为先秦儒学的确还是比较粗糙的，否则宋明儒家就不会辛辛苦苦地发展它了。

另外，考据学派无论是在方法上、态度上，还是思想预设上都存在很多问题。从方法上看，现代已经有不少学者指出，考据学家的很多考据方法是错误的。从态度上看，考据学后来已经发展到炫技的地步，为了考证一个字的意思，可以动辄洋洋万言，可谓浪费精力、得不偿失。更大的问题在思想预设上，那就是认为古人说的才是真理，古人说的就是真理，越到后世，人们的思想离真理越远。乾嘉考据学派深深地中了复古之毒而不自知，他们没有自问过一个问题：他们的预设真的成立吗？

考据学必然走向衰落，因为即便考证出中国上古经典的确凿含义，这些经典所揭示的义理也无助于人应对随后到来的"三千年未有之大变局"。众所周知，晚清时代，中国的首要问题是如何因应西方的挑战，而中国传统的思想资源在这场挑战面前几乎束手无策。

考据学的衰落与乾隆晚期出现的社会危机高度相关，到嘉庆、道光两朝，社会危机日渐深化，尤其是道光年间鸦片战争的爆发，惊醒了沉睡的中国读书人。太平天国运动以后，地方叛乱不断，英法联军又攻入了京城。在经历了这一长串历史事件后，读书人怎么有心思再搞考据？与此同时，朝廷对社会的控制也松动了，考据派也就必然走下历史舞台了。

所谓病急乱投医，为了应对晚清日益深重的危机，各种传统的思想资源都曾纷纷重新登场。龚自珍和魏源发起了今文经学运动；曾国藩重提程朱理学救国；曾国藩等人后来又意识到非洋务不能救国，于是又引进西学，渐开西学东渐之路；很多人也开始从清初思想家那里找反专制和民族主义的理论依据；先秦诸子学、佛学也被拿来当成救国的稻草。

甲午战争战败之后，西学东渐成为时代主潮。归结起来，西学东渐又经历了器物、制度、文化三个阶段，其间思想家纷纷登台，但大都缺乏深刻、高远、前瞻之思想，也很难说中国真正从西方学到了什么。

梁启超在《清代学术概论》中如此概括清代学术大势：

> 综观二百年之学术史，其影响及于全思想界者，一言以蔽之，曰"以复古为解放"。第一步复宋之古，对于王学而得解放。第二步复汉唐之古，对于程朱而得解放。第三步复西汉之古，对于许（慎）郑（玄）而得解放。第四步复先秦之古，对于一切传注而得解放。夫既已复先秦之古，则非至对于孔孟而得解放焉不止矣。

至于晚清思潮变迁，梁启超在《清代学术概论》中说：

> 清末三四十年间，清代特产之考证学，虽依然有相当的部分进步，而学界活力之中枢，已经移到"外来思想之吸受"。一时元气虽极旺盛，然而有两种大毛病：一是混杂，二是肤浅。直到现在，还是一样。这种状态，或者为初解放时代所不能免，以后能否脱离这状态而有所新建设，要看现代新青年的努力如何了。

梁启超讲这话的时候是 1923 年。在我看来，整个 20 世纪，中国人在引进外来思潮的过程中，都没有彻底避免或摆脱"混杂""肤浅"的毛病。何以如此？根本原因就在于我们从来就没有摆脱实用理性和功利主义思想，所以我们总是希望拿来就用，不愿去深入探究西方何以成为西方的根源。换言之，西学东渐以来，我们太在意西学，而不知西道为何物。西学纷杂，"乱花渐欲迷人眼"，我们既不知西道，就不知如何评判各种西学之优劣，自然也不具备挑选西学之能力，以至于我们挑选的西学往往是西学中的"致癌物"而不自知。

如果让我用一句话来概括整个清代思想史，我想说：那是一个六神无主、舍天求生的时代。1840 年以前，中国人的天就是缺位的。1840 年以后，中国人一直处于灵魂无处安放的状态。问题的关键在于，舍天求生，虽能苟活，但难免焦虑、焦躁，如无头苍蝇，这岂是一个民族长生、发展之道？

第三十三讲　黄宗羲：规训天子（一）

这一讲我们讲黄宗羲。

黄宗羲（1610—1695）是一个豪杰，一生几乎贯穿了整个17世纪。那是一个剧烈变动的时代，明末党争、李自成起义、清军入关、清初暴政，他都曾亲历。

黄宗羲的父亲叫黄尊素，是著名的东林党人，因为得罪权阉魏忠贤而屈死狱中。父亲死后，母亲不断提醒黄宗羲，不要忘了父仇。新皇帝崇祯即位后，黄宗羲身带奏疏和长锥进京，要锥击魏忠贤。不过，到北京以后，他才发现，崇祯已经赐死了魏氏。于是，他在上奏皇帝时控诉了魏忠贤的两个余党曹钦程和李实，是他们协助魏忠贤迫害他父亲的。当时，魏忠贤的另外两个同党，许显纯和崔应元已经被朝廷逮捕，许显纯还是孝定皇后的外甥。审问时，黄宗羲用力锥击许显纯和崔应元，致使许显纯浑身流血，崔应元胡须脱落。皇帝有感于他的孝道，也希望通过惩处魏阉余党彰显澄清吏治的态度，所以没有阻止黄宗羲。

黄尊素入狱时，曾对儿子说，真正的学者应该读通历史。黄宗羲在北京报仇雪恨以后，就回到故乡读书、思考、写作，曾读遍二十一史。遵从父亲的命令，他还拜了名儒刘宗周为师。刘宗周厌恶王学左派的狂禅思想，深得黄宗羲赞同。黄宗羲也跟老师及其他同门一起批评王学末流。

但政治形势的发展逼得他不能安心读书。1644年，清军攻陷北京，福王在南京即位抗清，任用了阉党柄政。黄宗羲联合同志极力批评，因此被福王小朝廷列入通缉名单，不得不亡命日本。不过，南京很快陷落，福王政权覆灭。此时，黄宗羲得知，他的老师因不愿活在清朝统治下，已经绝食殉国了。那时鲁王已经在浙江树起了反清大旗。黄宗羲于是组织世忠营义兵勤王。鲁王任命他担任兵部职方司。可是，清兵势力太盛，鲁王又不得不逃往福建。黄宗羲也跟着去了，担任御史。后来，他又奉鲁王之命去日本求援。这之前，他还曾组织四明山寨，推动纯民间的抗清运动。

反清运动终于力不能支，逐渐被清军扑灭。1668年以后，黄宗羲决定著书、讲学。十年后，有人向朝廷举荐他为当代博学鸿儒，他拒绝入京朝见。康熙很敬重他，朝廷决定修明史时，命人将他的著作抄付史馆。又有人力荐他主持明史编撰工作，他力辞不就，但修明史的学者基本都是他的学生，重要论断都会请他定夺。他晚年在父亲墓旁造了一座自己的墓，墓里放了一张石床，不置棺椁，他希望死后速朽。不过他得享高寿，活了85岁。

本着经世致用的宗旨，黄宗羲一生著书近两千万字，举凡政治学、史学、哲学、天文、历法、象数、音律、诗文无不涉及，堪称"百科全书式"学者。就思想史而论，其最重要的贡献在政治学，其次是以史学面目呈现的哲学思想；前者以《明夷待访录》为代表，后者以《明儒学案》为代表。

先来看黄宗羲的政治思想。

《明夷待访录》是一部伟大的名著，最大特色在于，它是中国第一部公然抨击君主专制的书，把对君主专制的批评提到了空前的高度。名列"明末清初三大思想家"的顾炎武，对黄宗羲佩服至极。他写信给黄宗羲说："（《明夷待访录》）读之再三，于是知天下未尝无人，百王之弊可以复起，而三代之盛可以徐还也。"民国学者张君劢甚至说，这本书的地位相当于卢梭的《社会契约论》或洛克的《政府论》。事实上，这本书对近代中国政治产生了巨大的影响。清末，维新派的梁启超在鼓吹变法时，就曾印发此书作为助力；孙中山和革命党也曾用此书宣传革命。

　　黄宗羲在这本书里，不仅全面反思了中国传统政治制度，而且提出了他心目中的替代方案。那就是，一种近似于洛克的"两权分立"制度。正是从这个意义上看，张君劢说《明夷待访录》与洛克的《政府论》相似，也不是没有道理。在一个长久封闭的国家，能提出如此惊世骇俗的思想，我们甚至可以说，黄宗羲就是近代中国的先知。

　　这本书到底讲了些什么呢？让我们先来看看书名。"明夷"这两个字，出自《周易》第三十六卦，"夷"的意思是伤害，"明夷"就是光明受到了损害。"明夷"卦的卦辞说："明夷，利艰贞。"就是说，君子即便处在艰难困苦的环境中，也应该坚守正道。"明夷待访录"的意思，就是"一个身处困境，但仍然坚持正道的君子，等待来访的记录"。

　　政治怎样才能由黑暗返归光明呢？黄宗羲在《明夷待访录》中分了13个方面来阐述自己的主张。其中，"建都""方镇""兵制"等主题，主要针对明代弊政，今日看来仅有史料价值，已不足论。但"原君""原臣""原法""置相""学校"五大主题，具有超越时代的恒久价值。这五篇文章是黄宗羲政治思想中的精华，可将这五篇文章的思想概括为两个关键短语：一是否定君主专制；二是限制政治权力。

先来看黄宗羲对君主专制的否定。

所谓"原君"，就是探索"君主"的本质。在黄宗羲看来，君主的本质是服务者，其存在的意义，是为天下兴利除害。"不以一己之利为利，而使天下受其利；不以一己之害为害，而使天下释其害。此其人之勤劳必千万于天下之人。"但后来的君主把天下之"利"都给了自己，而把"害"都推给了别人。"后之为人君者不然，以为天下利害之权皆出于我，我以天下之利尽归于己，以天下之害尽归于人，亦无不可。使天下之人不敢自私，不敢自利，以我之大私为天下之大公。始而惭焉，终而安焉。视天下为莫大之产业，传之子孙，受享无穷。"所以黄宗羲在《原君》中说：

> 古者以天下为主，君为客，凡君之所毕世而经营者，为天下也。今也以君为主，天下为客，凡天下之无地而得安宁者，为君也。是以其未得之也，屠毒天下之肝脑，离散天下之子女，以博我一人之产业，曾不惨然，曰："我固为子孙创业也。"其既得之也，敲剥天下之骨髓，离散天下之子女，以奉我一人之淫乐，视为当然，曰："此我产业之花息也。"然则为天下之大害者，君而已矣！向使无君，人各得自私也，人各得自利也。呜呼！岂设君之道固如是乎？

黄宗羲不仅直接喊出了"天下之大害者，君而已矣"的口号，而且提出了"天下为主，君为客"的替代理念，不仅勇猛无忌、痛快淋漓，而且充满原创智慧。

黄宗羲的上述言论至少有两点值得高度重视：一、他是从利害角度而不是道德角度着眼论政治，这就突破了此前儒家的大局限，因为此前儒家从来都主张政治不过是道德的自然延伸。二、他直面的是权力的合法性问题。也就是说，君主只有认真履行其职责，尽到自己的义务，才有权统治人民，否则就应该遭到人民的反对，甚至推翻。可以说，黄宗羲不仅继承了孟子的民本思想，而且发展了民本思想。

关于合法性问题，黄宗羲想得很深。在《原法》中，他又提出了"法"的合法性问题：

> 三代以上有法，三代以下无法。……三代以上之法也，固未尝为一己而立也。后之人主，既得天下，唯恐其祚命之不长也，子孙之不能保也，思患于未然以为之法。然则其所谓法者，一家之法，非天下之法也。

在这里，黄宗羲把"天下之法"与"一家之法"对举，认为前者是为天下人谋利，是"合法"之法，后者只是为君主个人及其家族谋利，即是"非法"之法。"非法"之法，即便是所谓"祖宗"所立，也应该去除。黄宗羲是反对所谓"法祖"观念的。

更重要的是，他还把关于法的思考推展到了类似现代"法治"观念的高度，这就是所谓"有治法而后有治人"。也就是说，他认为，好的制度要优先于人才：有好的制度，人才才有用武之地；如果制度本身就坏，即便有人才，也成就不了良治。这种观念，真可谓发前人所未发，创见迭出，振聋发聩。

但是为什么"天下（即人民）为主，君为客"具有天然的合理性？中国没有"天赋人权，自由平等"思想，没办法从信仰层面为"天下为主，君为客"提供最终依据。但在儒学体系内，却有着人格平等的预设，即"人皆可以为尧舜"，既然众人在人格上平等，让多数人为少数人的私利服务，就是天然不合理的。

中国帝制时代的统治者们非常喜欢唱"家国同构""移孝于忠"

的高调，但黄宗羲用"气论"哲学击碎了"移孝于忠"的传统政治理论。他在《原臣》中说君臣关系与父子关系，绝对不是一回事。"父子一气，子分父之身而为身。"也就是说，父亲和儿子，是同一的关系，天经地义。但是君主和臣下的关系，是为了治理天下才产生的，并不存在相互联系的"气"。如果我没有治理天下的责任，那么君主对我来说就是陌路人。如果我出仕做官，不把治理天下当成自己的职责，那就是君主的仆人和婢女；如果把天下当作自己的职责，那就是君主的老师与朋友，这样才能叫作"臣"。

简而言之，君臣不似父子，不存在天然的联系，君臣之间只是同事关系，即便君比臣权位高，也不过就是一个领导，并不拥有超然于整个政治架构之上的权位。所以黄宗羲在《原臣》中说："天下之大，非一人所能治，而分治之以群工。"意思是说，君臣都是天下的服务者，只不过分工有所不同。另外，"臣之与君，名异而实同"。意思是说，臣下和君主，名称虽不相同，但在都是人民的服务者这一点上，本质是一样的。臣不是君的仆从，也不是为君工作，当然更不必为君而牺牲。

黄宗羲说：

> 臣道如何而后可？曰：缘夫天下之大，非一人之所能治，而分治之以群工。故我之出而仕也，为天下，非为君也；为万民，非为一姓也。吾以天下万民起见，非其道，即君以形声强我，未之敢从也，况于无形无声乎！非其道，即立身于其朝，未之敢许也，况于杀其身乎！不然，而以君之一身一姓起见，君有无形无声之嗜欲，吾从而视之听之，此宦官宫妾之心也；君为己死而为己亡，吾从而死之亡之，此其私昵者之事也。是乃臣不臣之辨也。

……盖天下之治乱，不在一姓之兴亡，而在万民之忧乐。……为臣者轻视斯民之水火，即能辅君而兴，从君而亡，其于臣道固未尝不背也。（《原臣》）

这不啻是对千百年来君主"家天下"传统最猛烈、最有力的批评。

将君主纳入政体之内，并从社会分工角度来谈君臣关系，单凭这一思想，黄宗羲就足以成为17世纪中国的伟人。

以上讲的是黄宗羲对君主专制的拆解，但黄宗羲并不止于破坏，也提出了一系列极有创见的建构性理论。这就说到了第二个关键短语——限制政治权力。

如何限制政治权力？首先是"置相"，恢复行政机构内部的分权与制衡。

所谓相权，也就是管理政府的权力。黄宗羲认为，明代政治腐坏，是从朱元璋罢黜丞相时开始的。朱元璋罢黜的不只是丞相胡惟庸这个人，而是以此废除了丞相一职而自领六部，直接管理政府。所谓内阁，实际上不过是一个皇帝的秘书机构。在丞相废除之后，君权就变得毫无顾忌了，以至认为"百官之设，所以事我"。也就是说，百官只是为了服务君主一个人才设置的。

黄宗羲关于"置相"的议论，虽然主要是针对明代政治的弊端而发，但他想恢复的并非是一般的丞相，而是与君主拥有平等地位的丞相。黄宗羲说，夏商周三代，凡是天下大治的时候，君相关系是非常平等的，"臣拜，君必答拜"。也就是说君臣之间礼节一致。秦汉以后，不再讲究这些礼仪，但是在丞相晋见的时候，如果天子坐着，也要起身，如果天子坐在车里，还要下车。君主虽为天下之主，但丞相才是政府的负责人。君主可以任免丞相，却无权越过丞相直接指挥百官，丞相拥有绝对的行政权。

这样就有了必不可少的内部制衡。为什么这种内部制衡必不可少？因为如果有这种内部制衡，只要宰相贤能，即便君主昏暴，宰相也能依其职权减轻君主昏暴对人民的伤害。黄宗羲说：

> 古者不传子而传贤，其视天子之位去留犹夫宰相也。其后天子传子，宰相不传子。天子之子不皆贤，尚赖宰相传贤足相补救，则天子不失传贤之意。宰相既罢，天子之子一不贤，更无与为贤者矣，不亦并传子之意而失者乎。（《置相》）

黄宗羲还举了两个例子来说明历史上宰相的权力之大：一个是伊尹流放太甲。说的是商朝的重臣伊尹，流放了胡作非为的商王太甲。另一个是周公摄政。说的是周武王死后，成王年幼，无法亲政，武王的弟弟周公只好出面摄政。黄宗羲举这两个例子，是为了说明，如果君有缺失，或者还不够资格承担责任，那么宰相就可以摄位。

当然，只有这种内部制衡还远远不够，黄宗羲的思想精华在于政治权力的外部制衡，可以称之为"二权分立"思想。主要是行政权和监督权分开。

政府掌握行政权，那么谁来掌握监督权呢？黄宗羲说，是学校。在黄宗羲看来，学校不仅是一个培养人才的机构，也是一个议政机构。春秋时曾有乡校，也就是地方上的学校。乡校也是议政场所。这才有"子产不毁乡校"的故事流传。说的是春秋时郑国的执政子产，愿意保留学校作为公共议政的场所。但是春秋时的乡校，与黄宗羲设想中的学校有巨大区别。春秋时的乡校只是政府执政时的一个消息来源，政府面对这些消息，可参考，也可不参考。黄宗羲设想的学校，则是一个权力机构。他希望通过学校，让"天子之所是未必是，天子之所非未必非。天子亦遂不敢自为是非，而公其是非于学校"。

这样一来，君主就不敢默认自己的想法无比正确，而要把是非对错，拿到学校来检验。

简言之，行政机构需要提供解决政务的方案，至于是否实施，则需要由学校来决定。郡县有郡县的学校，中央也有太学，如此一来，就建立起了全面系统的政治权力监督体制。

那么，在学校中，该让什么人来主持公议呢？黄宗羲认为，无论是平民，还是退休的宰相，都可以担任主持，不必拘泥于这个人是否当过官。如果这个人行为不端，有碍公正，学生就可以要求撤换他。

学校的学官，也就是校长，不可由上级指派，要在地方上公议，推选出一名德高望重的儒者来担任。老师也要由学官选拔，行政机构不得染指。国家最高学府的学官，也就是太学的祭酒，也要通过推选的方式，请当世大儒来担任。

由谁来推选呢？《明夷待访录》中没有直接表明，但稍加推敲即可知，太学祭酒应该由地方学官推选。而且，这个推选出的太学祭酒，地位与宰相相当。每月初一，君主都需要带领百官去太学听课。面对祭酒，君主也要行弟子礼。君主在政治上如有缺失，祭酒可以直言不讳。太子年满15岁，也要进入太学学习。

至于政府官员的选拔，毫无疑问也来自于学校。黄宗羲设想中的学校，掌握了教育权、监督权，甚至一定程度上的政事决定权。至于立法权的掌控机构，黄宗羲虽未明言，不过推想起来，也应当是太学和地方学校。如此一来，学校成了制衡政府权力的机构。

黄宗羲设想中的学校，与现代民主国家的议会有很多相似之处，议会同样拥有立法权、重大政事的决定权，也拥有对政府部门的监督权。所以，在清末走向共和的尝试中，黄宗羲的理念提供了非常重要的本土思想资源。梁启超说："我自己的政治运动，受《明夷待访录》

这部书的影响最早而且最深。"

由上可知，如果从政治学发展史的角度看，在中国有史可循的几千年时间里，黄宗羲堪称最伟大的思想家之一。虽然黄宗羲的政治思想，主要承接孟子"民贵君轻"的观念，但他的创新成分远大于历代其他思想家。孟子警惕君权，黄宗羲则直接否定了专制君权。在黄宗羲之前，中国历史上也有否定君权的思想家，比如汉末王充、魏晋鲍敬言、晚唐无能子，但真正提出了一整套君主专制替代方案的，只有黄宗羲一人而已。这个替代方案的实质是什么呢？就是君主立宪。黄宗羲虽然保留了君主制的外壳，但其所倡导的政体，含有明显的共和意味。如果我们认可"宪政"的实质是"限政"（限制政治权力），那么说黄宗羲理想中的政体是君主立宪就并非信口雌黄。

黄宗羲虽然反对君主专制，但遗憾的是，他主张某种意义上的文化专制。他认为佛教和道教，都没有存在的必要，无论是在城里还是在乡间的寺庙、道观，都要改造成学校，它们的产业都该归学校所有，用以资助贫困的学生。在《明夷待访录》里，他把佛教与巫术等同，认为佛教预知祸福，在民间大行其道，实在是劳民伤财的一种迷信。

这样一来，除了儒学之外，这个国家不需要有其他学说。他还认为，那些没有章法的古文、没有心得的语录、无益于实用的奏议、无补于史学的叙事，一律不准刊刻流传。已经刊刻的，要全部追回烧毁。

黄宗羲为什么会有这种想法？这就要谈到他的哲学思想。当然，作为儒家的黄宗羲，其哲学思想仍然属于道德（伦理）哲学。

黄宗羲的哲学思想是透过他的史学名著《明儒学案》间接呈现出来的，《明儒学案》也是中国历史上第一部思想史著作。作为思想史，《明儒学案》做到了如下几点：一、不以个人主观好恶，而以客观事实选择明代儒家学派进行叙述。正如他自己所说："此编所列，有一偏之见，有相反之论。学者于其不同处，正宜着眼理会。"二、能抓住各派的要点和思想家的运思逻辑，而不是简单摘录、罗列别人的观点。"大凡学有宗旨，是其人之得力处，亦是学者之入门处。……讲学而无宗旨，即有嘉言，是无头绪之乱丝也。学者而不能得其人之宗旨，即读其书，亦犹张骞初至大夏，不能得月氏要领。……每见钞先儒语录者，荟撮数条，不知去取之意谓何。其人一生精神未尝透露，如何见其学术？"三、能联系时代背景和思想家经历来理解思想家的思想。

黄宗羲主张"学有宗旨"，那么抛开史学家的身份，作为哲学家，他的宗旨是什么呢？要言之，他推崇阳明心学，但对阳明心学又进行了重新解释，并在这种解释中加入了关于实践、力行的成分。《明儒学案》序言一开始就说："盈天地者皆心也，变化不测，不能不万殊。心无本体，工夫所至，即其本体。故穷理者，穷此心之万殊，非穷万物之万殊也。"这段话高度概括了黄宗羲的哲学思想：首先，"盈天地者皆心也"，表明他尊阳明心学；其次，"心无本体，工夫所至，即其本体"，表明他强调的是实践"工夫"。

正是基于这种认识，他如此解释王阳明的"致良知"："阳明说'致良知于事事物物'。致字即是行字，以救空穷理，在'知'上讨个分晓之非。乃后之学者，测度想象，求见本体，只在知识上立家当，以为良知。则阳明何不仍穷理格物之训，则必欲自为一说耶？"事实上，黄宗羲一生对所谓本体问题都没有兴趣，他在乎的是力行。

也正是基于这一关切，他认为儒家的学问是经天纬地的学问，包括各个方面，而不能自限于所谓义理之学。他并不反对义理之学，只是认为不能把儒学说"小"了。所以他反对在《明史》中专列"道学"或"理学"专章。他说："某窃谓，道学一门，所当去也。一切总归儒林，则学术之异同皆可无论，以待后之学者，择而取之。"由此可见，他反对任何形式的道统说。

值得注意的是，黄宗羲反对把义理讲得过于细密。他说："尝谓学问之事，析之者愈精，而逃之者愈巧。"他还从气论哲学的角度说明了这一点："道理皆从形气而立。离形，无所谓道。离气，无所谓理。天者，万物之总名，非与物为君也。道者，万器之总名，非与器为体也。性者，万形之总名，非与形为偶也。"

综合黄宗羲的哲学思想，我们可以得出三点结论：一是他主张阳明心学，但对其进行了修正，转到对实践的强调。二是他反对过于讲求玄理，认为这样做无济于事。三是对儒学内部学派分歧，他能抱持宽容态度。既然如此，他为什么对佛、道二教不能宽容呢？我认为有两个原因：

从现实原因看，这与明末清初对理学的反思有关。宋明理学是儒学与佛教结合的产物，讲求"明心见性"与"天理境界"，虽然解决了儒家和佛教的矛盾，但它强调的不是外王事功，先秦儒家原本刚健有为的特质被一扫而空。知识分子群体"平时袖手谈心性，临危一死报君王"，实际上于事无补。明末清初那一代知识分子，在亡国亡天下的刺激下，强调实践、强调有为、强调经世致用，于是按习焉不察的传统思维模式，把罪责追究到了佛教、道教身上，因为宗教管的是人的心灵，而不是现实事功。按黄宗羲的说法，就是"儒释之淆乱久矣"。这或许可以说明他为什么主张如此暴烈的文化管制，在现代人看来是文化专制，在黄宗羲看来却是拨乱反正、正本清源。

从个人特质来看，这与黄宗羲不是真正的哲学家有关。黄宗羲是从经世致用的角度反对谈玄说妙的，他也没兴趣谈玄说妙，或许也没能力谈玄说妙。但真正的哲学都必须谈玄说妙、入幽探微，也必须讨论包括本体在内的形而上问题。而人类天生就存在求解这类问题的永恒需求，因为人是追求意义的动物。

儒学关注现世，宗教性明显不足。黄宗羲的问题与此前的事功派思想家一样，一旦发现天下人心涣散，不是去追究、弥补或置换儒学本身宗教性不足的痼疾，而是攻击宗教败坏人心。问题在于，无视问题就能解决问题吗？将儒学改造成经世致用之学就能解决人心的焦虑不安吗？质言之，黄宗羲并没有认识到心学导致的"天塌了"的巨大危机。从这个意义上讲，他和清代绝大多数思想家一样，选择的还是一条舍天求生的思想路径。

总之，黄宗羲的政治思想超迈千古，怎么评价都不过分，但其道德哲学其实很浅，他甚至不能称之为一个杰出的哲学家。《明儒学案》只是思想史名著，不是思想巨著，因为它没有提出体大思精的理论体系。如果让我评价他的两部名著，我认为《明夷待访录》的前瞻性远远超过了《明儒学案》，黄宗羲作为思想家的地位，主要也是由《明夷待访录》奠定的。

第三十四讲　顾炎武：规训天子（二）

这一讲我们讲顾炎武。

与黄宗羲相比，顾炎武（1613—1682）更是豪杰。黄宗羲中年以后，见反清复明无望，就退出了实际政治活动，顾炎武则几乎终生都在参与反清运动。

顾炎武出生于江南富翁之家。据说他长相很丑，瞳孔中间白，四周黑。他的性格也耿介古怪。少年时代，他就博览群书，尤其是各种史书，无不涉猎。他还喜欢抄录各种典籍，每次读到书中重要的言论，都专门归类抄录，而且能举一反三，相互印证、评点。他青年时代的名著《天下郡国利病书》主要就是这样写成的。但这本书还没写完，清军就南下了，明朝面临覆灭的危机。他于是组织义军坚守吴江，但很快就失败了。他母亲是个极重气节的人，在清军攻破家乡昆山以后，她选择了绝食而死。死之前，她严命儿子绝不能做清朝的官。他先是把母亲薄葬，本希望京城恢复以后再正式安葬母亲，但两年后，他发现这个希望不可能实现了，才葬母远游。他后来再也没有回过家乡，那是他的伤心之地。

他最初决定远游的时候，在福建的唐王的小朝廷，任命他为职方司主事。但一方面，因为路途遥远；另一方面，他也不认为南方小朝廷能成大事，于是选择到北方游历，考察天下形势，同时暗地里结交天下豪杰反抗清廷。他曾五次到南京谒明孝陵，六次到北京谒明思陵。他出门在外，总会带着两马两驴，两匹马换着骑，两头驴为他驮书。他每到军事要地，都会找来退伍的兵卒，询问山川、战阵等事，若书上所记与自己所闻不符，就订正书中内容。

他这么长年在外游历，钱从哪里来呢？这对顾炎武来说根本不是问题，原因有两个方面：一方面，他家原本有钱。虽然因为天下板荡，他家已经破落，但毕竟根基深厚，基本生活保障还不成问题。另一方面，他又非常善于理财。他在游历过程中，发现某个地方不错，就会在那里买田，然后交给朋友、弟子去经营。他在苏北、山东、山西等地都购置了田地。67岁时，他开始定居陕西华阴，原因是："秦人慕经学，重处士，持清议，实他邦所少。而华阴绾毂关河之口，虽足不出户，而能见天下之人，闻天下之事。一旦有警，入山守险，不过十里之遥。若志在四方，则一出关门，亦有建瓴之势。"67岁了还有四方之志，不能不说顾炎武是个豪杰。

为了说明顾炎武的性情，再讲几个关于他的小故事。顾炎武在北游之前，家中仆人曾被人利用，告发他从事反清运动。他把那仆人抓住，直接扔海里去了。他也为此入狱，差点送命。在北京时，山东闹文字狱，牵涉到他，他立即决定去济南对簿公堂，为此又坐了半年牢。康熙开博学鸿儒科，很多人想招他去，他的回复是"刀绳具在，无速我死"。次年开明史馆，史馆负责人极力推荐他参与，他回复说："先妣未嫁过门，养姑抱嗣，为吴中第一奇节，蒙朝廷旌表。国亡绝粒，以女子而蹈首阳之烈。临终遗命，有无仕异代之言……七十老翁何所求？正欠一死。若再相逼，则以身殉之矣。"

梁启超说:"我生平最敬慕亭林(顾炎武)先生为人,想用一篇短传传写他的面影,自愧才力薄弱,写不出来。但我深信他不但是经师,而且是人师。""经师",是说他关于经书的学问好;"人师",是说他的人品足为世范。

不过,我既然讲的是思想史,重点当然应该落在顾炎武作为"经师"的一面。对此,梁启超的概括也非常到位,他说:"清儒的学问,若在学术史上还有相当价值,那么,经学就是他们惟一的生命。……论清学开山之祖,舍亭林没有第二个人。"确实,要论及顾炎武在中国思想史上的地位,正应该从他是清代经学的"开山之祖"这一角度着眼。一个人,要能做到开一代学风,是相当不容易的。

理解顾炎武,需要把握两个关键词:一、开启实证学风;二、反对君主专制。让我们先来看第一点。

清初对宋明理学的批评,以顾炎武为最重要的代表,也以他的攻击最为有力。他认为宋明理学深受禅宗污染,背离了传统儒家的精神,致使人们空谈心性,故而提倡学习与实践并重。

在他看来,儒学本来是经世致用之学,所以夫子才罕言性命:"性也,命也,天也,夫子之所罕言,而今之君子之所恒言也;出处、去就、辞受、取与之辨,孔子、孟子之所恒言,而今之君子所罕言也。"而对于此等病症,他的药方是"博学于文"与"行己有耻"。前者属于知识论,后者属于道德论。在《与友人论学书》中,他说:

愚所谓圣人之道者如何?曰"博学于文",曰"行己有耻"。自一身以至于天下国家,皆学之事也;自子臣弟友以至出入、往来、辞受、取与之间,皆有耻之事也。耻之于人大矣!不耻恶衣恶食,而耻匹夫匹妇之不被其泽。故曰:"万物皆备于我矣,反身而诚。"呜呼!士而不先言耻,则为无本之人;非好古而多闻,则为空虚之学。以无本之人而讲空虚之学，吾见其日从事于圣人，而去之弥远也。

通过"博学于文"这个口号，顾炎武提出了与古人不同的知识论，这也是他最大的特点。"博学于文"典出《论语·颜渊》，顾炎武认为，不仅文化典籍属于"文"的范围，"自一身以至于天下国家"都是"文"。简而言之，顾炎武的为学之道更加强调实践与文化学习的结合，这是对明中后期以来知识分子一味言心言性之"空虚之学"的拨乱反正。

顾炎武认为，认识外界事物原理的知识具有独立的价值，而这些知识的获得需要通过实证考求。孟子说，学问之道无他，求其放心而已。宋明理学家认为，只要内心澄明，万理自然毕照。他们所谓的"万理"，与物理并无多大关系。如王阳明，甚至明确认为这事太简单，不是圣人应该关心的。顾炎武却用下棋来打比方说，"然但知求放心，而未尝穷中罫之方，悉雁行之势，亦必不能从事于弈。"意思是，人即便能做到内心澄明，也不能自然就懂得应该如何把棋下好。这个道理，在今天看来非常普通，但在清初以前，儒家根本忽略了这个道理，所以顾炎武在当时扮演的，是如同《皇帝的新装》里那个敢说真话的孩子的角色。因为明末读书人袖手谈心性，于经世济民上毫无建树，顾炎武这些话就如同挑破了窗纸，并很快就赢得了知识界的广泛认同。

顾炎武"博学于文"的目的，正在于经世致用。所以，他又说：

凡文之不关于六经之指、当世之务者，一切不为。（《亭林文集·与人书三》）

学习目标既已明确，学习的路径是什么呢？总结起来，有两条：

一是深入研读古代经史。顾炎武说："某自五十以后，笃志经史。……而别著《日知录》，上篇经术，中篇治道，下篇博闻，共三十余卷。有王者起，将以见诸行事，以跻斯世于治古之隆，而未敢为今人道也。"他的研究方法，大致可概括为如下五点：一、尽量搜罗、占有资料；二、核实资料；三、连类对比；四、得出自己的看法；五、持续思考，修正自己的看法。

二是注重实地调研。他写《天下郡国利病书》，一半得之于博览群书（为写此书，他读了上千部相关书籍），一半得之于实地调研。潘次耕说："先生足迹半天下，所至交其贤豪长者，考其山川风俗疾苦利病，如指诸掌。"

为了说明顾炎武的治学方法，我们来看看《日知录》是如何写成的。有朋友问顾炎武，《日知录》成书几卷了，他的回复是："尝谓今人纂辑之书，正如今人之铸钱。古人采铜于山，今人则买旧钱名之曰废铜，以充铸而已。所铸之钱既已粗恶，而又将古人传世之宝舂锉碎散，不存于后，岂不两失乎？承问《日知录》又成几卷，盖期之以废铜。而某自别来一载，早夜诵读，反复寻究，仅得十余条，然庶几采山之铜乎。"顾炎武认为著书如铸钱，古人铸钱采铜于山，搜集的是第一手素材，今人铸钱取材于旧钱，用的是二手素材，前者是硬功夫，重视开辟、创新，后者不过是人云亦云而已。

因此，顾炎武一年时间才写十余条，由此可见他阅读、思考之刻苦勤奋，也可见他是没有新意不著书。他在写作过程中，如果发现自己的意见不经意间已经和古人合拍，他就会直接删掉。显然，这是思想家的著书方法。他下笔极为谨慎，轻易不愿意出书。他说："著述之家，最不利乎以未定之书传之于人。""古人书……皆以一生精力为之。……后人之书，愈多而愈舛漏，愈速而愈不传。所以然者，视成书太易，而急于求名也。"潘次耕请求出版《日知录》，顾炎武说要再等十年，"要以临终绝笔而定"。《日知录》出版后，顾炎武在序言中说，这书他改过多次，"而犹未敢自以为定"，"故昔日之所得，不足以自矜；后日之所成，不容以自限"。他在别处还说："人之为学，不可自小，又不可自大"，"君子之谦也，然后可以进于学"。阎若璩读了《日知录》，提出了若干条不同意见，顾炎武无不欣然接受。他有一篇文章叫《广师篇》，文中记录了他和师友的交往。几乎每说到一人，他都说自己在某某方面不如别人。所谓"广师"，就是别人都是他的老师。

抱着实证的宗旨做学问，顾炎武一生著述宏富，可谓是真正"百科全书式"学者。经学、史学、地理学、音韵学、金石学、文学等学问，他无不涉猎，且著有专书。仅在《日知录》里，他所涉及的主题就包括经义、政事、世风、礼制、科举、艺文、名义、古事真伪、史法、注书、杂事、军事及外国事、天象数术、地理、考证。在顾炎武的影响下，这些领域，以后都成了独立的学科。

以上是讲顾炎武的知识论，下面讲他的道德论。

顾炎武的道德论，独标"行己有耻"。"行己有耻"原出《论语·子路》，顾炎武反复强调人要有耻感的重要性，实在是因为他从经世致用的角度出发，有感于亡天下之痛楚以致之。彼时之士大夫不知何以为耻，顾炎武说他们不以"匹夫匹妇之不被其泽"为耻，而以"恶衣恶食"为耻。

下面我们来看顾炎武思想的第二个方面，也即他的政治思想。在这方面，他的指向与黄宗羲一样，也是反对君主专制。

黄宗羲、顾炎武都生在专制政治时代，为矫正专制之弊，皆慕封建分治。然二人皆知封建、郡县各有利弊。黄宗羲说："封建之弊，强弱吞并，天子之政教有所不加。郡县之弊，疆场之害苦无已时。"

顾炎武说："封建之失，其专在下。郡县之失，其专在上。"所以，二人的共同理想是"寓封建于郡县之中"（顾炎武语）。也就是说，把封建的精神灌注于郡县制之中。封建的精神是什么呢？是自由。怎样把封建的精神灌注于郡县制之中呢？黄宗羲的办法已略如前述，主要是通过君臣分权，兴监督、议论于民间。顾炎武的办法则突出表现在地方与中央分权，他反对把一切权力集中在中央，权力需要下移。

顾炎武尤重县令之权。他认为，应将七品知县改为五品县令，县令于其县政应有专断之权。比如文书、马政、矿务、军饷等事项的处置，县令不必事事向上面请示汇报，自己决断即可。县令的副手为县丞，由吏部选授，县丞以下职务，由县令自主决定，报备于吏部即可。每个县每年推举一个贤能之士，参加吏部考试，上者为郎，郎之优异者可以候补县令，低于优异高于一般的可以为县丞，一般的可以充县衙一般职务。县令从试用开始，不断接受政绩考核：起初仅为"试令"，略似今日所说的代理县长；三年称职，正式为县令；又三年称职，封为"父母"；又三年称职，玺书劳问；又三年称职，进阶加薪，并可任职终生。县令若因事、因病不能视事，可推荐儿子、兄弟或旁人代行其职，代行职务者为"试令"。县令得罪县民则受罚，不称职则流放，贪腐则诛之。废督抚司道之官，任巡方御史监察全国县政，御史一年一换。数县设一郡，郡太守三年一换。也就是说，县令虽有极大自主权，但不是完全不受监督。

顾炎武设想的县令，其实质就是封建诸侯。诸侯世袭，县令则可世及。如此设计，原因是，"夫使县令得私其百里之地，则县之人民皆其子姓，县之土地皆其田畴，县之城郭皆其藩垣，县之仓廪皆其囷窌。为子姓则必爱之而勿伤，为田畴则必治之而无弃，为藩垣囷窌则必缮之而勿损"。县令与县民关系就像父母与子女，则民富国安，遇外敌则拼死自卫。"于是有效死勿去之守，于是有合纵缔交之拒。"又因县域最大不过百里，也不足以称兵作乱。况且邻有别县，上有太守，县令也没什么作乱空间。

那么如何防止县令过度集权呢？顾炎武的办法是再设县内分权之制，分权的办法为"以县治乡，以乡治保，以保治甲"，"小官多则其世盛，大官多则其世衰"，"人聚于乡则治，聚于城则乱"。

综上所述，顾炎武欲以地方与中央分权，目的是通过县级自治给人民以自由。美国的政治制度是联邦自治，自由建基于自治之上，顾炎武此意与美国立国精神大致相似。

除了县政自治，顾炎武又主张通过强宗大族及臣下"封驳"君主谕旨两种制度限制君主专制和中央集权。顾炎武认为强宗大族可以"扶人纪而张国势"，"是以唐之天子贵士族而厚门荫，盖知封建之不可复而寓其意于士大夫，以自卫于一旦仓皇之际，固非后之人主所能知也"。此意与西欧封建时代君主与贵族相互制衡、共治天下的意思相仿。另外，中国自春秋到明代，皆有封驳传统。所谓"封驳"，就是宰相、大臣见皇帝诏书荒诞，可以把诏书封还给皇帝而拒不执行，以此修正皇帝之专制昏暴。

顾炎武又深厌明代法网过密。"自万历以上，法令繁而辅之以教化，故其治犹为小康。万历以后，法令存而教化亡，于是机变日增而材能日减。""前人立法之初，不能详究事势，豫为变通之地。后人承其已弊，拘于旧章，不能更革，而复立一法以救之。于是法愈繁而弊愈多。"顾炎武批评的其实不是法制之弊，而是黄宗羲所谓的"非法之法"之弊。

顾炎武还主张废生员。他说：

> 国家之所以设生员者何哉？盖以收天下之才俊子弟，养之于庠序之中，使之成德达材，明先王之道，通当世之务，出为公卿

大夫，与天子分猷共治者也，必选夫"五经"兼通者而后充之，又课之以"二十一史"与当世之务而后升之。……国家之所以取生员，而考之以经义、论策、表判者，欲其明"六经"之旨，通当世之务也。今以书坊所刻之义谓之时文。舍圣人之经典、先儒之注疏与前代之史不读，而读其所谓时文。时文之出，每科一变，五尺童子能诵数十篇，而小变其文，即可以取功名；而钝者至白首而不得遇。老成之士既以有用之岁月，销磨于场屋之中；而少年捷得之者又易视天下国家之事，以为人生之所以为功名者惟此而已。故败坏天下之人才，而至于士不成士，官不成官，兵不成兵，将不成将。夫然后寇贼奸宄得而乘之，故国外侮得而胜之。苟以时文之功，用之于经史及当世之务，则必有聪明俊杰通达治体之士起于其间矣。故曰：废天下之生员而用世之材出也。（《生员论》）

又说：

废天下之生员而官府之政清，废天下之生员而百姓之困苏，废天下之生员而门户之习除，废天下之生员而用世之材出。（《生员论》）

在顾炎武看来，明代之生员不仅无用，而且为国家社会之大害，这些害处主要表现在结党乱政、使民困乏、败坏人才。

从隋唐开始，科举制度一直是选拔官员的重要工具，顾炎武既然要废生员，那么如何组织官僚体系呢？他的解释是："吾所谓废生员者，非废生员也，废今日之生员也。请用辟举之法，而并存生员之制。"具体而言，顾炎武的矫正方法主要是改革科举制度，减少科举名额，加强实学教育，更重要的是，要在科举制度外，重新恢复人才推荐制度。顾炎武与黄宗羲对此立论虽不同，却也并非完全背反，因为黄宗羲所着意的议政学子乃其理想中经过改造后出身学校的学子，顾炎武痛斥之生员则为现实中未经学制改革而产生之生员。

需要指出的是，在明末清初，抨击君主专制的不仅是黄宗羲、顾炎武二人，而是时代思潮。其中有创见者，尚有唐甄可论。唐氏说：

> 治天下者惟君，乱天下者惟君，治乱非他人所能为也，君也。小人乱天下，用小人者谁也？女子寺人乱天下，宠女子寺人者谁也？奸雄盗贼乱天下，致奸雄盗贼之乱者，谁也？（《潜书·鲜君》）

进而言之，此非君主个人之失，而在君主专制制度的大弊。唐氏又说：

> 天之生贤也实难，博征都邑世族贵家，其子孙鲜有贤者。何况帝室富贵，生习骄恣，岂能成贤？是故一代之中十数世，有二三贤君，不为不多矣。其余非暴即暗，非暗即辟，非辟即懦。此亦生人之常，不足为异。惟是懦君蓄乱，辟君生乱，暗君召乱，暴君激乱。君罔救矣，其如斯民何哉！（《潜书·鲜君》）

君主专制的根本问题不仅在于从自然规律的角度看贤君难得，还在于既为专制，"为上易骄，为下易谀。君日益尊，臣日益卑"。按如此逻辑发展下去，则君主不可能了解天下之实情，终成瞎子、聋子、傻子、独夫。这种人主政，焉有长盛不衰之理？专制且世袭，既违天理，又悖人情，王朝周期律，又岂能在专制政体不变的前提下打破？

至此，可以说说我对顾炎武的评价了。

顾炎武对中国思想史贡献巨大，其最大贡献在于用实证方法做学问，近代甚至有不少学者认为他是中国科学思维的先驱。不过，他的实证方法并非是我们今天讲的科学方法。固然，他重视实地调研，这可以导向科学方法，但另一方面，因为他太推崇古代经书（这是经学的逻辑前提），太强调经世致用，又限制了他向科学迈进。

对前者而言，因为顾炎武过度推崇古代经书的真理性，认为它们是不证自明的真理，这就限制了科学求真精神的发展。因为，即便是先秦儒家，也没有科学思维，儒家思想本质上是以道德为中心的人文主义。这种人文主义主要关注的是人在现实生活中如何幸福、和谐的问题，而不是宇宙万物运行规律，因此无法激发科学思维，过度强调这种人文主义，反倒会抑制科学思维的发展。

为了认识儒家人文主义的这个特点（同时也是弊端），让我们从源头处简单对比一下中西思维方式存在的差异。西方思想传统包括两个方面，古希腊哲学和希伯来宗教，而这两个传统都有助于科学思维的养成。从古希腊哲学的角度看，在古希腊，一切学问都是哲学，科学不过是后来才从哲学中分离出来；但科学本质上还是哲学，而哲学的原意就是"爱智慧"，求智、求知本身就是目的。也可以说，古希腊哲学本身就高扬了科学理性的大旗。从希伯来宗教（对西方而言就是基督教）的角度看，历史地考察，我们会发现，近代那些推动了科学革命的著名科学家其实都是虔诚的基督徒。这是偶然现象，还是存在必然性？如果我们去读哥白尼、伽利略、牛顿、笛卡尔等近代科学家的著作或传记，不难发现，他们之所以研究科学，其实是基于他们对上帝的信仰。他们相信，世界是上帝创造的，上帝给人间留下了两本"书"：一本是明示的《圣经》；一本是默示的宇宙万物。他们之所以研究宇宙万物，是想以此接近上帝，了解上帝造物的奥秘。科学与宗教的关系相当复杂，不是三言两语能够说清的，但科学思维与信仰并非不能兼容，正如教宗保罗二世曾说："科学纯洁了宗教，使它免于迷信；而宗教又纯洁了科学，使它免于拜物教。"所以，不是说信仰本身阻碍了科学思维的发展，而是不同的信仰与科学思维的正相关关系不同。

对后者而言，科学精神以求知本身为至乐，而不以经世致用为目的。这一点，上面讲古希腊哲学的时候已经指出。研究工作若以经世致用为目的，则科学不能长足发展，能发展起来的，最多只是实用技术。

就道德论而言，凡儒家无不强调道德，顾炎武也不例外。但他独标"行己有耻"的说法又太浅了。人的耻感，大致相当于孟子所谓"羞恶之心"，但仅仅一个"羞恶之心"并不是人的道德感的全部，所以孟子提出了"四端"。顾炎武不知一端不能涵盖四端，至少是偏激之论。这一点，同为清初学者的毛奇龄当时就曾指出。毛奇龄说："学者不体会圣人立教精意，妄执臆见，甚至以行己有耻与节文礼乐铺张盛大，以压胜之。夫行己不过躬行耳，有耻不过四端之一，礼乐不过六艺之两耳……而学者必欲张大而压胜之，则亦小人之腹矣。"

总之，顾炎武在知识论上有很大突破，但确实算不上是道德哲学家，这又与他过度强调经世致用高度相关。

顾炎武的政治思想，颇能发前人所未发，目的是给人民以自由，很有意义。但因为这种自由是别人给的，而不是人民自己争取的，所以这种自由是有限的，而且很容易变形。顾炎武的改革方案若施行，则县政必然板结，凡民欲上跻于仕途，空间必然狭小。因为县令不是本县人民选举的，监察县令的权力，也还是在上面，而不在本县的人民。这是典型的儒家式精英主义，它背后的预设是人民不可能真正做到自己管理自己。所以，顾炎武的"县令诸侯化"方案就很可能导致地方政治的板结。县令若能世及，就一定能把本县人民当成自己的孩子似的照顾吗？县令如果与郡守、御史沆瀣一气、化公为私，这些来自上面的纠察制约还有效吗？另外，县域既小，力量有限，又如何能抵抗外来之强敌以自保？

如果用一句话来概括顾炎武的思想，我想说，他没有意识到求真（求实）和求善之间的张力，也即没有认识到科学理性和儒家人文主义之间的张力。换言之，他没认识到儒家思想对科学思维发展的阻碍作用。他的思想在很多方面都有创见，但他没有构建出一个逻辑自洽，且能化解这种内在张力的思想体系。

"但开风气不为师。"或许，这也是所有开风气的大师无法走出的宿命。

第三十五讲　王夫之：器物之天

这一讲我们讲王夫之。

王夫之（1619—1692）是湖南人，明末清初"三大家"之一，也是抗清义士。与黄宗羲、顾炎武不同，他一生到过的地方不多，也不结交名士，也不讲学，所以也没学生。张献忠在王夫之的家乡作乱的时候，把他父亲抓去了，目的是希望王夫之给他们当幕僚。他去救父亲，又不愿从贼，就把自己浑身刺得鲜血淋漓，使贼兵认为他不堪大用。他被带到贼营，父子因此获释。清军攻到湖南，他在衡山举兵反抗，但很快就失败了。当时桂王已经称帝，住在肇庆，有人推荐他，小朝廷就授予他行人司行人的官职。但小朝廷乱七八糟，朝纲不振，王化澄当权。王夫之把王化澄给参了，又一次差点被杀。他后来又去了桂林，但见小朝廷的势力日渐不支，就回了老家。清廷颁布了剃发令，汉人不剃发就得死，他誓死不从，只得逃亡到湘西苗族、瑶族人聚居区，余生以著述为志业。那时他才33岁，给自己的堂屋自书了一副对联"六经责我开生面，七尺从天乞活埋"，前半句说的是他的思想志业，后半句说的是他的人生态度。他非常穷困，没有写作的稿纸，就捡些破纸或账簿之类的拿来当稿纸。死之前，他早就选好了自己的墓地，碑上写的是"明遗臣王夫之之墓"，铭文则是：

> 抱刘越石之孤忠，而命无从致；希张横渠之正学，而力不能企。

他一生著书极为繁富，但生前从未出版，死后多年，也没人知道。直到道光、咸丰年间，邓显鹤才四处搜集，给他编了个书目。再后来，曾国藩的弟弟曾国荃帮他出版了《船山遗书》，共计77种、250卷，但他还有很多书没有出版。基本上可以说，在200多年时间里，读书人几乎没有知道王夫之的。到了晚清，他的书才被大量出版。这主要是因为，他的思想中激烈的民族主义有助于晚清排满运动。谭嗣同曾深入研究过他。中国读书人总是说，自己的著作要"藏诸名山，以待后世"，但绝大多数人生前就出了书，王夫之是极少数真正做到了"藏诸名山，以待后世"的思想家。

王夫之的著述太多，在这里，只能以最简要的方式，讲讲他的形而上学、道德哲学和政治哲学。

清初读书人对形而上学普遍不感兴趣，至少是在此方面并无多少创发的意愿，但王夫之对形而上学却有极大兴趣，这方面的论述也很多。王夫之的形而上学是其道德哲学与政治哲学的基础。那么，他的形而上学的最大特点是什么呢？他的形而上学既不同于程朱，更不同于陆王，而是继承《易传》和张载的天道观的产物。按传统说法，王夫之的形而上学可以被称为气论哲学；按现代人更容易理解的说法，则可称之为中国版唯物论。

无论是程朱还是陆王，无不重视理、气关系。两派都认为，理的作用高于气。王夫之则不然，他认为气是第一位的，理是第二位的。

他借用了《易传》的"道""器"概念，认为"器"是第一位的，"道"是第二位的。让我们来看他在《周易外传》中的这段话：

> 天下惟器而已矣。道者，器之道。器者，不可谓之道之器也。无其道则无其器，人类能言之。虽然，苟有其器矣，岂患无道哉？……人或昧于其道者，其器不成；不成，非无器也。无其器则无其道，人鲜能言之，而固其诚然者也。洪荒无揖让之道，唐虞无吊伐之道，汉唐无今日之道，则今日无他年之道者多矣。未有弓矢而无射道，未有车马而无御道，未有牢醴璧币、钟磬管弦而无礼乐之道。则未有子而无父道，未有弟而无兄道，道之可有而无者多矣。故无其器则无其道，诚然之言也。

这段话存在内在矛盾，他强调"无其器则无其道"，但如果"器"先于"道"，则"道""器"关系会根本瓦解。因为，如果事物在完成之前，针对这个事物的"道"不存在，为什么事物一完成，这个"道"就实现了呢？"道"是从何时灌注于"器"之中的呢？比如，做一个陶罐，按王夫之的说法，做到一半的时候，并不存在制陶之"道"。那这个陶罐是根据什么做到一半的呢？更关键的是，王夫之所理解的道，并不是天道，而是人、事、物之具体道理，按宋儒的说法，是知有百理而不知有天理，更不知百理源自天理。

不过，上引的《周易外传》成书于王夫之40岁前，他晚年的形而上思想主要集中体现于《周易内传》中。在《内传》中，他更多强调的是"道与器不相离"，"道"不在形器之外，而隐身于形器之中。

王夫之也谈到理、气关系，对应的就是他常说的"道""器"关系。"凡虚空皆气也。聚则显，显则人谓之有；散则隐，隐则人谓之无。……理在气中，气无非理。"因为"道与器不相离"，当然理与气也不相离。但他又说存在"不可逾之天则","器有成毁，而不可象者（道）寓于器而起用，未尝成亦不可毁。器敝而道未尝息也"。这就自相矛盾了。

总之，王夫之强调物质性的器、气的重要性，强调形而上与形而下不可离，但其具体观点又往往与这一理论基点矛盾。因此可以说，王夫之不是一个逻辑自洽、理论严密的哲学家。但遗憾的是，正如上面所说，他的理论大厦却以此为基础，所以其整个理论大厦就存在不可调和的矛盾。

下面我们考察王夫之的天道观。

先来看他的太极观。他说："太者，极其大而无尚之辞。极，至也，语道至此而尽也。其实阴阳之浑合者而已，而不可名之为阴阳，则但赞其极至而无以加，曰太极。太极者，无有不极也，无有一极也。惟无有一极，则无所不极，故周子又从而赞之，'无极而太极'。阴阳之本体，絪缊相得，和同而化，充塞于两间，此所谓太极也。"也就是说，"太极"只是一个虚名，其实质就是阴阳，合说称为"太极"，分说则为阴阳。"气"就是阴与阳，配乾与坤，理就是阴阳二气运行的规律。在王夫之看来，万物无不同时包含阴阳两面，万物原本只是阴阳二气不断推移摩荡生生不息的结果。王夫之的天道观非常强调"动"字，"其实天道之诚，亦必动而始有"，"动者，道之枢、德之牖也"。因为强调气和气的运动，所以王夫之的哲学是气论哲学。因为气是物质的，所以他的哲学也就是唯物论。

在王夫之这里，天道就是太极阴阳之道。那么，天与人之间是什么关系呢？王夫之认为，天的职责是不断降命给人，人的义务是不断接受天的命令。"夫天之生物，其化不息，初生之顷，非无所命也。何以知其有所命？无所命则仁义礼智无其根也。幼而少，少而壮，壮而老，亦非无所命也。何以知其有所命？不更有所命，则年逝而性亦日忘也。""方生而受之,一日生而一日受之。受之者有所自授,岂非天哉?故天日命于人,而人日受命于天。"

这里的问题在于,如果天道只是理气合一之道,天是一种客观的规律,而非有情的主宰者,它怎么能降命于人呢?更大的问题在于,在王夫之这里,天是完全主动的施与者,人只是完全被动的接受者,那么人为什么要成为一个道德的人?人有什么能力成为一个道德的人呢?这就涉及他的道德哲学,即人何以能追求善的问题了。王夫之说:

> 阴阳之相继也善,其未相继也不可谓之善。故成之而后性存焉,继之而后善著焉。……性存而后仁义礼知之实章焉。……相继者善,善而后习知其善。(《船山遗书》)

这段话的基本意思是:天道就是阴阳,是客观存在的,不是有情的,因此无所谓善与恶,它是超越善恶的。阴阳相继就是善,阴阳不相继就是不善,人能承继这阴阳之道,就是善,不能承继,就是不善。"继之则善,不继则不善矣。天无所不继,故善不穷。人有所不继,则恶兴焉。"显然,因为王夫之眼里的天道是纯客观的,而不是有情的,所以其天道观与孔孟的天道观就有很大距离,而偏于道家的天道观了。但他必须回答的问题是,既然"天无所不继",为什么"人有所不继"?也就是说,人为什么能偏离天道?人偏离天道这件事本身是否潜藏了某种"人"道?这个"人"道与天道是什么关系?为什么天道管不了"人"道?

对此,他的回答是:

一、天之气无不善,不善是因为阴阳变合之差而生。"有变有合而不能皆善,其善者则人也,其不善者则犬牛也。""天行于不容已,故不能有择必善，而无禽兽之与草木，然非阴阳之过，而变合之差，是在天之气，其本无不善，明矣。天不能无生，生则必因于变合，变合而不善者或成。其在人也，性不能无动，动则必效于情才，情才而无必善之势矣。"这种解释，如何能服人呢？犬牛是客观存在的动物，何来善恶问题？"天之气无不善"，为什么变合起来就能出差错？天道不包括变合之道吗？阴阳变合的规律是不可控吗？只要是人，都有情有才，这情与才从何而来？为什么有情有才就可能生恶？

二、与变合之差类似，不善是由"得位""不得位"之别而生。"先天之动，亦有得位，有不得位者，化之无心而莫齐也。然得位则秀以灵，而为人矣。不得位，则禽兽草木有性无性之类蕃矣。既为人焉，固无不得位而善者也。后天之动，有得位，有不得位，亦化之无心而莫齐也。得位则物不害习而习不害性，不得位则物以移习于恶，而习以成性于不善矣。"与上面的问题类似，王夫之还是没有回答为什么先天、后天都有"得位""不得位"之别。

总之，王夫之对天人之际的问题兴趣浓烈，但他根本没有解决天人关系，也即天的决定性和人的道德主动性之间的关系。换言之，他没有论证清楚人为什么要做一个道德的人，以及人有什么能力做一个道德的人。他的形而上学和道德哲学都显得支离破碎，不堪深究。

那么他的政治哲学又如何呢？王夫之的政治哲学主要体现了两大特点：一是浓烈的民族主义；二是明显的专制主义。让我们先来看王夫之的民族主义，这也是他的著作在晚清得到大力推崇的原因。

王夫之的民族主义思想的立论基础是：世间万物，皆有保其类而卫其群之本能，此为自然法所决定，不可质疑。他又认为，保群之职责，必由本族的君主执掌，而不容异族染指。"民之初生，自纪其群。远其渗害，揆其夷狄，建统惟君。故仁以自爱其类，义以自制其伦。强干自辅，所以凝黄中之细缊也。""智小一身，力举天下，保其类者为之长，卫其群者为之君。故圣人虽号万姓而示以独贵。保其所贵，匡其终乱，施于孙子，须于后圣，可禅、可继、可革，而不可使异类间之。"

我们需要追问的是，为何只有本族的君主方可保本族之民，而他族之君必不能保本族之民？考诸国史，我们还可以提出三个疑问：一、儒家所称许的圣王舜、周文王其实都是夷人，前者东夷，后者西夷，对此，王夫之怎么解释？二、若不能保民，任何君主皆无从统治。中国曾数度被少数民族统治，这些君主虽不能说都尽到了保民之责任，至少也不比本族之君主尽到的责任更少。少数民族政权终日担心被汉人推翻，反有勤政为民之君，此又当何解？三、"中国"一概念经历史演变已不断拓展，而国家早已成多民族一统之国家，若遵本族人统治本族人之规训，则被统治之少数民族心存何想？

先秦儒家以文化优劣区分夷夏，其民族思想较为宽容，所以少数民族只要遵奉中国文化则可以被当成中国人看待。王夫之从种族角度立论，认为文化之优劣出于种族之不同，种族之不同则由于所居地理环境之不同。"天下之大防二，华夏夷狄也，君子小人也。非本末有别，先王强为之防也。夷狄与华夏所生异地。其地异，其气异矣。气异而习异，习异而所知所行蔑不异焉。乃于其中自有其贵贱焉。特地界分，天气殊，而不可乱，乱则人极毁。华夏之生民亦受其吞噬而憔悴。防之于早，所以定人极而保人之生，因乎天也。""人不自畛以绝物，则天维裂矣。华夏不自畛以绝夷，则地维裂矣。天地制人以畛，人不自畛以绝其党，则人维裂矣。是故三维者，三极之大司也。"

王夫之从其气论哲学出发，不仅认为少数民族不能长久统治中国，而且认为其推行中国政教乃自取灭亡之道。对于前者，他的论证是："夫夷狄所特以胜中国者，朔漠荒远之乡，耐饥寒，勤牧畜，习射猎，以与禽兽争生死。故粗犷悍厉，足以夺中国膏粱豢养之气。而既入中国，沉迷于膏粱豢养以弃其故，则乘其虚以居其地者又且粗犷悍厉以夺之。"对于后者，他直接抛弃了古儒旧论，以为"夷狄而效先王之法，未有不亡者也。以德仁兴者以德仁继其业，以威力兴者以威力延其命。沐猴而冠，为时大妖。先王之道不可窃，亦严矣哉！以威力起者始终尚乎威力，犹一致也。绌其威力，则威力既替矣。窃其德仁，固未足以为德仁也。父驴母马，其生为骡，骡则生绝矣。相杂而类不延，天之道、物之理也。"此论之弊，至少有二：一、在孔孟看来，儒家本为人类普世价值，固对异族学习、推行中国文化持欢迎态度，而王夫之表面上大张中国文化，实则将中国文化自小为只适合中国之文化。二、不同文化以相互交流甚至相互冲撞而取长补短，于是彼此均趋强盛。封闭之文化，坐井观天，必然没落衰竭。考诸世界历史，莫不如此。因为文化之竞合，实乃天命之道。王夫之以驴马交合而生骡为喻，既不伦，也不智。

进而言之，王夫之的主张，实乃种族、文化沙文主义。他既认为中国文化远超夷狄，故汉人有权为四夷之主人。汉武帝征匈奴，为历代儒家所非议，以为其穷兵黩武、劳民伤财，王夫之竟为其辩护道："遐荒之地有可收为冠带之伦，则以广天地之德而立人极也。非道之可废，且抑以抒边民之寇攘而使之安。虽然，此天也，非人之所可强也。天欲开之，圣人成之。圣人不作，则假手于时君及智力之士以启其渐。以一时之利害言之，则病天下。通古今而计之，则利大而圣道宏。"他甚至认为，"夷狄者，歼之不为不仁，夺之不为不义，诱之不为不信"，"信义者，人与人相与之道，非以施之夷狄"，这就直接不把少数民族当人看而等之于禽兽了。且不论前述王夫之有不许少数民族效先王之道与主张汉武开边之举两者逻辑相悖（既已开边成功，不用先王之道统治夷狄用什么道呢？），单说他这种赤裸裸的不把其他民族当人看的主张就是以行仁为宗旨的儒家所不能容忍的。"己所不欲，勿施于人"，汉人不希望异族奴役，异族就希望被汉族奴役吗？

清初，反清运动此起彼伏。至雍正朝，反清运动终被扑灭。雍正遂刊行《大义觉迷录》等书驳斥汉人之民族思想。雍正七年（1729）九月，清帝又颁上谕，力驳吕留良、曾静等人的民族主义思想。其中种种论点、论据，目的虽在巩固爱新觉罗家族的统治，但也非全无道理。

明末清初之民族主义，是形势所激的产物。今人对之首先应抱持同情之理解态度。但今人读史，论列前贤，也不能止于同情之理解。因为读史是为了前瞻，而非满足于做一故事大王。更何况，思想家之所以可贵，不是因为他们能针对时势进行尖锐地抨击，而是因为他们具有穿透历史与现实的迷雾洞察未来之巨眼卓识。以今日之世界形势而论，不得不说，虽然中国在历史上屡遭侵略，近代以来，民族所受之压迫堪称惨烈，但中国要实现真正的复兴，中国人就必须有超迈前人之胸襟气度，以平等心态看待世界上一切民族。因此，无论是传统的夷夏之防，还是王夫之的极端民族主义，均应成为历史陈迹扫荡以尽。此乃形势使然。否则，谁敢与我们交朋友？

让我们再来看王夫之思想中的专制主义，这又可以分疏为如下四个方面：

一、强调绝对君权。首先，王夫之认为君权是绝对必要的。他说："圣人之大宝曰位，非但承天以理民之谓也，天下之民非恃此而无以生。"其次，他认为人民必须要有君主，即便是昏暴之君也比没有君好。"人始知得主之为安，而天下以渐而定矣。""宝也者，保也，人之所自保也。天下有道，保以其德；天下无道，保以其名。……人不可一日而无君。天佑下民，作之君，作之师。伪者愈于无，况崛起于厌乱之余以乂安四海者哉！"再次，君主的权力不可下移。他认为人类社会天然就是不平等的，政治治理也必须尊重这种不平等，强化、固化这种不平等。因此，君权应该至上，贵族应该辅佐君主治理天下，天下必须是一个贵贱有别的治理结构。"上下有其大辨，君子小人有其大闲。以为居此位者，非其人而不可觊，抑且使天下侥幸之徒望崖而返。卿大夫士且有巍然不可扳跻之等，临其上以为天子者，其峻如天，而莫之敢陵。"

因为强调绝对君权，王夫之甚至反对任何形式的分权制度。中国古代，在不同朝代，曾有三种分权形式：一是相权制衡君权；二是谏议权制衡君权；三是民间读书人的论政权制衡君权及政权。对这三种分权，王夫之都不能理解其正面意义，而持反对态度。他认为，不应该强调相权制衡君权，而应该强调天子事必躬亲，这样才不会失去大权。当然，他也强调天子应该提升道德修养。他认为，必须是才德卓著的圣贤才能担任掌握谏议权的言官，否则就会造成言官结党营私而削弱、威胁君权的局面。既然言官大都不是圣贤，因此就不需要设置谏议机构。至于开放民间舆论，那就更不应该了。可以说，王夫之对权力的恶根本没有充分的认识，因此其政论未涉及根本上的政治制度变革问题。

二、漠视民权。考察王夫之对原始儒家的两句重视民意、民权的格言的态度，可以说明他是如何漠视民权的。

第一句是《尚书·泰誓》里的话，"天视自我民视，天听自我民听"。这句话的意思很明显，就是天意源自民意，天意尊重民意。王夫之显然知道这句话的意思，但反对这句话的原意，他说："无稽之言勿听，民之视听，非能有所稽者也。"所以，他得再立一个"理"来规训民意。那么谁能为人民立这个理呢？只能是他看重的圣人君子。"圣人体其化裁，成其声色，以尽民之性。君子凝其神，审其声色，以立民之则。而万有不齐之民未得与焉。"总之，民意只有理论上的重要性，可以作为招牌，但民意说了不算，民意还必须经过圣人君子的规训。这套说辞的实质是什么，以及在现实运行中会变成什么，中国人自然不陌生。

第二句是孟子的"民为贵，君为轻"，以及顺带的革命说。这种说法，王夫之自然更是反对，但孟子在儒家中地位崇高，他不能直接反对，于是采取了曲解孟子原意的做法，把"君为轻"的"君"解释为诸侯国君，而不是天子。他明说："故曰君为轻者，非天子之谓也。""变置诸侯，必有变置之者。假令丘民得以变置之，天下岂复有纲纪？乱亦何日而息邪？"所以，他认为孟子所主张的君可以被推翻，指的是诸侯国君下面的人可以将国君的罪过告发到天子那里，再由天子来决定是否废黜国君。所以，孟子说的是天子驾驭诸侯之道。这种说法，如果孟子还活着，也得被气死吧。

三、强调人治而非法治。王夫之说："任人任法，皆言治也。而言治者曰，任法不如任人。……盖择人而授以法，使之遵焉，非立法以课人。"这种见识，与黄宗羲相差简直不能以道里计了。

四、反对渐进改革。他说："礼乐刑政，均四海，齐万民，通百为者也。以一成纯，而互相制裁。举其百，废其一，而百者皆病。废其百，举其一，而一可行乎？"之所以不可行，在于这样做犹如"庸医杂表里，兼温凉以饮人，强者笃，弱者死，不亦伤乎"？他反对变法的理由可以归结为一点，"法之必敝矣，非鼎革之时，愈改之则弊愈丛生"。那么，就任凭政治溃烂下去吗？王夫之的态度是："正不正，人也。一治一乱，天也。"也就是说，他认为王朝循环很正常！

总之，王夫之既不懂天，也不懂人，更不懂天人之际的妙理。他的理论，不仅细节处问题太多，即便是大框架，也不能成立。他的著作虽然繁多，但其论述缺乏起码的逻辑严谨性和理论自洽性，其史论更是文人式的随意发挥，所以价值都不大。尤其是与同时代的黄宗羲、顾炎武相比，他无力给旧邦开出新命。

人不在主宰之天面前下跪，就必然会在专制君王面前下跪。王夫之的理论，充分证明了这一点。

问题在于，何以至此？这或许与他的个人经历有关。一方面，他深受张献忠造反和清军入主之害，极其厌恶两者，强调稳定的规范；另一方面，他的著述生涯是相当封闭的，他既不处在思想学术的中心地域，也与同辈学者缺少必要的交流砥砺，因此其运思既孤且陋。梁启超对王夫之的评价是"畸儒"二字。我认为，"畸"，既可理解为"畸零"，也可理解为"畸形"。这个评价，与我对王夫之的评价——"孤陋"——差不多。

第三十六讲　颜李学派：不必看天

这一讲我们讲"颜李学派"。颜李学派，是指颜元与他的弟子李塨创立的实践主义学派，这个学派的特色在高扬实践理性和实用理性。

颜元（1635—1704）是个纯民间的思想家，一生没做过官。他是河北博野县平民之子，父亲是蠡县朱姓人家的养子，所以他小时候姓朱。他三岁那年，清兵入关，父亲被掳到辽东，母亲也因此改嫁。到20多岁的时候，他才知道自己的身世，于是改回原来的姓，并决定出关寻父。但当时正逢三藩之乱，蒙古响应三藩，辽东实行戒严，使他无法成行。直到51岁，他才再度出关，经历了难以想象的艰难困苦，花了一年多时间，才打听到父亲下落。原来他父亲早就死了，于是他把父亲的遗骨背回了故乡安葬。他一生主要在家乡度过，也曾去过河北南部及河南，时间都很短。在河南，他受邀办书院讲学，书院被洪水淹了，他就又回到老家。他一生与同辈学者、名士交往也很少，谈不上相互之间有什么深入的思想交流。

颜元最重要、最有名的学生是李塨（1659—1733）。颜元不喜欢交际，李塨则广交天下名士。当时学者，几乎都是通过李塨而知道颜元的，有人甚至通过李塨拜了颜元为师。李塨名气很大，又喜交游，但却与权臣保持了一定距离。理学名臣李光地当直隶巡抚的时候，招他去见面，被他拒绝了。"西北王"年羹尧两次礼聘他，他也不去。他继承了颜元的思想，但具体观点与老师并不完全相同。李塨曾问学于名儒毛奇龄，毛奇龄希望他抛弃颜元的思想，成为自己的忠实弟子，李塨不肯，毛奇龄居然写文章大肆攻击颜元。总之，没有李塨的宣讲、发展，中国思想史上未必会出现颜元这个人，更不会出现"颜李学派"。

要理解颜李学派，首先要了解颜元的思想转变历程。颜元在20岁前后，很喜欢阳明心学，其后兴趣又转到程朱理学，信之弥坚。但后来，他又认为程朱大错特错，必须予以大力批评。他说过自己最后这次思想转变的机缘：

> 予未南游时，尚有将就程朱附之圣门之意。自一南游，见人人禅子，家家虚文，直与孔门敌对。必破一分程朱，始入一分孔孟，乃定以为孔孟、程朱，判然两途，不愿作道统中乡愿矣。（《四存编》）

他还用文字给孔子、程颐画了两张像，以说明"孔孟、程朱，判然两途"：

> 请画二堂，子观之：一堂上坐孔子，剑佩、觽、玦、杂玉，革带、深衣，七十子侍。或习礼，或鼓琴瑟，或羽籥舞文，干戚舞武。或问仁孝，或商兵农政事。壁间置弓矢钺戚，箫磬算器马策，及礼衣冠之属。一堂坐程子，峨冠博带，垂目坐如泥塑。如

游、杨、朱、陆者侍，或返观静坐，或执书伊吾，或对谈静敬，或搁笔著述。壁上置书籍字卷，翰研梨枣。此二堂同否？（《四存编》）

也就是说，颜元反宋明理学家，尤其反程朱，主要是受当时读书人的现状刺激。

如何把握颜李学派的思想？可以从三个方面着手：一是看他们反对什么——程朱；二是看他们主张什么——实践；三是看他们的哲学基础是什么——人性论。

首先来看颜李反程朱。事实上，此前虽然有人反程朱，但作系统性的驳论，几乎认为程朱的所有主张都一无是处的，颜元是第一人。因此可以说，颜元对程朱的反对是空前的，这也意味着他对自宋以来中国思想史的反对是空前的。他有一笔扫清这一段思想史的大抱负。下面我们来看他反对程朱的几个方面：

一、他反对程朱式读书、著书、注书，根本不认为书本上有所谓学问。他说："以读经史订群书为穷理处事以求道之功，则相隔千里；以读经史订群书为穷理处事，而曰道在是焉，则相隔万里。"又说："书之病天下久矣。使生民被读书者之祸，读书者自受其祸，此局非得大圣贤大豪杰不能破。"他认为，后儒之所以死读书，一个重要原因是误读了孔子"博学于文"的教诲。"儒道之亡，亡在误认一'文'字。试观帝尧'焕乎文章'，固非大家帖括，抑岂四书五经乎？""汉宋儒满眼只看得几册文字是'文'，然则虞夏以前大圣贤皆鄙陋无学矣。""后儒以文墨为文，将博学改为博读、博讲、博著，不又天渊之分耶？"至于著书，不过是"空言相续，纸上加纸"。

颜元反对人读书，理由是，读书让人愚昧、虚弱，浪费时间，办不了正事。颜元说："读书人便愚，多读更愚。但书生必自智，其愚却益深。"读书愈多愈惑，审事机愈无识，办经济愈无力。""人之岁月精神有限，诵说中度一日，便习行中错一日；纸墨上多一分，便身世上少一分。""文家把许多精神费在文墨上，诚可惜矣。……千余年来，率天下人故纸堆中，耗尽身心气力，做弱人、病人、无用人，皆晦庵（朱熹）为之。""天下兀坐书斋人，无一不脆弱，为武士农夫所笑，此岂男子态？"颜元甚至说，读书犹如服用剧毒砒霜："仆亦吞砒人也。耗竭心思气力，深受其害，以致六十余岁，终不能入尧舜周孔之道。……试观千圣百王，是读书人否？虽三代后整顿乾坤者，是读书人否？吾人急醒！"李塨也赞成颜元的观点："读阅久则喜静恶烦，而心板滞迂腐矣。……故予人以口实，曰'白面书生'，曰'书生无用'，曰'林间咳嗽病猕猴'。世人犹谓诵读可以养身心，误哉！……颜先生所谓读书人率习如妇人女子，以识则户隙窥人，以力则不能胜一匹雏也。"

二、他反对程朱式讲学。颜元说："近世圣道之亡，多因心内惺觉、口中讲说、纸上议论三者之间见道，而身世乃不见道。学堂辄称书院，或曰讲堂，皆倚《论语》'学之不讲'一句为遂非之柄。殊不思孔门为学而讲，后人以讲为学，千里矣。"为什么不能讲学呢？因为"道不可以言传也，言传者有先于言者也"。宋儒讲学，重点在性命天理，颜元却认为，这些东西太虚，根本讲不清："仆妄谓性命之理不可讲也。虽讲，人亦不能听也；虽听，人亦不能醒也；虽醒，人亦不能行也。"孔子不言性与天道，在颜元看来，这是因为孔子认为，普通人根本不需要知道天道，所以孔子又说"民可使由之，不可使知之"。

三、他反对程朱式静、敬为主的修身工夫。颜元说："终日危坐，以验未发气象为求中之功，此真孔子以前千圣百王所未尝闻也。""你（朱熹）教人半日静坐，半日读书，是半日当和尚，半日当汉儒。试问十二个时辰，哪一刻是尧舜周孔？"颜元认为，宋儒之所以主张静坐修心，实在是因为受到了佛教的毒害，以为"洞照万象"就是最高境界，这是大错特错。在他看来，这个境界不难达到，但问题是，即便达到也毫无作用。"予戊申前亦尝从宋儒用静坐工夫，故身历而知其为妄，不足据也。""故空静之理，愈谈愈惑。空静之功，愈妙愈妄。"颜元为什么反对主静？一方面是因为无用，另一方面是因为长此以往，对身体、精神都有害。

颜元并不反对"敬"，但他反对程朱以静坐居敬。他说："（《论语》）曰'执事敬'，曰'敬事而信'，曰'敬其事'，曰'行笃敬'，皆身心一致加功，无往非敬也。若将古人成法皆舍置，专向静坐收摄徐行缓语处言主敬，则是儒其名而释其实，去道远矣。"李塨也认为，"圣门不空言敬"，不能离事而言敬。

四、他反对程朱的天道、天理观。程朱所谓道，源自天。程朱所谓理，分"天理""百理"；前者是天道，后者是万物之事理。颜李则从字词训诂的角度出发，解构了程朱的"道""理"。在颜李看来，"道"并不虚玄，不过是人走的"路"而已。李塨说："道者，人伦庶物而已矣。……伦物，实事也；道，虚名也。异端乃曰'道生天地'，曰'有物混成，先天地生'，是道为天地前一物矣。天地尚未有，是物安在哉？且独成而非共由者矣，何以谓之道哉？"在他们看来，根本无所谓超验的天道。他们只在乎人道，人道就是天道。宋明儒学又称"理学"，但颜元说，"理"字的原意是"木中纹理"，引申出来不过指"条理"而已，而不是高悬的天理。李塨说："后儒改圣门不言性天之矩，日以理气为谈柄，而究无了义。……不知圣经无在伦常之外而别有一物曰'道'曰'理'者。"他还说："事有条理，理即在事中。《诗》曰'有物有则'，离事物何所为理乎？"

颜李对"道""理"如此定义，显然是拉低了"道""理"，所以他们眼里的穷理当然也就与程朱不同。朱熹要穷尽世间一切道理，颜元却说："圣人亦不能遍知一草一木也。朱子乃如此浩大为愿，能乎？"颜元眼里的穷理是什么呢？"凡事必求分析之精，是谓穷理。"朱熹说，明理就能处事。颜元却说，明理而不能处事的人多得很，因为"若只凭口中所谈、纸上所见、心内所思之理义养人，恐养之不深且固也。"李塨说，像程朱那样穷理，结果只能是让人养成自以为是的武断性格。

至此，颜李的主张其实已经呼之欲出了。一言以蔽之，就是强调实践。下面我从颜李的知识论、人生观、实践内容、实践方向、实践目的五个方面来考察一下他们的实践主义。

颜李的知识论可以概括为"实践出真知"。让我们来看颜元如何解释宋明儒非常重视的"格物"。颜元所谓"格"，"即'手格猛兽'之格"，所以"格物"就是亲手接触事物。"故曰手格其物而后知至。"他打比方说，要知道什么是音乐，读乐谱没用，只在脑子里想也没用，必须拿起乐器吹拉弹唱一番，才是正道。王阳明不是提倡"知行合一"吗？颜李与王阳明又有何不同呢？简单来说，王阳明还是更重视知，知是出发点，知行一体，真知必行；但颜李认为，没有先在的知，只有在行（实践）中才能获得真知。

颜李的人生观与程朱针锋相对，程朱主静，颜李主"动"。颜元说："常动则筋骨悚，气脉舒，故曰'立于礼'，故曰'制舞而民不肿'。宋元来儒者习静，今日正可言习动。"颜元最喜欢说："提醒身心，一齐振起。"不仅每个人要动，整个天下都应该动。"一身动则一身强，一家动则一家强，一国动则一国强，天下动则天下强。"

那么，颜李主张的实践内容是什么呢？主要包括三个方面：一是生活中的"洒扫应对进退之节"；二是个人修养上的"格致诚正之功"；三是政治上的"修齐治平之务"。所以他们认为"外六府（金、木、水、火、土、谷）三事（正德、利用、厚生）而别有学术，便是异端。外三物（六德：知、仁、圣、义、忠、和；六行：孝、友、睦、姻、任、恤；六艺：礼、乐、射、御、书、数）而别有学术，便是外道。"但上述三个方面，他们最关心的还是"修齐治平之务"。他们批评程朱教学失掉了尧舜以来的"成法"，而他所在乎的"成法"，也是与政治有关的古法："何不观精一之旨惟尧禹得闻，天下所可见者，命九官、十二牧所为而已。阴阳秘旨，文、周寄之于《易》，天下所可见者，王政、制礼、作乐而已。一贯之道，惟曾、赐得闻，及门与天下所可见者，《诗》、《书》、六艺而已。乌得以天道性命常举诸口而人人语之哉！"

应该指出的是，颜元的实践方向是复古。儒家普遍以复古为思想底色，但大多数儒家，虽提倡复古，但其目的是通过复古来开新。他们不过是遵循古代经书的精神，而非完全把经书当教条照搬执行。颜元则不然，他自称"思古人"，对西周封建、井田等制度，无不主张重新恢复，甚至主张恢复宫刑。他恢复井田制的理由是："岂不知天地间田，宜天地间人共享之。若顺彼富民之心，即尽万人之产而给一人，所不厌也。王道之顺人情，固如是乎？况一人而数十百顷，或数十百人而不一顷，为父母者，使一子富而诸子贫可乎？"他主张宫刑的理由是："吾所谓复古刑者，第以宫壸之不可无妇寺，势也，即理也。"

就此而言，李塨的态度与颜元有着很大的不同。比如，对于封建、井田，李塨在颜元的《存治编》后记里就写道："井田则开创后，土旷人稀之地，招流区画为易；而人安口繁，各有定业时，行之难。意可井者井，难则均田，又难则限田。……惟封建以为不必复古。因封建之旧而封建，无变乱；今因郡县之旧而封建，启纷扰。"李塨还说，他并非刻意要与老师唱反调，老师生前，他们已经对此商榷数年，直到老师去世，意见都没有统一，实在是因为他既爱老师，更爱真理，所以在老师死后，不得不再次提出来。

颜李实践主义的目的，就是"功利"二字。李塨说："董仲舒曰：'正其道不谋其利，修其理不急其功。'语具《春秋繁露》，本自可通。班史误易'急'为'计'。宋儒遂遵此一语为学术，以为'事求可，功求成'，则取必于智谋之末，而非天理之正。后学迂弱无能，皆此语误之也。……事不求可，将任其不可乎？功不求成，将任其不成乎？"颜元更是直接把董仲舒这句话改为"正其谊以谋其利，明其道而计其功"了。他还说"《尚书》明以利用与正德、厚生并为三事"，"《易》之言利更多"。

他们为什么这么在乎功利？因为在他们看来，不重视功利正是宋代积弱以致国家覆亡的原因。颜元说："前有数圣贤，上不见一扶危济难之功，下不见一可相可将之材，拱手以二帝畀金，以汴京与豫矣！后有数十圣贤，上不见一扶危济难之功，下不见一可相可将之材，推手以少帝赴海，以玉玺与元矣！多圣多贤之世乃如此乎？"又说："吾读《甲申殉难录》，至'愧无半策匡时难，惟余一死报君恩'，未尝不泣下也。"

颜李的这套学说如果要成立，需要一个坚实的哲学基础，这就不能不谈到他们的人性论。前面讲过，程朱认为，人性分为义理之性与气质之性，前者来自天道天理，纯善无恶，恶是从后者而生，所以修养的实质是改变气质。颜元在根本上反对此论，反问道："若谓气恶，则理亦恶；若谓理善，则气亦善。盖气即理之气，理即气之理，乌得谓理统善而气质偏有恶哉？……余谓更不必分何者为义理之性，气质之性。"更何况，"非气质无以为性，非气质无以见性也。今乃以本来之气质而恶之，其势必并本来之性而恶之不已也。"在颜元看来，恶并不从气质之性生出，而来自于外部习染，而且只要"尽吾气质之能，则圣贤矣"。每个人的性格都有所偏，但"偏胜者可以为偏至之圣贤。……宋儒乃以偏为恶，不知偏不引蔽，偏亦善也"，"气禀偏而即命之曰恶，是指刀而坐以杀人也，庸知刀之能利用杀贼乎！"如何才能迁善避恶呢？颜元的主张很简单，那就是，因材施教。不必去改变什么气质，但可以改变人的行为习惯。他说："大约孔孟以前责之习，使人去其所本无。程朱以后责之气，使人憎其所本有。是以人多以气质自诿，竟有'山河易改，本性难移'之谚矣。其误世岂浅哉！"

我们应该如何评价颜李学派的是非曲直？

首先我们应该看到的是颜李言说的处境。那就是，当时读书人的确有过于追求虚玄之理而不务实的大毛病，更何况当时的官方意识形态是程朱理学，确实也发展到压抑人性的地步了。颜李的言说，具有极强的现实针对性，而且冒着极大的风险。颜元就说："宋儒，今之尧舜周孔也。韩愈辟佛，几至杀身，况敢议今世之尧舜周孔乎？季友著书驳程朱之说，发州决杖，况敢议及宋儒之学术品诣乎？此言一出，身命之虞，所必至也。"

他们为什么要大声呐喊呢？因为他们想要转变世俗风气，认为呐喊有用。颜元说：

> 但抱书入学，便是作转世人，不是作世转人。（《四存编》）

他给李塨的遗言是：

> 学者勿以转移之权委之气数。一人行之为学术，众人从之为风俗。民之瘼矣，忍度外置之乎？（《四存编》）

抱着转移世风的目的，以先知自命的颜元敢于做一个孤独的呐喊者。他说："立言但论是非，不论异同。是，则一二人之见，不可易也；非，则虽千万人所同，不随声也。岂惟千万人？虽百千年同迷之局，我辈亦当以先觉觉后觉，不必附和雷同也。"更重要的是，他洞察并说穿了世风如果不转向务实的结果，那就是后人会全面、彻底打倒这种文化。他说：

> 文盛之极则必衰。文衰之返则有二：一是文衰而返于实，则天下厌文之心，必转而为喜实之心，乾坤蒙其福矣。……一是文衰而返于野，则天下厌文之心，必激而为灭文之念，吾儒与斯民沦胥以亡矣。……而今不知此几之何向也？《易》曰："知几其神乎？"余曰："知几，其惧乎？"（《四存编》）

考诸中国文化在晚清、五四及后来的命运，我们不能不承认，颜元确实是先知，不幸的是，中国事实上走上了"灭文"之路。悲夫！从上述意义看，颜李学派可谓居功至伟。遗憾的是，颜李学派在思想史上不过是一朵即开即谢的昙花。到李塨晚年，乾嘉学派已经开始走上思想史的舞台，再没有人对颜李的实践主义感兴趣了。

当然我们是把颜李当思想家来评论的，而思想家不能就时代言时代，他们的理论必须超越时代，具有普适价值，这就要求他们的理论"致广大而尽精微"。正是从这个角度看，颜李学派的实践主义存在很大问题，甚至可以说他们的主张处处都存在问题。我们先来看他们分论点的问题。

比如，颜李反对读书、著书、注书，堪称是清初版的读书无用论。人类的智慧是积淀起来的，书籍是这种积淀最重要的载体之一。不是说舍弃书籍就没有学问，但毕竟很多学问是载之于书籍的。完全舍弃书籍，难道不是自愚、愚人之道吗？颜李将读书与做事对立起来，认为读书越多，越不会做事。但是，读书与做事在逻辑上矛盾吗？在事实上矛盾吗？

比如，颜李反对讲学，但讲学不正是人类智慧传承的重要手段吗？颜李认为性命之道讲不清，因此根本不用讲，但人活着，就必然有对人生意义的追问，这个问题怎么解决？也即是，人必须问自己：我为什么要成为一个道德的人？我为什么能成为道德的人？进一步的问题是：怎样的社会秩序才是合理的？只讲实用、实践，回避根本问题，试问实用、实践的目的何在？只是功利吗？功利为什么是目的？人只是逐利动物吗？

比如，颜李反对程朱式静、敬，但程朱真的是让人枯坐不动吗？静、敬在程朱那里难道不是手段而是目的吗？他们虽然强调内圣，但反对过外王吗？老实说，颜李关于天理"镜花水月"的批评，对佛教则可，对宋明理学则不可，因为凡是儒家，认识到那个最高存在的本体以后，并非仅止于此，终归都要追求人文化成。这一点，我在讲程朱的时候已讲得很清楚了。宋明理学固然受了佛教影响，但也仅仅是影响而已，甚至可以说理学只是借鉴了佛教的某些优点，而不是与佛教等同。颜李显然没有看到二者的巨大差异，就将二者拉来一起批评，显然是不公允的。

比如，颜李拉低天道、天理，不能理解天地未有之前已有道存在，所以认为人道就是天道，则更显浅薄了。我在此前多次论述过天道的重要性，归结为一句话，如果没有天为宇宙万物提供恒定的、绝对的价值，宇宙万物则根本不可能有所谓价值可言，人心也不可能真正安定。宋儒的天道观虽然驳杂不纯，但他们毕竟认识到了有一个天对人类的重要性。颜李根本没有认识到这一点，由此带来的问题堪称巨大。

比如，颜李强调实践、实用，这本没有错，但认为真知只源于实践，则大错特错了。人的知识来源非常复杂，岂止实践一条路径？西方近代哲学的核心是认识论，众多哲学家论证过知识来源问题，兹不详论，下面我会专门谈到这个问题。

比如，颜李"主动"，其实，动静相宜才是正理，单纯"主静"当然会导致呆滞，单纯"主动"难道就不会导致盲动吗？

比如，关于实践方向，也就是复古，问题更大，就连李塨都部分地看到了问题所在。颜元对此毫无所知，以为一味复古，一味照搬古人教条就可实现王道，可谓刻舟求剑、可笑至极。以他所主张的"六艺"中的"射"而言，到明末可谓毫无作用，完全过时了。要知道，明末已逐渐进入热兵器时代，明清两军征战已采用红衣大炮了。

颜元的哲学基础更是荒谬，他主张气质不必改变，可以改变的是习惯。问题在于，连天道都不存在，人连天道都不敬畏，为什么有动力去改变习惯呢？难道仅仅可以靠功利？天下有靠功利建立道德秩序的共同体吗？

说到底，颜李的实践主义本不是什么新鲜思想。我在前面多次讲过，中国人的思维方式本就以实用理性和常识理性为预设和底色，它们合力阻碍了中国思想传统实现进一步的超越性突破。实践不过是人的观念的外化，观念是引领实践的决定性力量。学术研究必须独立、自由，否则无法生出引领社会进步的新观念。颜李对实用、实践的过分强调，绝对杜绝研究"虚理"，在实践中就必然导致反智主义。有人因为颜元提倡实用、实践，就以为他的思想彰显了所谓科学精神，其实他的思想不仅不会导致科学精神的发扬，反倒会阻碍科学精神的发生。道理也很简单，既然倡导复古，认为上古已经尽善尽美，那么谁还会深入去探究自然的内在原理呢？古今中外，有任何科学家会拘泥于上古"成法"吗？

总之，颜元强调复古、实用，但他不知道一味复古根本无法实用。他的思想一旦落到现实生活中，必然走向反面：因为无法落地，"实"就会变成"虚"，"用"就会变成"无用"。李泽厚认为，颜元继承的其实不是孔孟思想，而是墨子思想，颜元和墨子的思想都体现了小生产者思维的浅薄与眼界的狭隘。当然，这与颜元是否读过《墨子》无关，因为墨子所代表的小生产者的思维，一直潜伏在中国人思想意识的深层。

以上，只是从一般层面评论颜李学派的得失，下面我想从认识论层面来衡断颜李学派的缺陷。这就需要引入西方哲学视角了。

一般来说，笛卡尔把西方哲学带进了现代，也就是认识论时代。笛卡尔被认为是唯理主义的代表人物。他说"我思故我在"，他的墓志铭上刻着："笛卡尔，欧洲文艺复兴以来，第一个为人类争取并保证理性权利的人。"与唯理主义相对的是经验主义，经验主义早期的代表人物是洛克与休谟。洛克说："一切观念都是由感觉或反省来的——我们可以假定人心如白纸似的，没有一切标记，没有一切观念，那么它如何又有了那些观念呢？……我可以用一句话答复说，他们都是从经验来的，我们的一切知识都是建立在经验上的，而且最后是导源于经验的。"唯理主义推崇理性思辨，但休谟说："我就餐，我玩双六，我谈话，并和我的朋友们谈笑，在经过三四个钟头的娱乐后，我再返回来看这一类思辨时，就觉得这些思辨那样冷酷、牵强、可笑，因而发现自己无心再继续进行这类思辨了。"他还说："一切从经验而来的推论都是习惯的结果而不是理性的结果……习惯是人生的伟大指南。"他还认为，道德理论属于实践科学而不是思辨科学，思辨科学推崇理性，讲究真伪，而实践科学则注重行动。休谟将经验主义原则贯彻到底，甚至认为因果关系并不存在必然性，它只是人的主观联想，所以要回到常识。

颜李二人说的很多话与洛克、休谟极为相似，因此，从认识论的角度看，我们也可以说颜李是经验主义思想家。不过我必须指出的是，颜李只是半个经验主义思想家，因为如果是彻底的经验主义者，则不会给人们认识经验设定任何限制，但颜李的经验主义则指向了复古方向。不过，就算颜李是彻底的经验主义者，又如何呢？

这就要回到康德的视角了。康德的伟大在于，他认识到了唯理主义与经验主义都存在巨大问题，极端的唯理主义会导致独断论，极端的经验主义则会导致怀疑论——一切标准都将丧失。他既反对独断论，又反对怀疑论。他一方面给理性划界，认为人在经验不及的领域，也就是超验领域，应该保持沉默，一方面又论证了科学理性在自然领域的确定性、普遍性和必然性。康德认为，所有的知识都"开始于"感觉经验，但并非所有的知识都"源自于"感觉经验。也就是说，一切知识都是从接受感官刺激开始的，但如果想要形成普遍必然的知识，就不能仅仅诉诸感官经验，必须要引入理性来保证普遍必然性。康德说："如果没有感性，则对象不能被给予我们；如果没有知性，则对象无法被思维。没有内容的思想是空洞的，没有概念的直观是盲目的。"也就是说，"知识的归知识，信仰的归信仰"。

对比康德，我们不难发现，颜李没有认识到人获得知识的途径是复杂的，没有认识到信仰和道德真正的价值，因此是单纯的经验主义者。他们的认识论是残缺的。之所以是残缺的，根本上在于他们眼里没有一个超验的绝对价值，未意识到绝对价值在思想体系中的重要性，使得颜李的思想在实践中必然滑入相对主义的深渊。

常言道："低头拉磨，还需抬头看天。"颜李学派主张的只是低头拉磨，反对抬头看天。从这个角度说，颜李学派的哲学，可以叫"驴子哲学"。但人不是驴子，人是追求意义的存在。

第三十七讲　戴震：天理杀人

这一讲我们讲戴震。

戴震（1724—1777）是清代首屈一指的考据大师，也是乾嘉学派最重要的代表人物。戴震天生就具有考据学家必备的质疑精神。10岁时，读到《大学》首段，他就问老师：这段话是谁说的？师答：孔子说的，曾子传下来的。又问：为什么说这是孔子所说、曾子所传的？有什么证据吗？师答：朱熹这么说的。又问：朱熹是哪个朝代的人？师答：宋朝。又问：孔子、曾子是哪个朝代的人？师答：周朝。又问：周朝与宋朝相隔多少年？师答：两千年左右。又问：既然相隔两千年，朱熹怎么知道这是孔子说、曾子传的？老师无言以对。

戴震记忆力惊人，据说他能记住每部经书的所有注释。他交游也极广，江永是他老师，钱大昕极为赏识他，纪昀、王鸣盛、王昶、朱筠、惠栋等人都是他的朋友，段玉裁、王念孙等人是他的学生。他的学问得到了当时人的一致称赞，但他实在不是一个考科举的材料，40岁时才中举人，后来一直没考中进士。直到51岁，乾隆皇帝欣赏他的学问，破例赐给了他翰林院编修的职位。两年后，皇帝恩命他与进士一起参加殿试。后来，他在四库全书馆认真工作了五年，死在工作岗位上。

劳思光曾精辟地指出清代学术变迁逻辑：清初诸大家都强调经世致用，但他们有一个预设的前提，就是必须"通经"才能"致用"。其实，"致用"与"通经"之间本无逻辑关系，"致用"未必需要"通经"，但既然"通经"被认为是"致用"的前提，学术就不得不转向。为什么呢？因为既然要"通经"，就需要对上千年来真伪不明、杂乱无章的经书进行考订，祛除伪经，并对"真经"的含义进行确定化的解释。所以，"通经"就必然转向"考古"，考据学由此必然兴起。也就是说，"考古"的目的是"通经"，"通经"的目的是"致用"。但问题在于，原因的原因不是原因。"考古"必须讲求客观的态度和方法，不能预设目的。当"考古"成为一门独立的学问时，与"致用"的目的就越来越远了。到后来，甚至很少有人关注成德问题，甚至有考据家热衷自炫学问渊博，至此考据学便堕落为一种智力游戏了。

但大师毕竟是大师，凡大师，都不会陷入支离，不会忘记目的。作为考据大师的戴震就是这样，他从来没有忘记从事考据的目的在"闻道"，"闻道"的目的，当然还是"经世致用"。戴震说：

> 仆自十七岁时，有志闻道，谓非求六经孔孟不得，非从事于字义、制度、名物，无由通其语言。宋儒讥训诂之学，轻语言文字，是犹渡江河而弃舟楫，欲登高而无阶梯也。为之三十余年，灼然知古今治乱之源在是。（《戴震集》）

戴震一生著述繁富，涉及考据、数学、礼仪、工程学等多个方面。考虑到本书讲的是思想史，无须关注他的所有学问。本书关注的不是作为学问家的戴震，而是作为思想家的戴震。这就不能不提戴震的三部论道著作，即《原善》《绪言》《孟子字义疏证》。三部著作思想一贯，以《孟子字义疏证》最具代表性。戴震也说："仆生平著述最大者，为《孟子字义疏证》一书，此正人心之要。今人无论正邪，尽以意见误名之曰理，而祸斯民，故《疏证》不得不作。"遗憾的是，在考据学风盛行的时代背景下，戴震的论道之作得不到足够重视，除他的弟子极力推崇外，大多数学者都认为他作为考据大师，写这种著作是多此一举，没什么价值。章学诚客观记叙了当时学界的反应，"群惜其有用精神耗于无用之地"。这样的氛围下，学界当然就更谈不上对戴震具体观点进行探讨了。

综合戴震的三部论道著作，我们可以勾勒出他的思想系统。下面从两个方面来评述他的思想：一是戴震如何重新定义重要的哲学概念；二是戴震如何重建道德伦理秩序。

与颜元类似，戴震对程朱理学也相当不满。从程朱理学的现实效果着眼，他第一个发出了理学"以理杀人"的呐喊。也可以说，戴震是两百多年后新文化运动反对"礼教吃人"的先声。众所周知，在新文化运动中，鲁迅通过小说《狂人日记》喊出了几千年来的中国历史上写满了"吃人"二字，并发出了"救救孩子"的呼声。胡适受戴震的影响更直接，写过《戴东原哲学》，还与梁启超、章太炎一起发起过戴震逝世两百周年纪念大会。

关于"以理杀人"，戴震说：

> 圣人之道，使天下无不达之情，求遂其欲而天下治。后儒不知情之至于纤微无憾，是谓理。而其所谓理者，同于酷吏之所谓法。酷吏以法杀人，后儒以理杀人。浸浸乎舍法而论理，死矣，更无可救矣。……后儒冥心求理，其绳以理严于商韩之法……及其责民也，民莫能辩。彼方自以为理得，而天下受其害者众也。

（《戴震集》）

还说：

> 尊者以理责卑，长者以理责幼，贵者以理责贱，虽失，谓之顺；卑者、幼者、贱者以理争之，虽得，谓之逆。人死于法，犹有怜之者；死于理，其谁怜之？呜呼！杂乎老释之言以为言，其祸甚于申韩如是！（《戴震集》）

因为反对程朱理学"以理杀人"，戴震从训诂考据的角度出发，重新定义了程朱理学几乎所有的关键词。

程朱认为，理分"天理"和"百理"，戴震却说，"程朱乃离人而空论夫理"。在他看来，理不过是"分理"和"条理"，相当于"百理"。他说："古人所谓理，未有如后儒之所谓理者矣。""理者，察之而几微必区以别之名也，是故谓之分理。在物之质，曰肌理，曰腠理，曰文理。得其分则有条不紊，谓之条理。""惟条理，是以生生，条理苟失，则生生之道绝。"换言之，事物各有"条理"，这就够了，至于"天理"，并不重要，也不存在。"天理云者，言乎自然之分理也。""是故就事物言，非事物之外别有理义也。"戴震从个体出发，从经验主义的角度出发，把理定义为"条理"，如此一来，天下之理当然就是多元的。

程朱认为，理在逻辑上高于气、先于气，理生出气。戴震完全反对这些说法，他一方面降低了理的地位，另一方面又抬高了气的地位。在他的气论哲学里，道（天理）不过是气的别名。他说："谓之气者，指其实体之名；谓之道者，指其流行之名。""大致在天地则气化流行，生生不息，是谓道。在人物则人伦日用，凡生生所有事，亦如气化之不可已，是谓道。"他认为阴阳二气之外没有道，没有太极，阴阳本身就是形而上的道。"形谓已成形质。形而上犹曰形以前，形而下犹曰形以后。阴阳之未成形质，是谓形而上者也，非形而下明矣。器言乎一成而不变，道言乎体物而不可遗。不徒阴阳非形而下……其五行之气，人物之所禀受，则形而上者也。"既然如此，他当然就反对理气二分，他说："六经孔孟之书，不闻理气之分，而宋儒创言之。又以道属之理，实失道之名义也。"这样一来，理就不是一种独立、永恒的存在了，他认为"儒者以理为不生不灭"非"圣贤之言"。

程朱认为，理与欲之间是对立关系，所以要成德，必须"存天理，灭人欲"。戴震肯定人的欲望，他说："理者，存乎欲者也。""凡事为皆有于欲，无欲则无为矣。有欲而后有为，有为而归于至当不可易之谓理。无欲无为，又焉有理！"情、欲一体，所以戴震也肯定人的感情。"天下之事，使欲之得遂，情之得达，斯已矣。""理也者，情之不爽失也。未有情不得而理得者也。""通天下之情，遂天下之欲，权之而分理不爽是谓理。""古之言理也，就人之情欲求之，使之无疵之为理。今之言理也，离人之情欲求之，使之忍而不顾之为理。""苟舍情求理，其所谓理，无非意见也。未有任其意见而不祸斯民者。"

既然肯定气，肯定人的情欲，否认天理，那么人间如何能形成道德秩序呢？这要从戴震对"性"的定义说起，因为人性是道德重建的前提条件。

程朱把人性分为"义理之性"与"气质之性"，前者源自天，纯善无恶，后者可能产生恶。换言之，程朱所谓"性"，是共同性和个别性的结合体。但在戴震这里，"性"只是个别性，甚至就是人的本能。他说："性，言乎本天地之化，分而为品物者也。""限于所分曰命，成其气类曰性。""有天地然后有人物，有人物而辨其资始曰性。"

所谓道德，不过是使人性趋善的观念和规则。那么在戴震这里，什么是善呢？他说："善以言乎天下之大共也，性言乎成于人人之举凡自为。……君子之教也，以天下之大共正人之所自为。性之事能，合之则中正，违之则邪僻。以天地之常，俾人咸知由其常也。"

虽然戴震很不愿意谈天道，但他继承的是《易传》传统，而这一传统本就是天道传统，所以戴震不得不谈天道。但戴震的道不就是阴阳吗？这种道难道不是道家的客观之道吗？它与儒家的天道有什么关系呢？戴震意识到了这一点，所以他对"阴阳之道"进行了创造性解释。他把"阴阳之道"解释为儒家对天道的最基础的共识——"生生"（上天让万物生长）之道，以及由此演化出来的"仁""义""礼""智"观念。戴震说："生生者，仁乎？生生而条理者，礼与义乎？何谓礼？条理之秩然有序，其著也；何谓义？条理之截然不可乱，其著也。得乎生生者谓之仁，得乎条理者谓之智。至仁必易，大智必简，仁智而道义出于斯矣。是故生生者仁，条理者礼，断决者义，藏主者智，仁智中和曰圣人。智通礼义，以遂天下之情，备人伦之懿。""观于生生，可以知仁；观于其条理，可以知礼；失条理而能生生者，未之有也，是故可以知义。礼也，义也，胥仁之显乎！若夫条理得于心，其心渊然而条理，是为智；智也者，其仁之藏乎！"

问题在于，人的本能之性为什么能合于"生生"之天道呢？在戴震看来，这是因为人的本能之性中已经包含了可以实现天道的因素。"人与物同有欲。欲也者，性之事也。人与物同有觉。觉也者，性之能也。""性"之"事能"（功能），分为"欲"与"觉"，"欲"就是人的感性，"觉"就是人的知性，这二者是人的两种天生的能力。戴震又把这两种能力与"仁""智"对应："欲不失之私，则仁；觉不失之蔽，则智。仁且智，非有所加于事能也，性之德也。""得乎生生者仁，反是而害于仁之谓私；得乎条理者智，隔于是而病智之谓蔽。"

回到成德问题，戴震既然说"欲不失之私，则仁；觉不失之蔽，则智"，但如何才能"不失之私""不失之蔽"呢？戴震的方案是："去私莫如强恕，解蔽莫如学。"所谓"恕"，就是人的同理心，也即是戴震所谓的"心之所同然"者（源自孟子）。他说："心之所同然始谓之理，谓之义。……吾惧求理义者以（个人）意见当之，孰知民受其之祸所终极也哉。""心之所同然"者，就是将心比心：一方面，"己所不欲勿施于人"；另一方面，"己所欲"，则可推而及之人。这就是人间之理的产生来源和办法。"凡有所施于人，反躬而静思之：'人以此施于我，能受之乎？'凡有所责于人，反躬而静思之：'人以此责于我，能尽之乎？'以我絜之人，则理明。天理云者，言乎自然之分理也。自然之分理，以我之情絜人之情，而无不得其平，是也。""心之所同然始谓之理，谓之义。则未至于同然，存乎其人之意见，非理也，非义也。凡一人以为然，天下万世皆曰是不可易也，此之谓同然。"所谓"学"，就是学"智"，就是提高人趋利避害的理性计算。"有血气，然后有心知。有心知，于是有怀生畏死之情，因而趋利避害。其精爽之限之虽明昧相远，不出乎怀生畏死者，血气之伦尽然。故人莫大乎智足以择善也。择善则心之精爽进于神明，于是乎在。"

需要指出的是，与历代儒家主要强调"仁"不同，戴震相当强调"智"的观念。他说："既有欲有情矣，于是乎有巧与智，性之征于巧智，美恶是非好恶分。……尽美恶之极致，存乎巧者也，宰御之权由斯而出；尽是非之极致，存乎智者也，贤圣之德由斯而备。"何以如此？因为"仁""义""礼"都是"生生"之天道化生出来，也可以说都是由外部而来，而"智"独属于人道，人也依靠"智"去理解天道，这就是所谓"条理得于心"。换言之，天人沟通靠的是人的"智"，有此"智"，人就可以"知"，可以"观""仁""义""礼"。

以上，是戴震理论逻辑之大要。

从正面而言，毫无疑问，戴震正视人的情欲，反对以理杀人，既有其历史进步性，也有极强的现实针对性。但我们必须看到，戴震的理论内部存在严重的逻辑矛盾。戴震认为，情不爽失为理，节欲为理，但问题在于，情欲本身不能使它自己不爽失，不能使它自我节制，必须有一个超越情欲的存在来节制情欲。这个超越的存在正是宋儒所谓"天道""天理""义理之性"。戴震否认有所谓高悬的"天道""天理"，他认为本能之性中本来包含理义这种超越的存在。也就是说，人的本性本来就包含了经验和超验两个部分，其中超验的部分并不源自天。但是，如果本能之性中已经包含理义，那么情欲出现时随时都能得到节制，那么"私""蔽"，也即是恶，何以能够发生、存在呢？事实上，我们经常在生活中见到人的情欲不能得到有效节制的例子，这不也从反面说明了戴震的本性论靠不住吗？从经验事实的角度出发观察，"欲"的自然发展必然是纵欲，这就如同"火"本身不能灭火是一个道理。

让我们再来看看戴震为成德找到的两条路径，即"恕"与"学"，或"心之同然"与"智"。这两条路径其实都靠不住。

戴震关于"恕"的说法，表面上源自孔子的恕道，所谓"己所不欲，勿施于人"也。但是，孔子讲恕道，是从否定的角度讲的，所以他说"己所不欲勿施于人"，连用了两个否定词。而戴震的恕道是从肯定的角度讲的。为了建构道德秩序，他所谓的"恕"，就是从自己的欲望出发推出如何满足别人的欲望。但正如我在上面所说，这不是本能之性能做到的。本能之性是一种动物为了确保自己的生存与生俱来的存在，追求的只是满足自己的欲望。就算人的本能存在利他因子，但戴震关于"心之同然"的想法也不可能落实到社会实践中，并建构起一套秩序。问题在于，如何确定你的想法与别人"同然"？如果这里的"同然"指人都具有某些能力（如理性思考、想象、抽象能力），则毫无意义。因为人人具备某些能力，并不会导致共同体的共识。如果这个"同然"指情，事实上更是必然不可能。因为人的喜好千差万别，不能说自己喜好美食，别人就喜好美食。更何况，通过什么程序来统计这些"同然"，并将其上升为道德规范和社会秩序呢？

关于"心之所同然"，从晚期希腊的怀疑主义学派到当代的罗尔斯都是高度质疑的，尤其是罗尔斯，在《正义论》中，他的立论目的是论证在政治领域中悬隔道德真理的必要性。他有一组自问自答："为什么我们真诚地、认真地想相互讲道理，然而我们却又无法达成一致？"他的答案是：一、"关于一件事情的证据——包括经验的和科学的——乃是相互冲突的和复杂的，因而难以评估和评价"。二、"即使我们对所考虑的相关事情达成高度的一致，我们也会对它们的权重产生分歧，从而导致不同的结论"。三、"某种程度上，我们所有的概念都是模糊不清和模棱两可的"。四、"我们评估证据和权衡道德价值和政治价值的方式，是由我们的（彼此非常不同的）总体经验所塑造的"。五、"通常，对一个问题的各个方面，人们思考的侧重点是非常不同的，而且很难作出一种全面的评价"。

关于"心之所同然"的问题，戴震的学术晚辈方东树其实已经看到了。戴震说："程朱以理为如有物焉，得之于天而具于心。启天下后世，人人凭在己之意见，而执之曰理，以祸斯民。更淆之以无欲之说，于得理益远，于执其意见益坚，而祸斯民甚烈。"戴震反对"人人凭在己之意见"杀人，但他让人通过"心之同然"得出的见解难道就不是一种"意见"而已吗？对此，方东树就曾质问："按程朱以己之意见不出于私，乃为合乎天理。其义至精至正至明。何谓以意见杀人？如戴氏所申，当体民之情，遂民之欲，则彼民之情，彼民之欲，非彼民之意见乎？夫以在我之意见，不出于私，合乎天理者不可信，而信赖彼民之情之欲，当一日切体之、遂之是为得理?"

让我们再回到孔子的恕道。曾子为什么说孔子的一贯之道是"忠恕"，而不仅仅是"恕"呢？这里大有深意在。所谓"忠"，就是"中心"——将心摆放在中间位置，不偏离。它强调的是个人的道德自律，所以儒家又强调"慎独"，也就是当只有你自己一个人时，也应该有道德意志。因为，"举头三尺有神明"，道德源自于神明；道德律令之所以是绝对的，也是因为它源自神明；人们之所以要做一个道德的人，其中很大一部分原因也在于如果你做恶，就会有神明来惩罚你。"恕"是"如心"，就是推己及人，如果道德完全建立在恕道上，也即是人与他人的关系上，那么道德的绝对性根本无法建立。抛弃神明，其实任何绝对价值都无法建立。从这个意义上讲，人根本无法给自己立法。

戴震关于"学""智"的说法更是大有问题。因为，戴震认为，人之所以追求善，希望成为一个道德的人，是从功利出发计算的结果。人的智性可以决定德性，圣人就是所谓"知之极其量"的人。问题是，智性和德性完全分属两个不同领域，是非问题和利害问题根本是两个问题，任何道德都不可能建立在功利计算上，否则不可能有"杀身成仁，舍生取义"之道德行为出现。通过功利计算建立的行为准则，一定是相对的，这就必然丧失道德的绝对性。就经验事实而论，有太多聪明绝顶却道德败坏的人，这一点几乎不用论证。从另一个角度看，在戴震的理论里，到底是人的行为合乎天才是道德呢，还是人的行为从功利计算才是道德?

戴震的理论之所以左支右绌，是因为他从根上就摆错了理气、理欲的关系。从理气关系来看，他不能理解理在逻辑上高于气、先于气，理能生出气和万物，不能理解存在一个独立于经验事物的超验的天理。其实，理生万物的观念很容易理解。比如，在有杯子以前，人如何能造出一个杯子呢？人们自然会琢磨杯子的功用，比如它是用来盛水的，因此杯子的理只能是边缘高于中心。人依此理，或者用陶土，或者用玻璃，或者用金属等材料就可以造出杯子来。也就是说，不是先有了杯子，才有杯子的理，而是理先于杯子而存在。不能理解这个道理，正如劳思光所说，则无法解释任何创生问题。

从理欲关系来看，其实质是理与欲谁为主的问题。简而言之，人都有理性，也都有情欲，只有用理性控制情欲，才有所谓道德问题。对此，劳思光说得好："总之，不言成德则已，若言成德，则其入手关头在于理性意志之自觉。此自觉非纯靠智性所立，更非自然状态所有。是以，此处必以意志之跃升为枢纽，而'理欲之辨'在此跃升处乃断断必要者。不然，则意志永在情欲本能之支配下，不能与理性合，自无'理性意志'可说矣。至于智性，则当情欲本能决定意志方向时，一切智性所得，皆只能供情欲本能所用，绝不能自己生出一意志方向。"当然，劳思光是站在哲学的角度而不是信仰的角度论述"天理"的重要性，但二者之间的距离其实已经很近了。戴震以"欲"言"理"，根本上是没有认识到主宰之天的重要性。

理气、理欲关系，本质上就是天人关系，因为这里的"理"，是"天理"。戴震不能知天，何以能知人？清儒大多不能知天，戴震不过是又一例证。只是，舍天，而想将人放生，结果只能是事与愿违。

有人或许会说，戴震反对"以理杀人"难道错了吗？明清两代，理学难道没有禁锢人性吗？其实，天理怎么可能杀人呢？杀人的不过是那些绑架天理的政治、社会权力而已，真要将人放生，正确的做法不是反对天理，而是反对那些绑架、歪曲天理的权力。要言之，要让政治（权力）与道德（天理）分立，把道德放归民间，才是人获得自由之道。戴震没有认识到这一点，他的立论前提仍然是：政治不过是道德的自然延伸。这才是他的悲剧。这种悲剧之所以发生，我认为主要是政治、社会环境太过封闭的结果。

第三十八讲　反考据运动：解构天道

这一讲我们讲反考据运动。

当乾嘉考据学派发展到顶峰时，也就是其流弊丛生，走向没落时。考据学派的根本问题在于，他们把考据学与人生哲学搞混了。考据学不能为越来越困惑的人们提供一套关于人生意义的论述。同时，他们自身走向越来越支离破碎的境地，这就引起了一些人的猛烈批评，乃至于形成了一个反考据学派的运动。自觉打响这场运动第一枪的，就是史学家章学诚。

章学诚（1738—1801）是与考据大师戴震同时代的人，比戴震只小十几岁。与那些历代著名思想家不同，章学诚年轻时堪称鲁钝。他自己说，20岁以前，简直就不是一块读书的料，每天读书不过两三百字，还未必能理解书中的意思；学着写文章，也用不好虚字。但21岁后，他突然开窍，读书量越来越大，虽然"于经训未见领会，而史部之书，乍接于目，便似夙所攻习然者。其中利病得失，随口能举，举而辄当"。他一生的职业和学术方向高度合一，那就是读史、修史、著史、论史。他的代表作《文史通义》是一代史学名著，张君励甚至认为他是"中国有史以来最伟大的史学批评家"。

有意思的是，章学诚与戴震这一对思想上的论敌曾经在宁波巡抚的官邸见过面，但就是在那次见面时，二人就地方志的编撰方法发生了意见冲突。更巧合的是，章学诚与戴震一样，40岁才中举。他比戴震幸运的是，中举第二年，他就中了进士。不过，戴震生前就是学界领袖，影响力巨大，而章学诚生前籍籍无名，与他同时的学界晚辈钱林甚至误以为他姓"张"而不是"章"。章学诚死后40年，即鸦片战争爆发的第二年，他的《文史通义》《校雠通义》才正式出版。他被学界广泛认识甚至晚至20世纪初年。这是因为，时代风气发生了改变：乾嘉学人以考证为衡量学术的准绳，章学诚自然不会受到重视，即便是戴震，之所以为时流敬仰，也是因其考证之成绩，而非其义理三书。但近代是一个"主义"（按中国传统说法即"义理"）的时代，章学诚的著作才受到了前所未有的重视。

章学诚的核心主张，是"六经皆史也"，或"六经皆先王之政典"。为什么"六经皆史"？章学诚给出的最简单的论证是：《春秋》《尚书》本来就是史书；《礼记》记载的也是古代典章制度，也是史书；《易经》是先圣观察天地万象的记录，《诗经》记载的是古人风俗，它们也都算史书……其实王阳明早就说过类似的话：

> 《春秋》亦经，"五经"亦史。《易》是包牺氏之史，《书》是尧舜以下史，《礼》《乐》是三代。其事同，其道同，安有所谓异？（《传习录》）

"六经皆史"这个判断看似简单，但要仔细分疏起来，判断中其实包含了章学诚一整套想法：

第一，宇宙之内，谁最大？"道"最大。章学诚说："'道之大原出于天'（董仲舒语）。……天地之前，则吾不得而知也。天地生人，斯有道矣，而未形也。三人居室，而道形矣，犹未著也。人有什伍而至百千，一室所不能容，部别班分，而道著矣。仁义忠孝之名，刑政礼乐之制，皆其不得已而后起者也。"由此可知：一方面，道的源头是天；另一方面，道的展现形态是自然、动态的。因此，章学诚比大多数儒家人物都更重视今世之典章制度。可以说，章学诚的"道"非常类似于西方之"自然法"。

第二，道高于圣人，道不是圣人制作的，圣人不过是通过众人窥见了道而已。"故道者，非圣人智力之所能为，皆其事势自然，渐形渐著，不得已而出之，故曰'天'也。""道有自然，圣人有不得不然，……道无所为而自然，圣人有所见而不得不然也。圣人有所见，故不得不然；众人无所见，则不知其然而然。……不知其然而然，即道也。非无所见也，不可见也。不得不然者，圣人所以合乎道，非可即以为道也。圣人求道，道无可见，即众人之不知其然而然，圣人所借以见道者也。故不知其然而然，一阴一阳之迹也。'学于圣人，斯为贤人；学于贤人，斯为君子；学于众人，斯为圣人。'"这段话的意思是，道是自然的，凡人只知道自然地生活，但不知这就是合乎道的生活，而圣人能发现自然之道，这就是圣凡之别。所以，君子要向贤人学，贤人要向圣人学，但因为凡人的生活本身就体现了自然之大道，所以圣人也要向凡人学，这就是道的发现之旅。

第三，经书虽然是圣人制作的，但经书本身并不是道。"《易》曰：'形而上者谓之道，形而下者谓之器。'道不离器，犹影不离形。后世服夫子之教者，自六经以谓六经载道之书也，而不知六经皆器也。……三代以前，《诗》《书》六艺，未尝不以教人，不如后世尊奉六经，别为儒学一门，而专称为载道之书者。盖以学者所习，不出官司典守，国家政教；而其为用，亦不出于人伦日用之常，是以但见其为不得不然之事耳，未尝别见所载之道也。夫子述六经以训后世，亦谓先圣先王之道不可见，六经即其器之可见者也。后人不见先王，当据可守之器而思不可见之道。故表彰先王政教，与夫官司典守以示人，而不自著为说，以致离器言道也。夫子自述《春秋》之所以作，则云：'我欲托之空言，不如见诸行事之深切著明。'则政教典章，人伦日用之外，更无别出著述之道，亦已明矣。……而儒家者流，守其六籍，以谓是特载道之书耳。夫天下岂有离器言道，离形存影者哉？彼舍天下事物、人伦日用，而守六籍以言道，则固不可与言夫道矣。"

第四，因为时代经验不断变化，而经书只是对时代经验的概括，于今则未必适用，所以重要的只是"'六经'之旨"，而非死守教条。"夫道备于六经，义蕴之匿于前者，章句训诂足以发明之。事变之出于后者，'六经'不能言，固贵约'六经'之旨，而随时撰述以究大道。""学者昧于知时，动矜博古，譬如考西陵之蚕桑，讲神农之树艺，以谓可御饥寒而不须衣食也。""古人以学著于书，后世即书以为学。"

第五，不仅经书能载道，一切书籍都可以载道，经书并不比其他书籍更权威。"经史纬出入百家，途辙不同，同期于明道也。道非必袭天人性命、诚正治平，如宋人之别以道学为名，始谓之道。文章、学问，毋论偏全平奇，为所当然，而又知其所以然者，皆道也。……是故君子即器以明道，将以立乎其大也。"

第六，因为道是无限的，经书是有限的，经书装载的道当然就不是道的全部，道更多地自然呈现于事物之中，尤其是人事之中。"事有实据，而理无定形。""彼舍天下事物人伦日用，而守六籍以言道，则固不可与言道矣。""古人未尝离事而言理。""天人性命之学，不可以空言讲。故善言天人性命，未有不切于人事者。儒者欲尊德性而空言义理以为功，此宋学之所以见讥于大雅也。……三代学术，知有史而不知有经，切人事也。后人贵经术，以其即三代之史耳。近儒谈经，似于人事之外，别有所谓义理矣。"所以章学诚重视的，是历史经验、规律，而不是离开历史经验和规律的心性义理，所以他会说："整辑排比，谓之史纂；参互搜讨，谓之史考，皆非史学。"他在乎的是鉴古而知今。"夫智以藏往，神以知来。记注欲往事之不忘，撰述欲来者之兴起。"

经学家、考据家都认为经书具有不可置疑的至高权威，但章学诚站在史学家的角度，一句"六经皆史"的论断，就把经书、经学的地位拉了下来。在章学诚的观念里，经书的地位不仅比"道"低，也比圣人低，甚至不比其他书籍高。当然，在章学诚这里，其他书籍也与经书一样，可以载道。

回到历史和现实层面，如果我们以贯通的眼光理解清代思想史，不难发现，清代思想家从"经世致用"的宗旨出发，不断拉低了绝对价值。他们从批判陆王心学开始，后来转向批判程朱理学，到章学诚这里，事实上连孔孟也开始怀疑了。章学诚把道放置在最高地位上，无疑是高明的，他对"六经皆史"的几点论证，也自有高明处。但他既然认为"六经皆史"，就会导致绝对价值的丧失。我们可以追问的是，在章学诚这里，"道"是不是绝对价值？或者说，"道"包含的绝对价值到底是什么？他主张在典章制度与人伦日用等经验中见道，这必然导致每个人见到的道都是不同的，那么人类如何可能形成共同的价值规范？

章学诚的思路是历史主义的，所以他提出了"六经皆史"。但问题在于，经书仅仅是史书吗？经书的地位真的应该与其他书籍等同吗？换言之，史学真能够取代哲学吗？我认为，章学诚的观点对中国人摆脱思想禁锢固然有好处，但他"六经皆史"的论断并不成立。一方面，经书虽然是历史形成的，其中包含了大量历史记载，但经之所以成为经，是因为它在这些变化的历史叙述中提炼了不变的道理。人类是需要这些不变的道理的，否则行为就将失去指南。另一方面，史学当然无力、也没必要取代哲学，因为史学无力化解人们对人生意义乃至社会秩序的困惑。我们可以说，经书具有历史性，但不能说经书就是史书，史学可以取代经学。对此，北宋苏洵在《史论上》中已经有正确的论述，他说："经以道法胜，史以事辞胜。经不得史无以证其褒贬，史不得经无以酌其轻重；经非一代之实录，史非万世之常法。"

当然，如果章学诚在拉低经书、经学的同时能提供一套足以说服人的关于人生意义的解释也无不可，但他没有，也无力提供替代方案。从这个角度看，他还是解构有余，建构不足。

同时，章学诚的"六经皆史"论含有权威主义毒素。比如，章学诚的思想里蕴含了今人胜古人的元素。因为六经不过是历史，不过是"先王之政典"，时代变了，经书当然就不适用了，后王就应该有后王的政典了，所以每个朝代的人应该遵循当朝之政典。所以在他的"六经皆史"论中，经与史、史与学、学与官，异名而同实，最终归结于官。他对东周以降的处士横议痛心疾首（"自诸子之纷纷言道，而为道病焉"），将"以吏为师"的法家刑名之治当成三代美政（"秦之悖于古者多矣，犹有合于古者，以吏为师也"），甚至主张以"书掌于官，私门无许自匿著述"的激烈手段，恢复"治教无二，官师合一"的"三代"之治。联系到清代的文化高压政策，我们即便不对章学诚发诛心之论，也应该对"六经皆史"论抱持必要的警惕态度。

由此我们可以顺带论及中国思想家的复古情结。一方面，复古情结致使思想家的思想裹足不前；另一方面，真正的思想家虽然口头上强调"三代之治"，但心里未必认为"三代"尽善尽美，毋宁说他们只是把自己关于理想社会的美好愿望投射到"三代"上。至于"三代"真实的社会图景，已经变得没那么重要了。换言之，"三代"不过是理想社会的代名词，他们不过拿这个理想社会的标准来批评现实政治，并建构自己的思想学说而已。应该指出，这一复古情结，大概是普遍人性的构成部分。西方人不也"言必称希腊罗马"吗？西方中世纪晚期，思想家不是也援引亚里士多德作为推进思潮变迁的武器吗？当然，不同的文明体，复古情结的程度不同，其具体的思想理路也不同，不可完全混而言之。

与章学诚相比，比章学诚晚生34年、晚死半个世纪的方东树（1772—1851）对考据学派的批评更为勇猛，也更为致命。他的名著《汉学商兑》出版于1824年，完全是针对考据学（因为汉人重考据，宋人重义理，因此考据学又被称为"汉学"，义理学又被称为"宋学"）的集中批评。如果说章学诚的"六经皆史"客观上横扫了经学，方东树则是站在维护义理学的角度批判考据学。

在《汉学商兑》序言中，方东树说：

> 逮于近世，为汉学者，其蔽益甚，其识益陋……毕世治经，无一言及于道，无一念及于用，以为经之事尽于此耳矣，经之意尽于此耳矣。其生也勤，其死也虚，其求在外，使人狂，使人昏，荡天下之心而不得其所本，虽取大名如周公、孔子，何离于周公、孔子！其去经也远矣。尝观庄周之陈道术，若世无孔子，天下将安所止？观汉唐儒者之治经，若无程朱，天下亦安所止？

方东树认为，儒学本是求道、见道之学，近世治学者转入文献主义，既忽略了治经的目的是明道，也于实践无益，因而称之"荡天下之心而不得其所本"。他还认为，宋学是对汉学的逻辑发展，所以不能轻易舍弃程朱。他说："若无程朱，天下亦安所止？"他看到了人心需要安定这个大局。

《汉学商兑》试图从字词原意考订的角度出发，对道学进行釜底抽薪式打倒的论证。这种方法是考据学家的故伎，其实相当幼稚，因为即便先秦没有"道学"一词，也不妨碍宋儒兴起道学，否则任何意义上的思想学术进步均成为不可能之事。词源问题与哲学问题毕竟是两个问题，后人借用老词汇阐发新道理，不仅是可能的，在某种意义上也是必要的。

反考据运动诸子从不同角度对考据学派进行了批判，批判的目的，是希望挽回人心，重建道德。他们的批判也引起了一些考据大家的重视。戴震去世以后，很多考据学家就已经认识到了考据学的缺点和局限，像阮元、焦循、凌廷堪等人就已经开始在考据之外讨论心性义理问题了。在反考据运动之后，19世纪初叶，曾国藩等人站在宋学的立场上，又发起了调和汉学与宋学的运动。但其时社会已经巨变，思想界不得不面对西学东渐的现实，所以调和汉宋的努力很快就消歇了。曾国藩仍然在古典里找出路，根本算不上是能继往开来的思想家。老实说，在当时的时代背景下，什么汉学、宋学，在西学面前，其实都是"弱学"。

第三十九讲　他山之石

这一讲我们讲"中学东渐",也即儒学东渡。

孔子曾感慨地说:"道不行,乘桴浮于海。"孔子一生,没有渡过海,但儒学发展到后来,却扩展到了东亚,所以我们现在总是说,存在一个东亚文化圈。东亚文化圈的特色,在于几个东亚国家都在不同程度上遵奉儒家思想。不过,儒家在东亚不同国家的发展,情形也不尽同。在我看来,儒学的日本化最值得深入研究,因为它完成了中国思想传统的创造性转化。日本史学大师内藤湖南(1866—1934)曾有过一个著名的比喻:日本文化的形成"如同制作豆腐,在豆子磨成的豆浆中,已经有了变为豆腐的素质,但没有可以使其凝固的外力,而中国文化就如同盐卤,可以使其凝固,从而成为豆腐"。不过,众所周知,这块豆腐一旦凝结而成,它就具备了与中国文化不同的气质。内藤湖南还说:"文化有自中心向终极方向发展的运动,以及再由终极向中心反向发展的运动。在其反向发展的运动中,有源自权力关系的运动与源自纯粹文化的运动。"这里的"中心"自然指中国,"终极方向"则指日本。

对中国本土而言，自西学东渐以来，如何对中国思想传统进行创造性转化或转化性创造一直是我们必须直面的重大课题，这是再造文明的核心课题，也是至今仍然没有完成的课题。那么，日本对中国思想传统的创造性转化实践是否可以为中国本身的思想文化更新提供某种启示和参考呢？换言之，中国是否需要在日本文化的反向发展运动中学习点什么呢？答案是肯定的。

这一讲我们主要讲两个问题：一是儒学在日本的发展简史；二是日本学者是如何对儒学进行创造性转化的。重点是后一个问题。

至少在日本的战国末期，中国文化已经在日本传播，那时的日本还没有形成一个真正意义上的国家。日本民族的独立意识形成比较晚，大概在中国的王莽新朝时代。大约在东汉初期，日本统一的国家雏形已经形成。据说，《论语》《千字文》在应神天皇时期传入日本，日本第一个研习这两本书的人正是应神天皇。但应神天皇是个带有传说性的人物。直到圣德太子（574—622）出现，日本才真正开始重视从中国来的学问。圣德太子通晓中国秦汉以来的政治，熟知隋代的政治改革方略，曾派遣留学生和僧人到中国研习儒学和佛教。圣德太子还撰写过《三经疏》，其中参考了种种中国前贤著作。从太子于604年颁布的《宪法十七条》中，明显可以看到来自儒学的影响。比如，宪法第一条倡导"以和为贵"，第四条是"群卿百僚以礼为本"。第十二条还写道："国非二君，民无二主。率土之民，以王为主。所任官司，皆是王臣……"这些都体现了儒家思想。据河川秀根《书纪集解》的研究，太子为制定这部宪法，参考的中国儒家经典有《书经》《诗经》《周礼》《礼记》《左传》《论语》等，参考的史书有《史记》《汉书》《后汉书》等，诸子书有《老子》《管子》《韩非子》《孙子》《荀子》《淮南子》等，此外还有《文选》与佛教典籍。

日本奈良时期（710—784）在中国正是唐朝，日本派遣大量留学生来中国学习各种学问，其中当然也包括儒学。由此，儒学逐渐遍布日本。但儒学在日本一直处于与神道、佛教鼎足而三的地位，教授、传承儒学也是依靠家庭为载体，一些家庭的职责就是世代传承儒学，由此形成了以学问为业的世家。家学产生于平安时代中后期，比如，清原、中原两家家学为明经道，菅原、大江两家家学为纪传道，中原氏中也有以明法道为家学者。日本一直没有实行中国式科举制度，儒学一直在民间传播、发展，没有成为与政治绑定的意识形态，所以一个人关于儒学的学识、修养都与其政治身份和社会地位无关。这与中国的情况截然不同，由此也决定了日本儒学自由发展的特点。

中国在宋朝发展出儒学的新形态，即"道学"，后来又被称为"理学"或"程朱理学"。"程朱理学"在日本被称为"朱子学"。朱子学在后醍醐天皇时期传入日本，担任使者的主要是日本僧人。比如，一山禅师、虎关禅师、玄慧法师、梦窗国师等人。其中有一个叫俊芿的僧人非常有名，他曾到过中国，并与著名的新儒家杨简有过交流。他在中国待了13年，回国时带回了250卷儒家著作及其他方面的书籍。他回国后以讲授四书为职业。而第一个研究程朱理学的学者，就是著名的北畠玄慧（？—1350），他原本也是一个僧人。

日本文化早就有独立于中国的冲动，但催生日本文化真正独立的事件是蒙古入侵日本。此前，日本人一直把中国当成老师，因此非常尊崇中国文化。但正是中国这个老师居然被蒙古人打败了。而蒙古入侵日本，却被"神风"击退。此战极大地提升了日本文化的独立意识，也强化了"日本乃神国"的观念。

德川幕府时代（1603—1868）又称为江户时代，大致与中国的清朝同期。这个时代，可以称之为日本文化独立后的创造时代。当然，创造必须有所凭借，因为这个时代朱子学是日本的官学（在日本人看来，朱子学构建了人间秩序，有助于政治稳定），所以日本学者对儒学的创造性转化主要从朱子学入手。朱子学的流行导致了日本思想史上的大变化，因为儒学由此在民间普遍化了。

推动儒学普遍化的是藤原惺窝（1561—1619），他原是一个僧人，因为信奉儒学，就还俗了。他认为儒学在日本应该与佛教脱钩。他也像中国的新儒家一样批评佛教。此后，儒学在日本的地位高过了佛教。藤原惺窝还说服日本官方采用朱熹注释的四书读本。德川家康在定鼎日本之前，已印行《孔子家语》《贞观政要》等书，表明他尊重儒学。德川家康很敬重藤原惺窝。德川幕府成立后，德川家康希望藤原惺窝总揽文教之责，但藤原惺窝推辞了，并推荐弟子林罗山（1583—1657）担任儒家书院院长和德川家康的侍读。这家书院对朱子学在日本的教育、传播起到了相当大的作用。林罗山在江户文化史上产生过重大影响，他的子孙后来长期担任书院院长职务。即便德川家康重视儒学的研究、教育、传播工作，但日本的政治制度还是典型的封建制，因此德川幕府仍然没有将儒家经书当成选拔、考核、晋升官员的工具。

推动程朱理学完成创造性转化的是山崎闇斋（1618—1682）开创的崎门派。他与佐藤直方（1650—1719）、浅见絅斋（1652—1711）、三宅尚斋（1662—1741）等人开创了日本朱子学。

阳明心学传入日本其实也相当早。据说，早在1507年，学者了庵桂悟就到中国与王阳明亲自交谈过。此后，日本人开始研究阳明。不过，国际学界公认，中江藤树（1608—1648）才是日本王学的创立者。或者说，中江藤树才使王学在日本流行开来。中江藤树原本服膺朱子学，到30多岁，才转而服膺阳明学。他的后继者是熊泽蕃山（1619—1691），熊泽坚信人存在良知。但他不是把良知作为理念来分析，而是试图将良知贯穿于现实生活的方方面面。他非常重视忠于皇室。他认为，程朱、陆王对儒学的贡献一样大，这大概是日本学者的一种普遍态度。上面讲的朱子学派的藤原惺窝也是这种态度。他虽然尊崇朱熹，但也不反对王阳明。他主张要看到朱、王之同，而不是两者之异。熊泽蕃山之后，阳明学的传人分别是三轮执斋（1668—1744）、佐藤一斋（1772—1859）、大盐中斋（1793—1837）、佐久间象山（1811—1864）、吉田松阴（1830—1859）等人。佐久间象山是佐藤一斋的弟子。吉田松阴是佐久间象山的弟子，他是最先主张日本应该向西方开放门户的人。他为向西方学习，曾准备偷渡，因此被处死。他创立了松下村塾，维新志士如伊藤博文、山县有朋、西乡隆盛都是他的弟子。

江户时代的思想史中，除了朱子学派和阳明学派，古学派也是一股相当强劲、重要的思潮。古学派思想家主张恢复、阐发日本古学，也就是神道教和武士道之类，以此纯洁日本文化，增强民族认同感和凝聚力。不过，他们中的一些人，尤其是几个主要人物也研究儒家思想。比如，伊藤仁斋（1627—1705）反对朱子，主张回到孔孟；荻生徂徕（1666—1728）赞同荀子，重视外王事功。

日本儒学最大的特点在于，日本学者高度重视主宰之天的重要性，他们提升、发展了儒学的宗教性，把神摆到了应有的位置，可谓"神归神位"。

下面，我将通过对江户时期日本朱子学派代表人物山崎闇斋、佐藤直方、浅见絅斋、三宅尚斋，阳明学派代表人物中江藤树，古学派代表人物伊藤仁斋的分析，说明上述论点。

山崎闇斋年轻时本是一个僧人，19岁时接触到研究朱子学的学者，当下大服，于是立即还俗。他同时还是一个神道家，晚年极力将神道各派融为一体。他38岁时开始在京都创立私塾讲学，其讲学风格，堪称威猛。《先哲丛谈》中说："闇斋，天性峭严，师徒之间，俨如君臣。受教者，虽贵卿巨子，不置眼底。其讲书也，音吐如钟，面容如怒,听徒凛然不敢仰见。诸生每窃相告曰:吾侪未得伉俪,情欲之感,时动不能自制,则瞑目一想先生,欲念顿消,不寒而栗。"朱熹强调以理制欲,循序渐进提高修养,而山崎闇斋能让学生一想到自己就"欲念顿消,不寒而栗",我想在中国历代儒家思想家中,就算程颐也没有他那么严肃威猛吧。

山崎闇斋授课为什么要这么严肃威猛呢?因为他的为学方法包含"祖述"和"体认"两个方面:"祖述"就是照着、顺着朱熹讲,"祖"即朱熹。"体认"就是不仅要从理性层面认识到朱子的道理,而且要用心体会,这里就存在一个"心法"传承问题。闇斋授课,其实是在教授、传递"心法",略似于禅宗的棒喝。

闇斋从朱熹那里体认的心法究竟是什么?闇斋说:"夫敬之一字,乃儒学成始成终之工夫也,其由来也久远。自天地始开以来,代代圣人传道统之心法,亦不过此敬矣。"也就是说,"敬"之心法与道统密切关联,传承不绝。这不仅是闇斋个人的认识,也是崎门派学者的共识。事实上,日本朱子学之所以能由崎门派证成,不在于他们对朱熹的"祖述",而在于他们对此"心法"的共识。除闇斋之外,"崎门三杰"之一的佐藤直方如此认识"敬"之心法:"敬之一字,乃有功于圣门而先儒之所未发者也,故大被朱子赏美。孔子之说仁,胜于尧舜,程子拈出敬来,其意同也。杨龟山、罗仲素、李延平所传之道统,主静存养之道也。孔子传授之心法,不外乎此也。朱子接道统于李延平而集大成,居敬穷理之学终为之全。""崎门三杰"的第二位代表人物浅见絅斋则说:"天地之立天地,古今相续,旋日用之昼夜,皆此心法也。渐渐诠议不通,而至于程子,乃择敬之一字,本于孔门之语,立为后学标的。或说主一,或说整齐,而全得其旨者,尹、谢、杨也。杨氏之心法传之罗氏,罗氏又传之李氏,遂及于朱子。"

"敬"的实质是什么?其实就是"心之主宰"工夫。佐藤直方说:

"不放逸此葱郁之心，平生谨严磊落即为敬。"又说："天下无主谓乱世，国家无主谓不治。敬者，吃紧着力于主宰之工夫也。……敬者，存心之谓也，其心收敛而不放，主一也。"为什么主宰心如此重要？因为人只要有此主宰心，就能实现"潜心以居，对越上帝"的境界，也即是天人沟通、天人合一境界。佐藤直方明说："上帝，亦云天帝，无形而主宰之谓。虽曰无形，位处极致。天理云者，非兀然无所稽者。倘无极致，则阴阳流行、四时序位之不乱，万物生生而不变，形无稍异而生者，岂可得哉！"

程朱虽然高悬一个天，朱熹虽然也提到"上帝"，但其所谓"天"与"上帝"，混合了主宰之天与规律之天，毋宁说，其中主要是规律之天——理。朱熹的弟子陈淳在《性理字义》中自问自答："天之所命，果有物在上而安排分付之否？天者，理而已。古人凡言天处，大概皆是以理言之。……（朱熹）《论语集注》在'获罪于天'（的注释中）曰：天即理也。"

但到了崎门派这里，更加强调的显然是主宰之天，也即是人格神。崎门派明显提升了儒学的宗教性。在崎门派这里，能够主宰心的人与主宰宇宙万物的天之间的关系，如同两个可以亲密对话的朋友间的关系。所谓创造性转化，由此得以体现。

如果说崎门派上述诸子关于儒学的宗教性提升的论述还有隐而未显处，那么"崎门三杰"的第三位代表人物三宅尚斋关于"祭祀来格"的思想，则进一步显明了日本朱子学的宗教性。三宅尚斋在19岁时拜师山崎闇斋，但两年后不幸遭遇闇斋逝世，尚斋于是跟着佐藤直方与浅见絅斋两位师兄学习、切磋。与师父、师兄严苛的性情和治学态度不同，他的性格颇为宽和，对阳明学也更为宽容。

虽然孔子讳言死，认为"未知生焉知死"，但我们也可以反问孔子"未知死又焉知生"。历代儒家对这个问题也大都语焉不详。事实上，主宰神是否存在；人死后灵魂是否还存在；如果还存在，它往哪里去？这些问题是人生最大的问题，不容回避。三宅尚斋就站在是否知鬼神的角度对宋儒进行了评价："周子，乃彻悟整体者，虽不置一词，然'无极而太极'一语，无所遗漏。程子兄弟，伊川有'天地之功用'。横渠有'至而至者，云神'，《中庸》中亦有载。告明道之谢显道，有至极之理。张子，鬼神屋也，颇见用心也。朱子则不足道也。朱子门人中亦无可观者。遍观其文集语类，未见真正探讨鬼神问题之论述。即令是其中有关部分，所言亦难免予人以隔靴搔痒之感。虽云'如在左右'，但并无触及实质之深入探讨。"崎门派尊朱熹，三宅尚斋却对朱子的鬼神思想评价极低，这是大可注意的。不过，三宅尚斋提到，朱熹在一次被人逼问关于祭祀的问题的时候，其回答值得重视。尚斋说："由于廖子晦追根问底，非常执拗，朱子被缠不过，便说出一段话来。那段话，如以大木撞击大佛之钟发出之声音，久久回荡。……如泄露天机之语也。"

朱熹有"统体一太极"之说，即具体事物中"百理"统于根本的"天理"。廖子晦曾在信中向朱熹发问：人的性来自于天，躯体虽死，但天不死，所以性不死，所以子孙后代可以通过此不死之性与已死的祖先沟通。但既然祖先与子孙是靠"性"来沟通，性是一种灵，怎么会嗜好饮食呢？廖子晦之所以这么在乎死和祭祀问题，是因为他认为："不然则人何用求至贤圣？何用与天地相似？倒行逆施，均于一死，而不害其为人，是直与鸟兽禽鱼俱坏懵不知其所存也。"应该说，廖子晦问到了根本问题。

朱熹批评廖子晦混淆了理气关系，认为他误把"气"当成了"性理"。在朱熹看来，"精神魂魄"不过是气，人死只是气散而已。问题在于，即便人与鬼神的沟通是气与气之间的沟通，但人死则气散，子孙后代如何可能再与已死的祖先——鬼神感通呢？朱熹被逼到墙角，终于说出"根于理而日生者，则固浩然而无穷也"。意思是，天理是气再生的根源，即便气会因人死而散，也可由天理再生出来。如何才能再生出来呢？这就要靠子孙后代在祭祀祖先的时候面对上天保持足够的"诚"意。

朱熹的解释存在一个问题，即如果天理只是一种规律性的存在，它就不是有情的，那么人通过诚意如何能与天理沟通，并进而招致祖先已散之气复生呢？

回到三宅尚斋，他是如何接着朱熹的鬼神论往下讲的呢？要言之，如果说朱熹突出的是理气之分，尚斋突出的则是理气之合；如果说朱熹是站在气的角度讲鬼神，尚斋则强调理是鬼神来到的最终依据。我们来看他具体怎样说：

> 人之生也，二气之合（有魂、有魄）。人之死也，二气之离（魂游、魄降）。祭祀之礼，合复二气之道。导之则来，感之则应。同气相求者，气也。而气则理之为体，理则气之骨子。故根于理而生，循于理而聚者，气也。气有聚散，而理无消散。祖考之精神，则根于天地精神之理，生生无穷者也。……
>
> 天地之间生祖考，此天地之一事。虽祖考已死，年月过度，而祖考之理不灭。以祖考之理，求之于天地，则必有复祖考者，根于理而生，循于理而聚者如斯。天地、祖考、自家，合一无间，唯此一个精神也。我之精神，依于祖考之主时，与天地之精神聚于此。祖考，复生于天地之精神，与我之精神，依于主。有灵于位，我之精神之聚处，祖考洋洋仿佛于此，即是复生于天地精神之上也。（《江户思想史讲义》）

崎门派是尊重朱熹的学派，我们只有仔细对比品味，才能看出二者的不同，但正是这些细微的不同，才是最重要的。而这些不同，主要体现为宗教性的差异。日本当代思想史家子安宣邦认为："在日本近世中期，儒家当中承担宗教言说成立课题的，就是主张忠实继承和祖述朱子学说的崎门的儒家。其中，从提倡垂加神道、非常激进地遂行这一课题的山崎闇斋，到朱子鬼神论的彻底的理解者佐藤直方，代不乏人。不过，他们的言说立场是共通的。……作为这个崎门儒家的代表人物之一的尚斋的《祭祀来格说》，最终真正解决了宗教言说形成的课题。"

诚然如此，但我们也应该看到，在日本阳明学派和古学派那里，也存在某种程度的宗教性的阐发。下面，我仅举阳明学派代表人物中江藤树，古学派代表人物伊藤仁斋为例简要说明一下。

中江藤树被称为"近江圣人"，以孝顺母亲著名，所以又被称为"孝子藤树"。他每天都会拜诵儒家的《孝经》和道教经书《太上感应篇》。《太上感应篇》讲的是善恶相报的道理，所谓"祸福无门，唯人自招，善恶之报，如影随形。是以天地有司过之神，依人所犯轻重，以夺人算"。中国儒家，生怕别人指责其思想中含有异教因素，但藤树非但无此避讳，且信之弥深。由上可见，中江藤树诵读上述儒、道两教经书，是宗教性的需要。

再说古学派伊藤仁斋。古学派倡导回到孔孟。伊藤仁斋理解的理气关系与戴震类似，他说："天地之间，只是此一元气而已矣。可见非有理而生斯气。所谓理者，反是气中之条理而已。"但他又说："天不容许在人的世界中有丝毫的虚假，它洞察一切。"还说："所谓'维天之命，于穆不已'，即《书》曰：'唯天无亲，克敬唯亲。'又曰：'天道福善祸淫。'《易》曰'天道亏盈而益谦'之意。孔子曰：'天生德于予，桓魋其如予何'？又曰：'获罪于天，无所倒也。'亦是也。"显然，这里的"天"，就是主宰之天。

至此，我们可以说，对宗教性的主宰之天的高举是日本儒学的共识和相对于中国儒学的特点。为什么出现这种创造性转化？我认为与日本本身就具有的神道教传统有直接、必然的关联。日本儒学家的思想背景是神道教，这使他们重新解释儒家经典的时候，自觉不自觉地就会提升儒家的宗教性。对此，日本"物哀"哲学的创立者本居宣长（1730—1801）说：

> 一般而论，人无论怎样坚强，探其内心世界，则与女童无异，大都是软弱无靠、羸弱无力的。中国人其实也是如此。因该国不是日本这样的神国，从远古时代始，坏人居多，暴虐无道之事不绝如缕。动辄祸国殃民，世道多有不稳。为了治国安邦，他们绞尽脑汁，想尽了千方百计，试图寻找良策。于是催生出一批批谋略之士，上行下效，以至无论何事，都作一本正经、深谋远虑之状，费尽心机，杜撰玄虚理论。对区区小事，也论其善恶好坏。流风所及，使该国上下人人自命圣贤，而将内心软弱无靠的真情实感，深藏不露，以流露儿女情长之心为耻。更何况赋诗作文，只写堂而皇之的一面，使他人完全不见其内心本有的软弱无助之感。（《江户思想史讲义》）

本居宣长是"和魂"的鼓吹者，主张"清除汉意，坚固和魂"，强烈批判日本人崇拜中国文化的"唐心"，主张从古道，尤其是万叶和歌世界去发掘"大和心"，因此其论调颇为偏激。上述这段评论，也有此病，但他对主宰之天的必要性的强调，以及对中国思想中这方面不足的指陈则可谓一针见血。

必须指出，日本人对宗教的需求并不主要由儒学来满足，神道教和佛教都承担了重要职责。因为我讲的是中国思想史，所以只能从儒学的角度探究日本儒学发展的特点，那就是日本学者提升了儒学的宗教性（这只是江户时代日本儒学的一大特点，日本儒学在江户时代还产生了其他特点。比如，以荻生徂徕为代表的外王派就论证了政治与道德分离的必要性，由此提供了日本思想史自身的现代性资源（此说见丸山真男《日本政治思想史研究》）。

第四十讲　八论天人之际

最后一讲，是总论天人关系，并对未来中国思想史进行某种瞭望。

本讲准备讲八个问题：一、什么是天？二、人为什么需要天？三、中国人有敬天传统吗？四、中国传统思想文化的实质是什么？五、道德理想主义的危害是什么？六、如何给道德理想主义"消毒"？七、阻碍中国人敬天的思想根源是什么？八、中国思想文化如何与天接榫？

一、什么是天？

在本书序言里，我已指出主宰之天的几个特点。在这里，不妨对此适当展开。

（一）他是万物的创生者

万物因此本于他、源于他，按儒家的说法，就是"生生之谓至德"，因此他能解决"我是谁？我从哪里来？"的问题，能解决人的世界观问题，而世界观是价值观和人生观的基础。

或许有人会问，创生者就那么重要吗？我的回答是，确实重要，因为人性中总有给自己寻找定位的渴求；人不知自己从哪里来，就无法给自己定位；灵魂就必然处于飘荡无依的状态，就得不到安宁；思想就缺乏起点和支撑点，就无法进行深度思考。

或许有人会问，创生者就一定是天吗？不是说宇宙是大爆炸产生的吗？万物不是演化而来的吗？我的反问是，请问大爆炸、演化如何炸出、演化出价值（是非善恶）？如何炸出、演化出人的情感及一切观念？

（二）他是万物的立法者

所谓"天生烝民，有物有则"，只有他能制定绝对价值，人间的一切价值、规则都本于他、源于他，而非人为自己立法。人为自己立法的结果必然是谁都无法说服谁，由此必然产生大纷争，甚至大战争，此乃取死之道。法源自天，"人法天"，人与人之间的交流就会有共同语言，就会协作共进。

有人或许会问，为什么人不能为自己立法？世间的一切法律、制度、规则不都是人自己制定的吗？我的回答是，这只是表面现象，我们需要追问的是，人依靠什么制定这些法律、制度、规则呢？依靠的是人内心的信念，这个信念是外来的，同时又根植在人的心里。说它是外来的，是说它源自上天，即源自永恒法；说它根植在人的心里，是说它源自人的良心，即源自自然法。

其实，只要回到现实生活，同时又不自欺欺人，就会发现，当缺乏绝对价值，人与人之间、共同体与共同体之间几乎所有的争执就都无解。比如，有人骨子里就信奉自由的价值，有人骨子里就信奉平等的价值，这两种人的争执能达成双方都满意的结果吗？中国人对此情景是再熟悉不过了，我们的俗语不是常常说"公说公有理，婆说婆有理"吗？

人与人之间的争执，往往不是正确与错误观念之间的争执，而是两个或多个正确观念之间的争执。比如自由与平等，二者都是正确的价值，但问题在于，它们都是不完全的、偏颇的价值：不受节制的自由就会流于放纵，不受节制的平等只会压抑人的天赋。人天生就有挑选一个自己最喜好的正确价值而不顾及其余的倾向。天之所以是绝对价值，是因为他本身就是中道，中和了所有正确的价值，使其各归其位，使每一个价值都受到节制，都存在边界，所以他能成为标准。

（三）他是赏善罚恶的司法者

《尚书·汤誓》说："有夏多罪，天命殛之。……予畏上帝，不敢不正。……致天罚。"《尚书·皋陶谟》说："天讨有罪。"

因为赏善，天才让人敬爱；因为罚恶，天才让人畏惧。人无敬畏，必然放肆，所以索尔仁尼琴说："如果不相信有神，人（可能）什么事都做得出来。"这一特征也能解决"我要到哪里去"的问题，因此也能带给人对彼岸的盼望，而对彼岸的盼望必以灵魂不死为前提。因为灵魂不死，肉体死后，灵魂可能去不同的地方，所以也让人产生敬畏。对此，陀思妥耶夫斯基说："我何必要好好生活，积德行善呢，既然我在世上要彻底死亡？既然不存在灵魂的不朽，那事情很简单，无非就是苟延残喘，别的可以一概不管，哪怕什么洪水猛兽！如果这样，那我为何不可以去杀人、去抢劫、去偷盗，或者不去杀人，而直接靠别人来养活，只管填饱自己的肚皮呢？要知道我一死就万事皆休了。"

（四）他是亲切的交流者

《诗经·皇矣》说："帝谓文王：'予怀明德，不大声以色，不长夏以革。不识不知，顺帝之则。'帝谓文王：'询尔仇方，同尔弟兄。以尔钩援，与尔临冲，以伐崇墉。'"（天帝告知我周文王："你的德行我很欣赏。不要看重疾言厉色，莫将刑具兵革依仗。你要做到不思不想，天帝意旨遵循莫忘。"天帝还对文王说道："要与盟国咨询商量，联合同姓兄弟之邦。用你那些爬城钩援，和你那些攻城车辆，讨伐攻破崇国城墙。")天如果不能与人交流，则人如何获知天意？天如果不能与人交流，人如何得知天的存在？

当我们知道了什么是天，我们自然就知道了什么是人：天是创生者，人是受生者；天是立法者，人是守法者；天是司法者，人是接受者；天是交流者，人是回馈者；天是无限的，人是有限的；天是超越的，人是经验的；天是完美的，人是有缺陷的。

一句话，天就是天，人就是人，人永远无法成为天，人也永远无法完全获知天意。

二、人为什么需要天？

人为什么需要天？上面已经大略言之，归结起来说，人需要天，是因为人天生就有对安全感的渴求，是因为渺小、有限的人需要依靠一个巨大、无限的力量来立定自身。人对安全感的渴求主要体现在两个方面：

（一）人的灵魂有对安全感的渴求

安全感产生于秩序感、归属感、意义感、满足感。为了满足安全感需求，人就必然通过各种渠道与世界产生情感信托关系。但人身处经验世界之中，经验世界是变动不居的。这些变动，有的对人来说是好的，有的对人来说是坏的。对佛教徒而言，人生就是一个充满了各种"苦"的过程，这是人无法逃遁的事实。人在经验世界遭遇的挫折、打击、灾难极容易让人产生这个世界是不值得信托的、没有意义的、无法满足人内心渴求的心理。存在主义者甚至认为，人生本就是荒谬的。金钱或许能让人产生一定程度的安全感，良好的制度或许能让人产生一定程度的秩序感，情爱或许能让人产生一定程度的归属感，名誉和成就或许能让人产生一定程度的意义感和满足感，但这些事物都是有限的，它们都无法提供终极意义上的安全感。为什么如今越来越多的人陷入焦虑，以至于抑郁症患病率急速飙升？根本原因在于人们普遍失去了安全感。

温伟耀教授认为："终极的安全感要求对象永远不会消逝……终极的归属感要求对象永远不会改变……终极的满足感要求对象具备无穷的资源。""永远不会消逝""永远不会改变""具备无穷的资源"的是什么？只能是超验的主宰之天。也就是说，只有永恒不变的超验世界存在，只有打通超验世界与经验世界，才是人建立终极安全感的坚实基石。

（二）社会协作产生对秩序感的渴求

人与人交往产生社会，人是社会性存在，人脱离社会无法生存。社会的有效运行需要人与人之间的协作，协作才能产生秩序，而协作需要共同语言，否则轻则鸡同鸭讲，重则严重失序、分崩离析，走向毁灭。共同语言就是绝对价值，而绝对价值只能来自绝对的、超验的存在——主宰之天。

有人或许会问，强调绝对价值，是否会导致绝对主义？我的回答是，不会。因为绝对价值属于超验领域，一旦落到经验世界，就必然处境化。处境化是一个绝对价值的衰减过程，我们无需评价这个处境化过程是对是错，我们需要说明的只是，既然它一定会衰减，就不会导致绝对主义。为什么天意落实到人间就必然衰减？比如，天赐给人自由，但人永远无法获知完整的天意，因此也不能完全知道如何行事是不超出边界的自由。换言之，人追求"中的"只是一个应然状态，一个不断靠近的过程，无法成为实然状态，所以人理解的自由一定不是天命的自由。

有人或许会问，你既强调绝对价值，又认为绝对价值必然存在处境化，那么什么样的处境化是正当的？这就需要人在清空自我的前提下通贯地理解天的性质，并由此理解天意。

有人或许会问，强调绝对价值，是否会导致对人的禁锢？因为这个绝对价值等同于主宰之天，而主宰之天是自由的，同时人的自由也是天赐的，所以这个绝对价值带给人的不是禁锢，而是自由。换言之，在绝对价值提举下的社会，自由与秩序一体两面，处于一种平衡状态，自由是秩序下的自由，秩序是充满自由的秩序。

更重要的是，这个绝对价值不是所谓客观规律，它源自活生生的主宰之天，它甚至是主宰之天本身，而主宰之天同时又是赏善罚恶的，他就能让人产生敬畏。社会秩序的维系，既靠诸如法律、制度、规则等外在的强制力量，又靠人内心对主宰之天的敬畏。必须看到，后者应该是前者的源头，后者的存在也有助于降低社会治理成本。如果社会治理只靠没有神圣源头的强制力量，很多人就会从成本—收益的角度衡量自己是否应该守法。如果违法成本低于守法收益，他们就会选择违法。

三、中国人有敬天传统吗？

中国人有敬天传统吗？显然有，这从两个方面就能得到充分证明：一、汉语里以"天"字打头的词语所在多有，而且大多数指的是主宰之天，如"天公""天王""天命""天怒""天谴""天罚""天赋"……这说明国人对天的信仰已经融入血液，成为集体无意识。二、中国历代皇帝都会祭天，北京有天坛，到民国初年，袁世凯还祭天。

但通览本书我们不难发现，中国人对天的信仰又呈现出四个特点：

第一，自商代开始，中国人的天帝信仰就杂而不纯。人们在信天敬天的同时，又信仰各种自然神（如山神、土地神、河神、雷神、雨神等），又信仰各种人造神（如太上老君、关公、妈祖等），还信仰祖先亡灵；人们在信天敬天的同时，常常将天地并举，并认为人能与天地并举，即所谓人能"参天地之化育"。因此，中国人的信仰可以被称为多神信仰，人们信神的目的不过是跟神做交易，希望神满足人的世俗欲望（比如希望孩子高中就拜文殊菩萨，希望子孙满堂就拜送子观音之类），因为不相信天能主宰一切，出于"不把鸡蛋放在一个篮子里"的世俗狡狯心理，于是决定分别向诸神下拜。如果没有相关领域的神灵，那么就造出一个神了事。因为并不绝对相信任何一个神，所以这种多神信仰的实质是无神论。

第二，中国人对天的信仰主要是由儒家形塑的，严格讲，与佛教、道教（包括道家）无关。原因很简单：佛教是典型的无神论宗教，佛陀释迦牟尼只是第一个觉悟者和此后学习觉悟之道者的老师。道教虽然有神祇系统，但道教的神也不能满足人对主宰之天的渴求：首先，道教教义的核心指向是养生、长生，在绝对价值和超越意义两个面向都缺乏终极性，不能带给人绝对的安全感。其次，道教是上面所言的多神教，其多神系统体现了浓郁的地域化、职业化特征，因此就缺乏普世性。很明显，道教诸神，都是人造的，既是人造，就非创者和主宰者。至于道家，更不能满足人对主宰之天的渴求，因为道家之"道"，几乎可以等同于客观规律，与人格神毫无关系。一言以蔽之，佛教、道教（包括道家）信仰与前述主宰之天的特点之间差距太大，就形塑中国人对天的信仰而言，它们非但无益，而且有害。

第三，虽然儒家主张天人合一，换言之，读书人可以与天交流，但由于读书人普遍入仕，成为"士大夫"，没有形成独立的卫道组织，故事实上只能滑落成为天子与天沟通的助手，天子反倒成了天命的垄断者。董仲舒说："唯天子受命于天，天下受命于天子。"他还说，天子祭天、诸侯祭社稷、大夫祭家庙……人的级别越低，祭祀的神的级别越低。诸神的权力，存在等差，但又缺乏明确的、能得到公认的、秩序井然的神谱。

第四，中国人的"天帝"信仰在商代达到高峰，但商周革命之后，国人的天就逐步坍塌了。此后的中国，逐步告别了主宰之天，进入了高扬道德的人文主义时代。但因为人类对主宰之天有着天生的渴求，因此在此后的中国历史中，发生了多次"补天运动"：先秦墨子是第一次，西汉董仲舒是第二次，魏晋至唐是第三次，"北宋五子"至朱熹是第四次。由于中国过早进入了人文主义时代，因此，每一次补天运动都以失败告终，很多思想家（如韩非、王充、慧能、王阳明）的工作其实都是在有意无意地灭天。中国思想史上述演变逻辑，我在本书已展开论证。

由此可知，中国人对主宰之天的认识，走过了一条始于崇拜，继于虚置，后又三心二意、虚情假意，终于抛弃的下行抛物线。这条抛物线也可被描述为，从高扬天到以理代天，再到以心代天的过程。

四、中国传统思想文化的实质是什么？

中国传统思想文化的实质是什么？是道德理想主义，这种道德理想主义以"天人合一"为其理论表述，以人的自以为是为其突出特点。

史家钱穆在离世前三个月的"最后一篇遗稿"《中国文化对人类未来可有的贡献》中"彻悟"到，"天人合一是整个中国传统文化思想之归宿处"，是中国可以贡献给人类的巨大智慧。这篇短文可以说是他的"晚年定论"。

在中国的思想文化传统中，天人如何实现合一？儒家的逻辑是：既然性、理、心是天赐的，那么人通过性、理、心就可以知天，就可以上达于天，与天合一。所以孟子说："尽其心者，知其性也，知其性则知天矣。"到了王阳明，就主张"良知自作主宰"了。西学东渐以后，受西方刺激，产生了新儒家，但这些新儒家仍然是沿着宋明理学的老路狂飙突进，以至于把天仅仅当成人的道德观念的投射。唐君毅、牟宗三等人普遍认为，没有一个主宰之天，人照样能靠道德精神实现超越。

总之，儒家的"天"是人论证道德的工具，它缺乏真正的主宰性。人需要一个天来论证道德的合法性，所以造出来了一个天，以作为工具使用而已。这样的天的旨意是模糊不清的，所谓"天何言哉"，儒家对此也就说不清楚。他们最理直气壮的说法不过是"上天有好生之德""生生之谓至德"，除此之外，谁敢说天意到底是什么？儒家认为，仁义礼智信等道德纲目是天意，其实这些道德纲目不过是儒家从天的"生生之德"推论出来的，谁都不敢说它们真的就是天意。因为，那只是"圣人"的意思，而圣人也是人，不是天，且圣人回避谈天。所以圣人不是先知，不能成为沟通天人的桥梁。

无论是孟子的"尽心知性可以知天"，还是王阳明的"良知自作主宰"，直至唐君毅的"自立此命"就是天命，人只要"与自己之深心交谈，受自己之深心所呼召"即可，牟宗三的"无限智心"就是本体。他们体现的都是人可以代替天的思想，也即是人的自以为是、自我神化思想。所谓的"天人合一"，就是人与自己的合一，就是人的自我神化。于是，道德可以代替信仰，道德理想主义由此证成。

问题在于，中国的道德强调人应该谦虚谨慎，可是中国道德哲学的预设恰恰是人应该狂妄自大，这正是"天人合一"思想存在的巨大的理论矛盾和现实纠结。换言之，中国人一直就没有摆正天人关系：天就是天，人就是人，天人之合必须以天人两分为前提，而且天人之间永远不可能达致完全合一的状态。如果我们把"天"的旨意作为终极真理的话，那么人只存在无限趋近真理的可能性，但永远不可能成为真理的化身，人永远不可能成为天。有此，则有谦卑；无此，则无谦卑。

那么，人有资格代替天、成为天吗？让我们来对比人与天的区别就会得出答案：有限的人能创造无限的宇宙万物吗？每个人自作主宰能够为宇宙万物（包括人类）提供绝对价值吗？每一个有限的人能够全知全能吗？人自己能给自己提供彼岸的永生盼望吗？人能自建天堂地狱吗？所谓"自作主宰""自立此命""无限智心"不就是人既当运动员，又当裁判员吗？牟宗三说"无限智心"与人心不过是一心，如何能够"既超越而又内在"？凡论超越，总得有两个位阶高低不同的主体，低阶往高阶跃迁才是超越。如果这两个主体不过是一个主体，怎么超越呢？这就如同说，人可以拔着自己的头发离开地面一样可笑。

五、道德理想主义的危害是什么？

道德理想主义的危害是什么？

（一）它无法安放人的灵魂，无法给人提供安全感

我想举一个所谓"儒学大师"亲身的例子来说明问题。他曾如此直陈自己的心路历程："学术研究差不多成为我生活的全部，可是我灵性层面仍然得不到满足，即便是在矜持、吝啬的学术界把'名家''学者''儒家大师'一类名目堆砌在我头上的时候，事情似乎也并没有多少改变。……灵魂深处的嘈杂是无法躲避的。超越的祈向，无条件的托付，生死的安顿，对于爱与信任的渴求，面对生活的勇气与宽恕的力量，真正摆脱虚妄执迷自欺'自义其义'的大自由大解放——我曾经期待通过对于儒家思想的改造诠释来达成自己所寻求的；也曾热衷于所谓'儒耶对话'；甚至于在某一个时期转向释迦、庄老。始终有一只手伸向我……我有时似乎抓到了那只手，可是生活的激流又

把我裹挟去了另一个方向。我终于挽住了那伸向我的手臂，并感受到脚下那坚实的土地，那是崖岸吗？……""追索中国历史文化超越的价值源头，总感到有所欠缺，客观上不能够安立康德所谓'绝对命令'，主观上也不能够满足我所祈求的崇高与庄严……""'天不生仲尼，万古如长夜。'这是说孔子及其人生教训是划破暗夜的'光'。可是，这光缺少了神圣的源头。……当我突然意识到在我最艰难的日子里，伴随我数十年的《论语》居然被淡忘在脑后，谈不到为我提供任何精神上的支撑，我真是莫名惊诧！这一经验彻底改变了我。这是一次破产，一次精神领域的破产和清算。……我由此也理解何以历代文人大都是遵循进而孔子退而老庄的路径，落魄的、苦难中的人们大概是不容易想起孔子的。孔子儒家只是教导人们怎样进入这个世界，却没有教导人们如何疏离和躲避这个世界，更没有教导人们如何在这个世界之外、之上获得支撑。"

（二）它无法构建自由的秩序

由于人人都自以为是、自以为神、骨子里谁都不服谁，所以人与人之间很难合作，社会呈现一盘散沙状态，民间很难组织起有效力量与专制王权博弈，而政治自由产生于权利博弈；由于天子垄断、代表了天意，天又只是被构建的产物，而不是真正的主宰之天，不是超验的绝对价值，因此无法形成对天子内心的真正制约，无法形成王在法下、法大于王的法治传统；由于"人天生就有对安全感的渴求，渺小、有限的人需要依靠一个巨大、无限的力量来立定自身"，这个巨大的、无限的、看不见的力量既然不是天，就只能是看得见的、具有不受制约的权力的专制君王。当王权、王法高于一切，王就是法，就不可能有真正自由的秩序，反而会摧毁自由。即便你可能通过积累财富获取一定的安全感或自由感，这种安全感或自由感也是经不起专制王权摧毁的，明初巨富沈万三的下场就是明证。长此以往，中国古代社会就出现了崇拜权威、依赖权威、逆来顺受、忍耐安分、缺乏勇气、缺乏独立精神和创造力的问题。为了缓解由此带来的焦虑，道德理想主义又来给人们提供非卑即亢、阿Q式的精神慰藉：一方面，好面子、虚伪、欺瞒、阴柔、人情至上、缺乏规则意识、以权谋私；另一方面，看不起别人，总以为自己比别人高明，永远学不会平视别人。要言之，道德理想主义的现实逻辑是：始于自以为是，终于强权崇拜。

应当看到的是，在一个道德理想主义笼罩一切的国度，如果旧道德破产，带来的后果是灾难性的。在这种时候，人对人造的概念必然产生宗教性崇拜。

六、如何给道德理想主义"消毒"？

如何给道德理想主义"消毒"？核心是敬天。道德的目的是爱人，但如上所论，不敬天，就不能真正爱人。换言之，信仰高于道德，并且提举道德。信仰提供的是永恒的、绝对的价值，它能给道德提供衡准，这就如同马拉松比赛之前参与者需要对表是一个道理。道德是历史形成的，是人造的，是与习俗紧密相连的，因此必然是处境性的、相对的、流变的、容易滑落的。为了避免道德滑入极端相对主义，就需要信仰为道德提供范导、衡准，进行提举。从某种意义上讲，道德是信仰的衰减版。

综览西方思想史，我们可以发现两个特点：一方面，哲学家必须诉诸人的理性能力，因此大概可以说，西方哲学史就是人类理性走过的历史。另一方面，代表西方哲学主流的哲学大师，无不为超验的存在留下了一个适当的位置。柏拉图说，传统所隐含的"真理"不可能是真实的道德生活的标准。周濂也说："我们永远都无法仅仅凭借自身的力量挺立在宇宙之间。……康德在《纯粹理性批判》中杀死上帝，恰恰是为了向我们证明，在道德实践和生活世界中，如果没有上帝，人类的生活将会举步维艰。"康德认识到了理性的边界，中国人应该认识到德性的边界。

信仰何以能提举道德？因为天大于人，人是靠不住的，而且虽然儒家对天采取的是三心二意、虚情假意的态度，但主流儒家，从孔孟到董仲舒，再到程朱陆王，从来没有反对敬天的。从某种意义上讲，以儒家为主流的中国传统思想文化，比如仁义礼智信，不是不好，是不够，需要提升。

七、阻碍中国人敬天的思想根源是什么？

阻碍人们敬天的思想根源是什么？

（一）性善论

主流儒家，从先秦孟子，到宋明理学诸子，无不相信人性善，所以相信人能通天，以至于相信人能代替天，人能自我立命，"天人不二"，这正是自我中心主义的思想根源，也是阻碍中国人敬天的思想根源。因为人性善，所以靠个人自律就可以了；因为人性善，所以"人皆可以为尧舜""满街都是圣人"；因为人性善，所以靠人性（仁）的扩展就可以导向仁政，人治就可以了，何须法治，何须制约统治者的权力？因为人性善，君王就能成为"圣王"，政教就不须分立，所以只需要期盼"圣君贤相"。

问题在于，与其说人性善是一个价值判断，不如说人性善是违背事实的。只要我们扪心自问，就会发现，每个人的内心每天都会生出无数恶念，自律是完全靠不住的，人性是经不住考验的；只要我们考诸历史，就会发现，"人皆可以为尧舜""满街都是圣人""圣君贤相"是一个迷梦。中国人有三个迷梦：明君梦、清官梦、侠客梦。三个梦的期盼依次递减：明君靠不住，就靠清官；清官还靠不住，就靠侠客来行侠仗义。既然有清官梦、侠客梦，不正反证了明君梦靠不住吗？进一步说，既然有侠客梦，清官梦又何尝靠得住？再进一步说，侠客梦就靠得住吗？秦汉专制以后，哪有什么侠客阶层和真正的侠客呢？

对于性善论，曾有人如此体认："儒家过分乐观的人性论，以为经由所谓修养功夫即可以达到'天人合一''神人合一'，则难免导致人的僭越、自夸、自义其义。""儒家有平等观念，那是'人皆可以为尧舜'意义上的平等。落实下来，则导致某种道德自夸，演化成人皆以为是尧舜，或人皆自称是尧舜。声讨他人，高屋建瓴，笔锋犀利，遣词用语无所不用其极。""儒家把基点安置于良知本体，人性之善，而人性又恰恰是乏善可陈的，并且也是靠不住的……没有一位当权者不期望自己得到不受约束和限制的权力，所以民主政治的出发点不是顺应人的本性，而恰恰是阻抑和限制人性之恶。"

所以，要使人敬天，首先必须清除的是性善论预设，必须回到"天人两分"。

（二）常识理性和实用理性

韩非说："夫言行者，以功用为之的彀者也……不以功用为之的彀，言虽至察，行虽至坚，则妄发之说也。"这就是赤裸裸的实用理性宣言。我在前面也多次论及，民众的思想是以常识理性和实用理性为底色和预设的。所以，民众只从经验出发思考事物，看不见摸不着的事物就认为是不存在的；所以，民众也只从实用出发思考事物，任何选择都问有什么用，没有看得见摸得着的好处就不干；所以，民众容易滑入物质主义，无利不起早，富裕就自炫。

所以，民众很难认识到超验的价值，也就不能认识到科学为何物。所谓超验，就是超越于经验的存在，常识理性、实用理性只能认识经验世界，根本不可能认识超验世界，而且是人认识超验世界的巨大阻力。而科学家之所以研究科学，是出于"为求知而求知"的、不计功利（实用）的目的，因为求知本身就意味着巨大的乐趣，而且科学往往是挑战所谓的"常识"的。比如，从常识的角度，如何认识量子力学中的"波粒二象性"及"测不准原理"？从实用的角度，哥德巴赫猜想到底有多大价值？即便不从信仰的角度着眼，人们如果不打破常识理性和实用理性的束缚，就很难进行任何深入、深刻的学术研究。对此，冯友兰曾说："中国哲学未以知识问题为哲学中之重要问题，固由于中国哲学家不喜为知识而求知识，然亦以中国哲学迄未显著地将个人与宇宙分而为二也。"

当然，必须指出的是，我并没有说常识理性和实用理性不重要，只是它们都有适用范围，不是任何领域都需要弥漫常识理性和实用理性。

所以要使人敬天，还必须清除常识理性和实用理性，将思想观念建基于超验之上。

八、中国思想文化如何与天接榫？

中国思想文化如何与天接榫？换言之，中国思想文化中有什么重要的观念有助于人们敬天吗？我的回答是，有三大观念。

（一）"诚"

《中庸》的工夫论主旨，是一个"诚"字，所谓"诚者，天之道也；诚之者，人之道也"。什么是"诚"？就是内心纯净不欺，既不自欺，也不欺人，更不欺天的真实境界。只要人们反观内心能做到真实无欺，就能认识到主宰之天必然存在，就能认识到自己靠不住，安放自己的灵魂、建立良好的社会秩序需要依靠天。

（二）"敬"

从孔子开始，历代儒家都强调"敬"。孔子说"修己以敬"，程颢的思想则以"敬"为中心。何为敬？我认为不属于儒家思想的《管子》说得更清楚："虚其欲，神将入舍。扫除不洁，神乃留处。""神者，至贵也。故馆不辟除，则贵人不舍焉。故曰：不洁则神不处。"所以，敬是一个虚己状态，是清空自我，让天意充满的状态；"敬"必有外在的对象，这个对象就是主宰之天。

（三）"中"

所谓"中"，按我的理解，就是不偏离天意，就是"中的"。只有这样，才能"天地位焉，万物育焉"。我在重新解释《中庸》首章时曾说："《中庸》只用了短短的135个字就说清楚了天人关系这一古今第一大事。"它的逻辑是：人道源自天道；上天赐予人本性，由此作为天人沟通的桥梁纽带；人间要建立和谐秩序，人就要不断返回天道，走进天道之中，也就是走进天定秩序之中。《中庸》为什么叫"中庸"？《说文解字》："中，内也，上下通也"，"庸，用也"。"上下通"就是人与天通，"中庸"就是"用中"，"站在中这一边"。因为上天大中至正，"站在中这一边"就是站在上天这一边。换言之，"中"的状态不是人定的，左右等距不是中，上天的旨意才是中，才是标准，作为名词的"中"是作为动宾词的"中的"（瞄准标靶）的结果。

"诚"是反观真实的内心，"敬"是抬头看天、清空自己，"中"是与天意对标。如此，则天光普照，万物自化。文化者，以人文化民脱离愚昧状态也，但文化毕竟由人造成，时间久了，必然老化、僵化、死亡。谁能活化文化、更新文化？唯天也。"万物皆有裂痕，为让真光照入。"文化也有裂痕，唯有天光照入，文化才有活路，人才有活路。

因此，自西学东渐以来，中国思想家选择从中西文化对比、借鉴的角度为中国文化找活路，完全是走错了路。为什么？因为文化对比、借鉴已经落入了第二义。再"先进"的文化，都不足以成为绝对价值和"落后"文化学习的标杆。能对举、并列的，是中西、是文化，不能对举、并列的，是天与人。平行关系与上下关系，完全是两种关系，此所谓"先立其大，则小者不能夺也"。

社会重建以思想文化的更新为前提，思想文化的更新以敬天为前提。敬天，才能爱人；有爱，才有希望。这，就是我的结论。

传统的中国思想史，至晚清西学东渐之前其实已经结束。此前的中国，是"天下"；此后的中国，是一个民族国家。两者含义截然不同。此后的中国思想史，已经进入近代部分，其主题与此前有着根本的不同，已非"中国"二字可以说清，已非传统的天理心性可以概括。换言之，此后的中国，需要通过世界来定义，需要重建与此前完全不同的天人关系。

思想史没有终结，也不可能终结，但既然讲中国思想史，总存在一个以何时为休止符的问题。由于近现代思想史需要处理的问题纷繁复杂，必须一部专著的体量才能承载，不宜草率、简略论列，所以，本书讲到考据学派衰微、西学大举进入中国之前即告结束。

参考文献

古代部分

〔先秦〕《周易》，中华书局2025年版

〔先秦〕《尚书》，中华书局2012年版

〔先秦〕《诗经》，中华书局2015年版

〔先秦〕《礼记》，中华书局2017年版

〔先秦〕《左传》，中华书局2024年版

〔先秦〕《管子》，中华书局2019年版

〔先秦〕荀况：《荀子》，中华书局2015年版

〔先秦〕墨翟：《墨子》，中华书局2015年版

〔先秦〕老子：《道德经》，中华书局2021年版

〔先秦〕庄周：《庄子》，中华书局2015年版

〔先秦〕韩非：《韩非子》，中华书局2015年版

〔先秦〕吕不韦编：《吕氏春秋》，中华书局2022年版

〔西汉〕刘安编：《淮南子》，中华书局2022年版

〔西汉〕司马迁：《史记》，中华书局2022年版

〔西汉〕班固：《汉书》，中华书局2016年版

〔西汉〕董仲舒：《春秋繁露》，中华书局2012年版

〔东汉〕王充：《论衡》，中华书局2024年版

〔南北朝〕刘义庆：《世说新语》，中华书局2022年版

〔三国〕何晏：《论语集解》，中华书局2008年版

〔三国〕王弼：《老子道德经注》，中华书局2011年版

〔晋〕郭象：《庄子注》，中华书局2024年版

〔唐〕房玄龄：《晋书》，中华书局2015年版

〔唐〕《坛经》，中华书局2018年版

〔五代〕刘昫等：《旧唐书》，中华书局1975年版

〔北宋〕程颢、程颐：《河南程氏遗书》，山东人民出版社2020年版

〔北宋〕陆九渊：《象山全集》，中华书局2010年版

〔北宋〕李觏：《直讲李先生文集》，北京大学出版社2025年版

〔北宋〕王安石：《王安石全集》（修订增补版），复旦大学出版社2023
年版

〔北宋〕司马光：《温国文正司马公文集·温公续诗话》，上海人民出版
社2025年版

〔北宋〕苏轼：《苏轼文集》，中华书局1986年版

〔南宋〕朱熹：《四书章句集注》，上海古籍出版社2006年版

〔南宋〕朱熹、吕祖谦编：《近思录》，中华书局2020年版

〔南宋〕朱熹：《朱熹文集编年评注》，福建人民出版社2019年版

〔南宋〕朱熹：《朱子语类》，中华书局2025年版

〔南宋〕陈亮：《龙川文集选注》，浙江人民出版社2024年版

〔南宋〕叶适：《叶适集》，中华书局2010年版

〔元〕脱脱、阿鲁图：《宋史》，中华书局1985年版

〔明〕王阳明：《传习录》，中华书局2021年版

〔明〕王艮：《王心斋全集》，江苏教育出版社2001年版

〔明〕李贽：《李贽文集》，社会科学文献出版社2000年版

〔明〕徐光启：《徐光启全集》，上海古籍出版社2010年版

〔明〕李之藻：《李之藻集》，中华书局2018年版

〔明清〕黄宗羲：《明夷待访录》，岳麓书社2021年版

〔明清〕黄宗羲：《明儒学案》（修订本），中华书局2024年版

〔明清〕顾炎武：《日知录集释》，中华书局2020年版

〔明清〕王夫之：《船山遗书》，中国书店出版社2016年版

〔清〕颜元：《四存编》，中国社会科学出版社2022年版

〔清〕李塨：《李塨集》，人民出版社2014年版

〔清〕张廷玉等：《明史》，中华书局1974年版

〔清〕戴震：《戴震集》，上海古籍出版社2009年版

〔清〕章学诚：《文史通义》，中华书局2024年版

〔清〕方东树：《汉学商兑》，上海古籍出版社2022年版

现当代部分

葛兆光：《中国思想史》，复旦大学出版社 2016 年版

劳思光：《新编中国哲学史》，生活·读书·新知三联书店 2015 年版

李泽厚：《新版中国古代思想史论》，天津社会科学院出版社 2008 年版

萧公权：《中国政治思想史》，新星出版社 2010 年版

金观涛、刘青峰：《中国思想史十讲》（上），法律出版社 2015 年版

钱穆：《中国思想史》，九州出版社 2012 年版

钱穆：《国学概论》，商务印书馆 1997 年版

梁启超：《中国近三百年学术史》（新校本），商务印书馆 2011 年版

梁启超：《清代学术概论》，上海古籍出版社 2019 年版

张君劢：《新儒家思想史》，中国人民大学出版社 2009 年版

唐君毅：《唐君毅全集》，九州出版社 2016 年版

徐复观：《儒家思想与现代社会》，九州出版社 2014 年版

牟宗三：《牟宗三文集》，吉林出版集团有限责任公司 2015 年版

余英时：《论天人之际：中国古代思想起源试探》，中华书局 2014 年版

余英时：《朱熹的历史世界：宋代士大夫政治文化的研究》，读书·生活·新知三联书店 2011 年版

周濂：《打开：周濂的 100 堂西方哲学课》，上海三联书店 2019 年版

温伟耀：《生命的转化与超拔》，宗教文化出版社 2009 年版

王汎森：《思想是生活的一种方式》，北京大学出版社 2018 年版

王汎森：《中国近代思想与学术的系谱》，上海三联书店 2018 年版

萧延中：《中国思维的根系：研究笔记》，中央编译出版社 2020 年版

赵鼎新：《儒法国家：中国历史新论》，浙江大学出版社 2022 年版

王孺童：《中论讲记》，中华书局 2019 年版

释印顺：《大乘起信论讲记》，中华书局 2024 年版

陈明：《易庸学通义》，福建教育出版社 2024 年版

外国部分

［古希腊］柏拉图：《理想国》，郭斌和、张竹明译，商务印书馆 2020 年版

［古希腊］亚里士多德：《政治学》，吴寿彭译，商务印书馆2023年版

［德］康德：《纯粹理性批判》，邓晓芒译，人民出版社2017年版

［德］马克斯·韦伯：《新教伦理与资本主义精神》，阎克文译，上海人民出版社2018年版

［美］列文森：《儒教中国及其现代命运》，季剑青译，中华书局2024年版

［日］子安宣邦：《江户思想史讲义》，丁国旗译，读书·生活·新知三联书店2017年版

［日］内藤湖南：《日本历史与日本文化》，刘克申译，商务印书馆2012年版

［日］丸山真男：《日本政治思想史研究》（修订译本），王中江译，读书·生活·新知三联书店2022年版

［美］罗杰·奥尔森：《基督教神学思想史》，吴瑞诚、徐成德译，上海人民出版社2014年版

［美］拉塞尔·柯克：《美国秩序的根基》，张大军译，江苏文艺出版社2018年版

［美］拉塞尔·柯克：《保守主义思想》，张大军译，贵州人民出版社2024年版

［美］约翰·罗尔斯：《正义论》（修订版），何怀宏、何包钢、廖申白译，中国社会科学出版社2022年版

［法］程艾蓝（Anne Cheng）：《中国思想史》，冬一、戎恒颖译，河南大学出版社2018年版

［意］贝奈戴托·克罗齐：《历史学的理论和实际》，傅任敢译，商务印书馆2017年版

［意］贝奈戴托·克罗齐：《作为思想和行动的历史》，田时纲译，商务印书馆2017年版

后记　五十可以知天命？

　　我天生就是一个喜欢思考问题的人。大概在 10 岁以后，就有两个问题萦绕在我脑际：一是什么是人生的意义？一是什么是良好的社会秩序？这两个问题困扰了我很多年，我也曾带着这两个问题读了很多书，拜访了很多人，但都茫然无解。直到 2019 年，由于一个看似偶然的机缘，我获得了一个全新的思考视角，这使得我猛然间想通了很多问题。我发现，我长期关心的两个问题其实是一个可以打通的问题。简言之，人生问题的拓展就是社会问题，社会问题的解决也能保障人生问题的落实。

　　那时恰好有一个朋友邀请我到某知识付费平台开讲中国思想史，于是我就开始写讲稿。后来合作没有成功，但我的讲稿已经写了三分之一，我就决定把讲稿写完，也算是我对自己多年思考的一个系统化总结。讲稿就要尽量做到深入浅出，但由于没有真正开讲，所以书稿不算真正的讲稿，我只能尽量兼顾通俗性与严肃性。尤其是进入宋明理学的论述时，由于理论性较强，为了阐述清楚问题，文风就比较书面化了。这是需要说明的。

　　本书初稿在 2019 年写完后，由于种种原因，一搁就是 5 年。到 2024 年，浙江人民出版社的编辑朋友看过后告诉我，书可以出版，我便开始大规模修订。修订中我才领悟到，当初没有仓促出版实在是一件好事，因为经过这5年时间沉淀，我的很多思考进一步深化了，所以每章书稿我都进行了不同程度的修订，有些章节甚至推倒重写。

必须提及的是，本书之所以能顺利写作、修订完成，实赖小我20多岁的好友王学良的长期襄助。我从写第一篇讲稿开始，与学良之间就形成了一种切磋合作的关系。我会在构思每篇讲稿的时候与他不断沟通思路，写完以后请他提供修改意见，甚至请他直接修改。修订书稿时，学良也不断提出修改意见。学良好学深思，性行纯良，他的很多意见、建议都与我不同，但都带给我很大启发，我的观点也在与他不断沟通中得以修正。写作是一个痛苦和快乐兼具的旅程，学良的帮助，正是我快乐产生的源泉之一。在此混沌的人世间，能有一知音相期研道，不亦至乐乎？特此感谢学良的切磋琢磨之助！当然，所有文责，均应由我来负，这自不待言。

我还要感谢我的学生王先知。先知是新华社一个有影响力的智库的专家，既研究学问，又长于做事。多年来，他经常与我讨论人生和社会问题，他的不少想法也带给我启发。

需要说明的是，写作本书，一些经典著作对我帮助很大，我参考了不少学者的相关研究成果，尤其是葛兆光先生的《中国思想史》、劳思光先生的《新编中国哲学史》、李泽厚先生的《新版中国古代思想史论》、萧公权先生的《中国政治思想史》。由于本书属于讲稿体例，我选择不采用脚注的形式；对于重要观点的征引，我已在书稿中以括注等方式标注来源；对于历史事实，我一般不特别注明来源；同时，我在书末以列举主要参考文献的形式予以说明。对于前人、前辈与同辈学者的贡献，我在此特别致以崇高的敬意与诚挚的感谢！

本书出版时，我正好五十岁，我相信这本以讨论天人关系为主旨的书的出版，冥冥之中自有天意。五十可以知天命乎？本书可以算是我对自己四十年思考的一个小结，若其中能有几句话给读者诸君带来启发，我当深感欣慰。

天道幽妙，愚钝如我，岂能全知？纵有所知，何须说尽？列文森说："抵抗那种追求精确的分类学热情，抵抗那种喜欢抠字眼的人用一个短语严格对应一个概念的做法，这对历史学家来说既是一种思想上的要求，也是一种道德上的要求。""历史理解不应将视野局限在字面意思上。"我在本书里，试图尽量用简洁、准确的语言论述天人之际，但既为论证，依靠的就只能是理智，而理智不是通向真理的唯一路径，甚至不是最重要的路径：理智、逻辑只能论证经验世界，直觉或许才是触摸超验世界的有效路径。克罗齐说，直觉是把自己放到某个事物之中来思考，通过把它的生命变成自己的生命，来把握它的独特性；理智是把自己放到某个事物之外来思考，将其客观化。就此而言，我想提醒读者诸君注意的是，本书仅仅是我不得已通过文字制作的一根或许能助人通向超验的拐杖，它本身并不是真理，诸君若能透过本书的字面意思，透过文字去进一步思考与感知，我将无任欢喜。

万语千言，不过一孔之见，诚望读者诸君批评指正，我将感激不尽！

萧三匝

2025 年 7 月于北京